Michel Lallemant
avec la participation de Paul Cherrier

SUR LES TRACES DE L'ARMÉE ALLEMANDE GRENOBLE ET LE VERCORS 1940-1944

HEIMDAL

- Ouvrage écrit par Michel Lallemant
- Rédaction graphique : Christel Lebret
- Prépresse : Nicolas Bucourt

Editions Heimdal
2 rue de la Cartoucherie
14400 Saint-Martin-des-Entrées

Tél. : 02 31 51 68 68
www.editions-heimdal.fr

ISBN 978-2-84048-545-2

Table des matières

Remerciements de l'auteur

Ce livre est le résultat de plusieurs décennies de contacts, d'échanges, de recherches et de rencontres avec des personnes d'horizons et de cultures différents, toutes sensibles à la période de la Seconde Guerre mondiale. Il m'a aussi fallu prendre en compte l'écoulement du temps, qui efface beaucoup de choses, mais pas le souvenir ni la mémoire.

Je remercie donc toutes celles et tous ceux qui ont accepté de m'entendre, de m'écouter, d'échanger avec moi, dans ma quête quant à l'Histoire si douloureuse de cette région de France. Tout au long de ces nombreuses années, ils m'ont permis, au fil du temps, d'en définir le but exact, que ce livre vient concrétiser.

Je me dois, ainsi, de remercier plus particulièrement les personnes suivantes :

Polux, que ses amis reconnaîtront sous ce pseudonyme, et dont les connaissances historiques, la compétence dans les domaines du document et de l'insigne, m'ont été indispensables pour la réalisation de cet ouvrage. Jean-Michel Blanc, pour son expertise, sa fidèle amitié et ses efforts pour m'accompagner dans la recherche de diverses traces du passé, Daniel Druetto pour son écoute précieuse, Robert C. Barthélémy, qui connaît depuis si longtemps l'importance de l'objet dans la recherche historique, Christophe Grégoire, qui a su répondre à mes demandes au moment voulu, à Gianfranco Relli, pour son geste amical concernant des documents de sa collection. Un grand merci également à Madame Mariola Fuerst, de la *Deutsche Dienststelle* de Berlin, et à ses collaborateurs, pour leur attention dès mes premières demandes, et leur aide pour l'accès à des documents essentiels à la connaissance de l'histoire et du parcours des combattants allemands engagés dans le Sud-est de la France. Tim, de chez Crain's Militaria, pour la qualité de documents qu'il a bien voulu mettre à ma disposition.

Un grand merci à Damien Bouet et Bernard Paich pour leur apport iconographique, ainsi qu'à Loïc Testoud, fin connaisseur du théâtre d'opérations du Vercors, pour nous avoir fourni des pièces émouvantes de sa collection.

Il me faut aussi rendre hommage à certaines personnes du « monde d'hier »: Michel Guérin (†) et Pierre Morin (†), fidèles amis de ma jeunesse et montagnards avertis, pour l'amour des sommets dauphinois qu'ils m'ont communiqué il y a bien longtemps, et les anecdotes et souvenirs de guerre qu'ils m'ont transmis. Paul Pelletier (†), et son histoire personnelle, liée dès la fin de la guerre à la recherche et la conservation des « reliques » du passé, dont il m'a parlé librement à une époque où cela n'était pas chose aisée. Bien sûr, le résistant Joseph La Picirella (†), pour le courage dont il a fait preuve, en affrontant l'occupant les armes à la main, et sa volonté de mieux connaître ses anciens adversaires après la guerre. J'ai apprécié sa grande humanité au cours de nos rencontres – malheureusement trop brèves –, il y a plus de quarante ans. Peter Hinterberger (†), mon ami très cher de Memmingen, au sud d'Ulm, qui m'a beaucoup appris dès la fin des années 1960 – souvent dans son dialecte souabe – sur la culture bavaroise, et donc sur l'état d'esprit de nombre de combattants du «camp d'en face». Ma reconnaissance se porte aussi vers de nombreux autres amis de jeunesse qui, chacun ponctuellement, en leur temps, m'ont ouvert les portes du passé de leur famille pendant la guerre,

- Et enfin, *last but not least*, mon épouse, qui a subi mes moments de réflexions diverses et variées, mes multiples expéditions, et qui m'a apporté tout le soutien dont j'avais besoin dans cette entreprise dont le bien-fondé, certes, n'a pas toujours été unanimement partagé autour de moi.

Michel Lallemant,

Nice, 2020

Introduction

Le choix de ce thème repose d'abord sur un intérêt de l'auteur pour les événements marquants du second conflit mondial, particulièrement en France. De là, les recherches qui ont guidé cette étude relèvent à la fois d'une expérience et d'un constat. L'expérience est celle que j'ai personnellement vécue, alors tout jeune enfant, à partir de 1958, date à laquelle mes parents sont venus s'installer à Grenoble pour des raisons professionnelles, liées au fort développement de cette ville depuis le début du XXe siècle, et plus particulièrement après la fin de la Deuxième Guerre mondiale.

A cette époque, Grenoble – comme beaucoup d'autres villes – ressemblait encore fortement à ce qu'elle avait été plusieurs décennies auparavant. Cela est attesté de nos jours par les photographies, mais aussi par les souvenirs qu'en conservent ceux qui l'ont connue pendant ces années : voiries secondaires peu goudronnées, absence d'autoroutes, voies ferrées traversant de nombreux quartiers avec passages à niveau, bâtiments administratifs dans leur état d'origine, remontant généralement au XIXe siècle. Ce n'est que progressivement, au cours de la deuxième moitié du XXe siècle, qu'ont surgi des ensembles urbains d'habitations qui, peu à peu, ont modifié l'allure de certains quartiers. Partant, pendant de nombreuses années (notamment jusqu'aux jeux olympiques d'hiver de 1968), la physionomie générale de la ville est globalement restée dans son image des années 1900 à 1930. C'est donc une cité visuellement très proche de celle de l'Occupation qui existait encore au début des années 1970.

Sur un plan démographique, elle en demeurait également très proche, puisque nombre de ses habitants de l'époque avaient vécu cette période d'Occupation en tant qu'adultes, adolescents ou enfants, acteurs passifs ou actifs de ce temps troublé. Certains d'entre eux ont même appartenu aux combattants ou aux victimes. Il était fréquent à l'époque d'entendre ces témoins évoquer ces événements, et ce, particulièrement à Grenoble, du fait de son rôle important dans la Résistance, et des lieux marqués par celle-ci. Ces douloureux épisodes guerriers ont marqué toute la région du Dauphiné. L'on pourrait même aller jusqu'à dire, c'est en tous cas comme cela que je l'ai ressenti, que le tragique des événements demeurait presque palpable dans l'atmosphère, plusieurs années après. De nombreuses routes et chemins étaient et restent parsemés de signes de lieux d'affrontements, d'exécution de Résistants ou de civils, et que beaucoup de ces sites ont encore une apparence très proche, parfois même quasi identique à leur état au moment des faits. C'est indéniablement vrai pour certaines contrées du Vercors, notamment sur sa façade est et les différents pas (Pas de l'Aiguille, de la Selle, etc.).

Or, il faut bien observer que ces évocations sont, dans l'ensemble, longtemps restées très limitées. En effet, c'était un sujet douloureux, mal compris, et rien généralement n'était dit sur l'occupant lui-même... et il en a longtemps résulté un singulier mélange de mystère et de curiosité, du fait du paradoxe entre la gravité, l'importance des faits s'étant déroulés dans cette région d'une part, et l'absence de toute trace iconographique ou humaine de cet occupant d'autre part. Photos ou études, notamment au travers de journaux, revues contenant des informations à ce sujet, analogues à ce que l'on a pu voir assez rapidement pour d'autres villes ou régions françaises.

Entendons bien qu'il n'y avait à l'époque, et notamment en France, que très peu de sources d'information sur ce passé récent. Les seules représentations, ou presque, de l'occupant n'étaient retrouvées qu'au cinéma. Or, il était bien difficile de reconnaître cet occupant et sa présence dans les Alpes françaises au travers des représentations des champs de bataille qu'en faisait Hollywood qui, généralement, n'avaient aucun point commun avec la société française d'alors, mis à part des films comme *Le Jour le plus long* – dans une certaine mesure –, et dans le contexte très différent du débarquement et de la bataille de Normandie. Dans les yeux d'un enfant, cet occupant prenait dans le Dauphiné les allures d'un extra-terrestre ; d'ailleurs, les témoignages que j'ai entendus autrefois ne prêtaient quasiment aucun trait humain au soldat allemand.

Je me rappelle aussi avoir entendu, au début des années 1960, un camarade d'école me dire qu'il y avait « encore des planeurs là-haut », en voulant parler de Vassieux mais ignorant alors, comme moi, ce que cela signifiait, du fait du silence qui entourait ces affrontements de 1944. Que de mystère dans ces mots ! Comment, gamin, ne pas être fasciné par cela !

Le Mont Aiguille, vu depuis le Pas de l'Aiguille. Un lieu significatif des affrontements du Vercors, à la fin de juillet 1944. (Wikimedia Commons)

A partir du milieu de ces années soixante et plus tard, de nombreuses personnalités et historiens se sont rapidement attachés dans notre pays à analyser et décrire plus en détail les évènements et l'histoire de cette période dans cette région, en raison – naturellement – du rôle majeur joué par la Résistance dans le Vercors, de son organisation et de ses actions.

Cependant, force est de constater que ces recherches et ouvrages n'ont, pendant longtemps, que très peu contribué à lever le voile d'inconnu pesant généralement sur l'armée allemande et sa réalité dans cette partie de l'hexagone. Ce n'est que récemment, que la chose a été creusée davantage ; il a par exemple été reconnu qu'aucune troupe des Waffen-SS n'avait été présente dans le Vercors.

Bien entendu, tout n'a pas été que mystère concernant les troupes allemandes. Dès la fin de la guerre, la justice française s'est très vite intéressée à certains de leurs chefs et des responsables des exactions commises par elles, et d'ailleurs, sans pour autant engager toutes les poursuites ou prononcer les peines attendues, compte tenu de l'étendue des crimes reprochés.

Ces faits historico-judiciaires sont, néanmoins, demeurés inconnus du grand public français. Ce n'est qu'à partir des années 1980/90 que certains auteurs ont pu affiner la connaissance des troupes d'occupation concernées, et leur composition.

Encore à ce jour, force est de constater qu'il n'existe que très peu, voire aucune documentation photographique ou cinématographique dans les archives allemandes, françaises, américaines, anglaises ou russes, identifiée comme illustrant des troupes de l'armée allemande à Grenoble et dans sa région. Sauf erreur, les seuls et rares documents identifiés comme tels, proviennent de fonds privés.

Pour autant, tous les écrits parus depuis de nombreuses années et tous les témoignages ne manquent pas de souligner la dureté des combats entre la Résistance et les troupes occupantes – appartenant essentiellement à la *157. Reserve-Division* – tout au long de la période allant, globalement, des mois d'août 1943 à septembre 1944.

Quelles peuvent être les raisons de ces lacunes et contradictions ? Il est sans doute possible, aujourd'hui, d'avancer plusieurs explications.

Lors de la survenance des faits eux-mêmes, les actions des unités allemandes en question n'ont fait l'objet d'aucune relation autre que dans leurs journaux de marche ou les registres de pertes respectifs, ou par la *Propaganda-Staffel*, qui aurait pu être relayée par les médias de l'époque (*Deutsche Wochenschauen*, la revue *Signal*, presse ou actualités cinématographiques de Vichy, à l'exception ponctuelle de l'affaire des Glières, qui a fait l'objet d'une séquence aux actualités françaises de Vichy, laquelle s'est attachée à l'action de la Milice sans aucune référence à la Wehrmacht).

Or, force est de constater qu'il n'existe que très peu de journaux de marche de formations de la *157. Res.-Div.* ayant survécu, à l'exception de journaux de certaines petites unités de son régiment de chasseurs de montagne. Les archives nationales militaires allemandes de Fribourg-en-Brisgau et de Coblence ne renferment, elles-mêmes, que très peu de documents afférents à ces unités ou à leurs actions, et en tout état de cause, aucun document photographique. Du reste, ces unités n'ont pas davantage été mises en valeur par le haut-commandement allemand, faute d'enjeu véritablement stratégique, de premier plan, quant au déroulement des opérations dans cette zone, mais aussi faute de prestige ou de valeur militaire de la *157. Reserve-Division*.

Parallèlement à cette absence de documentation visuelle, les photographies prises par les combattants eux-mêmes sont d'autant plus rares qu'en règle générale, il était officiellement interdit aux troupes de prendre des photos en opération : seule une transgression peut en expliquer l'existence. La rareté de telles images est d'autant plus explicable que la période en question (fin de l'année 1943 et les deux premiers tiers de 1944) est de plus en plus difficile pour les troupes du Reich. Il n'est donc plus question de succès, mais seulement, pour la zone qui nous concerne, d'opérations de maintien de l'ordre ou de répression, c'est-à-dire de violence et de brutalité à l'encontre d'un ennemi qui n'est pas une armée régulière, mais formé de groupes qualifiés de « terroristes », de « *Banditen* ». En d'autres termes, rendre officiellement compte des actions à leur encontre serait loin d'être valorisant, et reviendrait au surplus à admettre aux yeux du peuple allemand et même du peuple français, l'existence et la persistance d'une forte opposition armée sur le territoire de France occupée.

En outre, la constitution d'archives n'était pas souhaitable pour une raison inavouable, mais qui ne peut être écartée, et qui tient à la crainte de preuves de responsabilité pour les auteurs des actions relatées en cas de mauvaise tournure des évènements. (Notons, à ce sujet, que la grande majorité des cadres de la *157. Res.-Div.* a été mutée vers d'autres unités à l'issue de son évacuation du territoire français à la fin de 1944, afin de rendre plus difficile leur identification ou leur « traque » ultérieure).

Étant donné ce contexte, dans l'Après-guerre il n'a généralement pas été possible de recueillir beau-

Dorsale de calcaire du Vercors, parcourant, du nord au sud, une grande partie du massif. Ici, à l'ouest de Saint-Andéol – zone d'action de la *Kampfgruppe « Schwehr »* lors de l'opération « *Bettina* » –. (Wikipedia)

coup de témoignages de membres des formations impliquées dans ces affrontements, voire dans ces exactions. Ces soldats allemands ont été soit indifférents aux souffrances infligées par leurs unités, soit marqués par la brutalité et la violence des événements dont ils ont non seulement été les témoins, mais aussi les acteurs. Enfin, certains d'entre eux ont pu être directement impliqués dans les crimes perpétrés au cours de ces opérations de « ratissage », de « maintien de l'ordre ». Ajoutons également que cette quête non judiciaire d'informations ne motivait quasiment personne après la guerre.

Fait figure d'exception le récent ouvrage de Jan Volker Schlunk, synthétisant ses efforts de collecte de témoignages auprès de vétérans de la *157. Res.-Div.*, mais principalement auprès de membres des *Fallschirmjäger* engagés dans le Vercors. Schlunk nous éclaire sur les expériences et l'état d'esprit de ces troupes parachutistes et de leur commandement ; il vient combler, de façon précise et fort utile, un vide d'informations. En revanche, cet ouvrage ne nous renseigne pas de façon substantielle sur la réalité physique des troupes de la *157. Res.-Div.* – ce n'est pas non plus son objet –, et ne contient pas non plus de renseignements significatifs sur les vétérans de cette division, que son auteur a pourtant rencontrés lors d'une enquête de plusieurs années en Allemagne.

Il semble à cet égard que ce long travail de recherche de vétérans effectué par Schlunk se soit heurté au problème de la valeur relative, subjective, de tout témoignage et, a fortiori, de récits de témoins qui étaient de jeunes soldats à l'époque des faits. Leur mémoire a pu changer radicalement, sciemment ou non, en plusieurs décennies au point « d'oublier », d'« occulter » toute action violente à l'encontre des résistants ou des populations locales. En d'autres termes, à quoi bon recueillir des témoignages si c'est pour constater qu'aucun des témoins n'a vu ni fait quoi que ce soit... ?

Ainsi résulte-t-il de cet ouvrage *Parachutistes allemands dans le Vercors. Juillet 1944* (1) qu'aucun des *Fallschirmjäger* engagés dans l'opération « Vercors » et rencontrés par lui plusieurs années après les faits, ne reconnaît avoir commis quelque forfait que ce soit ; l'on en vient à se demander comment ont pu périr tous les civils et Résistants tués à Vassieux...

De même, le témoignage de l'un des *Gebirgsjäger* engagés simultanément dans la même opération, et recueilli par Roland Kaltenegger (Emil Maser dans *Peter Grübl*, éditions Flechsig, aux pages 119-121), révèle que celui-ci « se révolte » (*empört sich*) que, du côté français encore de nos jours, l'on affirme « injustement » (*ungerechterweise*) que les soldats allemands ne se seraient pas battus « proprement »...

En revanche, les rares témoignages à notre disposition et exprimés peu après les faits auprès de proches par les soldats concernés, et non auprès de tiers inconnus ou de personnes extérieures susceptibles de porter un jugement, donnent un tout autre ton. Ainsi celui contenu dans un courrier adressé par un *Gebirgsjäger* hospitalisé à Aix-les-Bains, à ses parents en Allemagne, daté du 13 août 1944. Cette lettre, interceptée par la Résistance locale, rend plus précisément compte de ce que peuvent confier, en catimini, les acteurs des faits :

« *Durant l'engagement* [Vercors], *il y a eu des heures horribles. Comme ces jeunes gens ont été assassinés sauvagement par nous ! Nous avons totalement exterminé un hôpital de partisans* [la grotte de la Luire, voir plus loin], *avec médecins et infirmières. C'était peut-être atroce, mais ces chiens ne méritaient pas autre chose* [...] *Nous avons marché du matin au soir, mais il ne vit plus une souris où nous sommes passés (sic). On n'y voit plus une maison qui soit entière.* » (L'*Unteroffizier* Rudolf Schumacher cité par J. La Picirella, *Le martyre de Vassieux en Vercors*, Hachette, 1994).

Emblème de la *157.Reserve-Division.*

Manifestement, la violence qui caractérise les actions de la *157. Reserve-Division* est l'un des facteurs d'explication de la carence d'informations qui l'entoure. Il faut impérativement rappeler que cette responsabilité est indissociable de celle de la Wehrmacht dans tous les territoires occupés par elle, et qui tient aussi à l'action de la Gestapo et du SD, rendue possible par l'occupation militaire.

Cela est particulièrement vrai à Grenoble à partir de la fin de l'occupation italienne, en septembre 1943, car il y existait, plus que dans beaucoup d'autres villes françaises occupées depuis l'invasion de la zone dite libre en novembre 1942 par la Wehrmacht, et par l'armée italienne dans les zones frontalières de l'Italie, un régime de partition en zones quasiment franches pour diverses populations traquées par les nazis, et notamment pour un grand nombre de Juifs français ou étrangers. Ce statut étrange tient principalement à la personnalité du général de Castiglioni, commandant les forces italiennes d'occupation à Grenoble de novembre 1942 à septembre 1943, qui a refusé d'appliquer dans sa zone de commandement certaines des mesures imposées ailleurs par le Reich.

Or, la destitution de Mussolini en juillet 1943, et la capitulation italienne qui s'en est suivie, ont laissé dès le mois de septembre (c'est-à-dire lors de l'arrivée des troupes allemandes à Grenoble) la voie libre à la politique de répression allemande à l'encontre de toutes les personnes poursuivies par le IIIe Reich. A la répression militaire s'est ajoutée brutalement, du jour au lendemain, la répression politique et policière frappant une population dont l'importance s'était considérablement développée grâce, précédemment, à la relative bienveillance des forces armées italiennes.

Diverses causes de responsabilité peuvent donc contribuer au sentiment de culpabilité ayant pu affecter certains vétérans de la *157. Reserve-Division* ; tout au moins expliquent-ils indubitablement, en dehors de tout sentiment moral, une volonté de rester dans l'ombre.

S'agissant de la troupe elle-même (sans parler ici des membres des unités de police et de sécurité), il convient de souligner son « embrigadement » encore et toujours au moment des faits, soit à un stade relativement tardif de la guerre. En juillet 1944, ces formations de la Wehrmacht étaient en majorité composées de soldats âgés de 17 à 19 ans, soumis depuis leur plus jeune âge à l'idéologie nazie, et encadrés par des vétérans marqués par quatre à cinq années de campagne, notamment sur le front de l'Est.

Ces troupes sont formatées pour des combats impliquant aussi une répression « idéologique ». Leur ennemi désigné, le « *Bandit* », n'étant pas considéré comme une troupe régulière par le haut-commandement allemand et le système nazi, il ne doit pas subséquemment bénéficier des mesures de protection applicables aux prisonniers combattant sous

(1) Livre paru en français sous ce titre, aux éditions Privat.

Dans les Vercors, les maquisards, habillés de bric et de broc (effets civils, français de la Guerre 1939-1940...), à l'armement hétéroclite (P.-M. britanniques, américains, MAS-38, etc.), récupérant fréquemment du matériel allemand... (Dessin Erik Groult.)

un uniforme reconnu comme régulier par les forces allemandes.

Il existe également d'autres éléments de réponse à l'interrogation qui nous anime, et ce de nature plus géopolitique ou symbolique...

Dans le cadre de la France Libre et de la France de l'Après-guerre, certains événements de cette période s'étant produits dans cette région, ont revêtu un caractère particulièrement sensible, dès leur déroulement et après la libération du territoire national, surtout concernant la bataille du Vercors. On pense, entre autres, aux violentes oppositions ayant surgi entre le général de Gaulle et les autorités françaises d'Alger d'une part, et les responsables militaires et civils de la Résistance locale d'autre part, notamment communistes, quant au rôle stratégique et militaire du Vercors à la veille et à la suite des débarquements de Normandie et de Provence, et de la puissance (ou de la menace) que les forces armées de cette Résistance pourraient alors représenter aux yeux du gouvernement de la France Libre au moment de la reprise en main du pays et de la restauration de l'autorité de l'Etat. D'où une occultation certaine de ces aspects, qui a longtemps affecté l'Histoire officielle, et qui a contribué à en laisser un pan non négligeable dans l'ombre. Par contrecoup, la connaissance des forces ennemies elle aussi a été largement laissée pour compte.

Précisons aussi que les enjeux liés à cette région, notamment d'un point de vue stratégique, n'ont jamais revêtu pour les Alliés un caractère majeur dans l'optique d'élimination des forces allemandes. Pour eux, les véritables enjeux dépendaient avant tout du succès militaire des opérations « *Overlord* », puis « *Dragoon* ».

Ainsi, encore aujourd'hui hors de France, ces événements constituent-ils un chapitre quasiment oublié, ou bâclé, de l'histoire de la Deuxième Guerre mondiale. Cela est particulièrement vrai pour l'Allemagne, on le voit par exemple chez Roland Kaltenegger, dans son ouvrage sur le *Ritterkreuz-Träger* le *Feldwebel* Peter Grübl.

Tel n'est pas le cas dans notre pays, car la stratégie des fondateurs du Vercors et son rôle potentiel comme plateforme d'action contre l'occupant, de même que sa fin tragique, y ont pris la forme de symbole mémoriel de la Résistance française et de son sacrifice face à l'oppresseur, hors de toutes autres considérations. En effet, de nombreux auteurs se sont penchés sur l'histoire du Vercors et des forces de la Résistance qui s'y trouvaient, quoique sous cet angle seulement, sans vouloir, ou devoir, procéder à une étude plus approfondie de l'ennemi. Effectivement, dans cette perspective, la symbolique du Vercors n'a de sens que par la Résistance elle-même, et par l'existence même d'un ennemi « impersonnel » mentionné dans sa globalité, indépendamment des unités ou des individualités des soldats allemands qui y ont participés.

Parallèlement, il ne faut pas négliger non plus la faible importance numérique des forces engagées par le haut-commandement militaire allemand dans cette partie de la France, de même que leur faible qualité militaire. Comme nous le verrons par la suite, la *157. Res.-Div.* est loin d'être une unité d'élite, étant une composante de l'*Ersatzheer*, c'est-à-dire l'armée de l'intérieur, destinée principalement à instruire les recrues et à fournir en effectifs aptes au combat les unités du *Feldheer*, l'armée de campagne. De ce fait, la *157. Res.-Div.* est une unité statique, incapable d'affronter sérieusement, efficacement, une force armée régulière.

Venant confirmer l'aspect secondaire de ce « front » et de ces troupes, rappelons que le chiffre total des pertes des forces allemandes en opérations dans cette zone pendant la période de septembre 1943 à septembre 1944 (tués, blessés et disparus) est relativement peu important, en proportion des effectifs engagés. De même, ces pertes totales d'une année représentent une part extrêmement faible, voire non significative en nombre, de celles subies par la Wehrmacht en France lors des combats de la Libération de la fin du printemps et de l'été 1944, ou même – à titre là encore de comparaison – de celles subies par une seule division sur le front de l'Est, en Normandie ou dans les Balkans, y compris dans le cadre d'une seule journée de combat !

Ces chiffres et caractéristiques illustrent par eux-mêmes, qu'il s'est agi pour le haut-commandement allemand d'un théâtre d'opérations (si l'on peut se permettre cette appellation) de portée stratégique secondaire, avec un objectif circonscrit à la préservation de l'ordre et de la sécurité des centres urbains ou petites localités, des voies de communication, dans un environnement qui nécessitait une attention et des moyens particuliers. Cela est encore plus vrai à partir du début de l'année 1944, dans la crainte d'un débarquement allié sur les côtes françaises méditerranéennes, où se caractérise le souci de garantir l'accès à cette région, et celui de conserver de potentielles voies de repli depuis cette zone vers les frontières du Reich ou d'Italie septentrionale. Et ce, d'autant plus que l'action de la Résistance n'a cessé de s'amplifier pendant cette période.

Au vu de cet éventail de données, il est peu étonnant qu'il n'existe pratiquement aucune documentation qui nous renseigne davantage sur les membres des unités engagées, l'identité de certains d'entre eux, même si la composition organique des forces allemandes en présence à Grenoble et sa région est, depuis de nombreuses années, assez nettement décrite (voir les travaux de Paul Dreyfus, et plus tard d'Alain Chazette, Alain Cerri ou encore Peter Lieb). En d'autres termes, l'impression d'ensemble demeure celle d'une « armée sans visage », dépourvue de réalité humaine ou physique, presque réduite à un « simple concept », face à une Résistance quant à elle « humanisée », aux multiples visages, qui a ses héros et ses lieux de sacrifice.

Plus de soixante-dix ans après les faits, il paraît logique et objectif de tenter de restituer, en partie au moins, cette réalité du côté allemand, ne serait-ce que pour rendre compte de celle – insupportable à bien des égards – qu'ont vécus les résistants eux-mêmes et les populations de cette zone. Ainsi cet ouvrage permet-il, à mon sens, de rendre l'hommage qu'ils méritent à ces derniers, et ce par une meilleure connaissance de la personne et de l'image de leurs adversaires.

A cet égard, rappelons cette forme d'hommage – très rapidement après la fin de la guerre – aux forces marocaines de l'armée française ayant servi pendant la campagne d'Italie et jusque dans le Sud de l'Allemagne au printemps de 1945, par l'ouvrage *Face aux Marocains*. Il décrit les campagnes des forces en question, mais du point de vue de l'adversaire allemand, en envisageant la conduite des opérations des deux belligérants. Oui, tout restait à écrire à l'époque sur ces évènements (2). Cette approche a déjà été abordée, une première fois semble-t-il – au moins partiellement – par Joseph La Picirella (1924-

2010) au début des années 1970, dans son ouvrage *Témoignages sur le Vercors*, qui a indiqué l'identité de certains soldats allemands tués au cours d'opérations dans cette région durant les affrontements contre la Résistance, de même que leur date et lieu de décès. Toutefois, signalons qu'il existe, dans les renseignements qu'il fournit à ce sujet, certaines incertitudes, voire inexactitudes, par rapport aux sources allemandes officielles. Au fil de notre étude, il sera vu de quoi il s'agit selon les cas, mais cela ne saurait aucunement remettre en cause la qualité et la fiabilité du travail effectué voici plus de quarante ans par cet ancien résistant.

En ce qui me concerne, la réalisation de ce livre m'a permis d'accéder à des informations jusqu'alors généralement inconnues, mettant pour la première fois un nom sur certains de ces combattants « maudits », et les lieux de leurs actions. Ainsi, alors âgé d'une vingtaine d'années, j'ai remarqué plus particulièrement – et j'en ignore toujours la raison – une phrase dans cet ouvrage de Joseph la Picirella (page 217) : « *Un peu plus loin, cinq nouveaux chasseurs ennemis, Erich Buchenroth, 18 ans, Wendelin (sic) Fromknecht, 18 ans, Otto Hackl, 30 ans, Karl Jeske, 34 ans, Edouard Klandermeier (sic), 18 ans, subirent le même sort en tentant de s'emparer du Pas de la Ville.* »... Le nom d'Otto Hackl s'est inscrit inconsciemment dans mon esprit, plus distinctement que celui des quatre autres soldats, sans aucune raison apparente que, peut-être, la phonétique du nom lui-même, ou l'âge de 30 ans, qui tranchait avec celui de ses camarades, décédés plus jeunes. Pourquoi lui et non pas Karl Jeske, pourtant plus âgé ?

Autre chose avait alors attiré mon attention, liée non pas à l'identité des soldats, mais au lieu en question : le Pas-de-la-Ville. A cette époque, j'avais déjà effectué la marche en montagne conduisant par ce pas au Grand Veymont, et la beauté du paysage et des lieux d'affrontements signalés par des stèles, m'avaient fortement impressionné. Il en fallait donc peu pour que l'imagination fît le reste et redonnât vie à ces moments tragiques de 1944, et au souvenir des hommes tombés de part et d'autre.

Ce nom de Hackl faisant son chemin dans mon esprit, j'en suis venu un peu plus tard à visiter le cimetière militaire allemand de Dagneux, dans l'Ain – rassemblant près de 20 000 dépouilles – dont nous reparlerons plus loin, où, parmi d'autres victimes, reposent de nos jours les morts allemands de cette bataille. J'ai alors pu découvrir que ce soldat était un *Oberfeldwebel*, l'un des grades les plus importants des sous-officiers. A l'évidence, il ne s'agissait pas d'un novice, et j'avais la forte intuition d'avoir mis le doigt sur un soldat au parcours particulier, sans pouvoir encore en détenir la preuve.

Plusieurs années après, j'ai découvert qu'Otto Hackl avait été décoré, avant son arrivée en France, de la croix allemande en or, pour actes de bravoure en Russie. Je n'ai pu m'empêcher de vouloir en savoir plus sur cet homme. Or, seules quelques informations sur internet m'ont permis, il y a une dizaine d'années, d'avoir la confirmation de la date d'attribution de ses décorations. Mais le mystère planait sur les circonstances de son décès... La réponse ne viendra pour moi que fort récemment, à la fin de l'année 2017, lors de la découverte à Berlin de documents d'archives le concernant, comme nous le verrons plus loin...

Revenons-en à notre réflexion globale. Nous voyons que, plus récemment, l'ouvrage de Peter Lieb, *Vercors 1944*, est venu nous renseigner sur l'identité de certains chefs de petites unités et le cadre de leurs engagements, de même que sur l'identification des unités ayant mené certaines opérations significatives, et leur rôle jusque-là resté anonyme. Remarquons que cet auteur ne s'est pas limité à cette seule étude, ayant effectué un considérable travail de recherche sur la nature exacte de la guerre anti-partisans en France, en 1943-44. Dans cette optique, il a été conduit à retracer les faits et événements ayant trait au Sud-Est de la France, dans le but de comprendre et d'expliquer (dans un livre en langue allemande intitulé *Konventionneller Krieg*...) la stratégie militaire et politique exacte voulue par les Allemands dans cette guerre en France. Ainsi l'ouvrage contient-il des informations essentielles pour une meilleure connaissance, entre autres, de la *157. Res.-Div.* et de ses engagements sur le territoire français. Même s'il ne se penche que très peu sur les hommes eux-mêmes, leur identité ou leur image, cet ouvrage constitue une source d'informations et un facteur de compréhension essentiel comme « angle d'attaque » de mon travail.

Enfin, celui déjà cité de Volker Schlunk s'attache quant à lui à l'unité parachutiste engagée dans l'opération « *Bettina* » (Vercors), au travers des témoignages de certains de ses acteurs, dans le cadre d'une étude davantage axée sur l'analyse des faits eux-mêmes et sur la responsabilité des principaux membres de cette unité ou du *Sicherheits-Dienst*, que sur la *157. Res.-Div.*, ses hommes et ses moyens matériels au-delà même de l'opération sur le Vercors.

Au terme de cette réflexion d'ensemble, la question qui paraît toujours se poser pour l'historien, ou tout simplement le passionné ou l'amateur d'histoire, plus de sept décennies après la Libération, est la suivante : que reste-t-il pour illustrer aujourd'hui la situation de l'occupant à Grenoble et dans sa région ? Quels sont les documents ou éléments qui peuvent contribuer à restituer – même très partiellement – ce qu'a été l'occupant, pourtant omniprésent et puissant, mais paradoxalement encore presque abstrait aujourd'hui?

L'ambition du présent ouvrage entend reprendre, modestement, une voie déjà partiellement ouverte, et tenter de mettre un nom (et si possible un visage) sur un maximum des membres de ces forces allemandes, même parmi les plus humbles, engagés dans les principales opérations de cette période. L'on devra aussi s'attacher à des actions, des accrochages, des « incidents », parfois marginaux ou très accessoires au vu du sens général des évènements. Pour se représenter au mieux cette réalité, l'on présentera de façon critique certains documents ou objets qui s'y rapportent, directement ou indirectement : des photographies de ces troupes, des pièces d'uniformes et d'équipements, des insignes, des décorations retrouvés après-guerre dans cette région.

L'objectif de cet ouvrage n'est donc pas de décrire ou d'analyser les opérations et les affrontements de la région grenobloise et du Vercors, ni le sens politique et symbolique qui en est corrélatif d'un point de vue français ou allié. Ce travail a largement été accompli par des auteurs réputés dans des écrits dont la qualité est unanimement et légitimement reconnue (voir les auteurs précédemment cités, ou encore le récent ouvrage de Paddy Ashdown *Vercors, amère victoire*). La Résistance, son organisa-

(2) Notons aussi, réalité ambivalente, que les troupes marocaines en Italie ont laissé un très sombre souvenir dans ce pays, qui poursuivra la France après la Deuxième Guerre mondiale, pour viols très nombreux et exactions, qualifiés de « *marocchinate* » (maroquinades) par les Italiens NDE.

... sont engagés dans une lutte à mort contre une Wehrmacht et des forces de police allemande à la combativité et à la dotation elles aussi plutôt hétérogènes ! (Dessin Erik Groult.)

tion, et les actions qu'elle a menées ont-elles aussi été amplement traitées.

Il ne s'agit pas non plus de porter un jugement sur le sens des événements féroces et tragiques relatés, ni de légitimer, en aucune façon, l'action des forces allemandes, dont la responsabilité dans le cadre des opérations en question a clairement été établie depuis longtemps. Il est évident que, comme bien d'autres unités allemandes présentes en France à l'époque, la *157. Res.-Div.* a commis des massacres dans le cadre de ses engagements. D'un rôle de maintien de l'ordre et de la sécurité au départ, la division a dû s'engager de plus en plus dans des actions de combat et de répression. Elle a recouru à des interventions parfois de nature policière, sous la pression des événements et des services de la *Sipo/SD*, dont elle a parfois été le bras armé. Comme partout en Europe occupée, cette grande unité a été, à son niveau, l'instrument de la politique nazie de traque et déportation des Juifs et d'autres catégories jugées comme adversaires, notamment du fait de la liberté d'action laissée, dans les zones qu'elle occupait, aux services et unités en charge de cette besogne, quand elle n'y participait pas directement.

Pour autant, notre étude ne s'attachera pas non plus à recenser de façon exhaustive les forfaits commis par les troupes allemandes et leurs circonstances, en dehors de certains d'entre eux qui sont indissociables des actions ou opérations militaires proprement dites. Là encore, la plupart de ces crimes et forfaits ont été relatés dans d'autres ouvrages, que nous avons évoqués. Il n'empêche qu'ils doivent être à nouveau rappelés, dans le cas d'un travail comme celui qui nous occupe : exécution de civils, maquisards passés par les armes après leur capture, en dehors du feu de l'action. Citons par exemple, de façon non limitative, les fusillés du Désert-de-l'Ecureuil le 20 juillet 1944, ceux de Beauvoir-en-Royans le 26 juillet, exécutés par la Milice, ou encore ceux du cours Berriat à Grenoble, le 14 août 1944. Nous ne reviendrons pas non plus sur les circonstances et les raisons de l'exécution de quatre-vingts prisonniers allemands, du *SS-Pol.-Rgt. 19*, les 28 août et 2 septembre 1944 à Sacconges et Habère-Lullin, en Haute-Savoie.

Dans le contexte ainsi défini, et afin d'en rester à ce strict objectif, l'approche s'organisera autour de la désignation des unités allemandes concernées et, par souci de clarté, sur la chronologie des principales actions qu'elles ont menées.

Les unités retrouvées, même très succinctement, sont les suivantes :

Pour la première phase de juin 1940, la *3. Panzer-Division*, la *1. Gebirgs-Division* et l'*Infanterie-Regiment « Großdeutschland »*.

Pour la phase globale, à partir de 1943, principalement l'administration militaire en France occupée et, plus spécifiquement pour la zone qui nous intéresse, le *Heeresgebiet Südfrankreich* ; bien entendu la *157. Reserve-Division*, puisque la seule autre formation présente durablement pendant cette période est une unité territoriale (*Landesschützen-Bataillon 685*), de très faible importance numérique et de médiocre valeur combative.

Les autres unités engagées en 1944, en grande partie ponctuellement, sont les forces de police combattante (*Schutzpolizei*), des formations de parachutistes, de combat au sol et aériennes de la Luftwaffe, certaines fractions de la *9. Panzer-Division*, et aussi des troupes auxiliaires de l'Est (notamment de l'*Ost-Bataillon 406*, constitué en Russie Centrale au début de 1943, et de l'*Ost-Turk.-Btl. 781*, ou *Turkestanisches Infanterie-Bataillon 781*).

Par choix délibéré, n'entrent pas dans le cadre de cette étude les services ou unités relevant du SD (*Sicherheitsdienst*, ou service de renseignements et de maintien de l'ordre de la SS) et de la Sipo (*Sicherheitspolizei*, ou police de sécurité) de Lyon et Grenoble (*Sipo-SD*, dont la Gestapo est une composante), en raison de leur caractère non militaire au sens organique, même s'ils seront cités en raison de leur rôle de pure police politique, lié à celui des forces militaires durant leurs actions.

En effet, il convient de préciser que les formations de la Wehrmacht seront constamment accompagnées et contrôlées, durant leurs engagements, par plusieurs membres de la *Sipo-SD*, chargés de l'interrogatoire des prisonniers, de décider de leur sort – résultant le plus souvent en une exécution sommaire –, et d'en justifier auprès de leur hiérarchie à Lyon.

Rappelons brièvement que ces forces de police dépendent d'une structure centrale en Allemagne désignée RSHA (*Reichssicherheitshauptamt*, direction centrale de la sécurité du Reich), dirigée jusqu'en juin 1942 par Reinhardt Heydrich, qui est une organisation de commandement des forces de police et de renseignement. A son sommet, le RSHA est placé sous l'autorité du *Reichsführer-SS* Heinrich Himmler. Il est donc distinct des Waffen-SS, mais subordonné à la SS ; la première n'étant qu'une composante de la seconde. Les membres en uniforme de la *Sipo-SD* sont revêtus d'une tenue similaire à celle des Waffen-SS, mais qui ne comporte toutefois pas les *Sieg-Runen* sur la patte de col droite. SI les grades sont néanmoins les mêmes que dans les Waffen-SS, il ne faut pas voir pour autant une présence de ces Waffen-SS dans cette région de France. De même, les unités et services de la *Sipo-SD* sont distincts de ceux de la *Schutzpolizei* ; cette dernière dépend, comme nous le verrons plus loin, de l'*Ordnungspolizei*, chargée du maintien de l'ordre, et non pas de la police politique.

Nous n'évoquerons pas non plus les forces de répression ou de nature strictement politique, non allemandes, comme la Milice et, dans une moindre mesure, certains mouvements comme les JEN (les « Jeunes de l'Europe Nouvelle »).

Parallèlement, la chronologie reposera sur les seules actions ou opérations de nature militaire menées par les unités de l'armée allemande, à l'exclusion des opérations de nature défensive ou de contre-offensive menées par d'autres formations ou unités (à l'occasion, notamment, de la retraite de la *19. Armee* par la vallée du Rhône dans la deuxième moitié du mois d'août 1944), ou des actions principalement défensives de la *157. Res.-Div.* au moment du repli à partir de la fin d'août 1944 vers les cols des Alpes. Sont également non incluses dans cette chronologie les actions de stricte nature policière ou politique effectuées, de façon autonome, par les services de la Gestapo ou de la *Sipo-SD* de Lyon et Grenoble, et/ou leurs auxiliaires français, par exemple lors de la « Saint Barthélémy grenobloise ».

L'objectif du présent travail n'étant pas non plus de dresser un tableau complet de toutes les actions militaires entreprises par les forces allemandes dans cette région au cours de cette période, il pourra paraître au lecteur que certains théâtres d'opérations locaux ont été oubliés, ou négligés. Ainsi en est-il, certainement, des phases liées à la libération de la Savoie, de la Haute-Savoie ou de l'Ain, surtout en

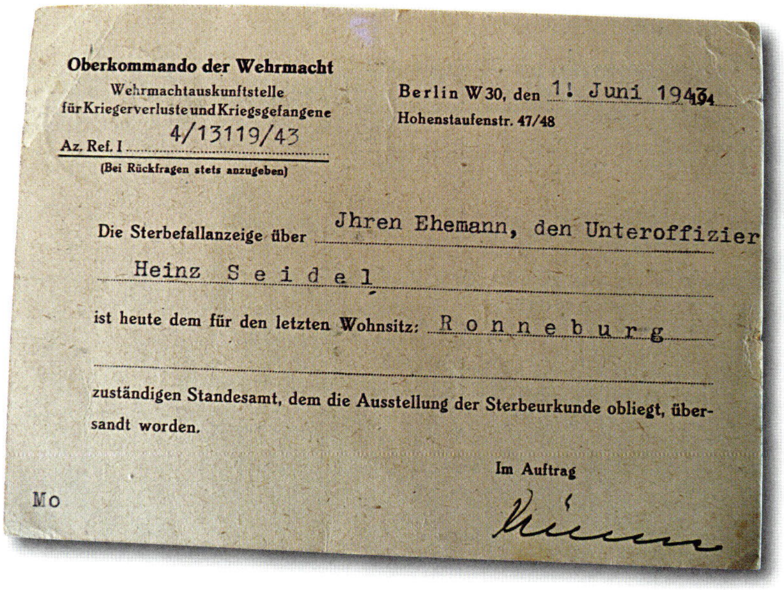
Oberkommando der Wehrmacht
Wehrmachtauskunftstelle
für Kriegerverluste und Kriegsgefangene
Az. Ref. I 4/13119/43
(Bei Rückfragen stets anzugeben)

Berlin W 30, den 1. Juni 1943
Hohenstaufenstr. 47/48

Die Sterbefallanzeige über Jhren Ehemann, den Unteroffizier Heinz Seidel
ist heute dem für den letzten Wohnsitz: Ronneburg
zuständigen Standesamt, dem die Ausstellung der Sterbeurkunde obliegt, übersandt worden.

Im Auftrag

Mo

Carte de la *Feldpost* émise par le haut-commandement de la Wehrmacht *(OKW)*, qui concerne ici l'*Unteroffizier* Seidel, envoyée à sa veuve à Blankenstein, à la limite de la Thuringe et de la Bavière. (Collection privée)

Oberkommando der Wehrmacht
Wehrmachtauskunftstelle
für Kriegerverluste und Kriegsgefangene
Berlin W 30, Hohenstaufenstraße 47/48

Feldpostkarte
Eigene Vorsicht bester Unfallschutz
Berlin SW 11
1.7.43-20

Frau
Helene Seidel
in Blankenstein /Saale
Bayrische Str. 128

Oberkommando der Wehrmacht Wehrmachtauskunftstelle

Vordr. 106
100 000. OKW. 7. 41.

raison du fait que les troupes qui y ont capitulé étaient avant tout des forces de police, des douanes et des états-majors de liaison (*Verbindungsstäbe*). Cependant, pour plus de détails sur ces affrontements, il existe une étude, menée il y a quelques années, par la revue *After the Battle*.

S'agissant de la documentation, et du fait de la carence de supports photographiques ou cinématographiques, il est possible d'avoir recours à des documents fort utiles pour la connaissance des hommes et de leur parcours, des unités, des actions. D'abord le ***Soldbuch***, ou livret militaire individuel, porté sur lui par le soldat allemand à titre de document d'identité, et qui contient de précieux renseignements quant aux unités d'affectation en pages 3 (promotions) et 4 (chronologie des affectations). Il renseigne également sur les équipements attribués, les hospitalisations, ou encore les décorations et permissions. Dans l'armée allemande, il est attribué du grade le plus élevé, celui de général, au plus élémentaire, celui de soldat de 2e classe. Puis, le ***Wehrpass***, sorte de passeport militaire, qui contient les informations relatives à la carrière militaire du soldat, conservé à l'échelon divisionnaire ou supérieur. D'autres documents sont riches d'informations, comme le ***Wehrstammbuch***, correspondant au livret matricule français, qui contient toutes les informations du *Wehrpass*, mais davantage documentées et contenant notamment des appréciations relatives à la carrière militaire et pré-militaire du soldat. Enfin, dans le cadre de cette étude, des documents conservés d'une part par les archives militaires, notamment à Fribourg-en-Brisgau dans le Bade, et d'autre part par la *Deutsche Dienststelle* de Berlin (*WASt*). Il s'agit de documents relatifs à l'organisation des divisions, notamment l'état des officiers, et à certaines de ses opérations. L'on y trouve également des documents relatifs aux personnels d'une division, qui méritent une attention particulière du fait du rôle de cet organisme spécifique, issu d'un service créé en 1939 au sein de l'*Oberkommando der Wehrmacht* en vue d'assurer le suivi et la gestion des effectifs de l'ensemble des forces armées allemandes, et dénommé à l'époque « *Wehrmachtauskunftstelle für Kriegsverluste und Kriegsgefangene* », en abrégé *WASt*, littéralement « centre ou département d'information de la Wehrmacht pour les pertes du temps de guerre et les prisonniers de guerre ».

Pour information, nous pouvons observer un document émis par cet organisme en temps de guerre, concernant un *Unteroffizier* de la *7. Panzer-Division*, **Heinz Seidel**, ayant participé à toutes les campagnes de celle-ci, depuis l'invasion de la Pologne en septembre 1939 à l'occupation de la zone dite libre à compter du 11 novembre 1942, jusqu'au secteur de Toulon, où elle est restée stationnée jusqu'au 20 décembre 1942. Transféré avec sa division sur le front de l'Est le 2 janvier 1943, ce sous-officier a tragiquement illustré le principe « sitôt arrivé, sitôt tué », puisqu'il est tué au combat (« *gefallen* ») le 12 janvier suivant. Sa veuve reçoit ainsi le 1er juillet de la même année un avis du *WASt*, l'informant que le certificat de décès de son époux a été adressé aux services de l'état civil de sa ville de résidence, pour l'établissement de l'acte de décès.

Ce service a vu sa mission prolongée par nature après la fin des hostilités et la chute du IIIe Reich, afin de recenser les pertes en question, et de contribuer à la recherche des personnels disparus et des sépultures des soldats tués, et ce sous la nouvelle appellation de *Deutsche Dienststelle* (l'abréviation d'origine WASt restant cependant inchangée). Cet organisme n'a pas le statut d'archives nationales, ayant pour vocation quasi-exclusive d'œuvrer au bénéfice des parents ou proches des soldats concernés. Exceptionnellement, il est ouvert à d'autres personnes justifiant d'un intérêt ou d'une habilitation spécifique. Dans le cadre de ses objectifs, il s'articule principalement autour des documents suivants :

La liste des plaques d'identité, ou « ***Erkennungsmarken-Verzeichnis*** » : Le premier jour de son recrutement, chaque soldat recevait une plaque d'identité métallique ovale séparée en deux moitiés ne comportant pas son nom, mais seulement la référence de l'unité d'incorporation et le numéro de contrôle nominatif attribué au soldat et, plus tard, le groupe sanguin. Cette attribution était définitive, quel que soit le nombre d'affectations ultérieures du soldat vers d'autres unités. De ce fait, il était indispensable de pouvoir assurer par ailleurs un suivi de ce parcours, puisque la lecture de la plaque ne le permettait pas. Le rôle du *WASt* était donc de tenir le registre de ces plaques, et surtout d'en assurer le suivi par sa mise à jour en fonction des affectations successives du soldat, transmises par les listes de mouvements établies régulièrement par les unités de

Erkennungsmarke retrouvée sur le terrain du camp de prisonniers allemands de Callas – les soldats allemands capturés sur Grenoble à la fin d'août 1944 ont, pour beaucoup, été dirigés vers le camp –, à l'époque propriété d'un soldat ayant d'abord été incorporé dans le 199e bataillon de grenadiers de dépôt et d'instruction. Il s'agissait, sans doute, d'un soldat de la *157. Res.-Div*.

Plaque d'identité, provenant du même endroit, d'un *Artillerist* ayant appartenu à la *157. Res.-Div.* A la *Heimat*, son unité initiale, d'*Ersatz*, était la batterie « d'encadrement » (*Stammbatterie*) du 7e groupe d'artillerie de dépôt. Y a été frappé le groupe sanguin du soldat. (Collection privée)

départ (*Abgang*) et d'arrivée (*Zugang*). Ainsi le *WASt* était-il en mesure d'assurer la traçabilité du parcours de chaque soldat depuis son incorporation, et de permettre son identification et sa localisation en cas de nécessité, notamment par décès.

Le *WASt* conserve un très grand nombre de ces listes, et leur lecture permet une identification des effectifs de chaque unité pour une période donnée, ce qui représente, au niveau d'une grande unité, des milliers de noms et de références. Dans le cas de la *157. Res.-Div.*, il est possible de retracer le parcours de plusieurs milliers des soldats qui y ont été affectés, pour une période plus ou moins longue.

Ici, deux plaques d'identité, retrouvées il y a quelques années au cours de fouilles sur l'emplacement de l'ancien camp de prisonniers de Callas, dans les Bouches-du-Rhône : L'une porte la mention de l'*Art.Ers.-Abt. 7*, qui est l'unité de dépôt de la *Res.Art.-Abt. 7*, l'autre celle du *Gren.Ers.u.Ausb.-Btl. 199*, quant à elle l'unité de dépôt et d'instruction du *Res.Gren.-Btl. 199*, dont une partie a été versée au *Res.Gren.-Btl. 179* au début de l'année 1944.

Sont également fort intéressants les rapports de pertes nominatifs, ou « *namentliche Verlustmeldungen* » (en abrégé dans le corps du texte ci-après « VLM »), vu qu'ils sont établis à l'époque à l'échelon des compagnies, et obligatoirement transmis au *WASt* si possible sur un rythme journalier, ou au moins d'une dizaine de jours. Ils comportent les rapports de décès (au combat ou pour d'autres causes), les rapports de disparition, de capture ou de désertion, et enfin ceux de blessure(s). Si tous ces dossiers n'ont pas survécu à l'effondrement de 1945, un grand nombre demeure aujourd'hui conservé par le *WASt*, et c'est heureusement le cas pour la *157. Res.-Div.* Ils nous permettent de savoir, concernant les pertes de toutes natures, quelle unité était engagée et à quelle période, dans quelle zone d'opération ou d'occupation, ainsi que nous le verrons plus loin au travers de nombreux exemples. Comme Peter Lieb a pu le relever, dans les listes disponibles, il manque notamment les pertes de la *Res.Art.-Abt. 7* et celles de la *Res.Geb.Art.-Abt. 79* pour juillet 1944, de même que celles du *Res.Gren.-Btl. 217* pour la première moitié du mois d'août 1944. La fin de l'année 1943 est également incomplète pour une partie des unités de la division.

Notons que l'objectif de cet ouvrage n'est pas de tenir une comptabilité de toutes les pertes qui y figurent, mais de citer celles qui paraissent rendre compte des multiples combats qui se sont produits dans la région grenobloise, tout au moins de certains cas parmi les plus significatifs pour l'histoire locale.

Enfin, des fiches individuelles, établies à l'époque et mises à jour jusqu'à aujourd'hui, selon les informations reçues sur le soldat : nom, prénoms, date et lieu de naissance, adresse, affectations successives, blessures, lieu de décès ou de capture, puis dans la période de l'après-guerre, nature des renseignements obtenus ou demandes reçues : lieu de sépulture, demande de proches, de services administratifs ou, beaucoup plus rarement, judiciaires dans le cas de recours en justice – ce qui fut le cas de certains membres de la *157. Res.-Div.* –. A noter cependant que, malgré tout, le contenu de ces fiches demeure aléatoire dans un grand nombre de cas, et non exhaustif : liste incomplète des affectations, interruption des renseignements en cours de guerre, voire inexistants comme, par exemple, s'agissant de la fiche de l'*Oberst* A. Seeger.

Les préludes : juin 1940. La fin de la campagne de France en Isère

Au début du mois de juin 1940, la situation est dramatique pour l'armée française, qui plie sur les fronts de la Somme et de l'Aisne et, le 10 juin, l'Italie en profite pour déclarer la guerre à la France. Cependant, l'armée italienne n'exploite pas la situation de faiblesse de son adversaire et, pendant plusieurs jours, elle ne déclenche aucune action significative. Pour exploiter, notamment, la déstabilisation du front français des Alpes qui devrait résulter de l'avancée des troupes allemandes vers Lyon, le haut-commandement italien ne s'engage pas dans une massive campagne offensive à travers les Alpes françaises.

De son côté, Adolf Hitler souhaite mettre un terme rapide aux hostilités avec la France et, en même temps, ménager son partenaire italien en lui permettant de conquérir certains des territoires qu'il convoite. Pour faciliter ce double objectif, l'OKW (haut-commandement des forces armées alle-

Sépulture d'un *Unteroffizier* de la « *Großdeutschland* », tué – probablement à la tête – durant la progression de l'unité vers le sud de la France. (DR)

mandes) décide qu'en dépit de la suspension générale des actions de la Wehrmacht en France (à compter du **20 juin 1940**), une exception subsistera pour les troupes engagées au Sud-est de Lyon, qui ont pour mission de marcher sur Grenoble et Chambéry afin de bloquer les forces françaises qui seront éventuellement repoussées par l'armée italienne.

A cette fin, trois grandes unités principalement, dépendant du *XVI. Panzerkorps* du *General* Hoepner, sont chargées de cette mission à compter du 21 juin: la *3. Panzerdivision* du *Generalmajor* Stumpff, la *4. Panzerdivision* du *Generalmajor* Stever, et enfin la *13. Infanterie-Division (mot.)* du *General* Friedrich-Wilhelm von Rothkirch.

D'autres forces, plus modestes, sont elles aussi engagées, et il faut noter qu'à partir du 23 juin, la *1. Gebirgs-Division* reçoit également l'ordre de se diriger vers la région lyonnaise, bien qu'en définitive elle ne prenne pas part aux (derniers) combats. Néanmoins, elle contribuera à la sécurisation de certains espaces, notamment sur l'Isère, dans la région lyonnaise et l'Ain (Fort-l'Ecluse). L'*Infanterie-Regiment « Großdeutschland »* est lui aussi présent dans la région de Lyon, où il prend part à certains engagements, et subit des pertes.

En ce qui concerne plus précisément le secteur de Grenoble, des combats ont lieu à Voreppe, à une douzaine de kilomètres au nord-ouest de Grenoble, où une ligne de défense a été mise en place par le haut-commandement français, afin précisément d'interdire la prise de la ville à l'armée allemande. Voreppe a été choisi du fait de sa position géographique et, dans cette zone, du rétrécissement de la vallée entre les massifs du Vercors et de la Chartreuse ; un terrain permettant d'optimiser la défense entre Voreppe et Grenoble. Cette défense est confiée à diverses unités sous les ordres du colonel Brillat-Savarin. Du côté allemand, l'attaque est menée par la *3. Panzer-Division*. Le détail des actions et des opérations est relaté avec précision dans l'ouvrage de Laurent Demouzon *Savoie : juin 1940. L'ultime*

Casque d'acier du modèle de 1935, à double décalcomanie qui, malgré une usure marquée de la surface de sa bombe, ne présente pas de corrosion profonde. Il pourrait s'agir d'un casque ayant été installé, en 1940, au sommet d'une croix tombale… mais cela reste du domaine de l'hypothèse. (Collection privée)

victoire (3), et nous apprend qu'une colonne de cette division (constituée, en tête, de véhicules de reconnaissance, puis de blindés légers Panzer II, de blindés moyens et lourds Panzer III et même IV, accompagnés de SdKfz. 250 et 251 des *Pioniere* de la division) est formée le **22 juin**, et qu'elle part de Bourgoin pour faire mouvement vers Grenoble. Le *Schützen-Regiment 3* intervient également. Cette colonne blindée est commandée par le *Generalmajor* Friedrich Kühn, à la tête de la *Panzer-Brigade 3*, et elle emprunte la RN 85 en se dirigeant sur Moirans, à quelques kilomètres au nord-ouest de Voreppe. Dans la nuit, les Français ouvrent le feu, le combat s'engage avec des éléments motocyclistes allemands qui n'insistent pas, et qui sont suivis de deux Panzer II et de blindés légers semi-chenillés des *Pioniere*. Ils sont pris à partie et répliquent. L'un des Panzer est touché, son équipage l'évacue mais l'un des membres, l'*Obergefreiter* Wilhelm Schaltholt, est atteint mortellement. Le deuxième blindé, quoique également touché, parvient à se replier.

A l'issue de cette phase, les fantassins français se replient eux aussi mais, pour le commandement allemand, cette forte résistance est une surprise, et il s'agit donc d'attendre des renforts pour reprendre l'attaque. Ceux-ci sont constitués de plusieurs Panzer III et IV, de membres du génie et de fantassins du *Schützen-Regiment 3*, qui quittent Voiron (à 7 km au nord de Voreppe) au matin du **23 juin** vers les positions françaises.

Examinons ici le récit de Laurent Demouzon, en substituant toutefois les grades allemands à leur traduction française :

« *Le char en tête est un Panzer IV, commandé par le* Leutnant *Richard Schwandt,* Zugführer *(chef de section). L'équipage comprend l'*Unteroffizier *Nieke comme pointeur, l'*Obergefreiter *Klems qui est chargeur, le* Gefreiter *Otto Irrgang comme conducteur, et enfin le* Schütze *Jahnke comme radio. Arrivant devant un barrage (vers Voreppe), le* Leutnant *perd le contact avec le chef du groupe de motocyclistes d'escorte. Le contact radio ne peut pas s'établir avec les appareils de bord, qui ne marchent qu'avec les autres blindés, sur une fréquence propre.*

Le Leutnant *Schwandt est contraint de sortir du Panzer. Un violent tir de la « batterie Dulin » et d'armes d'infanterie s'abat à proximité du blindé. Le char veut répliquer avec son 75 mm court, mais un incident de tir enraye le canon. L'équipage sort à son tour pour effectuer une réparation. Le radio et le conducteur montent sur le capot, pour tenter de remettre en état le canon. Le départ d'une salve d'artillerie retentit, amplifiée par les montagnes. Les deux hommes sautent du blindé, réussissant à se mettre à couvert, ce qui n'est pas le cas du reste de l'équipage. Les obus passent au-dessus du char* [...]. *Les éclats volent dans tous les sens. Le* Leutnant *Schwandt et le* Gefreiter *Irrgang sont tués sur le coup. L'*Obergefreiter *Klems n'est que légèrement blessé. Le reste de l'équipage réussit à regagner le blindé et à se replier sur Moirans* [...] *Sous le feu, les corps des deux tankistes sont ramassés et évacués sur l'arrière d'un Panzer.* »

Ces pertes seront parmi les plus significatives du côté allemand, et d'autres accrochages ont lieu sur cette position de Voreppe, avec des pertes supplémentaires dans les deux camps. Finalement, les Allemands n'entreront pas à Grenoble à l'issue de la campagne de France.

Dans ce contexte, la mort du *Leutnant* Schwandt revêt un caractère symbolique, touchant un officier de l'arme d'élite que constituent les Panzer, intervenant à un moment où l'armistice a déjà été signé, et dans des circonstances de résistance de l'armée française au sud de Lyon, auxquelles le haut-commandement allemand ne s'attendait pas.

Ainsi cet engagement n'est-il pas passé inaperçu en Allemagne, puisqu'un ouvrage connu à l'époque, relatant les événements des campagnes de Pologne et de France, sous le titre *Von Lemberg bis Bordeaux* d'un auteur dénommé **Leo Leixner**, est dédié en sa première page à un petit nombre de combattants allemands tombés au cours de ces campagnes, dont

(3) Edité par la Société d'art et d'histoire d'Aix-les-Bains, 2010.

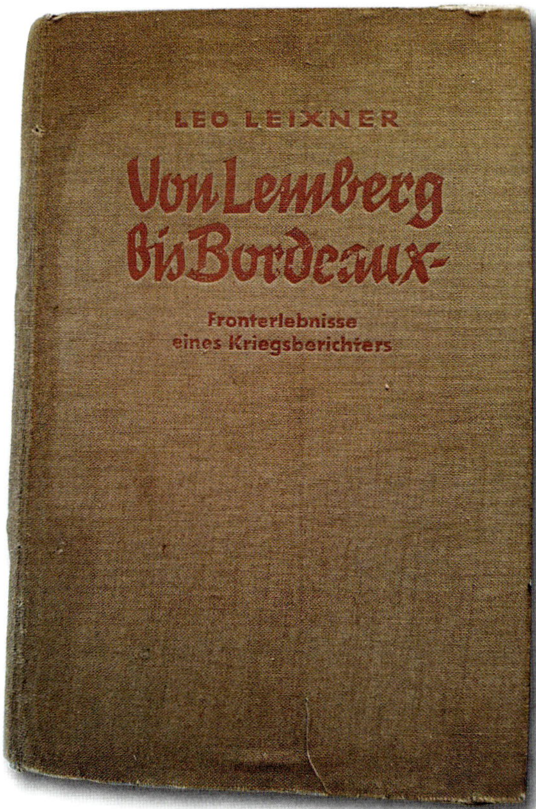

Couverture de l'ouvrage de Leo Leixner (1908-1942), correspondant de guerre de la Wehrmacht d'origine autrichienne. Il décédera sur Krasnodar, sur le front de l'Est, à l'été de 1942. (Collection privée)

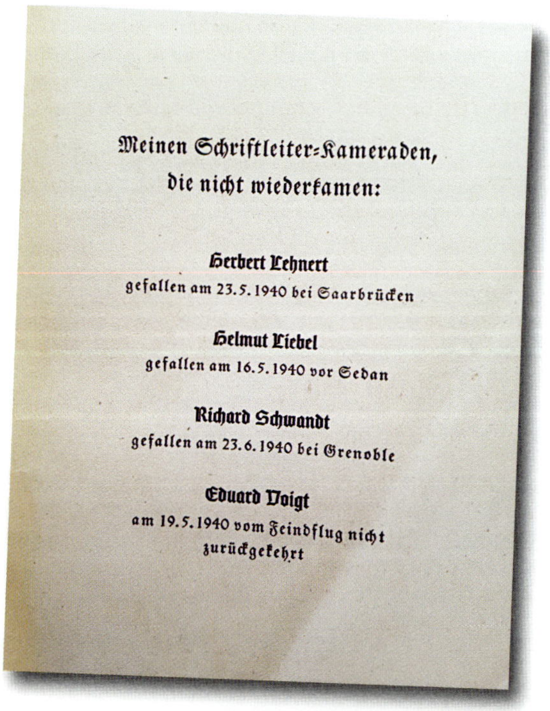

Meinen Schriftleiter-Kameraden,
die nicht wiederkamen:

Herbert Lehnert
gefallen am 23.5.1940 bei Saarbrücken

Helmut Liebel
gefallen am 16.5.1940 vor Sedan

Richard Schwandt
gefallen am 23.6.1940 bei Grenoble

Eduard Voigt
am 19.5.1940 vom Feindflug nicht zurückgekehrt

La sépulture du *Lt.* Schwandt, officier auquel Leo Leixner rend hommage. (DR)

Ci-contre : pattes d'épaule à la couleur d'arme blanche, typiques des effets en dotation au début du conflit, présentant les initiales gothiques entrelacées de la « *Groß-deutschland* ». (Collection privée)

le *Lt.* Schwandt, sous la mention « *gefallen bei Grenoble* » (tombé dans la région de Grenoble). Enfin, il existe au moins une photographie de la tombe provisoire de **Richard Schwandt** et du *Gefreiter* Irrgang, située dans un cimetière aménagé dans un secteur vraisemblablement proche de la zone des combats.

Selon les documents de son dossier, **Josef Stockinger** est engagé dès le début de la campagne de Pologne au sein de la *1. Gebirgs-Division*, et blessé le 17 septembre 1939, lors de combats au cours desquels le *Hauptmann* von Studnitz, commandant sa compagnie et signataire du *Soldbuch* le 26 août, est tué. Huit mois plus tard, Stockinger est engagé durant le *Blitzkrieg* contre la France, dans le cadre des combats sur l'Aisne, puis du passage de la Marne. Son *Wehrstammbuch* mentionne les engagements de la Seine jusqu'à la Loire, au Cher, et la sécurisation de la ligne de démarcation, alors toute nouvelle, du 21 au 23 juin 1940. Il indique également pour les jours suivants : attaque contre l'Isère et les Alpes occidentales (« *Angriffskämpfe gegen Isère u. Westalpen* ») du 23 juin au 25 juin 1940. Il participe ensuite, à partir du 2 mars 1941, à la campagne des Balkans (batailles de l'Olympe et des Thermopyles, en Grèce) et à l'opération « *Merkur* » en mai, contre la Crète. Il appartient au IIIe bataillon du *Geb.Jg-Rgt. 100*, qui est transporté jusqu'en Crète par un convoi de bateaux… qui seront interceptés par la marine britannique le 22 mai – et pour la plupart coulés à cette occasion –. Plus de cinq cents soldats du bataillon sont noyés dans cette circonstance, dont le commandant du bataillon, l'*Oberstleutnant* Ehal. Faisant partie des rares survivants rapatriés en Grèce continentale, Josef Stockinger est finalement débarqué avec les restes du bataillon sur l'île le 5 juin 1941, où il demeure avec la division pendant plusieurs mois. Le 17 mars 1942, la grande unité est envoyée en Russie (sur Leningrad, et le front du Volkhov), où Stockinger est grièvement blessé en juillet 1942, et doit être amputé de la jambe gauche. Il a reçu l'*Infanterie-Sturmabzeichen*, l'*EK.2*, la bande de manche « Kreta », ainsi que l'insigne des blessés en argent.

Quant à lui, **Johann Gantner** voit son *Wehrpass* ouvert le 5 août 1939. Il est affecté à la *2.Kp./Geb.Jg.-Rgt. 98* à partir du 14 février 1940 (son unité de dépôt est le *Geb.Jg.E.-Btl. 98*).Quelques années plus tard, à compter d'août 1943, Gantner se voit muté à la *2.Kp./Hochgeb.Jg.-Btl. 4* (2e compagnie du 4e bataillon de chasseurs de haute montagne). Il s'est vu décerner l'*Infanterie-Sturmabzeichen*, l'*EK.2* et l'insigne des blessés en noir.

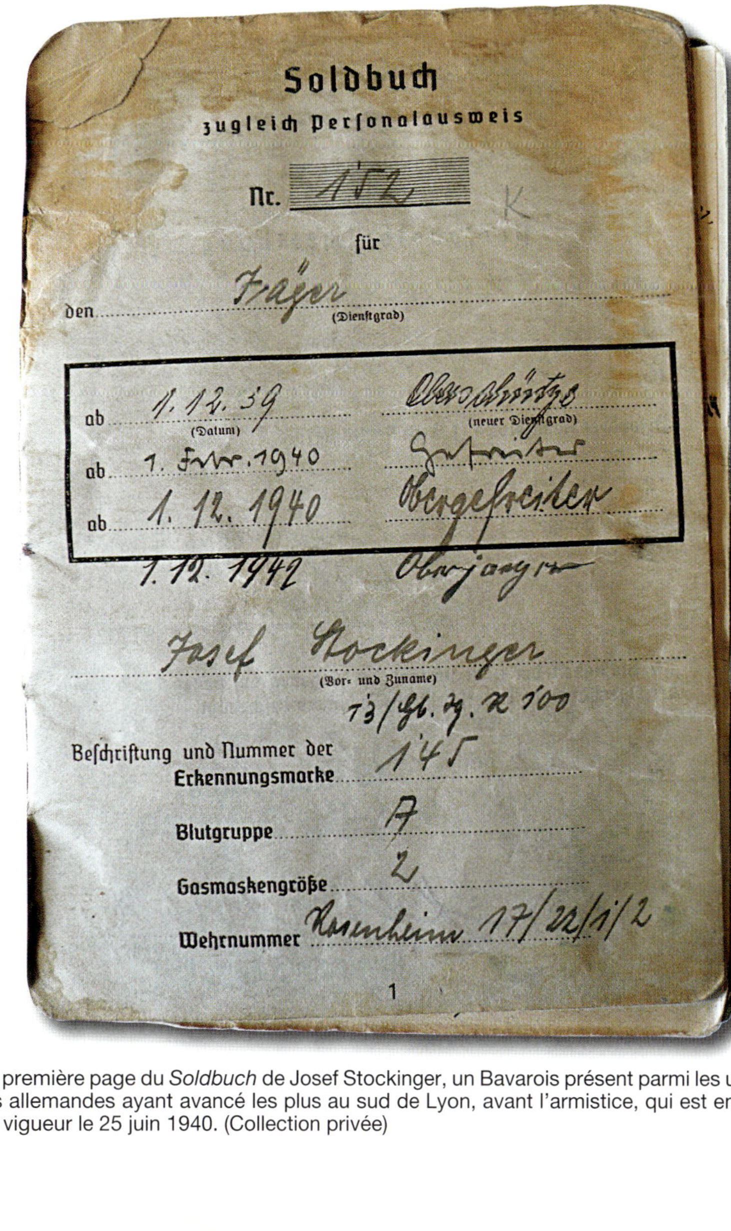

Soldbuch
zugleich Personalausweis
Nr. 152 K
für
den Jäger (Dienstgrad)
ab 1.12.39 (Datum) Oberschütze (neuer Dienstgrad)
ab 1. Febr. 1940 Gefreiter
ab 1.12.1940 Obergefreiter
1.12.1942 Oberjäger
Josef Stockinger (Vor- und Zuname)
Beschriftung und Nummer der Erkennungsmarke 13/Geb.Jg.R. 100 145
Blutgruppe A
Gasmaskengröße 2
Wehrnummer Rosenheim 17/22/1/2
1

La première page du *Soldbuch* de Josef Stockinger, un Bavarois présent parmi les unités allemandes ayant avancé les plus au sud de Lyon, avant l'armistice, qui est entré en vigueur le 25 juin 1940. (Collection privée)

Page 3 du livret individuel du *Gebirgsjäger* Stockinger, indiquant ses promotions successives au sein du *Geb.Jg.-Rgt. 100*. Lors de la campagne de France, il appartient à la 13e compagnie de ce corps de troupe.

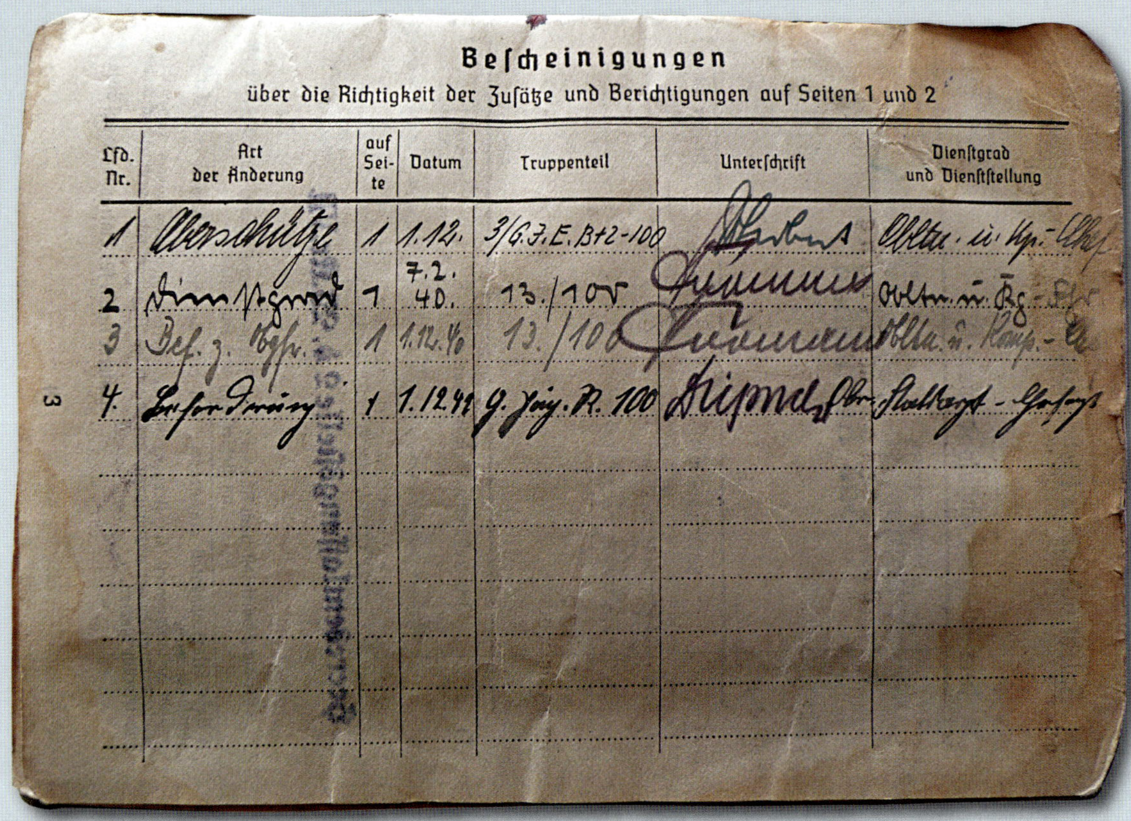

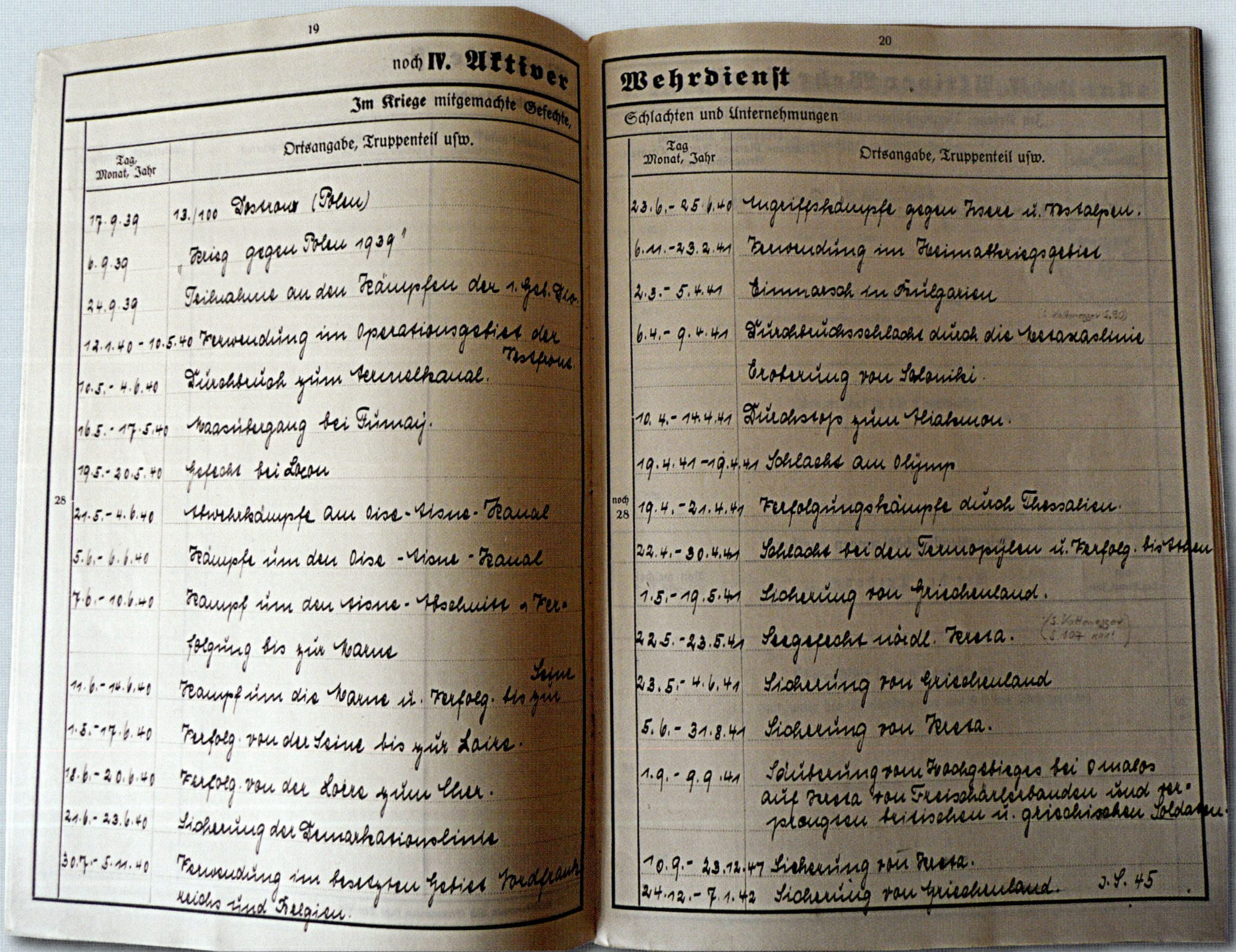

Les différents engagements, avec leurs durées précises, consignés dans le *Wehrstammbuch* de Josef Stockinger, de la Campagne de Pologne à l'occupation de la Grèce, en 1941.

2

3

I. Angaben zur Person

1	Familienname	Gantner
2	Vornamen (Rufname unterstreichen)	Johann
3	Geburtstag, -monat, -jahr	28. 10. 20
4	Geburtsort; Verwaltungsbezirk (z. B. Kreis, Reg. Bezirk)	München
5	Staatsangehörigkeit (auch frühere)	D. R.
6	Religion	kath.
7	Familienstand	ver. … 2 Kinder
8	Beruf (nach Berufsverzeichnis)	erlernter: Schriftsetzerlehrling; ausgeübter:
9	Eltern	Vater: Johann (Rufname, Familienname); Beruf (nach Berufsverzeichnis): Kfm. Angest. (wenn verstorben: † und Sterbejahr) — Mutter: Rosina (Rufname, Familienname); Mädchenname: Kling… (wenn verstorben: † und Sterbejahr)

Gantner Hans
(Eigenhändige Unterschrift des Inhabers — Rufname, Familienname)

Les pages 2 et 3 du *Wehrpass* du Munichois Johann « Hans » Gantner, né en 1920, marié et ayant déjà deux enfants.

12

noch **IV. Aktiver**

Zugehörigkeit zu Dienststellen des Heeres

von	bis	Dienststelle (Truppenteil usw.)	Stammrollen-Nr. Ranglisten-Nr.
31. 8. 1939	13. 2. 1940	5./Gb. Jg. Ers. Btl. 98	128/39
14. 2. 40		2./G. J. R. 98	347
		siehe Seite 34	
10. 9. 42	19. 11. 42	1. Genesenden-Kompanie I./Geb. Jäg. Ers. Btl. 98	1406
21. 11. 42	15. 1. 43	Gen. Wach. Kp. Geb. Jäg. Ers. Rgt. 537	536/42
16. 1. 43	5. 2. 43	2. Gen. Kp. 1. Geb. Jäg. Ers. Btl. 98	191/43
6. 2. 43	20. 4. 43	Marsch-Btl.	
21. 4. 43	14. 11. 43	2. Kompanie Gebirgs-Jäger-Regiment 98	1166
15. 11. 43	5. 8. 44	2./Hochgeb. Jäg. Btl. 4	39
6. 8. 44	23. 10. 44	G.-J.-E.-B. 137 Genesenden-Kompanie	51/2682
24. 10. 44	6. 11. 44	2. Stammkp. I. GJE. Btl. 137	624/44
7. 11. 44	3. 4. 45	ROB.-Schule, 3. Insp., Kufstein	
4. 4. 45	45	…kompanie z. b. V. Geb. Jäg. Ers. Btl. 1…	

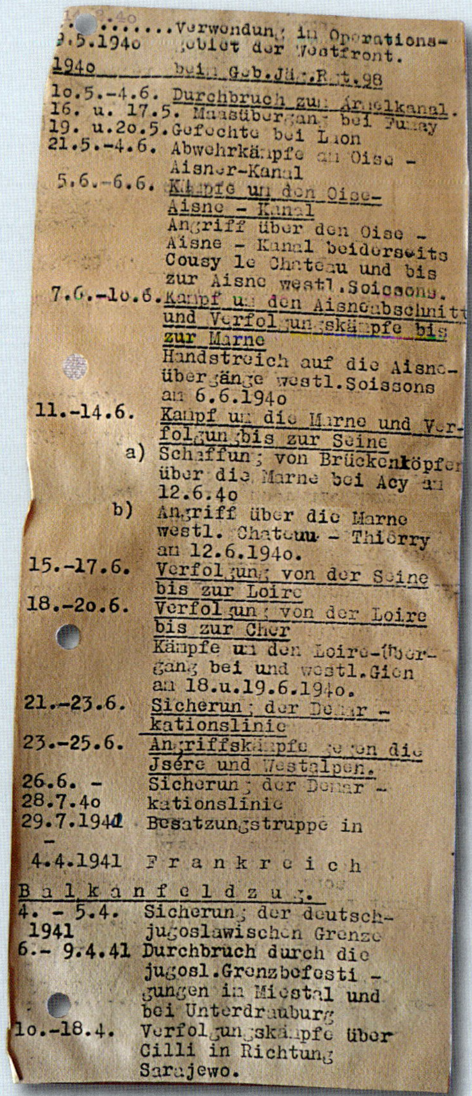
…Verwundung in Operations-
…5.1940 gebiet der Westfront.
1940 beim Geb.Jäg.Rgt.98
10.5.-4.6. Durchbruch zum Ärmelkanal.
16. u. 17.5. Maasübergang bei Fumay
19. u.20.5.Gefechte bei Laon
21.5.-4.6. Abwehrkämpfe am Oise – Aisner-Kanal
5.6.-6.6. Kämpfe um den Oise-Aisne – Kanal
Angriff über den Oise – Aisne – Kanal beiderseits Cousy le Chateau und bis zur Aisne westl.Soissons.
7.6.-10.6.Kampf um den Aisneabschnitt und Verfolgungskämpfe bis zur Marne
Handstreich auf die Aisneübergänge westl.Soissons am 6.6.1940
11.-14.6. Kampf um die Marne und Verfolgung bis zur Seine
a) Schaffung von Brückenköpfen über die Marne bei Acy am 12.6.40
b) Angriff über die Marne westl. Chateau – Thierry am 12.6.1940.
15.-17.6. Verfolgung von der Seine bis zur Loire
18.-20.6. Verfolgung von der Loire bis zur Cher
Kämpfe um den Loire-Übergang bei und westl.Gien am 18.u.19.6.1940.
21.-23.6. Sicherung der Demarkationslinie
23.-25.6. Angriffskämpfe gegen die Isère und Westalpen.
26.6. – 28.7.40 Sicherung der Demarkationslinie
29.7.1940 – 4.4.1941 Besatzungstruppe in Frankreich
Balkanfeldzug.
4. – 5.4. 1941 Sicherung der deutsch-jugoslawischen Grenze
6.- 9.4.41 Durchbruch durch die jugosl.Grenzbefestigungen im Miestal und bei Unterdrauburg
10.-18.4. Verfolgungskämpfe über Cilli in Richtung Sarajewo.

Liste des unités successives auxquelles Gantner a appartenu, et ce jusqu'au « *bitteres Ende* » du printemps de 1945. Une feuille perforée, pliée soigneusement dans son *Wehrpass*, indique entre autres sa participation aux affrontements de juin 1940, jusque dans l'Isère et les contreforts alpins. Par la suite, ce Bavarois a fait partie des troupes d'occupation chargées de surveiller la ligne de démarcation. (Collection privée)

Septembre 1943 – L'occupation allemande de Grenoble et de sa région

Avant d'examiner la chronologie des évènements à partir des mois d'août et de septembre 1943, voyons les structures et unités qui vont intervenir dans cette phase, puis au cours des mois suivants :

Les structures et unités permanentes

L'administration militaire (1)

Dès la fin de la campagne de France, le haut-commandement des forces armées allemandes (*OKW*) met en place une structure administrative destinée à assurer la continuité et le bon fonctionnement des rouages de l'économie, de la gestion ainsi que de la sécurité de ce territoire occupé. Cette autorité siège à Paris, et prend l'appellation de *Militärbefehlshaber in Frankreich* (*MbF*), dirigé par un gouverneur militaire appliquant les directives de l'OKW.

En 1940, le domaine de compétences de ce gouverneur s'étend seulement sur la zone occupée mais, à partir de l'invasion de la dite zone libre en novembre 1942, cette structure va s'étendre partiellement à cette dernière et, quelques mois plus tard, en totalité. Effectivement, en septembre 1943, suite à la liquidation de la zone d'occupation italienne par les forces allemandes (le plan « Achse »), il est créé un *Heeresgebiet Südfrankreich* sous les ordres du *Generalleutnant* **Heinrich Niehoff**, dont l'état-major est établi à Lyon. Succinctement, on peut considérer que cette structure gère différents états-majors supérieurs de liaison (*Hauptverbindungsstäbe*), lesquels coiffent eux-mêmes des états-majors de liaison des échelons inférieurs (*Verbindungsstäbe*). Ainsi le *Generalleutnant* Niehoff commande-t-il une *Oberfeldkommandantur* (dont le QG se trouve à Marseille dans un premier temps), et cinq *Hauptverbindungsstäbe* : Lyon, Montpellier, Toulouse, Clermont-Ferrand et Limoges.

Le *Generalleutnant* Niehoff (1882-1946), placé à la tête du *Heeresgebiet « Südfrankreich »* à partir de la mi-novembre 1942. Il décèdera en captivité en 1946. (Bundesarchiv)

Une sentinelle allemande, *Gebirgsjäger* ayant enfilé sa longue capote en drap, assure la surveillance des airs (« *Flugwache* ») à Pontarlier, non loin de la frontière franco-suisse. (Collection privée)

Le *Hauptverbindungsstab* (*HVS*) de Lyon est dirigé par un officier général (le *Generalleutnant* Otto Kohl à compter du 3 juillet 1944), sous l'autorité duquel sont placés les départements de l'Ardèche, de la Drôme, de l'Isère, des deux Savoie, de l'Ain, du Rhône, de la Loire, de la Saône-et-Loire et du Jura, avec, dans chacun d'eux, un *Verbindungsstab* (*VS*) administratif. Ainsi trouve-t-on notamment le *VS 998* de Valence, le *VS 735* de Grenoble, le *VS 502* de Chambéry, le *VS 988* d'Annecy, ou encore le *VS 493* de Bourg.

A noter que, pour les espaces nous intéressant, le *VS 735* est sous la direction de l'*Oberst* Werner Kirsten jusqu'en juillet 1944, puis du *Generalmajor* Hans Mönch le mois suivant (2). Remarquons également que, pendant cette période, le commandant du *Heeresgebiet Südfrankreich*, le *GenLt.* Niehoff, prendra une part prépondérante dans certaines opérations menées par les forces allemandes, et notamment dans la direction générale de l'opération dirigée contre le plateau du Vercors.

La *157. Reserve-Division*

Comme le rappelle Peter Lieb dans son ouvrage précité *Konventionneller Krieg oder NS-Weltanschauungskrieg*, il est largement admis que la *157. Res.-Div.* a été la grande unité la plus importante de toutes celles impliquées dans l'occupation de cette région.

Son appellation de « division de réserve » souligne son appartenance à l'armée de l'intérieur (*Ersatzheer*), distincte de l'armée de campagne (*Feldheer*). Cette dernière est engagée dans les combats sur tous les fronts, tandis que l'armée de l'intérieur assure, sur le territoire allemand, l'instruction des recrues, le maintien de la sécurité, et joue le rôle de base arrière et de dépôt pour les unités de l'armée de campagne. Une même unité de l'armée de l'intérieur (par exemple, un bataillon) peut constituer l'unité de remplacement de plusieurs formations de l'armée de campagne.

Toutefois, pour compliquer les choses, les unités de l'*Ersatzheer* se dédoublent, globalement, à partir du milieu de la guerre, en unités de dépôt stricto sensu, et en unités dites de réserve. Aussi existe-t-il des *Ersatz-Bataillone* et des *Reserve-Bataillone* sous un même numéro, mais qui ne sont pas les mêmes, ni de même nature. Les premiers (*E-Btl.*) tiennent le rôle traditionnel d'instruction des recrues et des troupes en Allemagne, de forces de sécurité, ainsi que celui de dépôt, de « vivier de recrues » pour les unités de l'armée de campagne qui leur sont « affiliées ». Les seconds, généralement dans le cadre d'une division dite de réserve (*Reserve-Division*), assument le même rôle d'instruction et de formation des recrues, mais aussi celui de troupe d'occupation et de sécurité, le tout hors du territoire du Reich, afin de soulager l'armée de campagne de cette fonction, et de lui permettre de se consacrer au maximum à ses engagements, avec des troupes déjà formées, voire aguerries, dont le besoin est toujours plus vital pour le IIIe Reich au fur et à mesure du développement de la guerre, de l'extension et de l'ouverture des fronts.

Par conséquent, on retrouve, à partir du milieu du conflit, des formations de réserve affectées *de facto* à l'occupation et à l'instruction, se trouvant à la disposition du haut-commandement (d'où la désignation *der Reserve*) et, à cette occasion, amenées à combattre, mais généralement à des fins de maintien de l'ordre ou de répression, contre des forces de résistance locale, et non pas contre des formations des armées régulières alliées.

Ces bataillons dits « de réserve » sont regroupés en *Reserve-Divisionen*. Il a ainsi existé vingt-quatre divisions dites de réserve de la Wehrmacht (*Res.-Div.*, ou *RD*).

Cependant, et cela n'est pas à perdre de vue, la *157. Res.-Div.* se distingue des autres *Reserve-Divisionen* par le fait, que son unité la plus forte numériquement – et aussi en termes de qualité militaire – est un régiment de chasseurs de montagne, le *Reserve-Gebirgsjäger-Regiment 1*, fort de quatre bataillons. La division comprend également une unité d'artillerie de montagne. Toutefois, elle demeure une grande unité « mixte », puisqu'elle intègre, en août 1943, deux régiments de grenadiers d'infanterie classique, subdivisés en deux bataillons, numérotés *7* et *157*. Cependant, outre le cas de la *157. Res.-Div.*, il existe également celui, plus spécifique encore, de la *188. Reserve-Gebirgs-Division*. Constituée en octobre 1943 sous le statut de *Gebirgs-Division* – division de montagne mais « de réserve » –, même si elle aussi fait partie de l'*Ersatzheer*, elle est plus majoritairement encore une unité de chasseurs de montagne : elle est dotée, à cette période-là, de quatre *Reserve-Gebirgsjäger-Regimenter*, les *Res.Geb. Jg-Rgt. 136*, *137*, *138* et *139*, et d'un seul *Reser-*

L'emblème de la *157. Res.-Div.*, représentant un moine assez proche de celui figurant sur le blason de la ville de Munich.

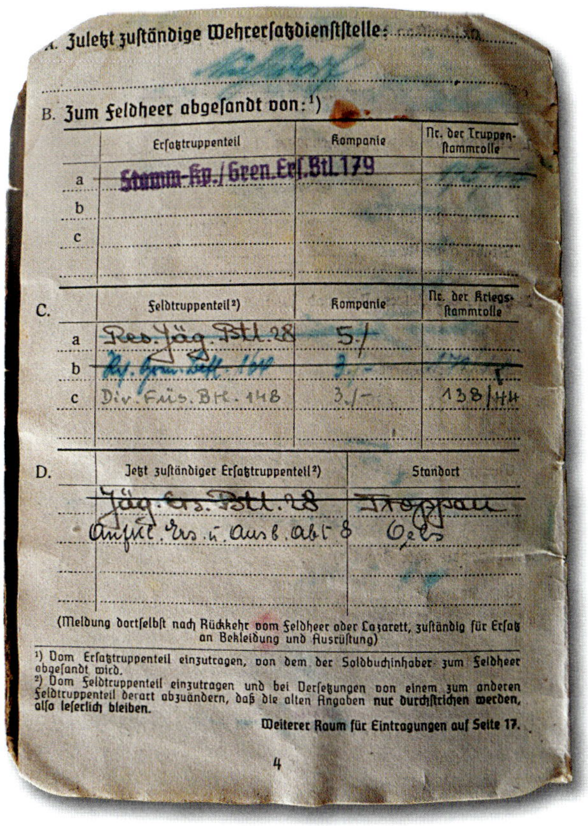

Soldbuch d'un Bavarois, Georg Zieglgänzberger, qui a d'abord rejoint le *Grenadier-Ersatz-Bataillon 179* (formation de dépôt), avant d'être versé dans le *Reserve-Jäger-Bataillon 28*, puis au *Div.Füs.-Btl. 148*, corps de troupes organique de la *148. Reserve-Division*. Zieglgänzberger a stationné juste à l'ouest de Nice (du côté de Fabron) jusqu'au débarquement de Provence, et est parvenu à se soustraire à la capture pour rejoindre la Ligurie, avec les restes de sa division. (Collection privée.)

(1) Pour les explications qui vont suivre, le lecteur peut se reporter aux études menées par Alain Chazette, notamment dans le n° 152 de la revue 39/45 du mois de février 1999.

(2) Voir l'ouvrage de Peter Lieb.

Extraits du *Wehrpass* d'Erich Rupprecht, né en mars 1911 dans les Sudètes, près de Freiwaldau – actuel Jesenik –. Une recrue relativement âgée qui, elle aussi, a rejoint la *148. Res.-Div.* à la mi-avril 1944 (6e compagnie du *Reserve-Jäger-Bataillon 28*). (Collection privée)

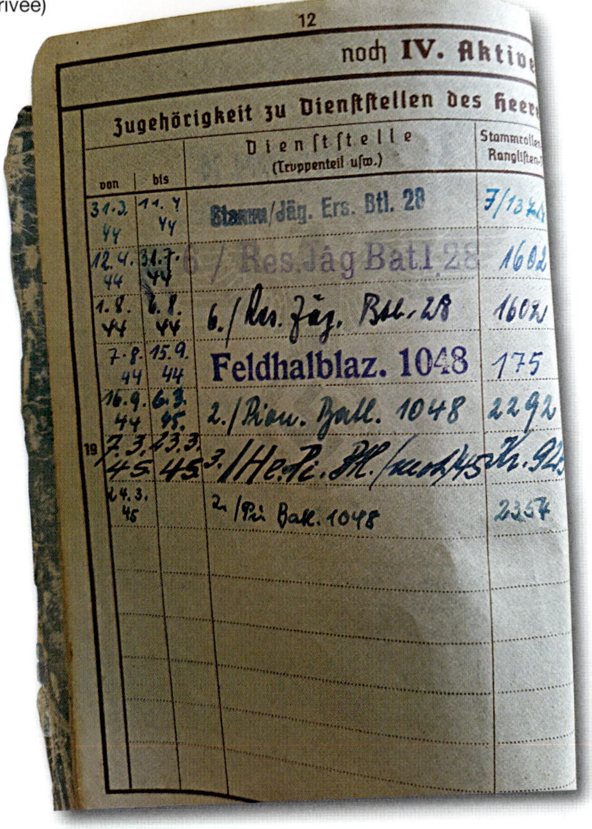

ve-Grenadier-Bataillon, le *Res.Gren.-Btl. 499*. Elle est la seule de cette composition parmi les *Reserve-Divisionen*. Cette *188. Res.Geb.-Div.* est engagée à partir du milieu de la guerre contre les partisans dans les Balkans, puis en Italie du Nord, et connaît une évolution sensiblement analogue à celle de la *157. Res.-Div.*, vers les caractères propres à une grande unité d'active et de campagne : elle deviendra, en effet, la *188. Gebirgs-Division* dès le mois de mars 1944, tandis que cela ne se produira pour la *157. Res.-Div.* qu'au mois de septembre 1944.

A noter que seuls six *Reserve-Gebirgsjäger-Regimenter* ont existé dans la Wehrmacht (contre trente-trois régiments de chasseurs de montagne de l'armée de campagne) : celui de la *157. Res.-Div.*, les quatre de la *188. Reserve-Gebirgs-Division* et un sixième, numéroté 18, mis sur pied en 1944, qui a combattu la résistance slovène aux confins de la Styrie, de Carinthie et de Carniole.

Citons encore la *148. Res.-Div.*, grande unité géographiquement proche à ce moment-là de la *157. Res.-Div.*, puisqu'elle occupe, en 1943-44, un secteur sur la Côte d'Azur. Cependant, contrairement à cette dernière, elle n'inclut pas de formation de chasseurs de montagne ; seulement un bataillon, et non un régiment, de chasseurs (le *Reserve-Jäger-Bataillon 28*).

Contrairement à la *157. Res.-Div.*, la *148. Res.-Div.* ne sera pas engagée dans la lutte anti-partisans à une aussi grande échelle, principalement en raison du fait que les forces du maquis présentes dans cette partie de la France méridionale ne représentent alors pas une menace aussi sensible que celles de la région grenobloise – et de la Drôme – pour la sécurité globale des forces allemandes. Exceptionnellement, par la force des choses, cette grande unité sera engagée contre les Alliés à partir du 15 août 1944, quoique de façon non significative pour l'issue de la bataille.

Quant à elle, la *157. Res.-Div.* est directement issue de la « *Division-Nummer 157* », qui a été mise sur pied en août 1939 dans le *Wehrkreis VII*, celui de Munich. Elle est créée en milieu de guerre (vers octobre 1942). Son régiment de chasseurs de

Ici, le *Wehrpass* d'un soldat allemand originaire de Bessarabie (un *Volksdeutscher* de Roumanie), Otto Habelmann, agriculteur de confession protestante. De 1929 à 1932, il sert dans l'armée royale roumaine (sans doute dans le cadre de son service militaire). A la fin d'août 1943, il rejoint la 3e compagnie du *Reserve-Grenadier-Bataillon 36 – Feldpostnummer 46839D* –, qui appartient à la *159. Infanterie-Division*, grande unité d'occupation qui stationne dans la région de Bourg-en-Bresse au cours de l'année 1943. Ensuite, de février à juillet 1944, elle s'installe derrière le littoral aquitain, avant de se replier vers le nord-est, pour éviter d'être prise au piège… (Collection privée)

montagne est constitué principalement de recrues de Bavière, mais aussi, à partir de 1942-43, de personnels généralement d'encadrement provenant des horizons les plus divers du *Großdeutsches Reich*. Il s'agit concernant les *Gebirgsjäger*, comme pour les membres des autres formations de la division, en grande partie d'hommes éprouvés par les batailles du front de l'Est, devenus inaptes au service armé en ligne, mais dont l'expérience est utile et nécessaire pour la formation des jeunes recrues dans des zones tenues pour plus « tranquilles ».

Quant à eux, les régiments de grenadiers de la division sont composés d'une proportion non négligeable d'Allemands « ethniques » (*Volksdeutsche*), et de nombreux hommes classés dans la *Volksliste III*, originaires de régions limitrophes du Reich (Pologne, Slovénie…). Création du parti nazi, cette *Volksliste III* vise à classer les habitants présumés de souche allemande des territoires occupés par le Reich, en catégories « d'acceptabilité », selon des critères notamment de « race », définis par Heinrich Himmler. Ce système sinistre et caractéristique du mépris des droits de l'individu a été instauré, pour la première fois, en Pologne occupée (3), conduisant aux classifications suivantes :

La *Volksliste I* : Regroupe les *Volksdeutsche*, personnes d'ascendance allemande s'étant engagées favorablement en faveur du Reich avant 1939,

La *Volksliste II* : Les *Deutschstämmige*, individus d'ascendance allemande restés passifs,

La *Volksliste III* : *Eingedeutsche*, des « Allemands assimilés volontairement », c'est-à-dire des natifs de Pologne, de souche germanique, considérés comme partiellement polonisés (régions limitrophes de Silésie, de Prusse Orientale, de Posnanie…). Le refus de figurer sur cette liste conduisait généralement à une déportation.

Cette situation de mixité « ethnique », d'horizons très différents des *Grenadiere*, est confirmée par la lecture des *Erkennungsmarkenverzeichnisse*, très riches d'informations. A titre d'exemple, pour le *Res.Gren.-Btl. 179*, au niveau de l'état-major et de sa 1re compagnie :

Nombre d'entrées (*Zugänge*) au 27.8.43 : 221, dont 97 en provenance de Slovénie (Haute-Carniole, région de Krainburg), 22 en provenance de Carinthie en Autriche – alors *Ostmark* –, 67 en provenance de Saxe. Le 28 mars 1944, sur soixante entrées, 45 soldats sont originaires de Pologne, dont on peut présumer que beaucoup sont loin de maîtriser parfaitement l'allemand.

Selon les archives de l'un des bataillons du régiment de chasseurs de montagne de la *157. Res.-Div.*, l'on sait que des personnes de la *Volksliste III* y figuraient aussi, quoiqu'exceptionnellement semble-t-il.

Si nous en revenons au rôle d'instruction de la division, la lecture des *Erkennungsmarken-verzeichnisse* du *WASt.* confirme les transferts très fréquents en provenance d'autres unités, généralement de l'*Ersatzheer* en Allemagne, en unités essentiellement combattantes, sur les différents fronts.

Ainsi, sur le registre des sorties (*Abgänge*) à la date du 16 janvier 1944, nous remarquons une grande majorité de soldats originaires d'Allemagne (Bavière) transférés vers les *Marschbataillone 1002* et *1003*, opérant alors sur le front de l'Est (*AOK 2*) – Voir à cet égard le *Soldbuch* de Friedrich Brenninger, à la page 34 –.

Il est intéressant de noter qu'il a également existé un flux relativement important « d'échanges » de soldats entre la *157. Res.-Div.* et la *97. Jg.-Div.*, opérant en 1942 sur le front de l'Est (entre autres,

(3) De fait, la partie de Pologne envahie et occupée par l'Allemagne en septembre 1939 est divisée en un « Gouvernement général », et le reste est directement annexé au territoire du IIIe Reich, NDE.

En arrière-plan, l'hôtel, en pleine montagne, où réside le groupe de « *Gebirgler* », sur Jougne.

Ci-contre : « Transport en traîneau ».

Issu d'un album anonyme, ces photographies présentent le quotidien de *Gebirgsjäger* de la *157. Res.-Div.* dans le secteur de Jougne, localité située directement à la frontière suisse, à une quinzaine de kilomètres au sud de Pontarlier, probablement à l'hiver 1942-1943. Ici, est effectuée une *Ski-Ausbildung*, instruction au ski. (Collection privée)

Ci-contre : le groupe auquel appartient le propriétaire de cet album (1er groupe, 3e section… mais de quels bataillon et compagnie, cela demeure malheureusement un mystère).

Ci-contre en bas à gauche :) des fins illustratives, une carte humoristique présentant deux soldats se relaxant sur un sommet : « *Da lachen uns're Gebirgsjäger !* » (Là, nos chasseurs de montagne rient !).

Ci-dessous : « *Auf dem Marsch !* »

Le groupe chausse les skis. Le sous-officier au milieu, plus âgé que ses camarades, est aussi le seul à porter quelques décorations.

« *Der ganze Verein* » – Toute l'équipe.

« *Marschpause* ».

dans les montagnes du Grand-Caucase en 1942/43), la première jouant son rôle de « vivier » de combattants formés au profit, entre autres, de cette division de l'armée de campagne. En sens inverse, cette *97. Jg.-Div.*, issue de Haute-Bavière, envoyait à la première des cadres expérimentés devenus inaptes au service sur l'*Ostfront*. A ce sujet, nous verrons plusieurs exemples de ces mouvements réciproques, notamment au travers de *Soldbücher* de soldats représentatifs des deux cas.

En octobre 1942, la 157e division devient une division « *der Reserve* », suite à la création de ce type d'unités au sein de l'*Ersatzheer*. Elle est envoyée à cette date en France occupée, dans le secteur de Besançon et, à la suite de la destitution de Mussolini et de la capitulation de l'Italie, elle établit ses quartiers à Grenoble et dans sa région au sens large, stationnant dans les départements de Savoie, de Haute-Savoie, de l'Isère, des Basses- et Hautes-Alpes.

Il s'agit dès cette époque (comme ce sera le cas jusqu'à la retraite d'août 1944) d'une division largement dépourvue de moyens mécaniques et blindés (en dehors de deux automitrailleuses de fabrication italienne), ni d'armement antiaérien. Au 1er septembre 1943, ses effectifs se montent à 11 975 hommes, dont 10 073 fantassins (*Gebirgsjäger* inclus), 1 175 artilleurs, et 727 membres du génie.

Attention toutefois, car cette estimation correspond à un moment déterminé, le montant des effectifs variant en permanence, en fonction des transferts de recrues en provenance des unités de dépôt, en Allemagne, et des transferts de personnels en fin d'instruction vers les formations de l'armée de campagne. Ce chiffre de septembre 1943 offre toutefois un certain ordre de grandeur des effectifs de la division, durant son séjour dans cette région.

C'est un cas unique en France occupée, car il s'agit de la seule grande unité de cette importance engagée constamment, pendant plus d'un an, contre la Résistance.

Au moment de son arrivée sur Grenoble, la composition de la division est la suivante :

Le ***Reserve-Grenadier-Regiment 7*** (*Res.Inf.-Btl.7*), avec les *Reserve-Grenadier-Bataillone 19*, *61* et *62*. Ce régiment sera transféré à la fin de décembre 1943 à la *276. Infanterie-Division*, et ne sera pas remplacé.

Le ***Reserve-Grenadier-Regiment 157***, comprenant les *Reserve-Grenadier-Bataillone 179*, *199* (transféré à la fin de décembre 1943 à Bad Reichenhall, en Haute-Bavière, une partie de ses effectifs passant au *Res.-Gren.-Btl. 179*) et *217*, comprenant les compagnies spécialisées visées ci-dessous comme dépendant du régiment.

Ces deux régiments sont des unités d'infanterie composées de fantassins (*Infanteristen*), qualifiés de grenadiers (*Grenadiere*) à partir de la fin de l'année 1942, dont la couleur d'arme portée sur l'uniforme (principalement sur les passepoils des pattes d'épaule) est le blanc, même celle des membres desdites compagnies spécialisées du régiment qui relèveraient d'une couleur spécifique, dans une unité autonome non intégrée à un régiment d'infanterie (par exemple, des soldats du génie, des chasseurs de chars ou des transmetteurs).

Le ***Reserve-Gebirgsjäger-Regiment 1***, incluant quant à lui quatre bataillons : les *Reserve-Gebirgsjäger-Bataillone I./98*, *II./98*, *99* et *100*. Les appellations *I./98* et *II./98* sont originales dans la nomenclature allemande ; elles ne semblent pas avoir eu d'équivalent dans d'autres unités. Il s'agit « simplement » du partage en deux bataillons distincts d'un 98e bataillon initialement en sureffectif, et dont la numérotation de base n'a pas pour autant été modifiée. Ainsi le bataillon *I./98* comprend-il les compagnies numérotées de 1 à 5, et le bataillon *II./98* celles numérotées de 7 à 10 (sans, néanmoins, la 6e compagnie).

Notons qu'il ne faut pas confondre ces bataillons numérotés de 98 à 100 avec les régiments de mêmes numéros constituant tous les trois la *1.*

Le *Generalleutnant* Karl Pflaum

Fils de négociant, **Karl Pflaum** voit le jour le 17 novembre 1890 à Passau, en Basse-Bavière. En 1910, il est élève-officier au *8. Königl. Bay. Inf.-Rgt.* et, deux ans plus tard en octobre, il est promu *Leutnant*. Au début de la Grande Guerre, il sert avec fonction de chef de section et, par la suite, de commandant de compagnie (par intérim). Le 1er décembre 1915, il est nommé *Bataillons-Adjutant* ; en tant que tel, nommé *Oberleutnant* le 16 mars 1916. Il est ensuite de nouveau engagé comme commandant de compagnie à titre provisoire dans le *8. Königl. Bay. Inf.-Rgt.*, qu'il connaît bien. Au début de février 1917, il est versé dans l'*Ersatz-Infanterie-Regiment 4*, en qualité d'*Ordonnanz-Offizier* (*O.-O.*), et devient par la suite *Regiments-Adjutant* dans le même corps de troupe. Il se marie en 1917. Cette rude expérience de la Première Guerre mondiale lui a causé quelques lésions corporelles (d'où son insigne des blessés), et il s'est vu décerner les croix de fer de 2e et 1re classe de 1914, c'est donc un officier expérimenté de la guerre de tranchées. Il parvient à conserver un poste dans l'armée de 100 000 hommes de la République de Weimar, tout d'abord au *21. Bay. Inf.-Rgt.*, servant à l'état-major, puis comme commandant de compagnie dans ce régiment durant plusieurs années – promu au grade de *Hauptmann* le 22 septembre 1921 –, avant d'entreprendre des études de psychologie à l'université de Berlin. Il est nommé *Major* en 1932, servant dans plusieurs corps de troupes successifs au cours des années 1930 (*16. Reiter-Regiment*, *19. Bayer. Infanterie-Regiment*, commandant en titre du Ier bataillon de l'*Infanterie-Regiment « Augsburg »*, puis du IIe bataillon de l'*Inf.-Rgt. 61*), accédant au rang d'*Oberstleutnant* le 1er mars 1935, et d'*Oberst* le 1er octobre 1937, et prenant fonction de directeur du centre militaire d'examens psychologiques de Munich. Au déclenchement du Second Conflit mondial, Pflaum reçoit le commandement de l'*Infanterie-Regiment 19* (mis sur pied dans le *Wehrkreis VII*), à la tête duquel il sert en Pologne, en France, et lors de l'opération « Barbarossa ». En septembre 1941, il quitte ce commandement pour être versé, provisoirement, dans la *Führer-Reserve* et, le 1er octobre 1941, le solide Bavarois est nommé *Generalmajor*, assurant alors le commandement, pour quelques mois seulement, de la *258. Infanterie-Division*, qui combat sur le front de l'Est, puis il retrouve la *Führer-Reserve*. Le 20 septembre 1942, Karl Pflaum prend la tête de la « *Division Nr. 157* », future *157. Reserve-Division*, qui stationne alors dans la région de Besançon, non loin de la ligne de démarcation (se trouvant dans le département limitrophe du Doubs). Il devient *Generalleutnant* à la fin de 1943, trois semaines après l'arrivée de la division sur Grenoble. Après les violents événements « anti-résistants » de l'été 1944, Le *Gen.Lt.* Karl Pflaum rend son commandement, manifestement surmené, physiquement usé, et ne reçoit pas d'autre commandement jusqu'à la fin de la guerre. Il sera arrêté par les Américains en février 1947, puis emprisonné par les Français jusqu'au 25 décembre 1951. Par ailleurs, près de quinze ans après les faits, à Lyon, il doit, sur le banc des accusés, répondre de ses actes et crimes reprochés par la France au nom de sa division. De santé fragile, il n'est finalement pas poursuivi. Karl Pflaum décède en 1957 à Alzgern, Altötting, en Haute-Bavière.

Gebirgs-Division jusqu'en 1940, le *100. GJR* ayant été transféré à la *5. Gebirgs-Division* en novembre 1940. Contrairement au *Reserve-Gebirgsjäger-Regiment 1* de la *157. Res.-Div.*, la *1. Geb.Jg-Div.* est une division d'active, d'élite, des troupes de montagne, en cela représentative des traditions des chasseurs de montagne allemands.

Les trois régiments de la *1. Geb.Jg-Div.*, qui dépendent également du *Wehrkreis VII*, ont les mêmes unités de dépôt que les quatre bataillons de réserve de mêmes numéros de la *157. Res.-Div.*. Voir, à cet égard, les pages 4 de *Soldbücher* d'hommes de l'une et l'autre division.

Quoi qu'il en soit, le *Res.Geb.Jäg.-Rgt. 1* est donc une unité de montagne composée de *Gebirgsjäger*, dont la couleur d'arme est le vert clair (*hellgrün*), et non le blanc de l'infanterie.

Le ***Reserve-Artillerie-Regiment 7***, avec deux groupes : la *Reserve-Artillerie-Abteilung 7* et la *Reserve-Gebirgsartillerie-Abteilung 79*. Cette unité d'artillerie mixte (un groupe classique et un groupe d'artillerie de montagne) regroupe des *Artilleristen*, dont la couleur d'arme est traditionnellement le rouge (*rot*).

Le ***Reserve-Pionier-Bataillon 7***, composé de sapeurs, ou *Pioniere*, dont la couleur d'arme, en tant qu'unité autonome, est le noir (*schwarz*).

Le ***Reserve-Divisions-Nachschubführer 1057***, qui est une unité d'ensemble regroupant des services et organes d'intendance et de logistique, dont la couleur d'arme est le bleu clair (*hellblau*).

Pendant la période qui nous intéresse, la division est subordonnée aux groupes d'armées suivants :

En 1942/43 : au *LXIV. Res.-Korps*, *Heeresgruppe D « Westalpen »* (64e corps d'armée de réserve, groupe d'armées D « Alpes occidentales »).

En 1944

Janvier : même subordination

Février-mars : *LXII. Res.-Korps*, *Heeresgruppe D « Westalpen »* (62e corps d'armée de réserve).

Avril-juillet : *zur Verfügung* – à disposition –, *19. Armee*, *Heeresgruppe G « Westalpen »*.

Août-septembre : *LXXV. Armee Ligurien*, *Heeresgruppe C « Westalpen »* (l'armée de Ligurie).

Au début de 1944, la division se présente comme suit :

L'état-major, le commandant de division et son QG (*Div.-Stab*, *Div.-Kdr.* et *Div.-Gef.-Std.*) sont établis à Grenoble.

Le *Res.Gren.-Rgt. 157*, PC établi à Gap :

Res.Gren.-Btl. 179, PC à Grenoble.

Res.Gren.-Btl. 217, PC à Gap.

Res.Inf.Pi.-Kp.7 (génie d'infanterie), PC à Grenoble.

Res.Inf.Gesch.-Kp.7 (compagnie de canons d'infanterie).

Res.Inf.Pz.Jg.Kp.7 (compagnie de chasseurs de chars).

Res.Inf.Gesch.-Kp.157.

Res.Inf.Pz-Jg.-Kp. 157.

Res.Inf.Nachr.-Kp.157 (compagnie de transmissions).

Scharfsch.Ausb.-Kp. (compagnie d'instruction de tireurs d'élite)

La croix allemande en or, un ordre souvent raillé, à l'époque, en raison de l'ample proportion de la croix gammée qui y figure. Si le commandant de la *157. Res.-Div.* n'est pas titulaire de la croix de chevalier, du moins possède-t-il ce *Deutsches Kreuz in Gold*, de même que l'*Ofwb.* Hackl, qui trouvera la mort au cours de l'opération « *Bettina* »... (Collection privée)

Le *Feldwebel* Peter Grübl

Peter Grübl est né le 27 décembre 1917 à Pötzing, en Basse-Bavière, à l'ouest de Passau. Il est issu d'une famille catholique d'agriculteurs et, quelques semaines avant son 20e anniversaire, il intègre pour quelques mois le *Reichs-Arbeits-Dienst* (jusqu'au 28 mars 1938). A la mi-novembre 1938, il rejoint la Wehrmacht, servant dans la 11e compagnie du *Geb.Jg.-Rgt. 98* de la *1. Geb.-Div.*, grande unité d'élite de chasseurs de montagne. Dans le cadre de la campagne de Pologne, le jeune Bavarois participe à l'assaut vers la grande cité galicienne de Lemberg (Lviv). Promu *Gefreiter*, il fait partie des éléments avancés allemands ayant atteint l'Isère à la fin du mois de juin 1940, parmi lesquels figurent aussi des troupes de montagne. En 1941, Grübl combat durant les campagnes de la *1. Geb.-Div.* en Yougoslavie, puis en Russie, où il est décoré, en tant que *Gefreiter*, de l'*EK. 1* (8 octobre 1941), puis du prestigieux *Ritterkreuz* le 21 décembre 1941 (il est l'un des premiers hommes du rang porteurs de cette éminente décoration). Toutefois, ayant été blessé à l'occasion de ce fait d'armes, il doit passer plusieurs mois de séjour hospitalier (mentionné, à la page 12 de son *Soldbuch*, comme « *Lazarett-Aufenthalt* » du 9 novembre 1941 au 9 mars 1942). Guéri, ayant accédé au grade d'*Oberjäger*, il rejoint pour quelques mois le *Geb.Jg.E-Btl. I./98*, et ensuite la *157. Res.-Div.* le 1er octobre 1942, plus exactement la 3e compagnie du *Res.Geb.Jg.-Btl. I./98*. Grübl est alors envoyé en France, rejoignant la région d'Annecy après le désarmement des troupes italiennes occupant le Sud-Est de la France. Durant l'*Unternehmen « Frühling »*, au printemps de 1944, le jeune *Gebirgsjäger* est grièvement blessé (le 10 avril) sur le haut du corps, et recevra à cause de cela d'insigne des blessés en argent. Ses lésions sont néanmoins importantes, il demeure hospitalisé dans le sud-est de la France avant de rejoindre la 2e compagnie de convalescents du *Geb.Jg-E.-u.-Ausb.-Btl. I./98*, dans la région de Mittenwald (il n'est donc pas engagé contre les résistants lors des opérations dans le Vercors). Jusqu'à la fin du conflit, Grübl est affecté à différentes petites unités de ce bataillon mais, le 26 avril 1945, tandis que les troupes américaines invertissent la Haute-Bavière de toutes parts, il est retiré du service en raison de la gravité de ses blessures et parvient (l'ouvrage fort intéressant de Roland Kaltenegger est très bref à ce sujet) à éviter la captivité. Le *Ritterkreuz-Träger* bavarois Peter Grübl décède 19 mai 1980 dans sa *Heimat* bavaroise.

Le *Res.Geb.Jäg.-Rgt. 1*, P.-C. à Aix-les-Bains :

Res.Geb.Jäg.-Btl. I./98, P.-C. à Annecy.

Res.Geb.Jäg.-Btl. II./98, P.-C. à Saint-Jean-de-Maurienne.

Res.Geb.Jg.-Btl.99, P.-C. à Briançon.

Res.Geb.Jg.-Btl.100, P.-C. à Bourg-Saint-Maurice.

Res.Geb.Jg.Nachr.-Kp. 1 (compagnie de transmissions)

Res.Geb.Pz.Jäg.-Kp. 1 (compagnie de chasseurs de chars)

Le *Res.Art.-Rgt.7* (P.-C. à Grenoble) :

Res.Art.-Abt.7, P.-C. à Grenoble.

Res.Geb.Art.-Abt.79, P-C. à Albertville.

Le *Res.Pio.-Btl.7*, P.-C. à Grenoble.

La *Kdr.Div.-Nachsch.Tr.1057*, P.-C. à Aix-les-Bains.

Pour la troupe, l'armement individuel est majoritairement constitué du fusil Mauser, ou *Karabiner 98k.* Est aussi retrouvé, chez les *Gebirgsjäger*, le *Gew. 33/40*, fusil court – plus exactement, une carabine, malgré son appellation de *Gewehr* – lui aussi de système Mauser, d'origine tchèque (version modifiée du *Vz.33*) et fabriqué pour le compte de l'armée allemande, principalement à destination des troupes de montagne, du même calibre de 7,92 mm. Le pistolet-mitrailleur MP. 40 (ou beaucoup plus rarement sa première mouture, la MP.38) pour les chefs de groupe, et généralement les pistolets de 9 mm P.08, P.38 ou étrangers produits sous contrôle allemand : Radom Vis (p) polonais, ou GP 35 (b) belge pour les chefs de groupe ou servants de mitrailleuses. Chez les officiers, les mêmes armes de poing individuelles que dans le reste de l'armée allemande, généralement de calibre 7,65 mm, c'est-à-dire toutes celles produites sur le territoire du Reich (notamment Mauser HSC, Walther PP et PPK, Sauer und Sohn), ou provenant des stocks du précédent conflit mondial (Mauser ou Dreyse), sans oublier celles d'origine étrangère, produites pour le compte de l'Allemagne (par ex., le CZ Vzor 27 tchèque) ou saisies dans les pays envahis.

A cette même époque, l'armement collectif et d'artillerie de la division est réparti comme suit (selon Alain Chazette) : 136 *le.MG. 34* (fusils-mitrailleurs), 18 *le.MG.42* (F.-M.), 145 fusils-mitrailleurs italiens de calibre 6,5 mm, 75 s.MG. 34 et 7 s.MG. 42 (mitrailleuses), ainsi que 30 mitrailleuses polonaises de 7,9 mm (*s.MG. 7,9 mm poln.*). Quant aux *Granatwerfer*, 52 mortiers légers

Deux *Ritterkreuze*, croix de chevalier. Les membres de la *157. Reserve-Division* qui en sont titulaires, sont extrêmement rares. D'ailleurs, d'après les sources à disposition, seul le *Feldwebel* Grübl a été identifié comme récipiendaire de cette prestigieuse décoration – et encore, ce *Bayer* l'a reçue pour son action dans la *1. Gebirgs-Division*, pas au sein de la 157e division « de réserve »... (Collection privée)

de 50 mm (*leGr.W. 36*), 30 mortiers moyens de 80 mm (*mGr.W.-8-cm*) et 15 mortiers moyens italiens de 81 mm (*mGr.W.8,1-cm-ital.*). Pour l'artillerie, 5 canons légers de 75 mm (*le.IG. 18*), 8 canons légers d'infanterie de montagne de même calibre (*le.Geb.IG. 18*), 9 fusils antichars italiens (*Pz.Abw. Bü. 2 cm. ital.*), 12 canons antichars légers de 37 cm (*3,7-cm-le.PaK35/36*), 6 canons moyens antichars italiens de 47 mm (*4,7-cm.PaK. ital.*), 6 canons moyens antichars tchèques de même calibre (*4,7-cm-PaK (t)*), 13 canons antichars moyens 5 cm (*5-cm-PaK*), 1 canon antichar lourd de 75 mm (*7,5-cm-sPaK*), 6 obusiers légers de 100 mm (*10-cm-le.FH.16*), 3 obusiers lourds de 150 mm (*15-cm-s.FH.18*), 12 canons de montagne de 75 mm Skoda (*7,5-cm-Geb.Kan.15 Skod.*), 4 canons de montagne d'un calibre identique (*7,5-cm-Geb.Gesch.36*), et deux blindés routiers légers italiens (*le.Str.-Pz. (i)*).

Notons également, sur le plan de l'uniformologie, que la tenue et les équipements des unités de réserve sont strictement les mêmes que ceux des formations d'active de la Wehrmacht.

Les principaux chefs de corps de la *157. Res.-Div.*

En octobre 1942, le commandant de la division est le ***Generalmajor* Karl Pflaum**, qui le restera jusqu'à fin août 1944.

Les commandants des trois principaux corps de troupe de la division sont l'*Oberst* Franz Schwehr pour le *Res.Geb.Jg-Rgt. 1*, l'*Oberstleutnant* Maximilian Kneitinger pour le *Res.Gren.-Rgt. 157*, ainsi que l'*Oberst* Alfred Seeger pour le *Res.Art.-Rgt. 7*.

Seeger et Kneitinger ont tous deux servi dans la *Reichswehr*, armée de 100 000 hommes de la République de Weimar, puis ont rejoint le corps des officiers d'active dans le courant de la guerre, tandis que Schwehr est devenu officier d'active dès 1934 au sein du *Gebirgsjäger-Regiment 98* de la *1. Gebirgs-Division*.

Quant aux autres commandants d'unités de la division, nous ne disposons malheureusement que d'un état au 1er juillet 1944 (4), soit plusieurs mois après leur arrivée en France et à Grenoble, et trois semaines avant le lancement de l'opération « *Bergen/Bettina* ». Ceci dit, il a le mérite d'offrir un tableau des cadres de la division qui, malgré tout, n'est pas très éloigné de celui du début de la période. Ce qui ne sera plus le cas, comme nous l'avons vu en introduction, après le départ de Grenoble et donc après la transformation de la *157. Res.-Div.* en grande unité d'active au statut de *Gebirgs-Division* (dont le *Generalmajor* Paul Schricker assurera le commandement).

S'agissant des caractéristiques de ce corps d'officiers, tant en 1943 que jusque dans le courant du mois d'août 1944, Peter Lieb précise :

« *Seulement 30 % de l'ensemble de ces officiers étaient aptes au service armé sur le front de l'Est.* [...] *85% avaient une expérience de ce front, ce qui était plus que le pourcentage moyen d'une division stationnée à l'Ouest, mais cette expérience était majoritairement celle des premiers mois de la guerre, et 5% seulement des officiers avaient combattu plus de 18 mois sur le front de l'Est. Cependant, presque tous ceux ayant l'expérience de la guerre à l'Est l'avaient acquise sur le front lui-même. Aucun d'entre eux n'était un véritable spécialiste de la lutte « anti-partisans ». Il en résulte qu'il est très peu probable que ces officiers aient rapporté lors de leur transfert à l'Ouest (et à la* 157. RD*) un état d'esprit spécifique lié à la guerre anti-partisans. En conséquence, la troupe a dû forger lentement sa tactique en France, sans pouvoir s'appuyer sur une expérience acquise sur d'autres théâtres d'opérations. Pratiquement, si l'on considère que la* 157.RD *a été une unité de la Wehrmacht spécialisée dans la guerre anti-partisans, c'est au départ le fait des circonstances. Il n'y a donc eu aucun calcul du haut-commandement visant spécifiquement à affecter une division expérimentée dans la lutte anti-partisan dans un haut lieu des mouvements de résistance. Le choix de la* 157. RD *pour cette mission, dans cette région alpestre, provient sans doute des spécificités du « terrain », favorable à la formation et à l'entraînement des chasseurs de montagne du* Reserve-Gebirgsjäger-Regiment 1*, qui était véritablement le « noyau dur » de la division.* »

En ce qui concerne les décorations, ce régiment se distingue des autres unités de la division par une proportion plus importante d'officiers décorés. De même, il compte une proportion élevée d'officiers d'active (31 %), contre 21 % au *Reserve-Artillerie-Regiment 7*, mais 40 % à l'état-major, alors qu'à part son *Kommandeur*, le *Reserve-Grenadier-Regiment 157* n'en compte qu'un ou deux selon les périodes... (Les autres officiers appartiennent à la réserve, c'est-à-dire qu'ils ne font pas partie des formations composant l'armée dite de campagne du temps de paix, mais restent mobilisables en temps de guerre).

Au sujet des décorations, Peter Lieb précise également :

« *92 % des officiers du* Reserve-Gebirgsjäger-Regiment 1 *étaient titulaires de l'EK. II (Croix de fer de 2e classe), contre 83 % au* Reserve-Artillerie-Regiment 7 *et 73 % au* Reserve-Grenadier-Regiment 157. *Environ 40 % de tous les officiers étaient titulaires de l'EK. I (Croix de fer de 1re classe)* ».

Le même auteur ajoute qu'un officier du *Reserve-Grenadier-Regiment 157* et deux autres du *Reserve-Gebirgsjäger-Regiment 1* sont titulaires de la croix allemande en or (ou *Deutsches Kreuz in Gold - DKG*), qui est la décoration la plus haute après la croix de fer de 1re classe (EK.1), juste au dessous de la décoration la plus prestigieuse des forces armées allemandes, la croix de chevalier de la croix de fer. L'ouvrage de Peter Lieb ne cite cependant pas les hommes en question.

En réalité, les titulaires de ce DKG dans la division sont Karl Pflaum lui-même (récipiendaire le 19 janvier 1942, alors commandant de la *258. Infanterie-Division*), le *Major* Johann Kolb, commandant le *Reserve-Grenadier-Bataillon 179* de la *57. Inf.-Div.* sur le front de l'Est (attribution le 1er avril 1942 en tant que capitaine de l'*Infanterie-Regiment 217*, commandé un temps par l'*Oberst* Neumayr avant qu'il devienne officier général). Le *Hauptmann* Fritz Haug, capitaine à la tête de la 3e compagnie du *Reserve-Gebirgsjäger-Bataillon I./98* ; attribution le 18 mars 1943 au sein de la *2. (Hochgebirgs-u.Jäger) Kompanie* de l'*Inf.Feld. Ausb.-Rgt. 616*, unité de la *101. Jäger-Division*, opérant au sein de

(4) Archives de Freiburg-im-Breisgau RH 28/8-9.

(5) D'après Roland Kaltenegger, dans son ouvrage *Feldwebel Peter Grübl*, du moins pour ce qui concerne mai 1944, le commandant de cette compagnie serait un certain *Oblt.* Fischen... NDE.

la *17. Armee* en Russie, dans le cadre de la *Heeresgruppe A*. Et enfin, un sous-officier, l'*Oberfeldwebel* Otto Hackl. Ce cadre et chef de section (*Zugführer*) au sein de la *4.Kp./Res. Geb.Jg-Btl. 100*, s'est vu attribuer cette décoration le 13 octobre 1942, au cours de sa précédente affectation dans la 9e compagnie du IIe bataillon du *Jäger-Regiment 204*, corps de troupe de la *97. Jäger-Division* opérant sur le front de l'Est. Il sera de nouveau question de ce sous-officier plus loin...

Noter enfin la présence, au sein de la division, d'un titulaire de la Croix de chevalier de la croix de fer : le *Feldwebel* Peter Grübl. Il est nommé à ce grade le 1er avril 1944, et sera blessé lors de l'opération « Frühling » (voir encadré page 25), quelques jours plus tard. Resté dans la division malgré sa blessure, Grübl ne participera pas aux opérations de l'été de 1944, mais il s'agit bien d'un cadre ayant servi durablement dans la division, pendant la période qui nous intéresse.

Organisation détaillée de la *157. Reserve-Division*

NB- Les décorations de certains officiers sont données à titre indicatif, ce qui ne signifie nullement, comme nous avons pu le voir, qu'une non mention traduit une absence d'attribution de décoration(s).

L'État-major de la *157. Res.-Div.*

Pflaum Karl	*Generalleutnant*
Schmitt Richard	*Major der Reserve*
Weber Georg	*Oberleutnant*
Kohlndorfer Alois	*Hauptmann der Reserve*
Neeb Fritz	idem.
Ankerl Max	idem.
Lang Eugen	idem.
Duschek Elmar	*Oberleutnant der Reserve*
Gessler Georg	*Oberleutnant*
Müller Xaver	*Oberfeldarzt*
Hermann Adolf	*Stabsveterinär*

La *Scharf-Schützen-Ausbildungskompanie*

Mikulasch Arnulf	*Oberleutnant der Reserve*
Seeger Hans	*Leutnant der Reserve*

LE RESERVE-GRENADIER-REGIMENT 157

Le *Stab/Reserve-Grenadier-Regiment 157*

Kneitinger Max	*Oberstleutnant*
Pfeiffer Hermann	*Oberleutnant*
Hammer Friedrich	*Hauptmann der Reserve*

La *Reserve-Infanterie-Geschütz-Kompanie 7*

Zimmermann Max	*Hauptmann der Reserve* (disparu le 12 juin 1944)
Sedlmeier Martin	*Oberleutnant der Reserve*
Erras Theodor	*Leutnant der Reserve*

La *Reserve-Infanterie-Panzerjäger-Kompanie 7*

Waldkirch Karl	*Oberleutnant der Reserve*
Auer Anton	idem

La *Reserve-Infanterie-Pionier-Kompanie 7*

Gleissner Georg	*Hauptmann der Reserve* (né le 30.04.1896, agrafes des *EK. 2* et *1*)
Du Bellier Johann	*Oberleutnant der Reserve*
Lill Fritz	*Leutnant der Reserve*

La *Reserve-Infanterie-Nachrichten-Kompanie 7*

Rudloff Rudolf	*Oberleutnant der Reserve*
Deplewski Herbert	idem.

La *Reserve-Infanterie-Geschütz-Kompanie 157*

Kohler Leonhard	*Oberleutnant der Reserve*
Sauer Hugo	*Leutnant der Reserve*

La *Reserve-Infanterie-Panzerjäger- Kompanie 157*

Wimmer Hans	*Oberleutnant der Reserve* (né le 15.11.1917, *EK. 2*, *EK. 1*, insigne d'assaut de l'infanterie, *Ostmedaille*).
Windisch Hans	*Leutnant der Reserve* (né le 27.09.1907, *EK. 2*, *EK. 1*, insigne d'assaut de l'inf., insigne des blessés, écu de Crimée).

La *Reserve-Infanterie-Nachrichten-Kompanie 157*

Moosburger Siegfried	*Leutnant der Reserve* (né le 20.04.1915, *EK. 2*, *KVK. 2*, *Ostmedaille*)
Günther Helmut	*Leutnant der Reserve*

Le *Stab/Reserve-Grenadier-Bataillon 179*

Kolb Johann	*Major der Reserve* (DKG)
Meissner Gerhardt	*Oberleutnant der Reserve*
Wieser Peter	*Hauptmann der Reserve*

La *1.Kp. / Reserve-Grenadier-Bataillon 179*

Schaller Karl	*Oberleutant der Reserve*

La *3.Kp./ Reserve-Grenadier-Bataillon 179*

Hammer Rudolf	Oberleutnant der Reserve
Bayer Josef	idem.

La *4.Kp./ Reserve-Grenadier-Bataillon 179*

Simon Kurt	*Oberleutnant der Reserve*
Tyroller Franz	*Leutnant der Reserve*

L'*Umschulung beim Reserve-Grenadier-Btl. 179*

Schäffer Hans	*Leutnant der Reserve*
Graf von Spreti Franzidem.	

Le *Stab/ Reserve-Grenadier-Bataillon 217*

Reith Georg	*Hauptmann der Reserve*
Engelhard Josef	*Oberleutnant der Reserve*
Kellner Johannes	*Leutnant der Reserve*

La *1.Kp. / Reserve-Grenadier-Btl. 217*

Schreiner Karl	*Oberleutnant der Reserve*
Tillwick Helmut	idem.

La *3.Kp. / Reserve-Grenadier-Btl. 217*

Weckwerth Herbert	idem
Freymüller August	*Leutnant der Reserve*

La *4.Kp. / Reserve-Grenadier-Btl. 217*

Obser Hans	*Hauptmann*
Morgenstern	*Oberleutnant der Reserve* Siegfried
Weiss Walter	*Leutnant der Reserve*

LE RESERVE-GEBIRGSJÄGER-REGIMENT 1

Le *Stab/ Reserve-Gebirgsjäger-Rgt 1*

Schwehr Franz *Oberst* (né le 13.7.1898)

Fritzer Hans *Oberleutnant der Reserve*

Resseguier de Miremont, *Hauptmann* (né le 15.05.1915) *EK. 2*, *EK. 1*, insigne d'assaut de l'infanterie, croix du mérite de guerre)

La *Reserve-Gebirgsjäger-Nachrichten-Kompanie 1*

Hermann Christian *Oberleutnant*

Loges Helmut *Leutnant der Reserve*

La *Reserve-Gebirgs-Panzerjäger-Kompanie 1*

Reissinger Gottfried *Oberleutnant der Reserve*

Hildenbrand Werner *Leutnant der Reserve*

Kinberger Clemens idem.

Le *Stab/ Reserve-Gebirgsjäger-Bataillon I./98*

Stöckl Ludwig *Hauptmann der Reserve*

Martin Georg *Oberleutnant der Reserve*

Nickel Ernst idem.

La *1.Kp./ Reserve-Gebirgsjäger-Bataillon I./98*

Eyselen Werner (5) *Oberleutnant der Reserve*

Luz Günther *Leutnant der Reserve*

La *2.Kp./ Reserve-Gebirgsjäger-Bataillon I./98*

Heuberger Hans *Oberleutnant der Reserve*

La *3.Kp./ Reserve-Gebirgsjäger-Bataillon I./98*

Haug Fritz *Hauptmann der Reserve* (DKG)

La *4.Kp./ Reserve-Gebirgsjäger-Bataillon I./98*

Mayer Erich *Oberleutnant der Reserve*

Stengel Wilhelm idem.

La *5.Kp./ Reserve-Gebirgsjäger-Bataillon I./98*

Schneeberger Magnus *Hauptmann*

Le *Stab/ Reserve-Gebirgsjäger-Bataillon II./98*

Geyer Rudolf *Hauptmann* (jusqu'au 15 juin 1944, puis Resseguier de Miremont, Graf Clemens)

Zeisser Karl *Leutnant der Reserve*

Pichler Franz *Oberleutnant*

La *7.Kp./ Reserve-Gebirgsjäger-Bataillon II./98*

Staib Karl *Oberleutnant*

Baronsee Albinn *Leutnant der Reserve*

La *8.Kp./ Reserve-Gebirgsjäger-Bataillon II./98*

Ritter Stefan *Oberleutnant der Reserve*

Schlemmer Hans *Leutnant der Reserve*

La *9.Kp./ Reserve-Gebirgsjäger-Bataillon II./98*

Greil Anton *Oberleutnant der Reserve*

Büttner Anton *Leutnant*

La *10.Kp./ Reserve-Gebirgsjäger-Bataillon II./98*

Gentsch Erhard *Oberleutnant der Reserve*

Le *Stab/ Reserve-Gebirgsjäger-Bataillon 99*

Schneider Hans *Hauptmann der Reserve*

Lauerbach Max *Oberleutnant*

Heinrich Hermann *Oberleutnant der Reserve*

La *1.Kp./ Reserve-Gebirgsjäger-Bataillon 99*

Haas Karl *Oberleutnant der Reserve*

Holzer Martin *Leutnant der Reserve*

La *2.Kp./ Reserve-Gebirgsjäger-Bataillon 99*

Prechtl Johann *Oberleutnant*

Höss Franz *Leutnant der Reserve*

– pas de *3.Kp./ Res.Geb.Jg-Btl. 99* –

La *4.Kp./ Reserve-Gebirgsjäger-Bataillon 99*

Schweiger Roman *Hauptmann*

Kögler Johann *Leutnant*

La *5.Kp./ Reserve-Gebirgsjäger-Bataillon 99*

Kerstnig Hans Oberleutnant der Reserve

Reuther Heinrich Leutnant

Le *Stab/ Reserve-Gebirgsjäger-Bataillon 100*

Kunstmann Johann *Hauptmann der Reserve*

Walter Adolf *Leutnant der Reserve*

Winter Rainer *Oberleutnant der Reserve*

– pas de *1.Kp. /Res.Geb.Jg-Btl. 100* –

2.Kp./ Reserve-Gebirgsjäger-Bataillon 100

Lachenmayer Wilhelm *Oberleutnant der Reserve*

Fellinger Max *Leutnant*

3.Kp./ Reserve-Gebirgsjäger-Bataillon 100

Eggers Otto *Oberleutnant*

Hermann Bernhard *Leutnant der Reserve*

4.Kp./ Reserve-Gebirgsjäger-Bataillon 100

Gottschalk Walter *Oberleutnant der Reserve*

5.Kp./ Reserve-Gebirgsjäger-Bataillon 100

Wirth Otmar *Oberleutnant der Reserve*

Gretter Willi *Leutnant der Reserve*

LE RESERVE-ARTILLERIE-REGIMENT 7

Le *Stab/ Reserve-Artillerie-Regiment 7*

Seeger Alfred *Oberst*

Beyer Karl Siegfried *Oberleutnant der Reserve*

Schmidl Franz idem

Le *Stab/ Reserve-Artillerie-Abteilung 7*

Schlegel Johannes *Major der Reserve*

Frey Hans *Oberleutnant der Reserve*

Albiker Hermann *Leutnant der Reserve*

La *Nach.Ausb.Staffel/Reserve-Artillerie-Abteilung 7*

Weiland Hans Joachim *Oberleutnant der Reserve*

Hotz Otto idem.

La *1.Bttr./ Reserve-Artillerie-Abteilung 7*

Brüsener Paul *Oberleutnant*

Pfrang Karl *Leutnant der Reserve*

Hoffmann Wilhelm idem

La *2.Bttr./ Reserve-Artillerie-Abteilung 7*

Hoffmann Josef *Oberleutnant*

Schmitt Karl *Oberleutnant der Reserve*

Von Kobbe Gerhard idem

Le *Stab/ Reserve-Gebirgs-Artillerie-Abteilung 79*

Hagl Kurt *Major* (né le 12.06.1902)

Schubert Fritz *Oberleutnant der Reserve* (né le 15.04.1914)

Hardegen Hans Heinrich idem.

La *Nach.Ausb.Staffel/ Reserve-Gebirgs-Artillerie-Abteilung 79*

Wittmann Johann	*Leutnant der Reserve*
von Houwald Bernhard	idem.

La *1.Bttr./ Reserve-Gebirgs-Artillerie-Abteilung 79*

Fröhlich Josef	*Oberleutnant*
Richter Hermann	*Leutnant der Reserve*
Sawallisch Werner	*Oberleutnant der Reserve*

2.Bttr./ Reserve-Gebirgs-Artillerie-Abteilung 79

Grötsch Theodor	*Oberleutnant der Reserve*
Franzke Richard	*Leutnant der Reserve*
Wagner Johann	idem.

3.Bttr./ Reserve-Gebirgs-Artillerie-Abteilung 79

Mittermayr Josef	*Oberleutnant*
Mittermeier Josef	*Leutnant der Reserve*
Schütz Martin	*Oberleutnant der Reserve*

La *Führer-Reserve / Reserve-Artillerie-Regiment 7*

Rieger Rudolf	*Oberleutnant*
Wölfle Johann	*Leutnant*

LE RESERVE-PIONIER-BATAILLON 7

Le *Stab/ Reserve-Pionier-Bataillon 7*

Rudeloff Hans	*Major* (27.09.1914)
Kreim Franz	*Leutnant der Reserve*
May Ernst	idem.

Le *Nach.Zug/ Reserve-Pionier-Bataillon 7*

Blank Harald	*Leutnant der Reserve*

La *1.Kp./ Reserve-Pionier-Bataillon 7*

Brandhorst Werner	*Oberleutnant* (né le 02.11.1908)
Piss Karl	*Leutnant der Reserve*

La *2.Kp./ Reserve-Pionier-Bataillon 7*

Kilian Antonius	*Oberleutnant der Reserve*
Schmalzbauer Gottfried	idem
Zorn Wilhelm	*Leutnant der Reserve*

Le *Kdr Div. Nachsch. Tr. 1057*

Werdich Franz	*Major der Reserve*
Hoch Wilhelm	*Leutnant der Reserve*
Fellner Josef	*Hauptmann der Reserve z.V.*
Weinzierl Franz	*Leutnant*
Emmerich Werner	*Leutnant der Reserve*
Benger Erhard	*Hauptmann der Reserve*

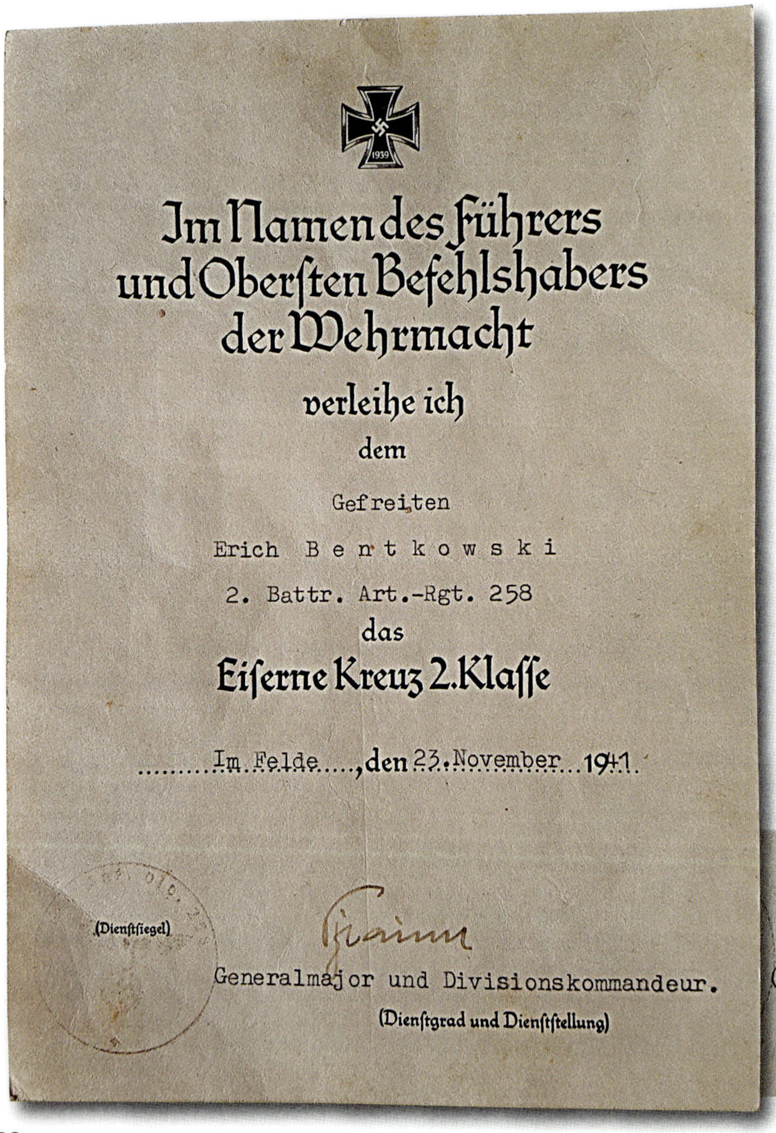

Im Namen des Führers und Obersten Befehlshabers der Wehrmacht

verleihe ich

dem

Gefreiten

Erich Bentkowski

2. Battr. Art.-Rgt. 258

das

Eiserne Kreuz 2.Klasse

Im Felde, den 23. November 1941

(Dienstsiegel)

Generalmajor und Divisionskommandeur.

(Dienstgrad und Dienststellung)

Soit 146 officiers, non compris les officiers médecins, dont la couleur d'arme est le bleu foncé (*dunkelblau*), et les fonctionnaires militaires ayant rang d'officier (*Beamten*), leur couleur d'arme étant le vert foncé (*dunkelgrün*).

Or, à ma connaissance, à ce jour il n'existe dans les sources accessibles aux archives officielles, dans les ouvrages ou sur internet, aucune photographie de ces officiers, excepté pour Karl Pflaum, Franz Schwehr, Johann Kolb, Clemens Graf Resseguier de Miremont, Rudolf Geyer et Hans Heuberger… Probablement en existe-t-il au sein de leurs familles et autres fonds privés… C'est exceptionnel, et significatif de la situation décrite en début de cet ouvrage, en comparaison avec d'autres unités présentes en France à cette époque, ne serait-ce que la *148. Res.-Div.*, ou encore les *159.* et *189. Res.-Div.*.

Notons également la *ROB-Kompanie* du *Res. Gren.-Rgt. 157*, et la présence, parmi d'autres, d'un aspirant, Heinrich L'Allemand, muté à cette compagnie le 1er janvier 1943, et provenant de la *Nachr.-Kp.157*.

Diplôme d'attribution d'un EK.2 remis, sur le front de l'Est, à un caporal du régiment d'artillerie organique de la *258. Inf.-Div.* et signé de la main de Karl Pflaum. (Collection privée)

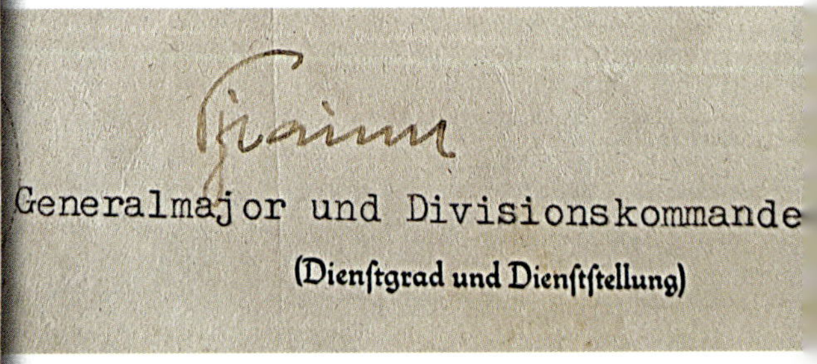

Arrêtons-nous un instant sur le cas de l'*Oberleutnant* **Hans Heuberger**, à la tête de la *2. Kp. / Res.Geb.Jg-Btl. I./98*, caractéristique du parcours et du destin tragique de certains officiers de la *157. Res.-Div.*. Nous en savons un peu plus grâce à un article paru dans la presse régionale allemande il y a quelques années (1). Cet article relate le souvenir que conservait, 67 ans après la guerre, la demi-sœur de Heuberger, Anna, à partir d'une lettre écrite des Alpes françaises le 3 juillet 1944 par le jeune officier, alors âgé de 30 ans (né le 7 juillet 1914), à sa famille originaire de Krumbach, à quelques dizaines de kilomètres au sud-est d'Ulm, en Souabe bavaroise, dans laquelle il écrit avoir fait, l'avant-veille, une magnifique « excursion » en montagne (*Bergtour*), et joui d'un panorama sur les falaises et glaciers lumineux, comme il en avait à peine vu jusqu'alors, pourtant originaire d'une région si proche des Alpes... En fait d'excursion, Hans Heuberger n'a que très peu profité de ces quelques instants de tranquillité d'été, puisque sa mort survient le 19 juillet suivant, non loin de la frontière franco-italienne, au cours d'un affrontement contre les partisans italiens. Sa demi-sœur rappelle aussi des faits concernant son parcours, notamment à partir de son entrée dans la Wehrmacht, plus précisément dans la *1. Gebirgs-Division*, où il passe deux années de service actif avant la guerre. Puis, Heuberger est rappelé dans cette division à la déclaration de guerre – avec le grade de *Feldwebel* – en tant qu'instructeur, et rapidement après il se retrouve engagé activement sur le front : dans les Balkans en 1941 – l'opération « *Marita* » –, ensuite dans le sud de l'Union Soviétique avec le déclenchement de Barbarossa et, en 1942, sur les hauteurs du Caucase. Dans de nombreuses lettres à sa famille, il confie les horreurs de la guerre, tout en priant les siens de ne pas s'inquiéter « plus que de raison ».

Cependant, ces lettres ne peuvent pas rendre compte de la situation réelle, du fait de la censure permanente imposée par le régime nazi – et qui, au demeurant, existe chez les adversaires du Reich –. Il en ressort une sorte d'autocensure, où prévaut le souci de tranquilliser les proches, dégageant une impression de secret. Le 28 octobre 1942, il relate seulement, alors que la *1. Gebirgs-Division* s'est enfoncée profondément dans les hautes montagnes du Caucase, qu'une tempête de neige l'a surpris avec ses hommes – jusqu'à deux à quatre mètres de neige ! –, et que la majorité des prisonniers soviétiques utilisés comme porteurs sont morts, frigorifiés.

Anna précise ensuite combien sa famille, et elle-même, ont été choquées d'apprendre, après la guerre, le massacre de 317 civils perpétré par des soldats de la *1. Gebirgs-Division* en août 1943 à Komeno, en Grèce, sur le Golfe Ambracique. Elle se rappelle avoir été bouleversée par la crainte que son demi-frère ait pu participer à de telles exactions. Elle dit avoir fouillé dans les lettres de l'officier conservées par sa mère, pour tâcher de découvrir la vérité, et son soulagement lorsqu'elle découvrit qu'il avait été, dès avant cette date, transféré en 1943 à la *157. Res.-Div.*

Par ailleurs, l'*Oberleutnant* Heuberger n'est déjà plus en vie, lorsque cette division est elle-même amenée à commettre des forfaits dans le Vercors, à la fin du mois de juillet 1944. En effet, étant commandant de compagnie *(Kp.-Chef)*, au moment de son décès il est stationné avec ses hommes à Bardonecchia, afin de sécuriser le tunnel du Fréjus, qui est une voie de communication primordiale entre la France et l'Italie, non loin du Mont-Cenis. Au passage, cela nous apprend que cette 2e compagnie, contrairement à la 1re, n'aurait a priori pas été engagée dans le Vercors au moment du déclenchement de l'opération « Bergen » (ou « Bettina ») le 21 juillet 1944... Précisons, par ailleurs, que Heuberger repose au cimetière militaire de Dagneux.

L'*Oberleutnant* Heuberger (3e à gauche) et le *Div.-Kdr.* Karl Pflaum (1er à droite) dans le Sud-est de la France, en mai 1944.

Échantillon de *Soldbücher* de la *157. Reserve-Division*

En vue d'approfondir cette identification « physique », tentative de « personnification » de la *157. Res.-Div.*, présentons maintenant une série de *Soldbücher*, où figurent les références de plaque d'identité, les unités de dépôt et de campagne auxquelles il a appartenu (et la durée des affectations), l'armement et l'équipement, les formations suivies, et les signatures d'officiers (particulièrement aux pages 3 et 22 des *Soldbücher*). Ces dernières peuvent permettre d'apprendre, voire de préciser ou de confirmer quel officier était en charge de telle ou telle petite unité à un moment précis. Ainsi retrouve-t-on certains des officiers mentionnés dans notre organigramme aux pages 28-30. Sont uniquement présentés ici les livrets de soldats de la division présents à ces dates et dans les semaines ou les mois qui ont suivi, mais absents au moment des événements de l'été 1944.

S'agissant de la lecture complexe de ce document qu'est le *Soldbuch*, l'affectation en service actif figure d'abord en page 4 et, plus précisément, au paragraphe « *Feldheer* », ce qui est peu cohérent pour une affectation dans une formation comme une *Reserve-Division*, qui reste une grande unité de « l'armée de l'intérieur » *(Ersatzheer)*...

(1) Plus exactement, le quotidien bavarois *Augsburger Allgemeine*, article de Peter Bauer du 11 novembre 2011.

Am 14. Okt. 1942
rückte ich zum Geb. Jäg.
Ers. Btl. 99 in Sonthofen
ein.
Als
Rekrut.

Futterknecht u. ich
am Tage der R.O.B-Prüfung
Abschied von
der Gruppe.
Nach einer Rekrutenzeit von 4
Monaten kam ich mit anderen
Kameraden zum R.O.B. Lehrgang
nach Pontarlier.

Ci-dessus : les informations de cet album, qui semblent anodines, sont en réalité riches d'enseignement. Ainsi apprend-on que la compagnie de « *Reserve-Offiziers-Bewerber* » est restée sur Pontarlier du 16 janvier au 1er août 1943 (sans doute alors dans l'unité « *der Reserve* » de même numéro que celle de dépôt, au sein du *Reserve-Gebirgsjäger-Regiment 1* de la *157. Res.-Div.*). Quelques semaines plus tard, ces hommes rejoindront la région de Grenoble… Notons, ici, la présence du *Hauptmann* Geyer (voir, notamment, la page 29), commandant le *Res.Geb.Jg-Btl. II./98* jusqu'au 15 juin 1944.

Photo du haut, page ci-contre : l'auteur « *als Rekrut* », hélas anonyme, à l'expression grave, des quelques pages de cet album à la fois mystérieux et prenant (1) – Notons que la constitution d'albums photographiques est alors une pratique très répandue dans la Wehrmacht et les Waffen-SS, voire la HJ, etc. –. Remarquons que le portrait a été réalisé dans un studio de Pontarlier, accompagné d'une branche d'edelweiss. Il se présente comme ayant été incorporé, le 14 octobre 1942, dans les rangs du *Geb.Jg.E.-Btl. 99* (dont les casernements sont localisés à Sonthofen, dans l'Allgäu).

Photo du bas, page ci-contre : en haut à gauche de cette page, l'auteur de l'album avec un dénommé Futterknecht, le jour des examens de candidat officier de réserve (*ROB-Prüfung*). A l'issue d'une instruction élémentaire, de « dressage » de quatre mois, ses camarades et lui sont envoyés pour un stage d'instruction d'officier de réserve vers Pontarlier, où stationne alors la *157. Reserve-Division*…

(1) Hélas, son origine précise est absolument inconnue…

Un impeccable insigne (d'un type baptisé « Bevo » dans l'univers des collectionneurs) des *Gebirgstruppen*, brodé mécaniquement. Destiné normalement à être cousu sur le haut de la manche droite de la vareuse, celui-ci a été retrouvé sur Epagny, près d'Annecy. (Collection Loïc Testoud)

Soldbuch
zugleich Personalausweis
Nr. 515
für
den Grenadier
ab 1.2.1944 Panzergrenadier
ab 1.6.1944 Gefreiter
ab
Friedrich Brenninger
Beschriftung und Nummer der Erkennungsmarke ...Gren.Erf.Btl.179 / 5787
Blutgruppe O
Gasmaskengröße 3
Wehrnummer München III 25/136/1/1
1

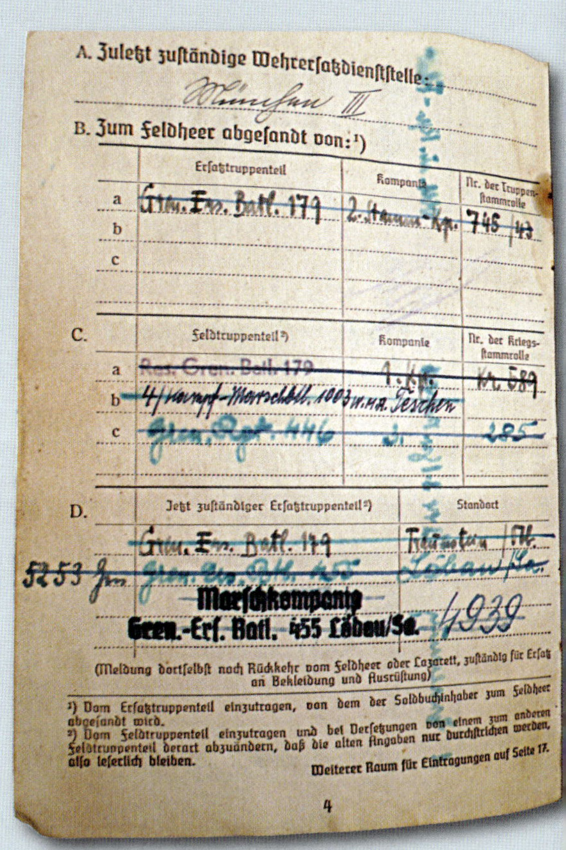
A. Zuletzt zuständige Wehrersatzdienststelle: München III
B. Zum Feldheer abgesandt von:¹)

	Ersatztruppenteil	Kompanie	Nr. der Truppen-Stammrolle
a	Gren.Ers.Batl. 179	2. ...-Kp.	745 / 43
b			
c			

C.

	Feldtruppenteil²)	Kompanie	Nr. der Kriegs-Stammrolle
a	Res.Gren.Btl.179	1. Kp.	Kr. 589
b	4/... Marschbtl. 1003		
c	Gren. Rgt. 446		185

D.

Jetzt zuständiger Ersatztruppenteil²)	Standort
Gren. Ers. Batl. 179	
5253 Gren. Ers. Btl. 455	Löbau/Sa.
Marschkompanie Gren.-Erf. Batl. 455 Löbau/Sa.	1939

(Meldung dortselbst nach Rückkehr vom Feldheer oder Lazarett, zuständig für Ersatz an Bekleidung und Ausrüstung)

¹) Vom Ersatztruppenteil einzutragen, von dem der Soldbuchinhaber zum Feldheer abgesandt wird.
²) Vom Feldtruppenteil einzutragen und bei Versetzungen von einem zum anderen Feldtruppenteil derart abzuändern, daß die alten Angaben nur durchstrichen werden, also leserlich bleiben.

Weiterer Raum für Eintragungen auf Seite 17.

4

Ci-dessus et ci contre : *Soldbuch* du *Grenadier* Friedrich Brenninger.

Soldbuch
zugleich Personalausweis
Nr. 25
für
Schützen
ab 1.11.1943 Gefreiter
Martin Hanrieder
Beschriftung und Nummer der Erkennungsmarke 1. Stammkp./I.E.B.179 5025
Blutgruppe AB
Gasmaskengröße 3
Wehrnummer Traunstein 24/42/1/5
1

Le *Soldbuch* du *Schütze* Martin Hanrieder.

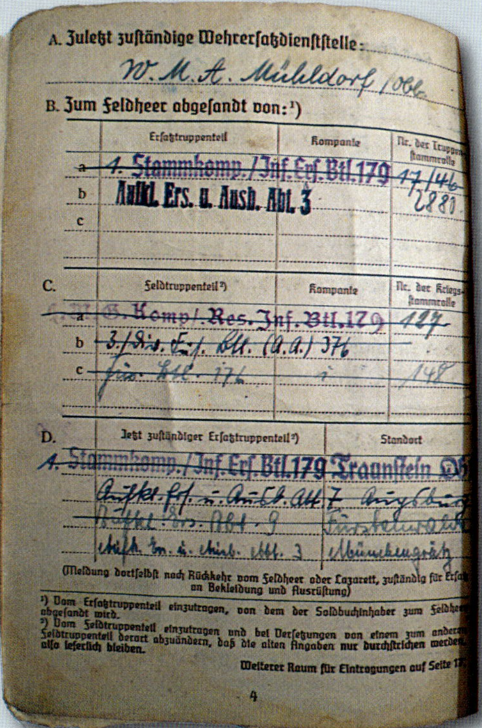
A. Zuletzt zuständige Wehrersatzdienststelle: W.M.A. Mühldorf / Obb.
B. Zum Feldheer abgesandt von:¹)

	Ersatztruppenteil	Kompanie	Nr. der Truppen-Stammrolle
a	1. Stammkomp./Inf.Erf.Btl.179		17/46
b	Aufkl. Ers. u. Ausb. Abt. 3		2880
c			

C.

	Feldtruppenteil²)	Kompanie	Nr. der Kriegs-Stammrolle
a	4. Komp. Res.Inf.Btl.179		427
b	3./Div. E. Btl. (A.A.) 376		
c			148

D.

Jetzt zuständiger Ersatztruppenteil²)	Standort
1. Stammkomp./Inf.Erf.Btl.179	Traunstein Obb.
Aufkl. Ers. u. Ausb. Abt. 7	
Aufkl. Ers. Abt. 9	
Aufk. Ers. u. Ausb. Abt. 3	

(Meldung dortselbst nach Rückkehr vom Feldheer oder Lazarett, zuständig für Ersatz an Bekleidung und Ausrüstung)

¹) Vom Ersatztruppenteil einzutragen, von dem der Soldbuchinhaber zum Feldheer abgesandt wird.
²) Vom Feldtruppenteil einzutragen und bei Versetzungen von einem zum anderen Feldtruppenteil derart abzuändern, daß die alten Angaben nur durchstrichen werden, also leserlich bleiben.

Weiterer Raum für Eintragungen auf Seite 17.

4

Croix de fer de 2e classe

Livrets individuels de soldats du *Res.Gren.-Btl. 179*

Le *Soldbuch* du *Grenadier* **Friedrich Brenninger**, né le 19 juillet 1925 en Bavière. Le livret est ouvert le 16 avril 1943, et Brenninger affecté à cette date à la 1re compagnie du *Res.Gren.-Btl. 179* (voir au milieu de la page 4). Engagé dans cette unité jusqu'en janvier 1944 – date de son transfert vers le *Marsch-Btl. 1002* –, puis en février vers le *Gren.-Rgt. 446* (dépendant de la *134. Inf.-Division*, servant dans le cadre de la *Heeresgruppe Mitte*). Ce soldat est à l'hôpital de Gérardmer de septembre à novembre 1943, et présent à Grenoble de décembre 1943 à la mi-janvier 1944. Ce *Soldbuch* est signé le 18 mai 1943, en page 15, par l'*Oberleutnant* Schaller, commandant la 1re compagnie du *Res.Gren.-Btl. 179* au 1er juillet 1944. Remarquons qu'il ne comporte pas de photographie-portrait de son titulaire, comme de règle au début et jusqu'en milieu de guerre. Ce n'est que tardivement que le *Soldbuch* a comporté une photo d'identité, pour des raisons de sécurité. Cependant, tous les *Soldbücher* déjà établis à cette époque n'en ont pas pour autant tous été pourvus.

Le *Soldbuch* du *Schütze* **Martin Hanrieder**, né le 24 mai 1924 à Hetzenhausen, près de Freising. Le livret est ouvert le 14 octobre 1942 et, à cette date, ce jeune Bavarois est affecté à la 4e compagnie de mitrailleuses du *Res.Inf.-Btl. 179*. Notons qu'en cette année 1942, le bataillon est encore qualifié par le terme « *Infanterie* », et non « *Grenadier* », ce qui sera le cas peu après. Hanrieder est transféré le 9 avril 1944 à la *376. Infanterie Division*, dans le cadre de la *Heeresgruppe « Süd »*, sur le front de l'Est, il est donc présent sur Grenoble de septembre 1943 au début d'avril 1944. Son livret atteste qu'il a reçu l'*Eisernes Kreuz 2. Klasse*.

Livrets individuels de la *Res.Inf.Pi.-Kp.7*

Le *Soldbuch* du *Grenadier* **Anton Göttler**, qui voit le jour le 14 novembre 1925 à Dachau, au nord-ouest de Munich. Son livret est ouvert le 26 août 1943 et le jeune homme est affecté à cette date (toujours page 4) à la *Res.Inf.-Pio.-Kp. 7*, du *Res.Gren.-Rgt. 7*. Cette compagnie du génie de l'infanterie reste en garnison à Grenoble jusqu'à la fin, malgré le départ du *Res.Gren.-Rgt. 7* à la fin de décembre 1943. – Remarque : ces sapeurs intégrés à un régiment d'infanterie sont qualifiés de « *weiße Pioniere* » (sapeurs « blancs »), par référence à la couleur d'arme de l'infanterie, et par opposition aux « *schwarze Pioniere* » (les sapeurs noirs), dont la couleur d'arme est le noir, et qui sont des unités autonomes du génie. Göttler est présent à Grenoble de septembre 1943 au début d'avril 1944, date de son transfert au *Panzer-Zerstörer-Bataillon 475* (475e bataillon de « destructeurs de blindés »), sur l'*Ostfront*, dans le cadre de la *Heeresgruppe Mitte*. A la page 15, le livret a été signé en décembre 1943 par le *Hauptmann* Georg Gleissner, commandant sa petite unité. Anton Göttler s'est vu remettre l'*EK.2* et l'insigne des blessés en noir.

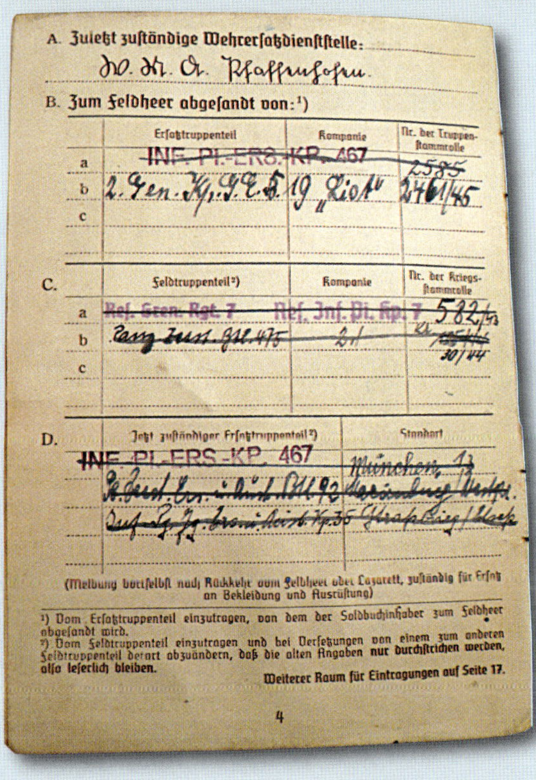

Le livret du *Grenadier* Anton Göttler.

Insigne des blessés en noir.

Le *Soldbuch* de **Friedrich Bauer**, né le 24 juillet 1924 en Haute-Bavière (abbréviée *Obb.*, en outre, sa mère est domiciliée à Munich). Le livret est ouvert le 12 octobre 1942, et Braun est affecté à cette date à la *Res.Inf.Pio-.Kp.7*, du *Res.Inf.-Rgt.7*, car l'unité porte encore à cette date l'appellation d'*Infanterie-* avant, bientôt, de prendre celle de *Grenadier*. Cet autre Bavarois est présent dans cette unité en 1942, jusqu'en février 1943 au plus tôt. Le document est signé en page 15 par le même *Hptm.* Gleissner.

Première page du livret individuel de Friedrich Bauer, alors *Gefreiter* sur sa photographie d'identité.

Quelques pages du livret individuel, hélas fort détérioré, de Richard Barth, originaire de Haute-Bavière.

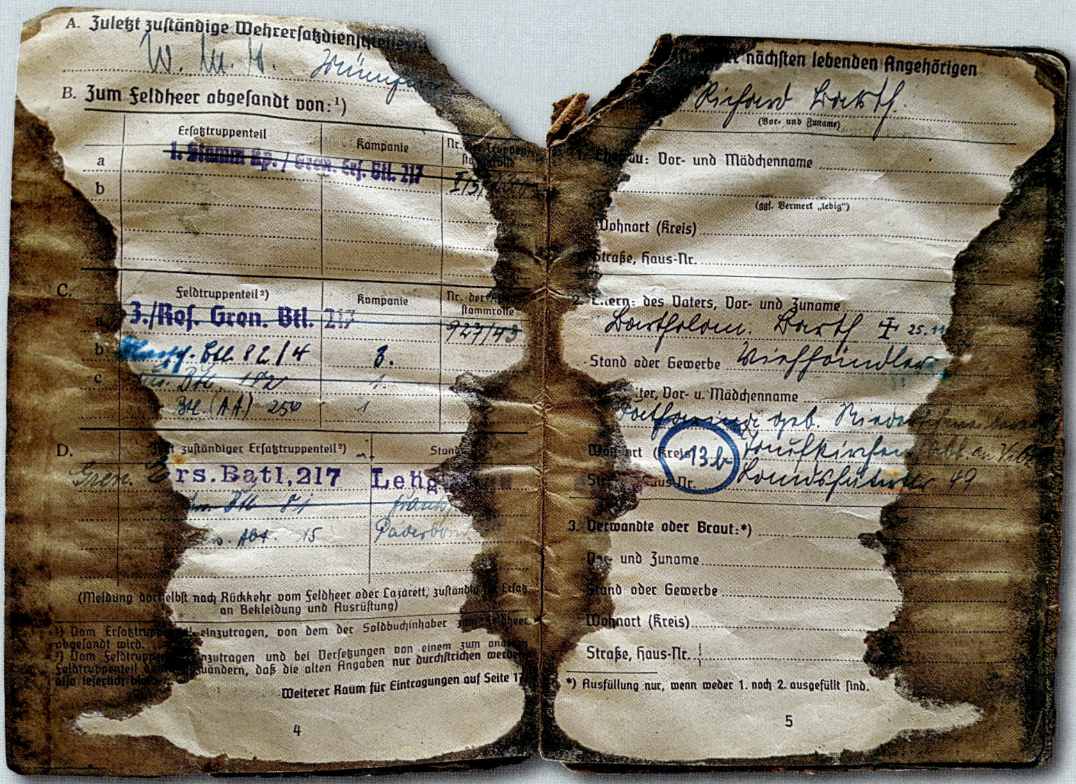

Livret individuel du *Res.Gren.-Btl. 217*

Le *Soldbuch* du *Gren.* **Richard Barth**, né le 16 septembre 1925 en Bavière. Le livret est ouvert le 1er août 1943, et affecté à cette date à la *3. Kp. / Res.Gren.-Btl. 217*. A la fin de février 1944, Barth est sans doute transféré en Russie. Il est donc présent à Gap ou Embrun (sur la Durance, à une cinquantaine de kilomètres à l'est de Gap) de septembre 1943 à février 1944. Il est un combattant aguerri, qui s'est vu attribuer, d'après les mentions de son livret, l'insigne des blessés en noir, l'*EK.2*, l'*Infanterie Sturmabzeichen*, ou encore la *Nahkampfspange en Bronze*.

Nahkampfspange en Bronze de l'armée de terre, insigne de combat institué à la fin de novembre 1942.

Livret individuel, quant à lui bien mieux conservé, du *Gefreiter* Linseisen, un *Niederbayer* originaire de Fürthmühle, entre Ingolstadt et Landshut.

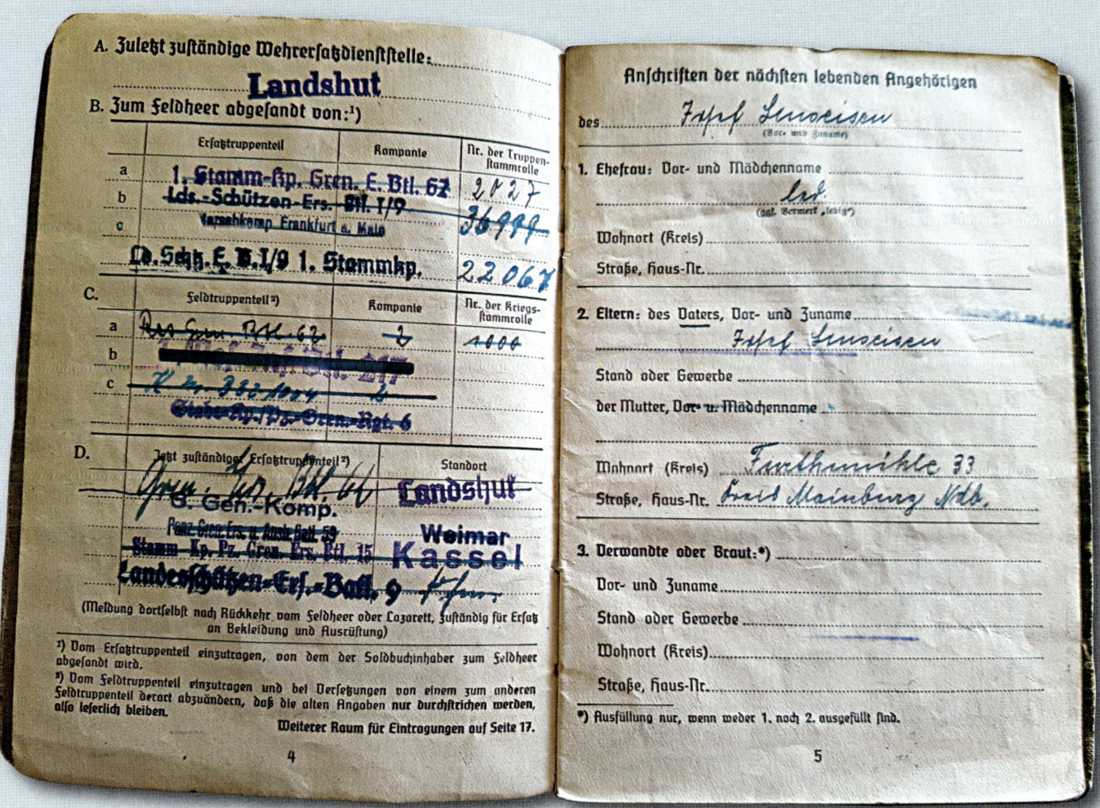

Soldbuch du *Res.Inf.-Btl. 217*

Ce *Soldbuch* a été créé le 27 juillet 1943, possession du *Grenadier* **Josef Linseisen**, né le 26 février 1925 en Haute-Bavière, qui est d'abord affecté au *Res.Gren.-Btl. 62*, bataillon du *Res. Gren.-Rgt. 7*. Engagé à compter du début d'août 1943, Linseisen est donc présent lors de l'entrée de la division à Grenoble, et il y restera malgré l'intégration de son unité dans la *276. Inf.-Div.*, car nous voyons qu'il est muté à la 1re compagnie du *Res.Inf.-Btl. 217*, sans doute au début de décembre 1943. On remarque d'ailleurs une permission visée par cette unité, pour trois semaines, du 25 décembre 1943 au 15 janvier 1944, dans laquelle il est probablement resté jusqu'à la fin janvier. Il est ensuite transféré en Russie (*Pz-Gren.-Rgt. 6*, régiment d'infanterie portée de la *7. Pz-Div.*), où il sera grièvement blessé au combat (code de blessure 31a, correspondant à une blessure par projectile d'infanterie) dès le début du mois de mars 1944.

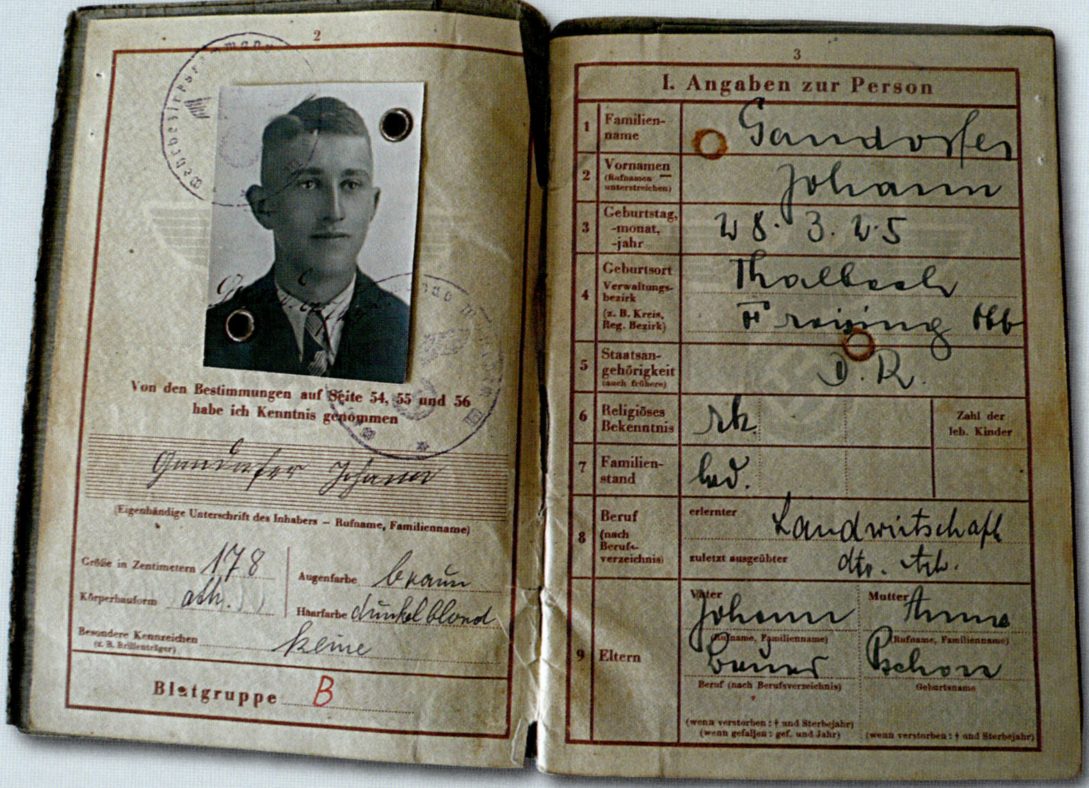
2

Von den Bestimmungen auf Seite 54, 55 und 56 habe ich Kenntnis genommen

Gandorfer Johann

Eigenhändige Unterschrift des Inhabers – Rufname, Familienname

Größe in Zentimetern 178 Augenfarbe braun

Körperbauform schl. Haarfarbe dunkelblond

Besondere Kennzeichen (z. B. Brillenträger) keine

Blutgruppe B

3

I. Angaben zur Person

1	Familienname	Gandorfer
2	Vornamen (Rufnamen unterstreichen)	Johann
3	Geburtstag, -monat, -jahr	28. 3. 25
4	Geburtsort Verwaltungsbezirk (z. B. Kreis, Reg. Bezirk)	Thalbach Freising Obb.
5	Staatsangehörigkeit (auch frühere)	D. R.
6	Religiöses Bekenntnis	rk — Zahl der leb. Kinder
7	Familienstand	led.
8	Beruf (nach Berufsverzeichnis)	erlernter Landwirtschaft; zuletzt ausgeübter dto. Ltb.
9	Eltern	Vater Johann (Rufname, Familienname), Bauer (Beruf nach Berufsverzeichnis); Mutter Anna (Rufname, Familienname), Pschorn (Geburtsname)

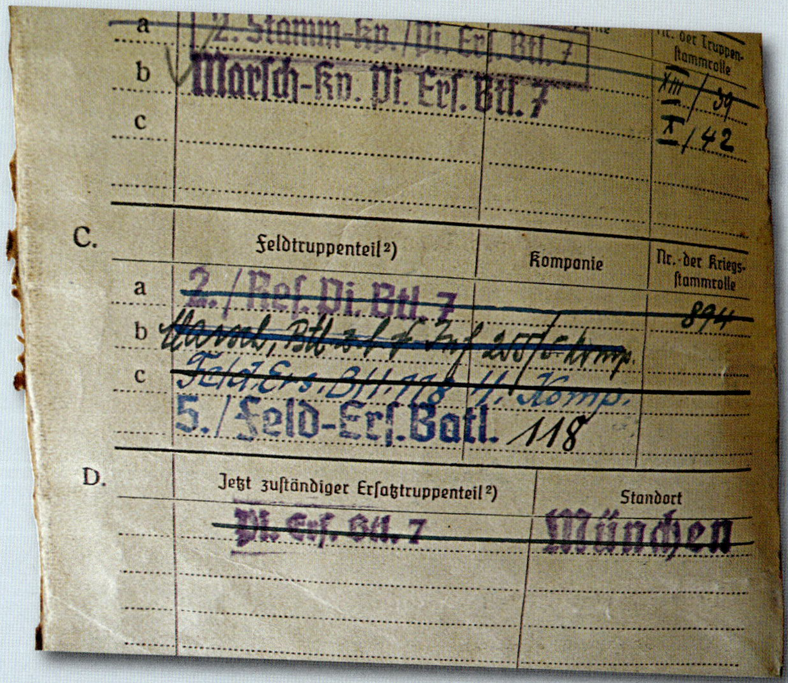

			Nr. der Truppenstammrolle
a	2. Stamm-Kp./Pi. Ers. Btl. 7		
b	Marsch-Kp. Pi. Ers. Btl. 7		XIII / 39
c			X / 42

C.	Feldtruppenteil²)	Kompanie	Nr. der Kriegsstammrolle
a	2./Res. Pi. Btl. 7		894
b	Marsch. Btl. …		
c	Feld Ers. Btl. 118	4. Komp.	
	5./Feld-Ers. Batl. 118		

D.	Jetzt zuständiger Ersatztruppenteil²)	Standort
	Pi. Ers. Btl. 7	München

Documents personnels d'un jeune sapeur de la *157. Res.-Div.*, le *Gefreiter* Gandorfer.

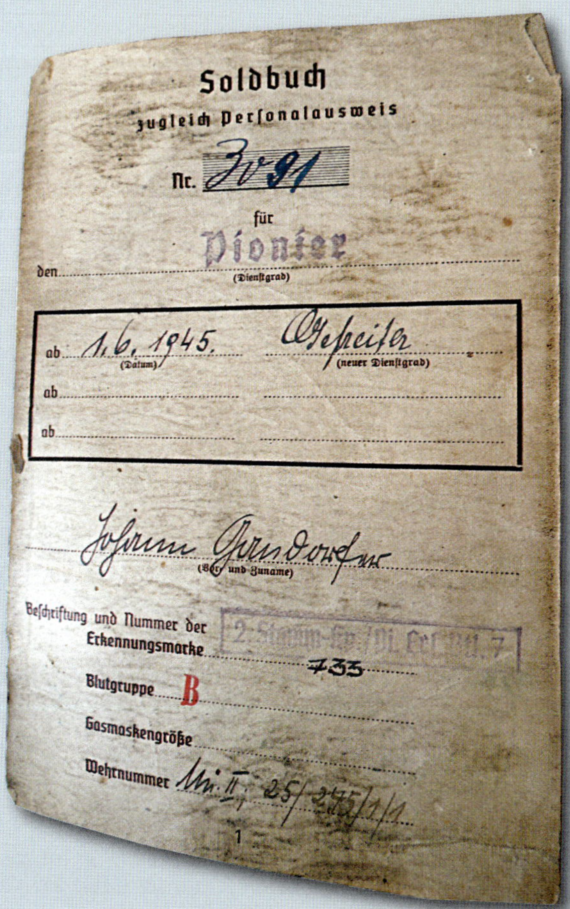

Soldbuch

zugleich Personalausweis

Nr. 391

für

den Pionier (Dienstgrad)

ab 1. 6. 1945 (Datum) Gefreiter (neuer Dienstgrad)

ab

ab

Johann Gandorfer (Vor- und Zuname)

Beschriftung und Nummer der Erkennungsmarke 2. Stamm-Kp./Pi. Ers. Btl. 7 — 433

Blutgruppe B

Gasmaskengröße

Wehrnummer Mü. II. 25/…

1

Livret du *Res.Pi.-Btl. 7*

Soldbuch et *Wehrpass* ayant appartenu à un même membre du génie, le *Pionier* **Johann Gandorfer**, là encore un jeune Bavarois (originaire de Thalbach, près de Freising), qui a vu le jour le 28 mars 1925. Le livret est ouvert le 31 août 1943 et, selon les indications combinées de ce dernier et de son *Wehrpass*, ce « *junger Bayer* » est affecté à la 2e compagnie du *Res.Pi.-Btl. 7*, et ce du 29 septembre au 13 novembre 1943. Puis, il change totalement de zone de stationnement, se voyant transféré en Finlande, et ensuite en Norvège, où il demeure jusqu'à la fin du conflit. Gandorfer est donc présent à Grenoble pendant cette courte période de la fin de 1943.

Livret individuel d'un soldat né à Offenstetten (au sud-ouest de Ratisbonne), cette fois, bien plus chevronné, qui a été sous-officier au sein du *Reserve-Artillerie-Regiment 7*.

L'avers et le revers d'un « *Gefrierfleisch-Orden* ».

Livrets individuels de la *Res.Geb.Art.-Abt. 79*

Le *Soldbuch* du *Kanonier* (et, plus tard, *Wachtmeister*) **Alfons Buchner**, né le 25 janvier 1921 en Bavière à Offenstetten bei Abensberg. Ce livret est ouvert le 11 janvier 1940 et mentionne que Buchner est affecté, à cette date, à la *III. Abteilung* de l'*Art.-Rgt. 27*. En 1940, ce 3e groupe de batteries dépend du *Geb.Art.-Rgt. 94*, de la *4. Gebirgs-Division*, alors commandée par le *GenLt.* Karl Eglseer). Par la suite, il est transféré à la 3e batterie de la *Res.Geb.-Art. 79* (de juillet 1943 au début de février 1944), et plus tard au *Geb.Art.-Rgt. 95* de la *5. Gebirgs-Division*, qui sert en Italie, notamment dans la zone du Monte Cassino. Le *Soldbuch* est signé, le 1er décembre 1943, par le commandant de sa petite unité, l'*Oberleutnant* Mittermayr (précédemment cité). Ont été conférés à cet artilleur bavarois l'*EK.2*, l'insigne des blessés en noir, l'insigne d'assaut en argent, l'« *Ostmedaille* », ainsi que la médaille roumaine de croisade contre le bolchevisme. (Sur sa photographie d'identité, certaines de ces décorations sont arborées sur sa vareuse d'*Unteroffizier*).

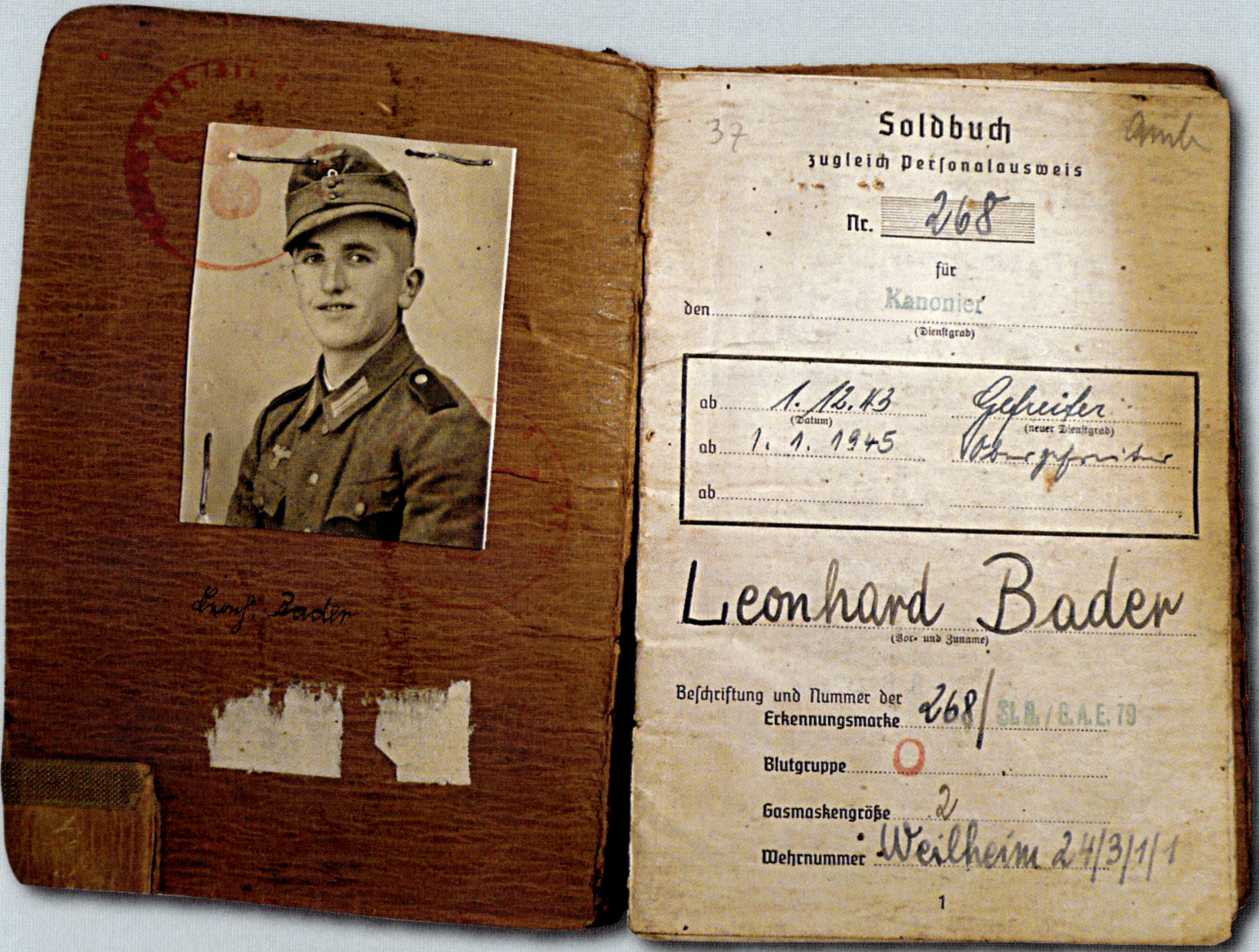

Soldbuch de l'*Obergefreiter* Bader, artilleur vétéran de l'*Ostfront*, qui a vu le jour dans la région des lacs de Haute-Bavière, près de Weilheim.

L'écu du Kouban, insigne de combat institué à la toute fin de septembre 1943.

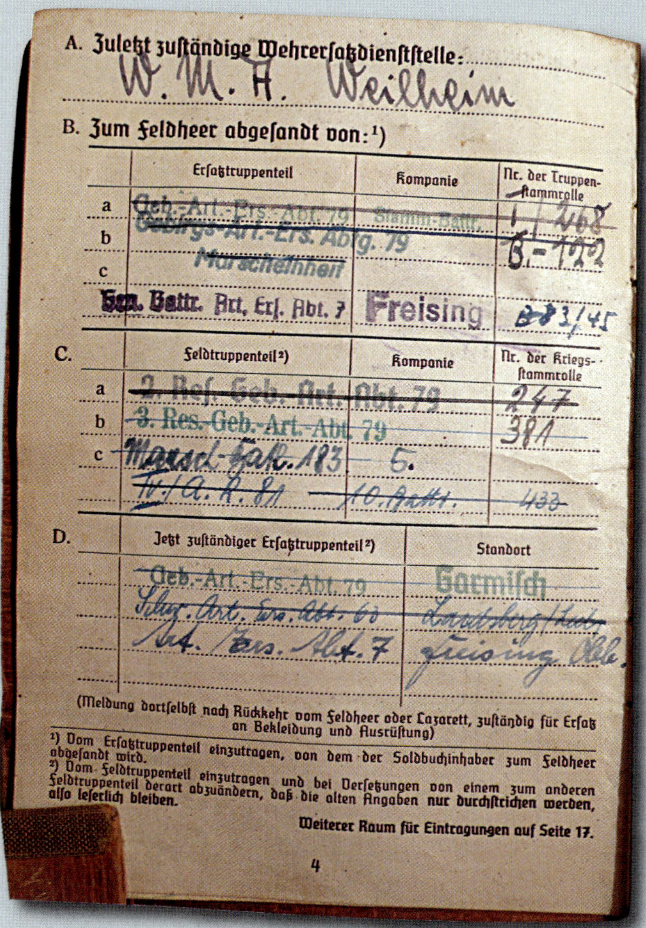

Le *Soldbuch* du *Kanonier* **Leonhard Bader**, né le 21 novembre 1924 en Bavière. Ouvert le 8 décembre 1942 et affecté à cette date à la *2. Bttr.* puis la *3. Bttr.* de la *Res.Geb.-Abt. 79*, puis en juillet 1943 à l'*Art.-Rgt. 81*, qui est le corps de troupe organique d'artillerie de la *97. Jäger-Division*, engagée dans le secteur sud du front de l'Est (entre autres, dans le Caucase). Bader a été décoré de l'écu du Kouban (*Kubanschild*), de l'*EK. 2*, et de l'insigne des blessés en noir.

Le « passeport militaire » du Haut-bavarois Michael Hüglsperger.

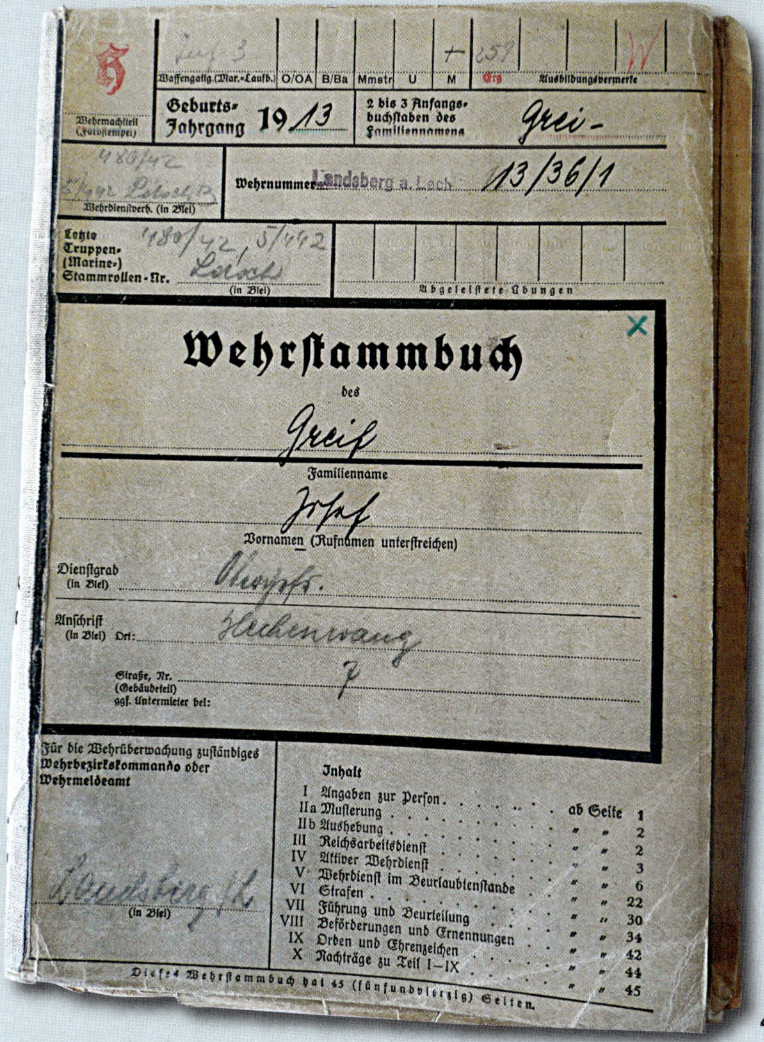

Un document individuel changeant un peu des livrets : le *Wehrstammbuch*.

Documents personnels du *Res.Geb.Jg.-Btl. I./98*

Le *Wehrpass* de **Michael Hüglsperger**, né le 9 novembre 1924 dans la localité bavaroise de Penzberg, près de Bad Tölz, qui est ouvert le 5 février 1942. Cet autre Bavarois est affecté le 31 janvier 1943 à la 1re compagnie du *Res.Geb.Jg.-Btl. 98* (ou *I./98)* jusqu'au 7 mai 1943 et, tout comme Bader, transféré à compter du 1er août 1943 au *Jg.-Rgt. 204*, corps de troupe de la *97. Jäger-Division*. Hüglsperger est disparu en Russie le 25 novembre 1943.

Le *Wehrstammbuch* – équivalent du livret matricule de l'armée française – d'un Bavarois relativement âgé, **Josef Greif**, né le 4 juin 1913 à Hechenwang, près de Landsberg-am-Lech. Affecté dès le début de la guerre à la *1. Gebirgs-Division*, instruit comme pontonnier, il participe à la campagne de Pologne. Ce document est intéressant en ce qu'il mentionne un passage extrêmement court dans la *157. Res-Inf.-Div.*, puisque ce soldat n'y est présent – dans la *5.Kp. / Res.Geb. Jg.-Btl. 98* – que du 30 juin au 17 juillet 1943 !

Soldbuch
zugleich Personalausweis
Nr. 2175.
für
den Jäger
(Dienstgrad)
ab (Datum) (neuer Dienstgrad)
ab
ab
Ernst Georg. Schrobenhauser
(Vor- und Zuname)
Beschriftung und Nummer der Erkennungsmarke Stamm-Kompanie Geb. Jäg. Ers. Btl. 100 2217.
Blutgruppe A
Gasmaskengröße 2
Wehrnummer Traunst 25/45/9/3.

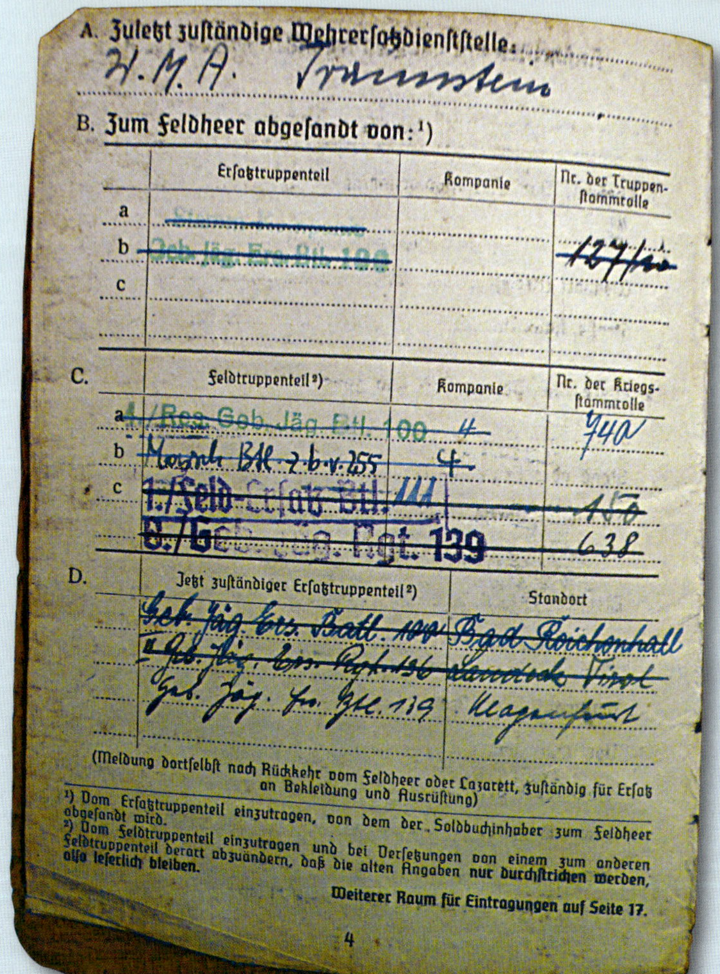

A. Zuletzt zuständige Wehrersatzdienststelle: W.M.A. Traunstein

B. Zum Feldheer abgesandt von:[1])

	Ersatztruppenteil	Kompanie	Nr. der Truppen-stammrolle
a			
b	Geb. Jäg. Ers. Btl. 100		1271/...
c			

C.

	Feldtruppenteil[2])	Kompanie	Nr. der Kriegs-stammrolle
a	1./Res. Geb. Jäg. Btl. 100	4	740
b	Marsch Btl. 2 b.v. 255	4	
c	1./Feld-Ersatz Btl. III		
	8./Geb. Jäg. Rgt. 139		638

D.

Jetzt zuständiger Ersatztruppenteil[2])	Standort
Geb. Jäg. Ers. Batl. 100	Bad Reichenhall
Geb. Jäg. Ers. Rgt. 136	Landeck Tirol
Geb. Jäg. Ers. Btl. 119	Klagenfurt

(Meldung dortselbst nach Rückkehr vom Feldheer oder Lazarett, zuständig für Ersatz an Bekleidung und Ausrüstung)

[1]) Vom Ersatztruppenteil einzutragen, von dem der Soldbuchinhaber zum Feldheer abgesandt wird.
[2]) Vom Feldtruppenteil einzutragen und bei Versetzungen von einem zum anderen Feldtruppenteil derart abzuändern, daß die alten Angaben nur durchstrichen werden, also leserlich bleiben.

Weiterer Raum für Eintragungen auf Seite 17.

4

Le *Jäger* Ernst-Georg Schrobenhauser, là encore un Allemand du Sud (né à Traunstein). Notons que sur sa photographie, il porte une tenue civile singulière : un *Janker*, veste de laine typique de l'Autriche et de l'Allemagne du Sud.

Livrets individuels du *Res.Geb.Jg.-Btl. 100*

Le *Soldbuch* du *Jäger* **Ernst Schrobenhauser**, né le 12 janvier 1925 en Haute-Bavière (*Oberbayern*), ouvert le 30 août 1943. Schrobenhauser est affecté à la 1re compagnie du *Res.Geb.Jg.-Btl.100*, et y demeure au moins jusqu'à la fin de l'année 1943. Il est ensuite versé dans diverses unités, puis au *Geb.Jg.-Rgt.139* (*3. Gebirgs-Division*) de l'armée de campagne.

Le *Soldbuch* du *Jäger* **Johann Nützl**, né le 2 juillet 1908 en Bavière, ouvert le 13 janvier 1943. Recrue relativement âgée, Nützl est affecté à la *3. Kp. / Res.Geb.Jg.-Btl. 100* (unité de dépôt du *Geb.Jg.E.-Btl. 100*), puis il se retrouve transféré, à la fin d'octobre 1943, au *Jäg.-Rgt. 207*, corps de troupes organique de chasseurs de la *97. Jäger-Division*. En page 15, le livret a été signé, le 9 février 1943, par l'*Oblt.* Eggers (voir page 29).

L'*Obergefreiter* Johann « Hans » Nützl, là aussi, un *Oberbayer*.

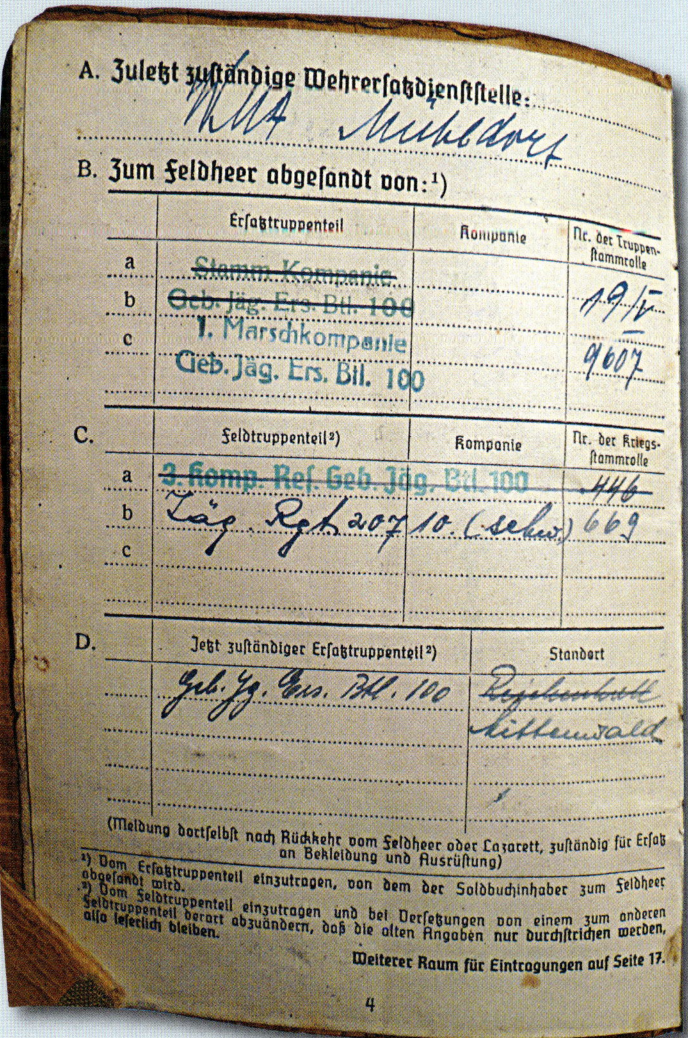

Fascicule *Der Panzerknacker*, un objet peu commun déniché sur Grenoble, en décembre 1972. Paru en 1944, il offre des indications au soldat allemand dans la lutte antichar rapprochée. Du reste, le mortier s'avérera plus efficace pour lutter contre les « *Banden* » de maquisards que les *Panzerfäuste* et *Panzerschrecke*… (Collection privée)

L'occupation de l'hôtel moderne de Grenoble par la *157. Res.-Div.*, à l'automne de 1943. (DR)

Addendum. Penchons-nous ici sur un article du quotidien *Le Dauphiné Libéré* du 22 août 2004, commémorant le 60e anniversaire de la libération de Grenoble. Outre de nombreux écrits relatifs à ces événements, il contient un article concernant un soldat de la *157. Res.-Div.*, manifestement de l'un des bataillons d'infanterie et non de *Gebirgsjäger*, étant donné qu'il s'agit d'un jeune homme d'origine slovène (notons que la Slovénie appartenait, jusqu'au printemps de 1941, au territoire yougoslave) enrôlé de force dans la Wehrmacht, et affecté en garnison à Grenoble, lors de l'arrivée de la division dans cette ville. L'histoire de cet homme est révélatrice du parcours de nombreux non-allemands de cette unité qui, contactés par la Résistance locale, ont déserté pour rejoindre ses rangs. L'homme en question a même déserté très tôt, dès le mois de décembre 1943. Une intéressante photographie du mois d'octobre 1943 est jointe à cet article, sur laquelle il figure en faction avec l'un de ses camarades devant l'hôtel Moderne (hôtel des Trois Dauphins) (2).

Sur un plan uniformologique, cette photo ne manque pas non plus d'intérêt, puisque si l'on en juge par leurs tenues, et surtout celle du soldat de droite, les hommes ont une silhouette encore proche du soldat du « *Blitzkrieg* » de 1940. Quoiqu'appartenant à l'une des unités de second ordre de la division, et en cette période de fin de guerre, l'on note sans doute au moins deux vareuses à col vert foncé du modèle de 1936, et des bottes de marche du modèle général pour tous les soldats, au lieu des brodequins portés avec guêtrons en toile, beaucoup plus répandus à partir de 1943. Par ailleurs, ils sont coiffés de la *Feldmütze* – bonnet de police –, et non de l'*Einheitsfeldmütze* introduite depuis peu.

Soulignons que les désertions semblent avoir été nombreuses dès cette période et avoir principalement touché les soldats de la *157. Res.-Div.* originaires de Pologne et de Slovénie. L'ouvrage *Mémoire vivante, Paroles de Résistants*, édité en 2002 par la commune d'Echirolles, en Isère, nous montre à cet égard la photographie de deux soldats slovènes, Stanislas Percic et François Ahatchich (Perschitsch et Ahatschisch en allemand), qui ont déserté les rangs allemands, le premier se retrouvant dans la compagnie Stéphane, très active contre l'occupant jusqu'à la Libération (nous verrons d'ailleurs un exemple d'action de cette compagnie le 24 juin 1944).

(2) Le bâtiment abrite, actuellement, les locaux de la Fnac de Grenoble NDA.

Provenant de la vallée du Rhône, ce bonnet de police (*Feldmütze*) en drap, pour sous-officiers et hommes de troupe, est un effet fréquemment retrouvé chez les membres de la *157. Res.-Div.*, même en 1944. (Collection privée)

Brodequins de marche en excellent état, employés par l'ensemble des composantes de l'armée de terre à partir de 1941, retrouvés dans le Dauphiné… (Collection privée)

… en remplacement, peu à peu, des bottes de marche du modèle général, elles aussi cloutées. Une pièce de collection se trouvant également dans un état impeccable de conservation. (Collection privée)

Casquette des troupes de montagne allemandes, avec l'insigne présentant un edelweiss. Comparer avec celle portée par notre « ROB » anonyme, page 32. (Collection privée)

Plaque émaillée normalement apposée sur les véhicules, découverte dans Grenoble en 1966, de 8 cm de haut sur 6,5 cm de large. (Collection privée)

L'*Allgemein Sturmabzeichen*, insigne de combat du *Heer* retrouvé dans l'Isère en juin 1985. (Collection privée)

Vareuse du *Heer* à quatre poches en excellent état, en drap *feldgrau*, portant un insigne de grade de *Stabsgefreiter*. Elle provient d'Italie, non loin de la frontière (dans une zone où s'est repliée la *148. Res.-Div.* à la fin d'août 1944). (Collection privée)

Très bel étui pour appareil allemand de protection contre les gaz, fabrication de 1940. Pièce nominative retrouvée dans le Var, qui présente une peinture de camouflage *sandfarbig*, celle-ci réalisée en usine, destinée initialement au théâtre d'opérations tropical. (Collection privée)

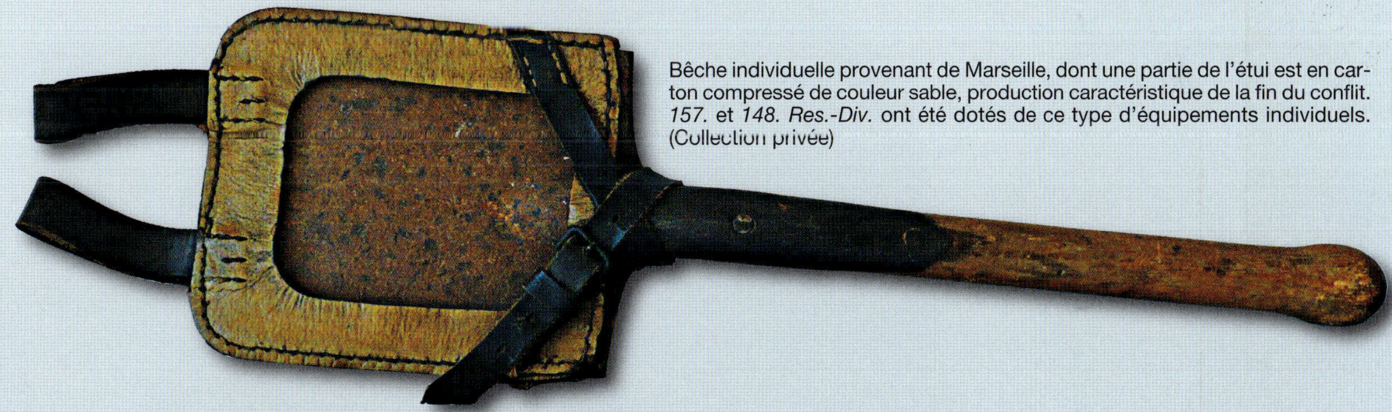

Bêche individuelle provenant de Marseille, dont une partie de l'étui est en carton compressé de couleur sable, production caractéristique de la fin du conflit. *157.* et *148. Res.-Div.* ont été dotés de ce type d'équipements individuels. (Collection privée)

Une bêche individuelle très intéressante, celle-ci dénichée directement dans le Vercors, qui est une pièce d'origine autrichienne (fabriquée avant l'*Anschluss*) distribuée, sans aucun doute, à un soldat de la division du *GenLt.* Pflaum. Les formations de sûreté, de « réserve » et de « volontaires » des peuples de l'Est, se voient fréquemment dotés d'effets de prise ou de production ancienne. (Collection privée)

Panorama des autres unités permanentes

Il s'agit d'abord du *Sicherungs-Bataillon 685*, ou *Landesschützen-Bataillon 685*, qui dépend des *Sicherungstruppen*, c'est-à-dire troupes de sûreté. Ces formations sont rattachées à la Wehrmacht, et sont principalement chargées de la protection des voies de communication routières et ferrées, des ponts et ouvrages d'art dans les territoires occupés. En règle générale, elles sont constituées de soldats territoriaux (*Landesschützen*), issus de la *Landwehr*, qui regroupe militairement les hommes âgés de 35 à 45 ans (c'est-à-dire, au début de la guerre, les classes nées sur la période de 1894 à 1904) et du *Landsturm*, rassemblant ceux âgés de plus de 45 ans.

L'organisation et l'équipement de ces troupes, qui appartiennent à la Wehrmacht, sont en théorie identiques à celles de toutes les unités de l'armée allemande. Mais du fait de ce rôle et de cette composition, ces *Sicherungs-Truppen* ne sont bien entendu pas prioritaires, et la qualité s'en ressent à tous les niveaux. Les dotations en uniformes, en équipements et en armement sont donc de moindre qualité, parfois même hasardeuses : uniformes des anciennes armées autrichienne, tchèque et hollandaise adaptés aux normes de la Wehrmacht, armes individuelles et collectives de prise (*Beutewaffen*), équipements eux aussi d'origine étrangère, comme les bêches individuelles tchèques, polonaises, etc.

Le *Landesschützen-Bataillon 685* a été constitué le 1er octobre 1942 en France, et d'abord envoyé dans la région de Tulle puis, au début de l'année 1943, sur Bordeaux et plus tard Dijon, avant de se retrouver transféré sur la frontière suisse. En 1944, le bataillon stationne dans la zone de Grenoble. Précisons que cette unité ne détiendra aucun rôle militairement significatif ; ni pendant l'occupation elle-même, ni durant les différentes phases de combats menés par la *157. Res.-Div.* et les autres formations qui seront engagées ponctuellement – notamment au cours de l'été –, sauf, toutefois, à l'occasion des tout derniers combats livrés par l'armée allemande sur Grenoble et ses environs à la fin d'août 1944. Ce bataillon, organisé en trois compagnies, est stationné à Pont-de-Claix, sur la rivière Drac, au sud de Grenoble. Il est commandé par le *Major* Erwin Ruetz, dont nous reparlerons plus loin.

D'autres unités sont également présentes et actives, pour certaines d'entre elles, au cours de la période qui nous intéresse, mais secondairement et/ou ponctuellement, à savoir les Russes de l'*Ost-Bataillon 406* du *Major* Bernhard Werner, dans le secteur de Saint-Michel-de-Maurienne (Savoie), et l'*Ost-Bataillon (Turk.) 781*.

Citons également le *Sicherungs-Regiment 200* de l'*Oberstleutnant* Rudolf Ufer, dont le P.-C. est établi à Lyon, et qui gère la partie orientale du *Hauptverbindungsstab « Lyon »*, la *Freiwilligen-Stamm-Division* de Lyon, qui est composée de cinq régiments, dont le *Freiw.-Stamm-Rgt. 3* du *Major* Willibald Sebald, stationné dans les secteurs de Lyon, de Mâcon et de Langres, et le *Freiw.-Stamm-Rgt. 4* de l'*Oberst* Hans Hesse, se trouvant dans l'agglomération lyonnaise même. Une fraction du *SS-Polizei-Regiment 19* est elle aussi présente. Rappelons que cette unité, comme

Un écusson de bras distribué à des formations asiatiques, musulmanes, des *Osttruppen*. Il a été retrouvé, gisant sur le sol, dans une maison ancienne partiellement abandonnée de l'Ardèche ! Notons que des Turkmènes participeront aux actions « anti-partisans » dans l'Oisans, en août 1944. (Collection privée)

Ce *Stahlhelm*, d'un modèle de l'armée *k.u.k.* de la Grande-Guerre, a été distribué à un membre d'une unité russe de la *Wehrmacht*, dont on distingue le blason aux couleurs nationales de la Russie (blanc-bleu-rouge). Une pièce atypique, provenant de Provence. (Collection privée)

toutes celles de la *Schutzpolizei* (police combattante), dépend de l'*Ordnungspolizei*, chargée du maintien de l'ordre. Le *SS-Pol.-Rgt. 19*, comme tous les autres régiments de la police, a reçu le 24 février 1943 l'appellation de *SS-Polizei-Regiment*, et non plus simplement de *Polizei-Regiment*, et ce, d'une certaine manière, à titre « honorifique », en raison de l'étroite collaboration des forces de police et de la SS, notamment dans le cadre de la lutte anti-partisans. Cependant, le *SS-Pol.-Rgt. 19* et tous les membres de la *Schutzpolizei* restent, de façon inchangée, partie intégrante de la police (*Ordnungspolizei*), dont ils conservent l'uniforme et les grades, et, de même que la *Sipo/SD*, ne font pas partie de la SS, même s'ils demeurent sous l'autorité ultime de cette dernière et de son « *Reichsführer* » (3).

(3) Rappelons-le, il ne faut donc pas voir dans ces troupes, non plus que dans les forces de la *Sipo/SD*, des membres de la SS combattante, ou Waffen-SS. NDA

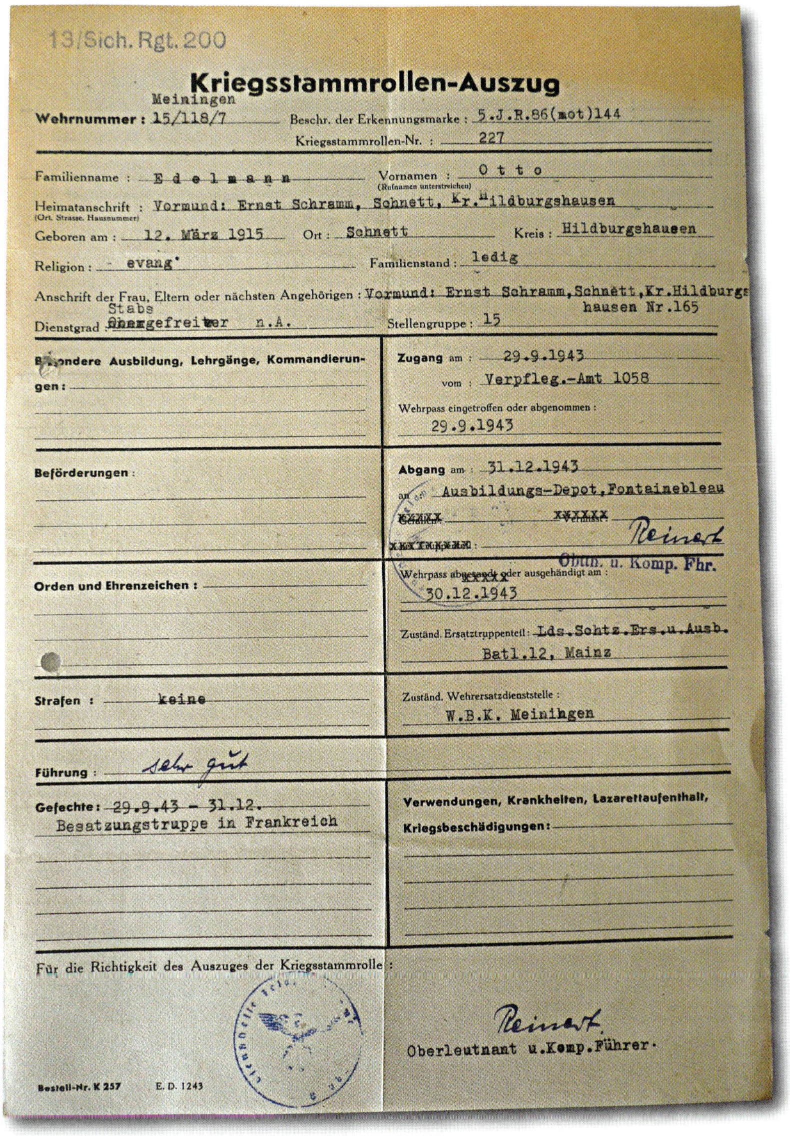
13/Sich. Rgt. 200

Kriegsstammrollen-Auszug

Wehrnummer: Meiningen 15/118/7 — Beschr. der Erkennungsmarke: 5.J.R.86(mot)144 — Kriegsstammrollen-Nr.: 227

Familienname: E d e l m a n n — Vornamen: O t t o

Heimatanschrift: Vormund: Ernst Schramm, Schnett, Kr. Hildburgshausen

Geboren am: 12. März 1915 — Ort: Schnett — Kreis: Hildburgshausen

Religion: evang. — Familienstand: ledig

Anschrift der Frau, Eltern oder nächsten Angehörigen: Vormund: Ernst Schramm, Schnett, Kr. Hildburgshausen Nr. 165

Dienstgrad: Stabsgefreiter n.A. — Stellengruppe: 15

Besondere Ausbildung, Lehrgänge, Kommandierungen:

Zugang am: 29.9.1943 vom: Verpfleg.-Amt 1058

Wehrpass eingetroffen oder abgenommen: 29.9.1943

Beförderungen:

Abgang am: 31.12.1943 an: Ausbildungs-Depot, Fontainebleau

Reinert — Obltn. u. Komp. Fhr.

Orden und Ehrenzeichen:

Wehrpass abgesandt oder ausgehändigt am: 30.12.1943

Zuständ. Ersatztruppenteil: Lds. Schtz. Ers. u. Ausb. Batl. 12, Mainz

Strafen: keine

Zuständ. Wehrersatzdienststelle: W.B.K. Meiningen

Führung: sehr gut

Gefechte: 29.9.43 – 31.12. Besatzungstruppe in Frankreich

Verwendungen, Krankheiten, Lazarettaufenthalt, Kriegsbeschädigungen:

Für die Richtigkeit des Auszuges der Kriegsstammrolle:

Reinert
Oberleutnant u. Komp. Führer.

Bestell-Nr. K 257 — E. D. 1243

Extrait d'une *Kriegsstammrolle* d'un soldat – né en 1915 en Thuringe – de la 13e compagnie du *Sicherungs-Regiment 200*, régiment de sûreté du *Heer*, stationnant dans la région lyonnaise. (Collection privée)

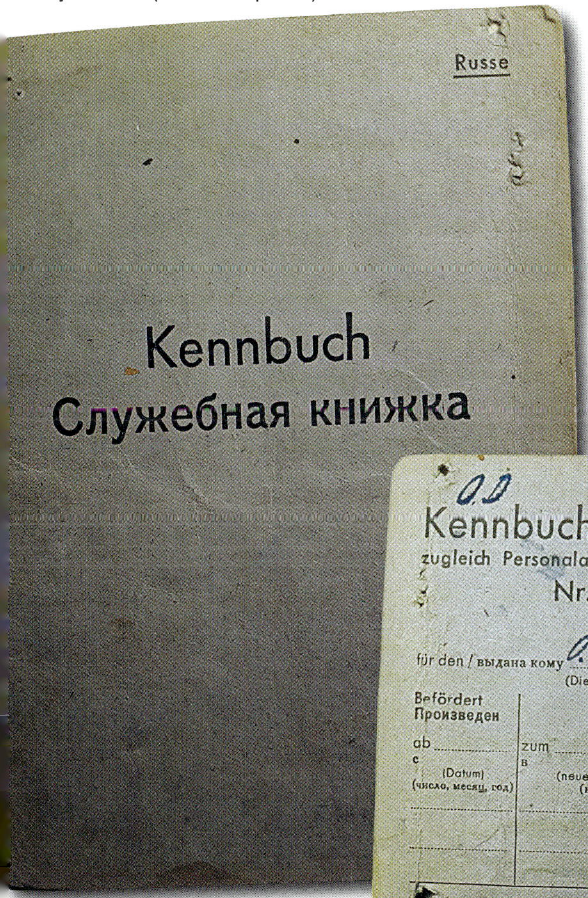

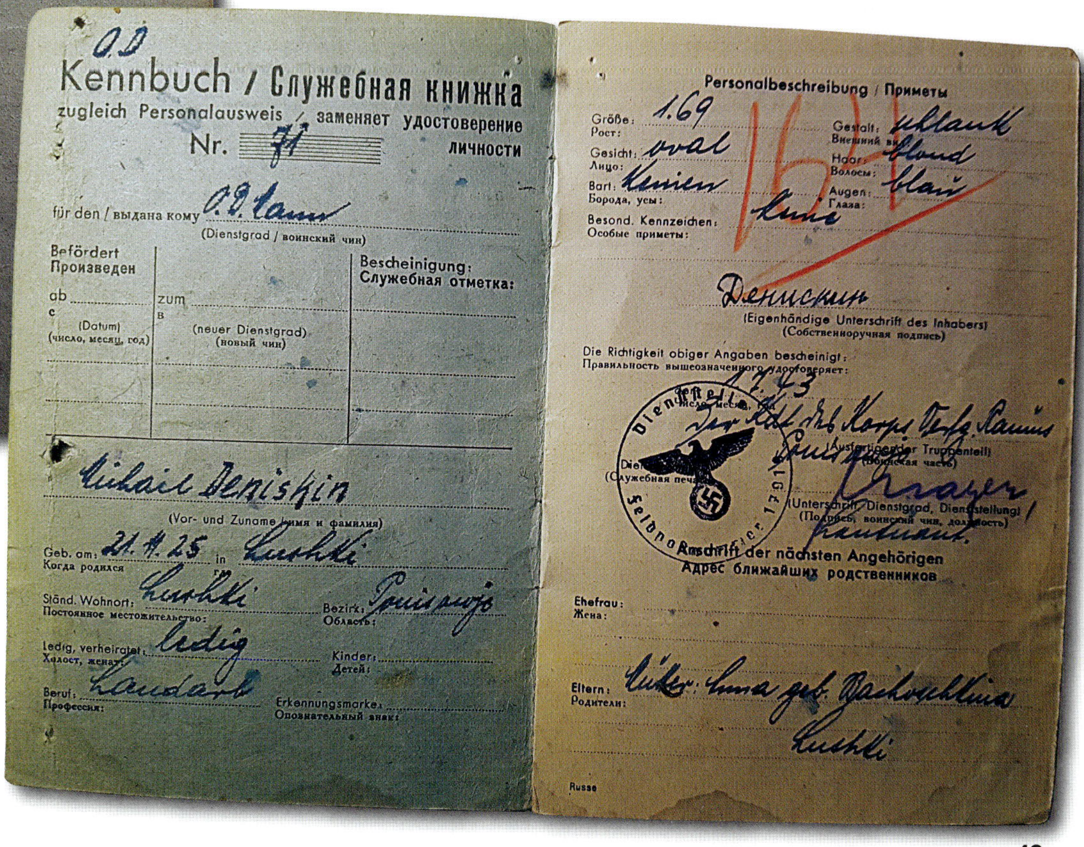
O.D.

Kennbuch / Служебная книжка
zugleich Personalausweis / заменяет удостоверение личности
Nr. 71

für den / выдана кому: O.D. Mann
(Dienstgrad / воинский чин)

Befördert / Произведен — ab / с (Datum) (число, месяц, год) — zum / в (neuer Dienstgrad) (новый чин)

Bescheinigung: / Служебная отметка:

Mihail Deniskin
(Vor- und Zuname / имя и фамилия)

Geb. am: / Когда родился: 21.11.25 in Lushki

Ständ. Wohnort: / Постоянное местожительство: Lushki — Bezirk: / Область:

ledig, verheiratet: / Холост, женат: ledig — Kinder: / Детей:

Beruf: / Профессия: Landarb. — Erkennungsmarke: / Опознавательный знак:

Personalbeschreibung / Приметы

Größe: / Рост: 1.69 — Gestalt: / Внешний вид: schlank

Gesicht: / Лицо: oval — Haar: / Волосы: blond

Bart: / Борода, усы: keinen — Augen: / Глаза: blau

Besond. Kennzeichen: / Особые приметы: keine

Денискин
(Eigenhändige Unterschrift des Inhabers) (Собственноручная подпись)

Die Richtigkeit obiger Angaben bescheinigt: / Правильность вышеозначенного удостоверяет:

1943

(Unterschrift, Dienstgrad, Dienststellung) / (Подпись, воинский чин, должность)

Anschrift der nächsten Angehörigen / Адрес ближайших родственников

Ehefrau: / Жена:

Eltern: / Родители:

Russe

Livret, ayant valeur de carte d'identité, ayant appartenu à un jeune Russe, Mihail Deniskin, né à Lushki, peut-être fait prisonnier sur le front de l'Est en 1942 ou au début de 1943. Le numéro de *Feldpost* retrouvé correspond à l'*Ost-Bataillon 406*… et les initiales O.D., dans l'angle en haut à gauche du document, signifient *Ordnungsdienst*. Quel a pu être le destin de ce soldat, en 1944-1945 ? (Collection privée)

Les premières actions allemandes anti-partisans dans le Dauphiné et la Savoie (automne 1943 - hiver 1943/44)

Les heurts entre l'armée italienne et la Wehrmacht (septembre 1943)

Rappelons qu'à la suite de l'armistice du 22 juin 1940, Grenoble et sa région se trouvent dans la zone dite libre. La zone occupée par l'Axe comprend quelques territoires frontaliers qui sont attribués aux Italiens : 800 kilomètres carrés, comprenant une partie de quatre départements : les Alpes-Maritimes, les Basses-Alpes, les Hautes-Alpes et la Savoie. Comme dans les autres villes de la zone non occupée, au cours de cette période arrivent à Grenoble des personnes traquées par les nazis, et qui peuvent ainsi, pendant quelques mois, connaître une (très) relative sécurité. Puis, le 11 novembre 1942, à la suite du débarquement allié en Afrique du Nord, les Allemands franchissent la ligne de démarcation et envahissent la zone libre (opération « Anton »). Une zone d'occupation plus étendue est alors accordée par les Allemands à l'Italie, qui englobe globalement les territoires français situés à l'est du Rhône ainsi que la Corse. Le Rhône sert en effet de délimitation aux armées d'occupation des deux pays, sur une ligne partant de Genève, dont la limite épouse ensuite le cours du Rhône par le département de l'Ain, jusqu'au nord d'Avignon, où elle se poursuit vers l'est jusqu'à la côte méditerranéenne. Cependant, les villes les plus importantes du Sud-Est de la France, comme Lyon, Avignon, Aix-en-Provence, Marseille ou encore la Ciotat, se trouvent en zone allemande. A compter de novembre 1942, Grenoble et sa région sont inclus dans la zone d'occupation militaire italienne, et connaîtront, grâce notamment au général Maurizio Lazzaro de Castiglioni – commandant la division *Pusteria* –, une période de relative accalmie, dont bénéficieront les réfugiés juifs. Militairement parlant, le séjour de l'armée italienne n'a pas de conséquences fâcheuses marquées pour les forces de la Résistance, qui en profitent pour s'organiser (1). Néanmoins, peut-être faut-il voir dans cette opportunité une imprudence, qui aura de fâcheuses conséquences lors de l'installation des Allemands... Les Italiens demeurent ainsi une dizaine de mois dans cette région, y stationnant encore même plusieurs semaines après la destitution de Mussolini par le Grand Conseil Fasciste, le 24 juillet 1943. Mais le 8 septembre 1943, la signature de l'armistice entre l'Italie de Badoglio et les Alliés fait tout basculer…

En réaction, Adolf Hitler décide immédiatement d'occuper l'Italie et ordonne à ses forces de désarmer, par tous les moyens possibles, au besoin par

Vue de Grenoble, en regardant vers le nord et le Massif de la Chartreuse. Le fort de la Bastille est visible en surplomb de la boucle de l'Isère, au milieu de l'image. A gauche, la vallée de l'Isère, en direction de Voreppe. (DR)

la force, les troupes italiennes dans toutes les zones où elles stationnent, non seulement sur le sol italien, mais aussi dans les territoires occupés. S'agissant de la région de Grenoble, cette mission incombe à la *157. Res.-Div.*, qui stationne à cette date sur Besançon.

Même dans cette zone, l'opération de désarmement ne se déroule pas pacifiquement, quelques combats ayant lieu à Grenoble même, entre soldats allemands et italiens. Dans son ouvrage *Témoignages sur le Vercors*, Joseph La Picirella indique que des soldats italiens ayant tenté, le 8 septembre 1943, de prendre un train en gare de Grenoble, réussissent à se dégager en laissant deux des leurs sur le terrain : Giovanni Bianco, 25 ans, du bataillon *Monte Rosa*, et Rinaldo Bianchi, 21 ans. Les Allemands perdent deux hommes : le *Pionier* Erich Binder, 18 ans, et le *Grenadier* Franz Markel, 18 ans : quelques échanges de tirs qui, on le voit, ont toutefois des conséquences sanglantes.

Un avis de décès nous apprend également qu'un *Grenadier*, un certain Karl Freundorfer originaire d'Eben (en Basse-Bavière), est tué à Gap le lendemain 9 septembre, très probablement à l'occasion de heurts avec l'armée italienne. Il a alors à peine 18 ans, et le texte explicatif de son décès mentionne clairement cette circonstance de désarmement de l'ancien partenaire du IIIe Reich.

De même, la *Verlustmeldung Nr. 1* du *Res.Geb. Jäg.-Btl. 100* indique, pour la période du 9 au 14 septembre 1943, trois soldats tués à Albertville le 9 septembre : le *Hauptfeldwebel* Erich Schüppel, l'*Obergefreiter* Fritz Gross et le *Jäger* Max Rupp, appartenant tous les trois à la 3e compagnie de ce bataillon. Neuf blessés sont également dénombrés. Pour la même unité, la liste Nr. 2 mentionne neuf autres soldats blessés le même jour, encore à Albertville.

Par ailleurs, la *2.Bttr./Res.Geb.Art.-Abt. 79* signale, pour la journée du 9 septembre 1943, les pertes suivantes à l'Hospice du Mont-Cenis : un mort, le *Kanonier* Alfons Menhard, et seize blessés (dont trois sous-officiers).

Si cette liste n'est certainement pas exhaustive, elle nous renseigne du moins sur le climat qui règne sur Grenoble et sa région entre les deux anciens alliés ; dans cette période très tendue de « bouleversement d'alliances ».

(1) Notons que c'est également ce qui se produit dans le cadre de l'occupation de la Yougoslavie démembrée : de 1941 à 1943, dans les zones occupées par l'armée italienne, partisans yougoslaves et Tchetniks agissent sans réelle réaction de la part de cette dernière NDE.

Un *Oberfeldwebel* de la *157. Res.-Div.* pose dans la région au sud de Gap. (DR – Reibert)

Un officier de la division près d'Embrun, à l'est de Gap, dans la portion méridionale du secteur imparti à la division. Tout semble encore bien tranquille… (DR – Reibert)

Probablement dans la même région, au moment de l'arrivée de la grande unité dans l'ancienne zone occupée par les Italiens, en septembre 1943. Le mulet reste un animal fort approprié aux transports en zone montagneuse. (DR – Reibert)

Ci-contre : l'édelweiss, emblème par excellence des *Gebirgsjäger*. Ici, insigne en métal, destiné à être cousu sur le côté gauche du rabat de la casquette. (Collection privée)

Premières opérations « de tâtonnement » contre la Résistance. Fin 1943 - janvier 1944

Dans l'ensemble, pendant cette période d'automne et du début de l'hiver 1943/44, l'activité de la *157. Reserve-Division* consiste à « s'accoutumer aux lieux », en prenant ses quartiers et en assurant d'emblée le maintien de l'ordre. Cela permet au *Sipo-SD*, en provenance de Lyon, d'organiser ses actions de répression, prenant la forme d'actions d'ampleur limitée contre la Résistance dans le milieu alpin. Rappelons-le, la division n'est pas préparée à ce type d'interventions. Se produisent également les premiers attentats, des actes de résistance isolés, des faits « divers » causant la mort de plusieurs membres de la division, dont voici une liste non exhaustive :

Theodor Albrecht. (DR)

Heinrich Kurz. (DR)

Le **1er octobre 1943**, les *Jäger* Alois Eber et Nikolaus Steger décèdent des suites de leurs blessures reçues à Margencel, près de Thonon, et sept autres hommes sont blessés au même endroit. Ils sont membres de la *Res.Geb.Pz.Jg.-Kp.1*. Le **3 octobre**, le *Kanonier* August Prinz, 18 ans, de la 1re batterie de la *Res.Art.-Abt. 7*, est victime d'un attentat. Il est inhumé au cimetière municipal de Grenoble, dans un carré qui constituera, selon la terminologie allemande de l'époque, le « cimetière des héros » (*Heldenfriedhof*) de la garnison (2) (voir plus loin, à la page 56, une esquisse annexée à la fiche de décès d'un sous-officier décédé à Malleval, à la fin janvier 1944, l'*Uffz.* Peter Welter).

Un mois plus tard, le **2 novembre**, c'est un lieutenant d'une unité non identifiée, Otto Wilking, 39 ans, qui est abattu et enterré au même cimetière de Grenoble (La Picirella). Le **11 novembre**, à Grenoble, place des Diables-Bleus, au cours d'une manifestation de protestation contre les départs forcés en Allemagne (conséquences du STO), plus de 800 manifestants sont arrêtés, et ce, par des troupes de la *157. Res.-Div.*. Après avoir relâché les femmes et les enfants, les Allemands déportent les 393 hommes restant dans des camps de concentration, sur le territoire du Reich. Une semaine après, le **19 novembre**, le *Grenadier* Alfred Seidl, 18 ans et, le **26 novembre**, le *Pionier* du même âge Karl Gahr, sont tous deux tués à Grenoble, toujours d'après La Picirella. En fait, Gahr s'est suicidé dans la nuit du 25 au 26 novembre, ainsi qu'il résulte des informations cidessous.

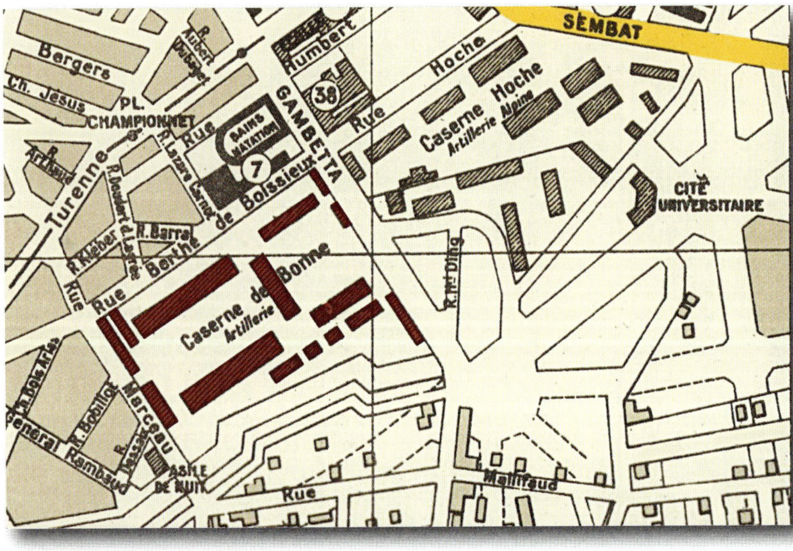

La caserne de Bonne, dans le centre-ville de Grenoble où, le 2 décembre 1943, se produit un attentat d'ampleur, perpétré par la Résistance. (Coloration D. Bouet)

Le **2 décembre 1943**, grâce notamment à l'action d'un déserteur polonais de la *157. Res.-Div.* enrôlé de force – Alois Kospicki –, la Résistance fait sauter l'important dépôt de munitions (100 tonnes) de la caserne de Bonne de Grenoble, ainsi que plusieurs pièces d'artillerie qui s'y trouvaient. Outre de très importants dégâts causés aux bâtiments et matériels, la violence de l'explosion provoque de nombreux blessés parmi la population, et occasionnant la mort de sept soldats allemands : Anton Bouvier, 18 ans, Ludwig Fischer, 31 ans, Alois Goropschek, 29 ans, Dominikus Kast, 31 ans, Peter Land, 45 ans, Richard Reiter, 41 ans, Bruno Schäfer, 33 ans et, le lendemain, Wilhelm Kirchner, 22 ans (3). Rappelons que cette explosion a été précédée, le 14 novembre, de celle du polygone d'artillerie de Grenoble (actuelle rue des Martyrs), attentat perpétré par le résistant Aimé Requet. Le **15 décembre**, le *Grenadier* Georg Grahammer, 18 ans, est abattu à Echirolles, dans les faubourgs sud de la ville, et le lendemain c'est au tour de l'*Oberleutnant* Friedrich Hoffmann, tandis qu'il sort d'un restaurant, au 2 de la rue Thiers de Grenoble. Le **21 décembre**, la *Verlustmeldung Nr. 9* du *Res.Geb.Jäg.-Btl. II./98* signale un mort à Grenoble à 1 heure du matin, en gare de marchandises de la Buisserate (au nord-ouest de Grenoble, en direction de Voreppe): le *Jäger* Ludwig Lehner, enterré au cimetière du Sablon.

Remontons le temps de quelques semaines, dans un secteur situé plus à l'est... Le vendredi **17 septembre 1943**, l'aviation américaine bombarde les installations ferroviaires de la ville de Modane, en Savoie non loin de la frontière franco-italienne – sur l'axe Chambéry-Turin –, mais touche à cette occasion des maisons d'habitation. Le bilan est de 63 victimes parmi la population ; la garnison allemande subit elle-même des pertes, parmi lesquelles **Theodor Albrecht**, né le 3 mars 1925, *Jäger* de la *7.Kp./ Res.Geb.Jg.-Btl. 98*, et **Heinrich Kurz**, né le 25 janvier 1914, *Unteroffizier* de la même petite unité.

Pour la période du 9 au 14 septembre 1943, la *Verlustmeldung Nr. 1* de la *7. Kp./Res.Geb.Jg.-Btl. II./98* enregistre quatre autres soldats tués, sous l'intitulé « *Verluste beim Fliegerangriff auf Modane am 17.09.43* ». Outre les deux ci-dessus, il s'agit des *Obergefreiten* Alois Hardt et Heinrich Reisenegger, et des *Jäger* Michael Kurz et Friedrich Dera. Treize blessés de la même compagnie sont également à déplorer. Les *Verlustmeldungen* de la *Res.Geb.Jg.Nachr.-Kp.1* signalent pour cette même journée du 17 septembre (à l'occasion de ce bombardement aérien) douze *Jäger* tués et enterrés au cimetière de Modane.

Le jeudi **11 novembre 1943**, l'aviation américaine revient à la charge sur Modane, et détruit les installations ferroviaires, mais huit personnes sont tuées parmi la population civile, et les Allemands subissent de nouvelles pertes. Selon la *Verlustmeldung Nr. 6* de la même unité de transmissions, au cours de cette journée ont été tués les *Jäger* Franz Entesperger, Adolf Süss et Franz Winkler, sans compter neuf blessés. Et encore, selon la *Verlustmeldung Nr. 7* de la 9e compagnie du *Res. Geb.Jg.-Btl. II./98* pour ce 11 novembre, cinq *Jäger* sont tués, dénommés Karl Wiehl, Josef Riedlinger, Wilhelm Dankesreiter, Ernst Pfundtner et Xaver Wimberger, qui sont sans doute, eux aussi, des Allemands du Sud.

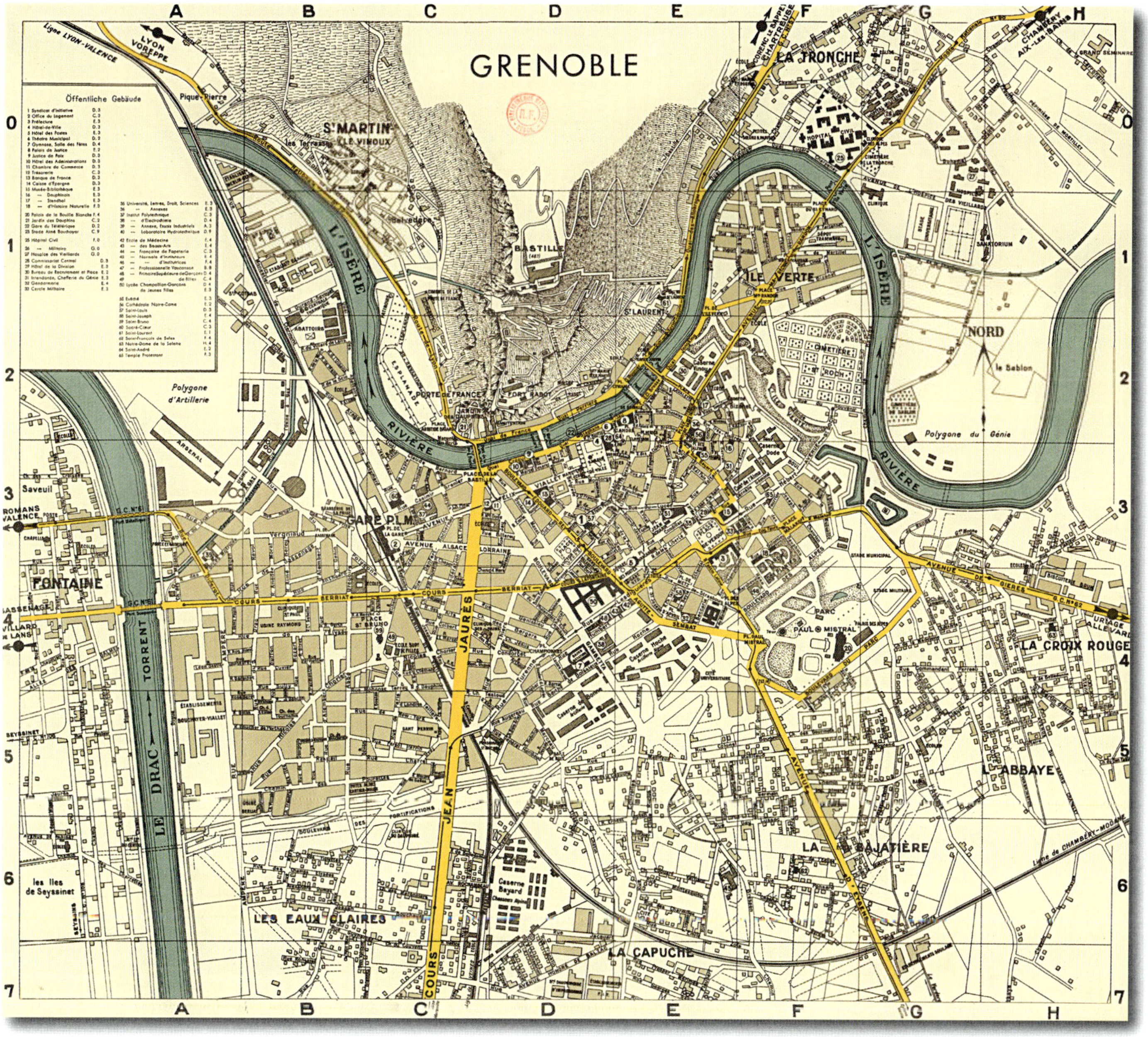

On doit aussi signaler, d'une manière générale, un nombre relativement important de décès des suites de maladie, d'accident, ou même de suicide (d'ailleurs, pas seulement en cette fin de l'année 1943). A titre d'exemple et non exhaustif, selon les *Verlustmeldungen*, le *Jäger* **Vitus Vörle** (né le 5 juin 1925), de la *Res.Geb.Pz.Jäg.-Kp. 1*, a été blessé le 10 septembre 1943 « *bei Bourg* », dans un accident. Il succombe treize jours plus tard à l'hôpital militaire de Lyon, des suites de ses blessures, puis il est inhumé dans un cimetière de la ville. Vörle repose de nos jours à Dagneux.

Sont également retrouvés le *Pionier* Karl Gahr, de la 1re compagnie du *Res.Pi.-Btl. 7*, ayant mis fin à ses jours les 25/26 novembre 1943 à Grenoble par pendaison, le *Grenadier* Johann Schulz, de la *3.Kp.* du *Res.Inf.-Btl.179* (appellation précédant celle de *Gren.-Btl.*), mort à Gap le 24 octobre. Selon la fiche signée par un *Oberleutnant*, voici les circonstances du décès : « *après son arrestation par le soldat de garde, le* Grenadier *Schulz a entrepris de s'enfuir sur le chemin conduisant au poste. Le soldat de garde a immédiatement fait feu sur lui et il est mort des suites de ses blessures, peu après son arrivée à l'hôpital* ». L'*Obergefreiter* August Fröhlich, de la 1re compagnie du *Res.Gren.-Btl. 179* (*Feldpost-Nummer* : 07792 A), meur le 16 mars 1944 par accident au niveau du canal sur la route entre Grenoble et Pont-de-Claix–Vizille, à un kilomètre au nord-ouest de Vizille.

Le *Jäger* Johann Gessler, chasseur de char de la *Res.Geb.Pz.Jäg.-Kp. 1*, se suicide le 26 janvier 1944 à Sallanches (Haute-Savoie), d'un coup de fusil. Un autre le *Gefreiter* Franz Pichler, de la *2.Bttr./ Res.Geb.Art.-Abt. 79*, met fin à ses jours le 21 avril 1944 au Mont-Cenis ; l'homme est enterré au cimetière d'Aix-les-Bains « sans les honneurs militaires », précise bien la fiche.

Dans la Drôme, une voiture Renault Primaquatre jaune est signalée dans la matinée du 19 janvier 1944, montant sur le plateau du Vercors en direction de La Chapelle-en-Vercors, par la route des Grands-Goulets (4). Ce véhicule est conduit par

(2) Informations tirées de la *Verlustmeldung Berlin*.

(3) Voir, ici encore, les travaux de La Picirella.

(4) Voir le *Guide-Mémorial du Vercors Résistant*, de P. Escolan et Lucien Ratel, 1994.

Le centre-ville de Grenoble, tel que les forces allemandes l'occupent de septembre 1943 à la fin d'août 1944. (BNF, Gallica)

Vitus Vörle. (DR)

Photographie issue du même album que les documents des pages 32-33, présentant la manœuvre d'une section du *Res.Geb.Jg.-Rgt. 1* sur Besançon, sans doute à l'hiver 1942/43. La légende explique : « *Ce fut une belle et dure IG-Ausbildung* », manifestement instruction au canon d'infanterie de 75 mm. (Collection privée)

un chauffeur français réquisitionné, et occupé par un *Major* allemand dénommé Bold, directeur du service allemand de la main-d'œuvre pour la Drôme, son interprète allemand et un journaliste hollandais. Après un déjeuner sur place, ils repartent pour Valence via Saint-Julien-en-Vercors. En cours de route, ils sont interceptés par un groupe de maquisards, des tirs ont lieu, le *Major* Bold et le chauffeur sont blessés. Les deux Allemands et le journaliste sont capturés et conduits à La Chapelle-en-Vercors, au P.-C. du capitaine Narcisse Geyer, commandant le 11e régiment de cuirassiers reconstitué (et, par le plus grand des hasards, homonyme français résistant du *Hauptmann* Rudolf Geyer, commandant le *Res.Geb.Jg.-Btl. II./98* jusqu'au mois de juin).

Le lendemain, une Peugeot de la *Feldgendarmerie* avec quatre occupants est signalée au P.-C. du même capitaine Geyer : ils recherchent les hommes enlevés la veille. Le véhicule se dirige vers le Col de Rousset, mais est immobilisé par la neige au lieu-dit l'Arénier, sur la commune de Saint-Martin-en-Vercors. Les occupants abandonnent le véhicule pour aller chercher du secours... et sont pris à partie par les maquisards au Pont-des-Oules. L'un des hommes de la prévôté allemande, Hermann Braun, 41 ans, est tué sur le coup. Les trois autres se dispersent, l'un sera récupéré par la gendarmerie de La Chapelle, les pieds gelés. Tentant de gagner Vassieux, quant à eux les deux autres parviendront à établir le contact avec leur unité, qui enverra une voiture pour les récupérer (d'après les travaux de La Picirella).

En revanche, nulle indication quant au sort du *Major* Bold et de ses deux compagnons...

Ces faits, tenant presque de l'anecdote, tendent surtout à démontrer que, jusqu'à ce mois de janvier 1944, les troupes allemandes se trouvent dans une phase de tâtonnements, manquant encore d'une connaissance des lieux et de ce nouvel adversaire – les maquisards – juste confrontées à des prises de contact relativement superficielles avec la Résistance. En fait, il s'agit dans un premier temps pour la *157. Res.-Div.* de s'adapter à ses nouvelles missions. Toutefois, son expérience acquise ponctuellement jusque-là - dans ce type de lutte – y compris pendant le séjour de la division dans le Jura – aboutira rapidement à une évolution de son action de « contre-guérilla », palpable à partir de l'opération contre le camp de Malleval.

Déplacement à ski de *Gebirgsjäger* en environnement alpin, caractéristique de ce qu'ont connu certaines fractions de la *157. Res.-Div.*, à l'hiver 1943/44. (DR)

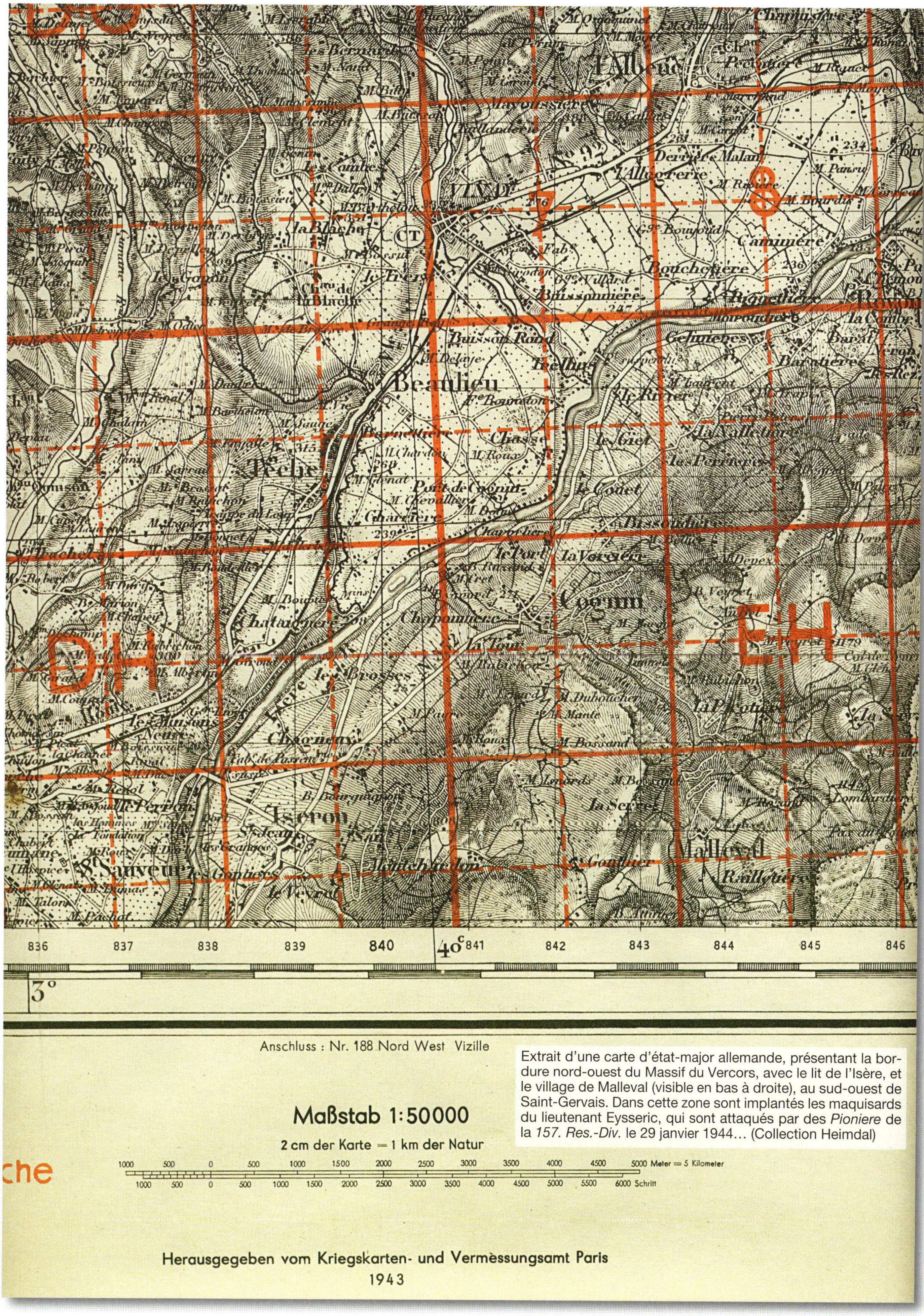

Extrait d'une carte d'état-major allemande, présentant la bordure nord-ouest du Massif du Vercors, avec le lit de l'Isère, et le village de Malleval (visible en bas à droite), au sud-ouest de Saint-Gervais. Dans cette zone sont implantés les maquisards du lieutenant Eysseric, qui sont attaqués par des *Pioniere* de la *157. Res.-Div.* le 29 janvier 1944… (Collection Heimdal)

Sépulture de deux déserteurs de la Wehrmacht, ayant rejoint les résistants français, qui sont passés par les armes le 29 janvier 1944… (Photo auteur)

Tombe du lieutenant Gustave Eysseric (1904-1944), dans la même nécropole de Saint-Nizier-du-Moucherotte. (Photo auteur)

L'attaque contre le camp de Malleval – 29 janvier 1944

Situé sur le flanc nord-ouest du Vercors, Malleval (aujourd'hui Malleval-en-Vercors) est une commune du département de l'Isère qui, localisée dans un cirque de falaises et de forêts, abrite un maquis important à la fin de l'année 1943 et en ce début de 1944. Remarquons que, parmi ses membres, se trouvent le futur abbé Pierre, ainsi que quelques déserteurs yougoslaves – probablement slovènes – de la *157. Res.-Div.*

La présence de ce maquis non négligeable n'est pas un mystère pour les forces d'occupation ; le général Pflaum ne le sous-estime pas. Une atmosphère d'« espace pré-libéré » se développe ainsi jusqu'à la célébration de Noël 43 qui, côté maquisard, donne lieu à une grande fête « religieuse et profane », réunissant de nombreux participants.

Karl Pflaum, chef de corps de la *157. Res.-Div.*, lance une opération contre ce maquis le 29 janvier 1944, y engageant principalement les troupes du *Res.Pi.-Btl. 7*, formation du génie. Ces effectifs se répartissent comme suit : Une compagnie venue par Engins, Villard de Lans, Rencurel, les Coulmes, une autre progressant par Pont-en-Royans, puis Rencurel et les Coulmes, trois sections avançant sur Malleval via Rovon et La Vorcière (par les sentiers de la Combe et de la Lia), et une compagnie, avec camions et véhicules légers, via Cognin et les Gorges du Nan en provenance de la vallée de l'Isère (5).

Ci-contre : la pierre tombale de Peter Welter, tué lors de l'attaque contre le camp français de Malleval. (Photo auteur)

Bien informés et bénéficiant de l'effet de surprise, ces *Pioniere* réussissent à encercler les 42 maquisards présents. Lorsque le convoi atteint le village, le combat s'engage sans espoir pour les Résistants, dont la majorité est tuée. Leur chef, le lieutenant **Eysseric Gustave**, indemne, tente de se rendre mais il est immédiatement abattu. Il y a 39 victimes parmi les résistants et la population, dont sept personnes arrêtées ce jour-là et mortes ultérieurement en déportation.

Deux déserteurs, nommés **Gladek** et **Oblakin** (6), sont capturés et exécutés à Lyon, quelques jours plus tard. Leurs tombes sont visibles aujourd'hui à la nécropole militaire de Saint-Nizier-du-Moucherotte (où se trouve une centaine de sépultures).

Selon Joseph La Picirella, du côté allemand, le bilan des pertes serait le suivant : Peter Welter, 27 ans, du *Res.Pi.-Btl. 7*, tué le jour même de l'attaque, et les *Pioniere* **Hans Kurt Hösel**, 34 ans, et **Herbert Enter**, 36 ans, du même bataillon, morts le 31 janvier à l'hôpital de Grenoble, des suites de blessures reçues lors de cet engagement sur Malleval. En revanche, pour la période du 29 janvier au 20 février 1944, la *Verlustmeldung Nr. 2/44* du bataillon du génie en question ne mentionne qu'une seule perte à Malleval : l'*Unteroffizier* **Peter Welter**, né en 1917, de la 1re compagnie, tué le matin de l'opération. Sa fiche personnelle de décès indique également les causes de la mort, à 8h45, ce 29 janvier à Malleval : « *Fractures de la colonne vertébrale dues à l'effondrement d'un mur, ensevelissement lors d'une explosion* ».

Le schéma ci-contre du cimetière militaire (*Ehrenfriedhof*) de Grenoble, comportant l'emplacement de sa tombe, est annexé à sa fiche.

La même *Verlustmeldung* indique dix blessés membres de la 3e compagnie (et non de la 1re), du même bataillon le 31 janvier… mais à Grenoble, sans mention de Malleval, ni de blessures reçues avant cette journée. Or, dans un cas similaire et postérieur concernant la même unité – celui de l'assaut contre Saint-Nizier –, la fiche indique obligatoirement le lieu de la blessure. Ces dix soldats répertoriés comme blessés le 31 janvier 1944 à Grenoble ne l'ont donc sans doute pas été à Malleval.

Par ailleurs, la *Verlustmeldung Nr. 1/44* du même bataillon, pour la période du 31 janvier au 9 mars 1944, indique bien les noms du *Gefreiter* Hans Hösel, décédé le 31 janvier à 8h30 à l'hôpital de Grenoble (selon sa fiche personnelle, serrurier de profession) et du *Pionier* Herbert Enter, également décédé à Grenoble le même jour (à 8 heures du matin au même hôpital, quant à lui ingénieur). Là aussi, aucune mention de Malleval, la seule indication étant « *attentat mortel des terroristes* » (*tödlicher Anschlag der Terroristen*), et enfin leur appartenance à la *3. Kompanie*, comme les autres

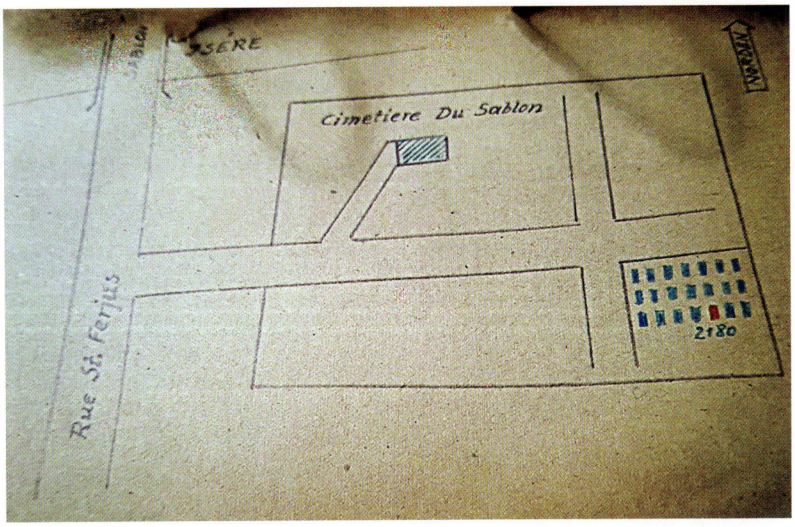

L'*Erstbestattungsort*, emplacement de la première sépulture de l'*Uffz.* Welter, au cimetière du Grand Sablon, en périphérie nord-est de Grenoble (non loin de l'actuel parc des berges de l'Isère). (DR)

blessés du 31 janvier à Grenoble, et non à la *1. Kompanie* de l'*Uffz.* Welter.

Cependant, on peut supposer qu'il s'agit bien dans ces deux cas, comme l'indique Joseph La Picirella, de décès consécutifs à des blessures reçues lors de l'engagement à Malleval, car ils sont mentionnés à part des dix autres pertes du même jour. Il faut sans doute voir, dans cette imprécision, une imperfection de rédaction liée au « manque de données géographiques » des *Schreiber*, en cette période précoce de l'occupation de la région de Grenoble par la division.

En outre, en suite immédiate des deux précédents, figure sur cette même liste *Nr. 1/44* un autre soldat, le *Pionier* Johann Pochyla de la 3e compagnie, décédé à Grenoble quelques jours plus tard, le 17 février 1944, et sous le même intitulé de « *tödlicher Anschlag der Terroristen* ».

Il y a donc tout lieu de penser que les soldats allemands blessés lors de l'engagement de Malleval sont bien au nombre de trois, tous décédés dans les journées suivant le 29 janvier.

Le général Pflaum n'en reste pas là puisque, le 3 février 1944, une action est lancée contre le camp de l'Esparron, implanté au monastère-ermitage Notre-Dame-de-l'Esparron, dans le Trièves, situé dans le Vercors isérois. Environ sept cents soldats sont engagés par la division, dont les unités sont cependant non identifiées. Contrairement à Malleval, l'effet de surprise ne joue pas et les maquisards s'en tirent « relativement bien » (deux morts, quatre ou cinq disparus, et trois blessés), car les Allemands ont omis de verrouiller les parties hautes du site, préalablement au lancement de leur attaque. Du côté allemand, plusieurs blessés et un mort, l'*Unteroffizier* **Xaver Berzl**, 44 ans, dont l'avis de décès laisse perplexe quant à la nature des unités engagées (il indique que ce soldat appartenait à une section de *Feldgendarme-*

Xaver Berzl, un *Feldgendarme* vétéran de l'*Ostfront*, repose lui aussi, de nos jours, au cimetière militaire de Dagneux.
(DR.)

(5) Voir le *Guide-Mémorial du Vercors résistant*.

(6) S'agit-il de deux des « Yougoslaves » évoqués ci-dessus ?

L'accès au monastère de l'Esparron, région où les fractions de la 157e division montent à l'attaque le 3 février 1944. Une opération de tâtonnement pour cette grande unité, au milieu de l'hiver 1943/44… au succès limité.
(Photo auteur)

Les *Gebirgsjäger* peuvent se voir adjoindre des hommes du *Sicherheits-Dienst*, comme le sous-officier ci-contre à droite. Si leurs chefs respectifs ne sont pas forcément d'accord sur les méthodes à employer vis-à-vis des populations autochtones, leur objectif n'en reste pas moins commun : l'annihilation totale des maquis. (DR)

rie). Or, il est absolument exclu que toute l'opération ait été menée par la seule prévôté de la division...

Après le mois de janvier, cette période « de mise en conditions anti-partisans » connaît trois opérations successives, la première étant « *Korporal* » (dans l'Ain) du 5 au 13 février 1944...

L'Unternehmen « Korporal »

Cette opération débute le 5 février 1944, et réunit diverses forces de la Wehrmacht. Il ne s'agit donc pas d'une opération relevant de la seule *157. Res.-Div.*, laquelle n'en est seulement que l'un des acteurs. L'action vise le département de l'Ain, dans une zone globalement délimitée au nord par la ville de Nantua, au sud par celles de Virieu-le-Grand et de Culoz. A l'ouest, c'est la localité d'Ambérieu-en-Bugey et, à l'est, celle de Seyssel.

L'action est placée sous la responsabilité du commandant du *Sicherungs-Regiment 200*, l'*Oberstleutnant* Rudolf Ufer, qui coordonne les forces suivantes, comptant au total 2 400 hommes environ : Deux compagnies du *Sich.-Rgt. 200*, certaines petites unités de la *272. Infanterie-Division* (à savoir deux compagnies du *Gren.-Rgt. 981*, deux compagnies du *Gren.-Rgt. 982*, une *Alarm-Kompanie* de l'*Art.-Rgt. 272*, et une compagnie du *Füsilier-Bataillon 272*), un bataillon du *Sich.-Rgt. 194*, et quatre compagnies du *Res.Geb.Jg.-Btl. I./98* de la *157. Res.-Div.*

La zone d'action concernée regroupe deux aires d'une superficie d'environ 400 kilomètres carrés chacune, dans lesquelles la population civile est invitée à ne pas sortir. Quatre *Jagdkommandos*, ou « commandos de chasse » du *Sipo-SD* et du *SS-Polizei-Regiment « Todt »* (7) sont chargés, dans un premier temps, de débusquer les maquisards se trouvant dans la première zone et, ensuite, après un regroupement des forces d'encerclement, de procéder de même dans la deuxième, ce qui devrait théoriquement permettre de disposer un soldat allemand tous les cinquante mètres de terrain sur tout le périmètre de la zone encerclée, tout en ne verrouillant fermement que les routes et les chemins. Il aurait été illusoire, côté allemand, d'escompter que ce cordon fusse entièrement hermétique, et que les maquisards n'utiliseraient précisément que les routes et chemins pour rompre l'encerclement...

Les résistants arrêtés sont immédiatement remis au *Sipo-SD* et fusillés. L'opération prend fin au bout de huit jours, le 13 février, suite à de fortes chutes de neige et à des difficultés d'ordres logistique et tactique. Si elle ne constitue pas un succès décisif, du moins permet-elle aux forces allemandes d'améliorer leurs connaissances dans ce type de combat, et leur expérience en la matière. Selon Peter Lieb, les pertes allemandes s'élèvent à deux morts et un blessé. Par ailleurs, la *Verlustmeldung Nr. 3* du *Res.Geb.Jäg.-Btl. I./98,* pour la période du 19 janvier au 15 février 1944, indique un mort le 7 février à Artemare – à 7 km environ à l'ouest de Culoz –, le *Jäger* Max Scheidler, ainsi que quatre blessés le même jour au même endroit.

Les pertes du côté des maquisards et de la population civile se montent à une quarantaine de morts (une vingtaine de civils, et une vingtaine de résistants), ce qui tend à démontrer que cette opération a été dirigée tout autant contre le maquis que contre les populations soupçonnées de leur avoir procuré leur soutien. Elle vise également, de façon évidente, à entamer au maximum le lien de solidarité entre ces deux groupes. Dans le cadre de « *Korporal* », environ 460 individus auraient également été arrêtés, et une partie d'entre eux déportée.

De nombreux véhicules ont aussi été confisqués, car l'opération a mis en évidence la grande difficulté de mouvement des forces allemandes engagées.

« *Korporal* » peut être tenu, à plus d'un titre, pour une opération « pilote », un terrain d'expérimentation pour les futures interventions dans le secteur alpin français et dans le Jura. Elle met en relief plusieurs grands principes d'action : Les modalités de bouclage d'une zone étendue, l'arrêt total de la vie publique pendant l'action, la recherche de réfractaires, la destruction de toute installation ou site ayant accueilli ou pouvant permettre d'accueillir des maquisards, au moyen de la confiscation des moyens de transport et de l'incendie des maisons, et enfin la traque des maquisards et de leurs complices.

(7) Ce *SS-Polizei-Regiment 28 « Todt »* a été mis sur pied en novembre 1942 pour assurer la sûreté des espaces où sont engagées des formations de l'*Organisation Todt*. Après la fin de cette opération, le régiment rejoindra la Haute-Carniole.

Cartes allemandes provenant de la région de Grenoble, telles que les membres de la *157. Res.-Div.* et autres forces occupantes les ont employées. (Collection de l'auteur)

Lui aussi retrouvé dans le Dauphiné, un plan urbain du chef-lieu de l'Isère, tirage de 1943. Un document pouvant s'avérer fort utile pour le *Landser*… (Collection Loïc Testoud)

Printemps 1944 – Intensification progressive de la "contre-guérilla"

A l'opération « *Korporal* » succèdent, au début du printemps, celles baptisées « *Hoch Savoyen* » (dans les Glières), du 26 au 30 mars 1944, puis « *Frühling* » (sur les départements de l'Ain et du Jura), en avril 1944.

L'*Unternehmen « Hoch Savoyen »* (opération « Haute-Savoie ») (1)

Soulignons tout d'abord, que cette opération ne revêt pas qu'une portée militaire ou tactique ; elle tient une place particulière et significative dans l'histoire de la région comme dans celle du pays des Glières, comparable, dans une moindre mesure, à celle qu'occupera quelques mois plus tard le Vercors. En effet, les événements constituant la bataille des Glières ont duré plus longtemps que le temps d'intervention de la *157. Res.-Div.* ; elle a d'abord été une lutte fratricide, opposant des Français à d'autres Français.

Comme le précise fort justement Peter Lieb, elle intervient dans un contexte où les différents points de vue concernant la conduite des opérations de guérilla divisent résistants communistes et FTP d'un côté (actions souterraines se calquant sur la guerre des partisans soviétiques), et gaullistes de l'autre (combat ouvert basé sur les principes de la guerre conventionnelle, dans la perspective de création d'« espaces libérés », qui doivent préfigurer la restauration de la République une fois la libération du pays achevée). Ces deux conceptions de la Résistance s'affrontent très vivement et, comme dans le cas du Vercors, l'on est en présence d'aires géographiques constituant un ample réduit de résistance, à dimension stratégique. Et ce, depuis le début de l'année 1943 pour les Glières – c'est-à-dire relativement tôt –.

Dans un premier temps, « *Hoch Savoyen* » oppose les forces de la Résistance à celles combinées de la Milice et des GMR. D'ailleurs, ce sont ces deux épisodes de 1944 (Glières, et surtout Vercors) qui sont à l'origine de la majorité des ouvrages écrits jusqu'à nos jours sur les évènements relatifs à la Résistance de l'Intérieur dans cette région de France. Mais là encore, qu'en est-il de « ceux d'en face » ?

Il faut tenter, ici, de cerner au mieux le rôle et la mission de la *157. Res.-Div.*, ainsi que préciser les actions auxquelles elle a participé dans le cadre de cette opération. L'ouvrage de Peter Lieb, fournit, là aussi, de précieuses informations. Dès le début de 1943, cette région constitue un centre favorable de refuge pour de nombreux réfractaires désireux d'échapper au STO, ou pour les résistants communistes (français et républicains espagnols principalement) et gaullistes, dans le cadre de la poursuite de la lutte intérieure contre l'occupant. Ainsi, en mars 1944, environ 450 maquisards se trouvent sur le Plateau des Glières, ravitaillés en armes et en munitions par des parachutages alliés, et en vivres principalement par la population civile de la vallée. Initialement, la répression à l'encontre de ce maquis devait être assurée par le gouvernement de Vichy et ses forces de maintien de l'ordre, afin de valoriser leur rôle auprès de la population, et de démonter simultanément leur prétendue « indépendance » vis-à-vis de l'occupant allemand. Malheureusement pour

Le Plateau des Glières, en Haute-Savoie, présente une géographie appropriée à la guérilla. Après l'échec des forces de Vichy, les Allemands prennent en charge la liquidation de cet important maquis, à la fin de mars 1944... (photo Guilhem Vellut)

Vichy, ni les attaques entreprises à partir de début février 1944, repoussées par les maquisards, ni les tentatives de négociation menées avec la Résistance n'aboutissent à un résultat satisfaisant pour le Reich et les autorités de collaboration.

Se doutant de telles tentatives, et informés des événements par le *Grenzpolizei-Kommissariats* (*Greko*) *Annecy* du *SS-Hauptsturmführer* Jewe, les chefs de la *Gestapo* Karl Oberg et Helmut Knochen réagissent promptement et, le 12 mars 1944, expire l'ultimatum signifié par Oberg à Joseph Darnand pour en finir avec le plateau…

Dès le 18 mars, des concertations ont lieu entre le *Sipo-SD*, le *Greko*, la Wehrmacht et les responsables français pour arrêter les modalités de l'opération « *Hoch Savoyen* ». Présent à ces réunions, le chef de la milice Joseph Darnand souhaite que l'opération reste exclusivement sous la responsabilité de « sa milice », et semble avoir été soutenu dans cette approche par Pflaum (rappelons-le, commandant la *157. Res.-Div.*), également présent depuis le mardi 21 mars à Annecy-même (arrivant de Grenoble), et ayant installé son QG à l'Impérial palace, sur les bords du lac (2).

On parvient finalement à un compromis, aux termes duquel la milice s'occupera du secteur Nord, renforcée toutefois par une compagnie du *Res.Gren.-Rgt. 157*. Les troupes d'assaut seraient en revanche constituées exclusivement par les bataillons du *Res.Geb.Jg.-Rgt. 1* de l'*Oberst* Franz Schwehr, suivant la répartition suivante (environ 6 500 hommes): l'état-major du régiment (présence du *Rgt.-Kdr.* Schwehr) au Petit-Bornand, à l'est du plateau, le *Res.Geb.Jg. Btl. II./98* et une demie batterie de la *Res.Geb.Art.-Abt. 79* (le *Hptm.* **Rudolf Geyer** commande ce groupement « est »), plus le *Res.Geb.Jg.-Btl. 99* et une autre demi-batterie du *Res.Geb.Art.-Abt. 79* (*Hptm.* Hans Schneider). Au sud du Plateau des Glières, le *Res.Geb. Jg.-Btl. I./98* et une demi-batterie de la *Res.Geb. Art.-Abt. 79* (le *Hptm.* Ludwig Stöckl est à la tête de ce groupement « sud »), avec l'état-major de la *157. Res.-Div.* installé à Thônes – à une quinzaine de kilomètres à l'est d'Annecy – avec le général **Pflaum**.

Lors de ces entretiens préparatoires, il est également débattu du sort de possibles prisonniers à l'issue des combats, Darnand revendiquant que ceux-ci soient placés sous la responsabilité du gouvernement de Vichy, et recevant à cet égard l'appui de Pflaum, tandis que le *Sipo-SD* exige qu'ils lui soient remis, à seule fin qu'ils soient immédiatement liquidés. En définitive, chaque partie se chargera elle-même de ses prisonniers à l'issue de l'opération, la majorité d'entre eux tombant entre les mains impitoyables du *Sipo-SD*. Les troupes de la *157. Res.-Div.* arrivent le 22 mars

(1) Voir, à ce titre, le site internet sur les Glières *alain.cerri.free.fr*.

(2) Voir Michel Germain, *Glières – Mars 1944*, éditions La Fontaine De Siloe, 2008. Par ailleurs, il existe, émanant de la *258. Infanterie-Division*, alors que Pflaum la commandait à l'Est, un « ordre brutal » de conduite des opérations contre les partisans (retrouvé dans l'ouvrage de Peter Lieb, page 312). Il n'est pas certain que ce document, émanant du *Ia* – chef du bureau des opérations – de l'état-major divisionnaire, ait été initié par Pflaum lui-même, ou même qu'il en ait connu le contenu exact. Néanmoins, il confirme que le Bavarois n'ignorait rien des méthodes employées ou devant être employées contre les résistants NDA.

Le *Hptm.* Geyer, chef de corps du *Res.Geb.Jg.-Btl. II./98*. (Collection privée)

Le Bavarois Karl Pflaum, *Divisions-Kommandeur* de la « 157e ». (DR)

Claies dorsales de transport pour équipe de *Granatwerfer*. Celle de gauche est tardive, à usages multiples, dont naturellement le transport de caisses de munitions. L'autre est un *Tragegestell 39*, destiné au transport de différents fardeaux du mortier de 50 mm modèle 1936 (*5-cm-GrW.36*). Ce *Tragegestell* est complet, ce qui est extrêmement rare de nos jours. Le *GrW. 36* est alors largement dépassé en 1944, en dotation dans les unités « de seconde zone », comme la *157. Res.-Div.* (Collection privée)

Les axes de progression allemands, lors de la réduction de la Résistance du Plateau des Glières. (Carte Bernard Paich)

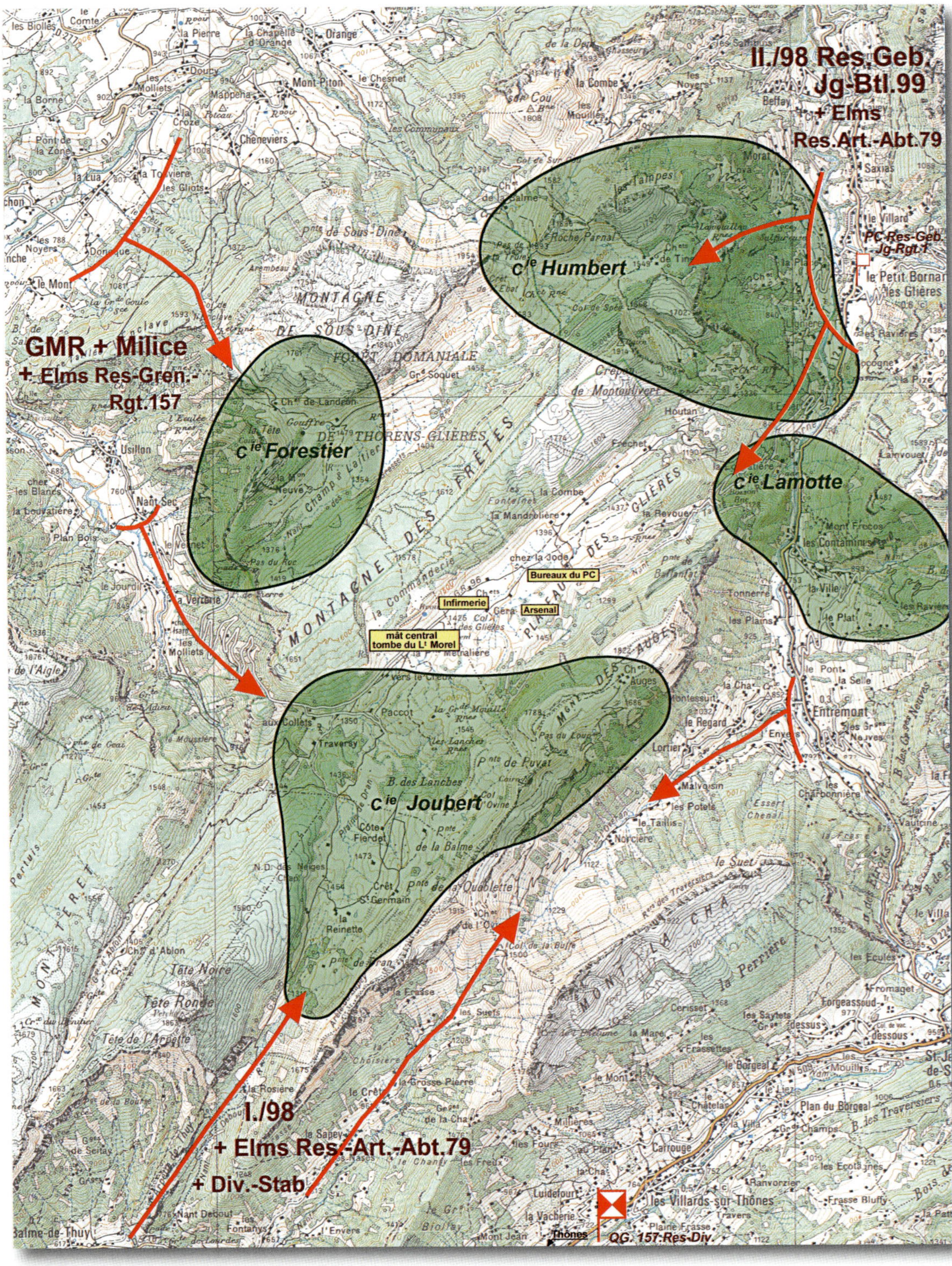

1944. Le combat proprement dit est bref, car lorsque l'opération est déclenchée quatre jours plus tard, le 26 mars, les maquisards reçoivent l'ordre de cesser le combat le soir même contre les assaillants allemands, afin de tenter de rompre l'encerclement par petits groupes. Le lendemain se produit l'assaut principal contre le Plateau des Glières et, le 30 mars, l'opération est terminée. A cet égard, remarquons que la Wehrmacht réussit, en trois jours, à faire ce que la Milice, les GMR et autres forces de collaboration n'ont pu accomplir pendant plus de deux mois… Ceci explique d'ailleurs qu'à l'avenir, le *Generalleutnant* Pflaum, tout en n'ayant pas renoncé au principe d'actions communes avec la Milice, ne peut plus faire valoir son point de vue auprès du haut-commandement.

Du côté des maquisards, les pertes sont variables selon les sources, de l'ordre de vingt hommes tués au combat, et une quarantaine exécutés dès l'issue des affrontements, ou fusillés quelques semaines plus tard ; treize le seront le 29 mars 1944 à l'ouest de Thônes, vraisemblablement par les soldats du *Res.Geb.Jg-Btl. I./98* (selon les recherches de Peter Lieb).

Le bilan des pertes allemandes est également variable, Lieb indique que dix hommes ont été tués ou blessés pendant l'opération, et encore, par accident pour certains d'entre eux. D'après les « *namentliche Verlustmeldungen* » (listes de pertes nominatives) du WASt, quatre morts et cinq blessés seulement sont à déplorer pour les *Res.Geb.Jg.-Btl. I./98*, *II./98*, *99* et *100*, ainsi que

Quelques effets emblématiques de la *Feldgendarmerie*, la prévôté allemande, dont l'immanquable hausse-col, aux attributs phosphorescents. La couleur d'arme de cette catégorie militaire est le orange, retrouvé ici sur les liserés de pattes d'épaule. La bande de manche provient directement de la région lyonnaise, et la patte d'épaule d'*Unterfeldwebel* (en bas à gauche) de l'Isère, dénichée en 1972. (Collection privée)

la *Res.Geb.Art.-Abt. 79* pour la période du 27 mars au 3 avril 1944, ce qui est extrêmement faible.

En les examinant plus attentivement, il peut être constaté ce qui suit : La *Verlustmeldung Nr. 1* du *Res.Geb.Jg.-Btl. II./98* mentionne, du 16 février au 25 avril 1944, deux morts le 30 mars au Petit Bornand, les *Jäger* Heinz Schaible et Erick Leber, de la 7e compagnie, sous l'intitulé « *durch Infanterie-Geschütz tödlich verunglückt* » (tués accidentellement par un canon d'infanterie), et trois blessés à Cruseilles (à une douzaine de kilomètres au nord d'Annecy) le 5 avril. De son côté, la *Verlustmeldung Nr. 3* du *Res.Geb.Jg.-Btl.100* du 16 février au 25 avril 1944 fait état d'un mort le 28 mars, à 1,5 km au nord-ouest de Thônes-Les Barons, le *Jäger* Andreas Schütl, de la 5e compagnie, sous l'intitulé « *Abattu par une sentinelle de sa propre compagnie pendant le service de patrouille* ». Un autre mort est indiqué le 5 avril, à deux kilomètres à l'ouest d'Ugine (localité située au nord d'Albertville), l'*Oberfeldwebel* Michael Asam, membre de l'état-major (*Stab*), et cinq blessés le même jour, dont les *Oberjäger* Johann Mayer et Otto Hamper, décédés par la suite à l'hôpital, appartenant tous les cinq à cette 5e compagnie.

Un artilleur de la 1re batterie de la *Res.Geb.Art.-Abt.79*, le *Kanonier* Czeslaw Szafran, est blessé au Plateau des Glières le 30 mars 1944, et décède le 3 avril suivant. Il sera enterré au cimetière d'Aix-les-Bains. Deux autres artilleurs de la même unité sont blessés respectivement le 24 mars au Petit Bornand (le *Kan.* Sebastian Raab) et, le 29 mars, à Albertville (le *Kan.* Alfons Moser).

A noter, toujours selon Peter Lieb, que la population civile a été relativement épargnée, en partie du fait de sa faible densité sur le plateau à cette « froide saison », mais aussi parce que les quelques familles résidentes auraient été évacuées par les Allemands. Quatre civils sont toutefois exécutés, en raison de leur soutien procuré à l'Armée Secrète, et quatorze autres arrêtés par la Milice et remis aux Allemands, sur lesquels treize mourront en déportation.

Selon cette analyse, parler de « répression aveugle » à l'encontre de la population civile pour les Glières semble donc exagéré, tout comme de prétendre qu'il y ait eu une résistance acharnée des maquisards ayant causé de lourdes pertes aux forces allemandes.

Enfin, l'opération représente semble-t-il aussi un précédent pour la France, puisque les unités de *Gebirgsjäger* engagées ont reçu l'ordre d'incendier les cabanes situées sur le plateau, afin d'interdire toute nouvelle intrusion et implantation de maquisards, et de transformer le site en une sorte de zone « interdite » ou « morte » (arrêt de toute activité économique ou agricole, à l'exclusion de la stricte satisfaction des besoins individuels), ce qui constitue à l'évidence un avant-goût de ce qui se déroulera sur le Plateau du Vercors, quelques mois plus tard.

L'*Unternehmen* « *Frühling* »
7-18 avril 1944

Il s'agit d'une opération menée dans les départements de l'Ain et du Jura par des forces exclusivement allemandes, et s'appuyant sur les expériences acquises lors de la précédente opération « *Korporal* », incluant des mesures préventives visant à préserver la population civile, le bouclage d'une zone étendue, et intervention de quatre « commandos de chasse » du *Sipo-SD* aux côtés de ceux de la Wehrmacht (eux aussi au nombre de quatre), ces derniers se voyant chacun adjoindre un membre du *Sipo-SD*.

Cette fois encore, l'ouvrage de Peter Lieb est fort instructif. Sur un plan militaire, les forces engagées totalisent environ 3 000 hommes, et sont les suivantes : le *Res.Geb.Jg.-Rgt. 1* avec ses quatre bataillons, une *Res.Geb.Pz.Jg-Kp.* (compagnie de chasseurs de chars de montagne), sans doute la 1re commandée par l'*Oblt.* Reissinger, une *Res.Geb.Nachr.-Kp.* (compagnie de transmissions de montagne), sans doute la 1re de l'*Oberleutnant* Herrmann, la 3e compagnie du *Res.Gren.-Btl. 179*, le *Flak-Btl. 958* moins sa 2e batterie, le *Feldgendarmerietrupp 924*, ainsi que diverses petites unités d'approvisionnement et des services sanitaires.

Par rapport à l'opération « *Korporal* », « *Frühling* » se révèle plus brutale et plus sanglante, avec un bilan de l'ordre de 120 victimes du côté des maquisards et de la population civile. Cette dernière est, d'une certaine manière, « prise entre deux feux », qu'elle apporte son aide « complice » à la Résistance ou, au contraire, qu'elle la refuse pour ménager les réactions allemandes. Or, rester neutre dans de pareilles circonstances n'est pas chose aisée... La tendance est la même en ce qui concerne les arrestations, les déportations et le nombre de maisons incendiées, qui voient leur nombre augmenter.

Selon certaines sources, les troupes allemandes auraient subi des pertes. Dans la *Verlustmeldung Nr. 4* du *Res.Geb.Jg.-Btl. I./98* – période 16 février au 25 avril 1944 –, nous notons cinq blessés le 15 avril, à 200 mètres au sud-est de Vernon dans l'Ain, et un mort, l'*Objg.* Anton Fahrenschon, tous membres de la 3e compagnie.

Dès lors, une autre tendance se dessine plus nettement, qui tient à la stratégie du *Militär-Befehlshaber in Frankreich*, et qui entraîne une dépendance de plus en plus grande de la Wehrmacht vis-à-vis du *Sipo-SD*. Comme nous l'avons déjà vu, le général Pflaum et la plupart de ses officiers, désapprouvant généralement les méthodes des hommes du *Sipo-SD*, doivent de fait compter à l'avenir avec leur présence, sans possibilité de discussion et d'émission de réserves... Signalons ici un épisode mettant en cause le *SS-Pol.-Rgt.19*, qui perd dix soldats tués le 5 juin dans l'explosion d'une mine, sur la route près d'Ugine en Savoie. En représailles, 28 civils du village sont fusillés.

Arrêtons-nous un instant sur cette unité pour examiner plus précisément un document qui, par principe, était attribué à tout membre de l'*Ordnungspolizei*, dont la *Schutzpolizei* fait partie. Comme dans l'armée, chacun de ces policiers est porteur d'un *Soldbuch*, celui-ci présentant toutefois une couverture de couleur verte, et détient un document dénommé *Dienstausweis*, plus sommaire et de format plus petit, s'apparentant à une carte d'identité.

Ici, deux *Dienstausweise*, l'un d'un *General der Schutzpolizei*, et un autre d'un *Leutnant*.

Ce dernier *Ausweis* concerne un gradé initialement sous-officier (*Meister*), promu par la suite au grade de *Revier-Leutnant der Schutzpolizei*. En page 3, nous voyons qu'il a été en service de 1940 à 1943, en garnison à Kassel. Puis, un feuillet qui a été collé pour l'année 1944 nous indique qu'il sert, au début de l'année, dans une petite unité identifiée grâce à son tampon, la *SS-Polizei-Nachrichten-Kompanie 111*. Cette compagnie dépend très probablement du *SS-Pol.-Rgt. 19* dès 1944 ; en effet, elle figure plus tard, en octobre 1944, dans la composition de ce régiment, qui comprend à cette date les officiers suivants : le *Major* Bartsch (*Oberstleutnant* Köblinger à compter du 15 juillet) commande le régiment, articulé en trois bataillons, le *I./19* du *Major* Meyrer (au 15 juillet, le *Major* Maiwald à Annecy), le *II./19* du *Hptm.* Engelbrecht (*Major* Kaboth à Limoges, au 15 juillet), et le *III./19* du *Hptm.* Otremba (à la mi-juillet, à Lyon). Ce régiment comprend aussi une compagnie de transmissions, la *Nachr.-Kp. 111*.

Par ailleurs, pour le début de l'année 1944, nous voyons que le document, validé par la *SS-Pol.Nachr.-Kp. 111*, est signé par un certain *Hauptmann* Reith, dont le parcours a pu être succinctement retracé : Thomas Reith est né le 9 mai 1906 à Munich, et intègre la *Schutzpolizei* le 10 novembre 1936. Il n'a jamais été membre du parti ni des SS et, après diverses affectations de 1940 à 1943, il est nommé *Hauptmann der Schutzpolizei* le 9 novembre 1943. Reith trouve la mort au combat le 5 octobre 1944, en tant que commandant de compagnie à l'est d'Epinal dans les Vosges, appartenant alors très probablement au *SS-Pol.-Rgt. 19*.

Cela signifie que, selon toute vraisemblance, le titulaire de ce *Dienstausweis* a fait partie de cette unité au cours de la première moitié de l'année 1944, ce qui n'implique d'ailleurs pas qu'il ait été présent dans la région qui nous intéresse plus précisément, car nous ne connaissons pas toutes les affectations de cette compagnie au cours de l'été 1944, même si nous savons qu'elle a stationné, pendant un temps au mois de juillet, dans la région de Saint-Pourçain, entre Vichy et Moulins. On peut imaginer que c'est à la suite des combats de l'été que notre homme s'est vu, en définitive, muté au *SS-Pol.-Rgt.* « *Bozen* », opérant en Italie.

Page ci-contre, en haut : une pièce atypique de collection : le *Dienstausweis* de Hans Podzun, né en Prusse Orientale en 1892, vétéran de la Grande Guerre et capitaine de gendarmerie à l'issue de cette dernière. Au début de 1944, il est promu *Generamajor der Polizei*, servant alors dans l'*Ordnungspolizei*. Arrêté, il décèdera dans les prisons du NKVD le 17 décembre 1945. (Collection privée)

Page ci-contre, en bas : ici, couverture du document d'identité de même nature, d'un officier subalterne, Karl Hümpel, servant au sein du *SS-Polizei-Regiment 19*. Des fractions de ce régiment participent, aux côtés de la *157. Res.-Div.*, à l'opération « *Frühling* », ce qui n'est pas exclu pour cet officier. (Collection privée)

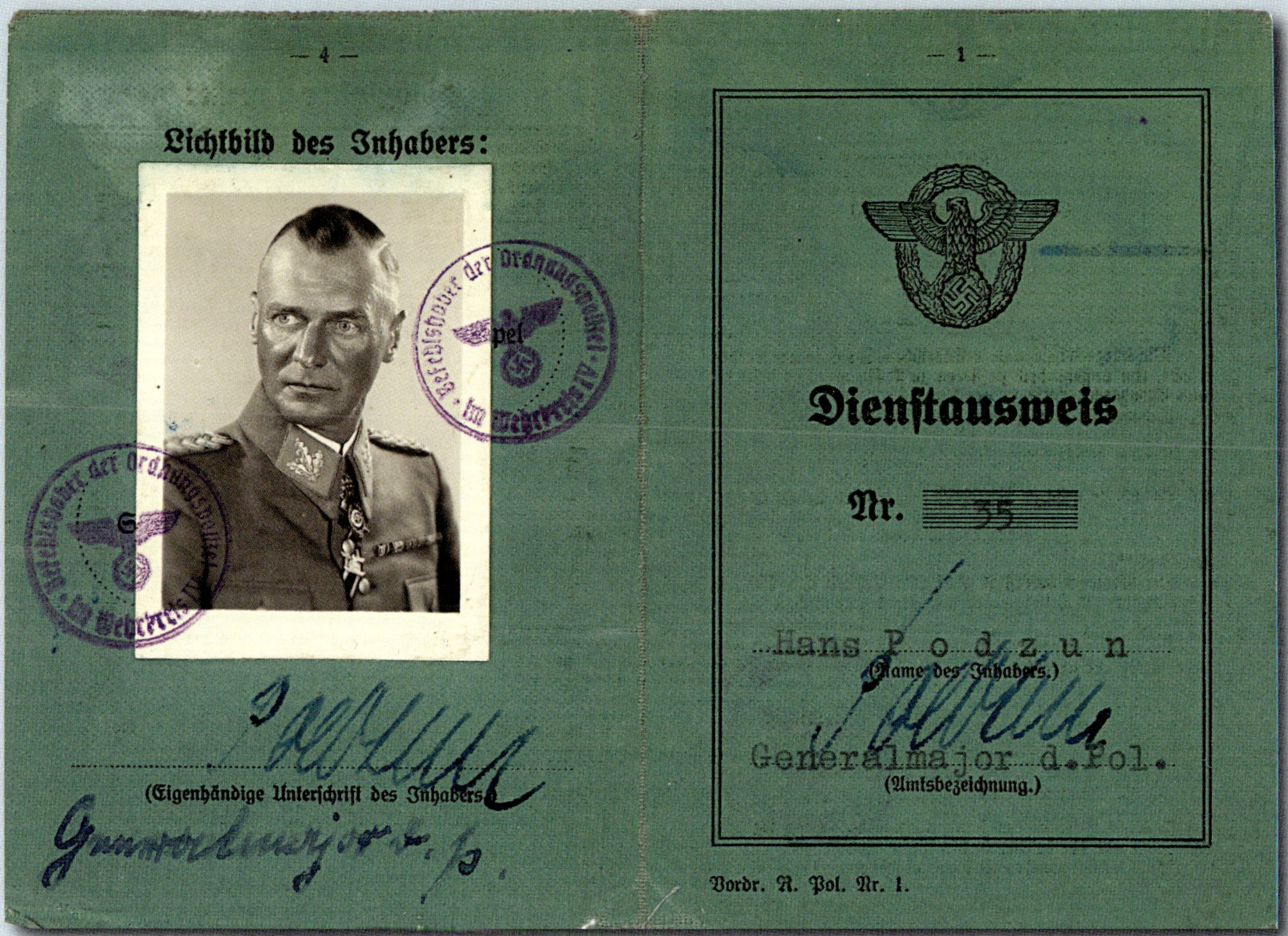
— 4 —
Lichtbild des Inhabers:
(Eigenhändige Unterschrift des Inhabers)
— 1 —
Dienstausweis
Nr. 35
Hans Podzun
(Name des Inhabers.)
Generalmajor d.Pol.
(Amtsbezeichnung.)
Vordr. R. Pol. Nr. 1.

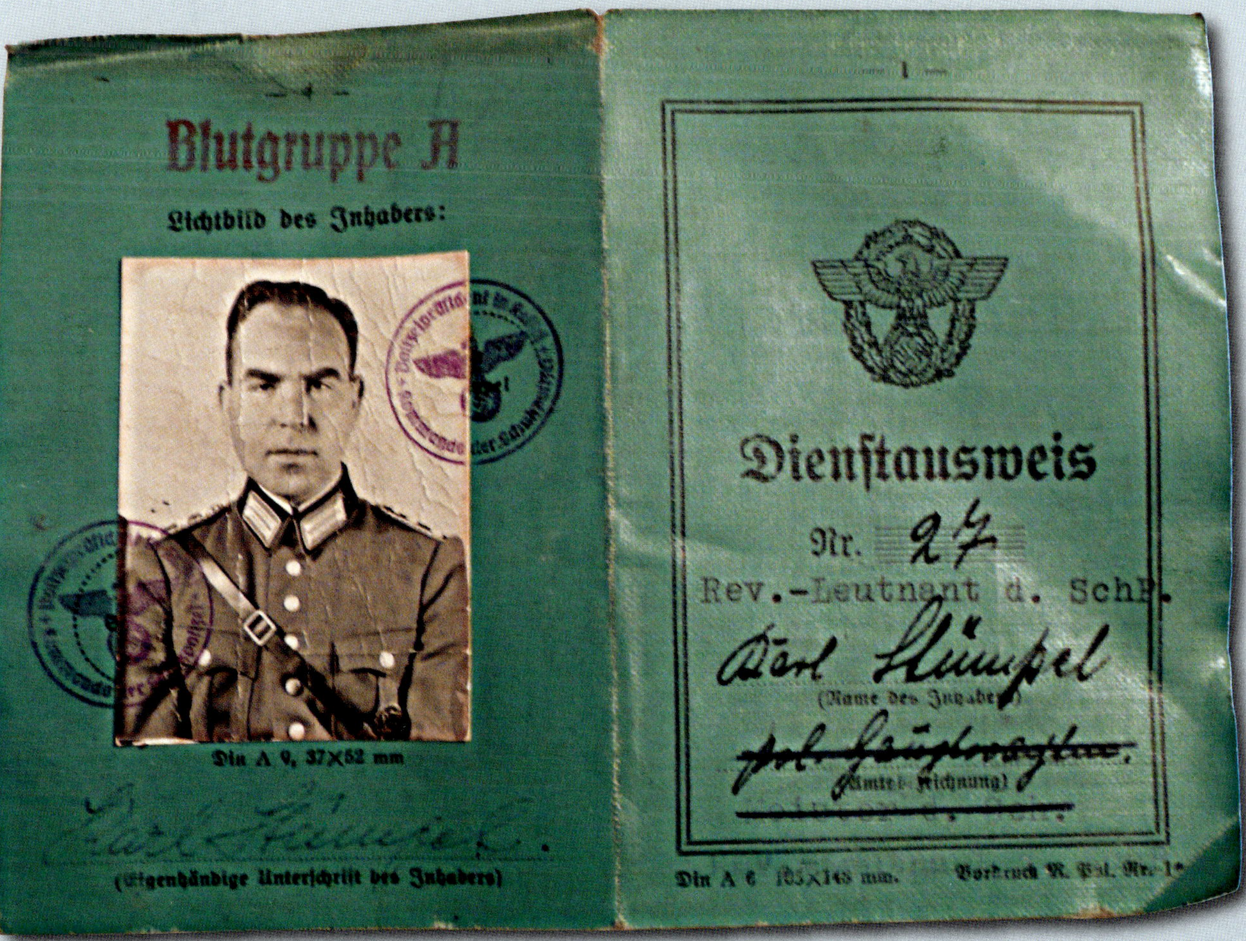
Blutgruppe A
Lichtbild des Inhabers:
Din A 9, 37×52 mm
(Eigenhändige Unterschrift des Inhabers)
Dienstausweis
Nr. 27
Rev.-Leutnant d. SchP.
(Name des Inhabers)
(Amtsbezeichnung)

L'intérieur du *Dienstausweis*, riche d'informations, visible à la page précédente. (Collection privée)

Et côté droit d'un autre *Stahlhelm*, quant à lui M-42, retrouvé dans la Drôme. (Collection privée)

Côté gauche d'un casque M-35, parfaitement conservé, de la *Schutz-Polizei*… (Collection privée)

Bonnet de police de la *Schutz-Polizei*, provenant lui aussi de la Drôme. (Collection privée)

Pantalon de la *Schupo* découvert sur Voiron (à une vingtaine de kilomètres au nord-ouest de Grenoble), en décembre 2000, dont la couture verticale extérieure est garnie d'un passepoil vert clair. (Collection privée)

Vareuse M-36 de confection précoce, très bien conservée, d'un membre de la *Schutz-Polizei*, retrouvée dans le Sud-est de la France. L'on note les restes de brides de décorations, sur la poche de poitrine gauche. (Collection privée)

Juin – mi juillet 1944
Dernières opérations intermédiaires avant le "großer Schlag"...

Dans le Sud-est de la France, une colonne de la *157. Res.-Div.* progresse à pied avec ses mulets. (DR Reibert)

Quelques maquisards groupés sur la façade orientale du Vercors, en juin-juillet 1944... Précisément là où la *Gruppe « Schwehr »* montera à l'attaque des Pas... (IWM)

Événement majeur pour le cours de la Seconde Guerre mondiale, le débarquement de Normandie entraîne, dans tous les territoires d'Europe occidentale, et bien entendu dans les zones de résistance de France métropolitaine, une alerte et une mobilisation des moyens et des effectifs de lutte contre les forces du IIIe Reich : lancement d'opérations de plus en plus nombreuses visant, par exemple, des colonnes allemandes, pour les harceler, voire retarder leur montée vers l'*Invasionsfront* (1). Dans ses travaux, Peter Lieb nous livre là encore des précisions importantes sur la *157. Reserve-Division*, qui reflètent l'âpreté grandissante des contacts, qui se traduisent rapidement par une hausse de ses pertes. De l'ordre d'une soixantaine de soldats, morts ou blessés pour la période du 1er janvier au 5 juin 1944, les pertes passent... à plus de 650 hommes pour la période du 6 juin au 15 août 1944. Ce chiffre résulte des *namentliche Verlustmeldungen* de la division, quoique des listes manquent pour le *Res. Art.-Rgt. 7* sur la période de juillet 1944, et pour le *Res. Gren.-Btl. 217* sur la deuxième quinzaine d'août 1944. Autrement dit, si l'on pouvait prendre en compte ces pertes, le chiffre total serait supérieur à 650. Encore une fois, ce dernier reste bien inférieur et peu comparable à celui des pertes d'une division de campagne de la Wehrmacht ou des Waffen-SS à la même époque, que ce soit sur l'*Invasionsfront* de Normandie ou à l'Est – pertes pouvant atteindre jusqu'à 200 hommes par jour, parfois même bien plus...–.

La Wehrmacht doit donc prendre toutes les dispositions nécessaires pour réprimer ou anticiper les actions de la Résistance, soit dans le cadre d'opérations mobilisant des effectifs relativement importants, comme celle du massif des Bauges ou encore l'opération «*Treffenfeld*» en juillet 1944, soit par des attaques ponctuelles de sa part visant à sécuriser les principaux axes de communication, comme l'importante N-75 reliant Grenoble à Gap, ou à tâter le dispositif des forces des «*französische Banditen*» de la Résistance. Elle doit également subir des attaques de convois de plus en plus nombreuses. Ces actions ne suivent pas forcément une planification, résultant davantage des circonstances et des besoins de communications entre les différentes composantes de la division, ou de la nécessité d'interventions, de ripostes immédiates selon la présence de groupes de résistants dans un lieu donné, présence adverse pouvant constituer une menace directe pour la sécurité des transports et/ou des troupes. Pour ces forces allemandes, il s'agit donc majoritairement de faire face à des embuscades tendues par la Résistance, ou à des attaques ponctuelles de positions tenues par cette dernière.

Des maquisards français réceptionnant le fruit de largages alliés dans le Vercors, à la mi-juillet 1944, sans doute dans la plaine dégagée de Vassieux. En matière d'armement, ils renferment de nombreuses armes individuelles (fusils Lee-Enfield N°4 Mk.II, pistolets-mitrailleurs Sten, grenades Mills N°36, Colts .45), mais très peu d'armes lourdes, excepté quelques PIAT – lance-roquettes antichars britanniques –, fusils-mitrailleurs Bren ou mitrailleuses américaines Mle 1919... Remarquons que la plupart des parachutages se sont effectués de nuit, de novembre 1943 à la fin du printemps 1944. Ont lieu ensuite plusieurs opérations diurnes d'envergure, comme ici. Il pourrait s'agir du largage du 14 juillet 1944, avec 864 conteneurs ! (IWM)

Voyons quelques exemples de pertes allemandes dues à divers actes de la Résistance (non exhaustifs). Ils proviennent principalement de *Témoignages sur le Vercors*, de Joseph La Picirella. Le **21 juin 1944**, un soldat allemand est abattu par les FFI à Varces (Isère), l'*Unteroffizier* Wilhelm Klenner, 44 ans. Le même jour, à l'occasion d'une attaque de diversion de la douane allemande sur Rencurel (au sud-est de Malleval-en-Vercors), les assaillants sont repoussés et se retirent en emportant le corps sans vie de l'un des leurs, Franz Bahjor, 39 ans (*Zollsekretär*). Trois jours plus tard, pour le **24 juin**, Joseph La Picirella relate : « *Près des Côtes-de-Corps (Isère), un convoi ennemi venant de Gap, se dirigeant sur Grenoble, tomba vers 6h30 au lieu-dit "Le Pont-de-Grais", situé à 1 km de Condaire, dans une embuscade tendue par les hommes du capitaine Etienne Poitau (Stéphane), du Maquis de l'Oisans. Surpris par la soudaineté de l'attaque, l'ennemi eut de nombreux blessés et laissa sur le terrain quatre morts : Adalbert Aigner, 19 ans, Michael Ettlinger, 20 ans, Eduard Schuttelheim, 29 ans, et* ***Ludwig Unterauer****, 19 ans.* [...] *Un agriculteur requis pour ramasser les victimes dénombra, outre les quatre morts, une quinzaine de blessés pour la plupart gravement atteints* ».

Arrêtons-nous un instant sur cette embuscade, dont plusieurs documents nous renseignent sur les troupes présentes dans ce convoi, comme l'avis de décès de Ludwig Unterauer.

Ce *Sterbebild* indique son appartenance à une *Panzer-Abteilung*. De fait, cette appellation est « techniquement » erronée, ce soldat appartenant à la *Res.Inf.Pz.Jg-Kp. 157*, une petite unité de chasseurs de chars sous le commandement de l'*Oblt. d.R.* Wimmer, du régiment de grenadiers de la division, dont le P.C. est installé à Gap, ce qui explique d'ailleurs que le convoi venait de cette ville. Les informations sur les troupes présentes au cours de cet événement du **24 juin** sont également issues de la *Verlustmeldung* du *Res.Gren.-Rgt. 157*, qui nous renseigne de la façon suivante : près de la petite localité de Corps (dans les Hautes-Alpes, à l'est de Gap) le 24 juin, la *Res. Inf.Pz.Jg-Kp.157* est attaquée, et dénombre trois tués (dont les noms sont cités par La Picirella) : le *Gren.* Eduard Schuttenhelm (ou Schuttelheim), et les *Ogren.* Adalbert Aigner et Ludwig Unterauer. Sont aussi enregistrés trois *Obergefreiten* blessés, dénommés Josef Hager, Hans Grots et **Gerhard Fuchs**.

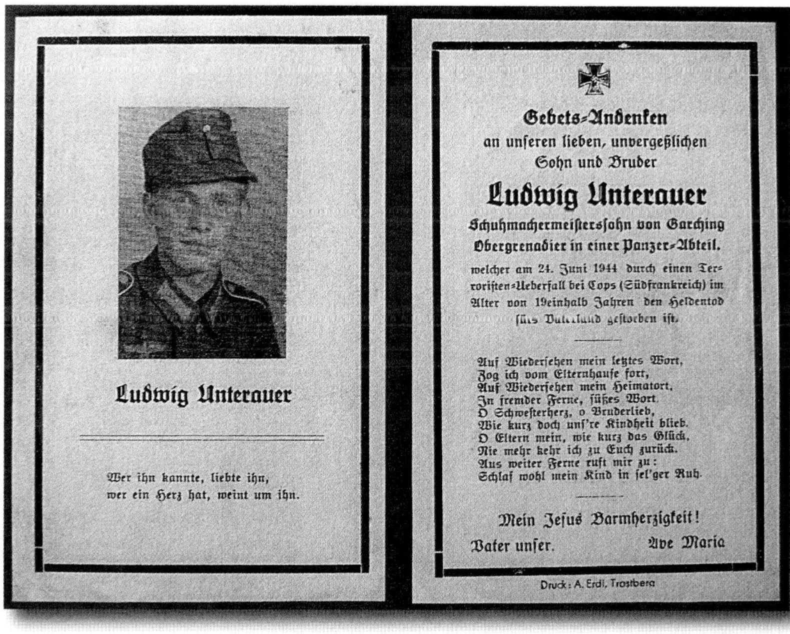

Ludwig Unterauer

Wer ihn kannte, liebte ihn,
wer ein Herz hat, weint um ihn.

Gebets-Andenken
an unseren lieben, unvergeßlichen
Sohn und Bruder
Ludwig Unterauer
Schuhmachermeisterssohn von Garching
Obergrenadier in einer Panzer-Abteil.
welcher am 24. Juni 1944 durch einen Terroristen-Ueberfall bei Cops (Südfrankreich) im Alter von 19einhalb Jahren den Heldentod fürs Vaterland gestorben ist.

Auf Wiedersehen mein letztes Wort,
Zog ich vom Elternhause fort,
Auf Wiedersehen mein Heimatort,
In fremder Ferne, süßes Wort.
O Schwesterherz, o Bruderlieb,
Wie kurz doch uns're Kindheit blieb.
O Eltern mein, wie kurz das Glück,
Nie mehr kehr ich zu Euch zurück.
Aus weiter Ferne ruft mir zu:
Schlaf wohl mein Kind in sel'ger Ruh.

Mein Jesus Barmherzigkeit!
Vater unser. Ave Maria

Druck: A. Erdl, Trostberg

Le *Sterbebild* du jeune Ludwig Unterauer, originaire de Garching au nord-est de Munich, membre du *Reserve-Grenadier-Regiment 157*. (Collection privée)

Gerhard Fuchs est, comme des dizaines d'autres soldats de la *157. Reserve-Division*, originaire de Munich, où il voit le jour le 14 mai 1921. De profession civile, il était assistant mécanicien automobile, et se voit enrôlé sous les drapeaux au début de l'année 1941, dans le 217e bataillon d'infanterie de dépôt. Versé dans la 14e compagnie de chasseurs de chars de l'*Infanterie-Regiment 217*, ce Munichois participe à la campagne d'hiver de 1941/42 à l'Est, dont il reçoit la médaille commémorative. C'est néanmoins au cours de l'hiver suivant qu'il subit des gelures aux deux pieds (voir pages 12-13 de son *Soldbuch*, manifestement sans gravité, car il ne demeure que deux journées en hôpital militaire). Il rejoint plus tard la *157. Res.-Div.* (la *Reserve-Infanterie-Panzerjäger-Kompanie 157*), dans le Sud-est de la France, peut-être au début de l'année 1944… Aux pages 22 et 23 figurent ses permissions, passées en Bavière, à Munich et Lindau, la dernière ayant pris fin le 15 février 1944. (Collection privée)

Mitgegebene Bekleidungs- und Ausrüstungsstücke
(nur bei Abgängen vom Ersatzheer zum Feldheer, sowie Abgängen vom Feldheer – ausgenommen Verwundung u. plötzliche Erkrankung – ausfüllen).

Grund (z. B. Urlaub, Ersatz ins Feld, Kommando, Versetzung usw.) – Zeit: Tag, Monat, Jahr – Stahlhelm – Feldmütze – Bluse oder Feldjacke (Drw.) – Unterjacke – Tuch-, Reit- oder Feldhose (Schw.) – Schnürschuhe – Arbeitsanzug – Laufschuhe – Signalpfeife – Decke – Namenzeichen des Ausgebenden und Empfängers, Datum

14. J.R. 217 – 29. 6. 41
Bestand – 1. 12. 41
Inf. Pz. Jg. Ers. Kp. 517 – 18. 6. 43

am – für (Zeit) – Erläuterungen – RM. – Rpf.

Oberlt. u. Komp. Chef

Wehrsold – 1. 8. 44 – 1. – 10. 8. 44 – 288,–

Kriegslazarett 905

22

Beurlaubungen über fünf Tage

1. Vom 14. 11. 42 bis 5. 12. 42 nach München
Grund: Urlaub
den 6. November 1942
Dienststempel
(Unterschrift des Komp.-, Truppenführers usw.)

2. Vom 3. 6. bis 16. 6. 43 nach München
Grund: Gen.-Urlaub
den 2. 6. 1943
Dienststempel
Oberstabsarzt u. Chefarzt

3. Vom 11. 8. 43 bis ... 43 nach München
Grund: ...
den 10. August 1943
Oberleutnant und Chef

4. Vom 5. 12. bis 22. 12. 43 nach München, Lindau
Grund: Erh.-Urlaub
den 3. Dez. 1943
Dienststempel
Oberleutnant u. Komp.-Chef

23

Dienstsiegel mangelt
den 15. Februar 1944
(Unterschrift des Komp.-, Truppenführers usw.)
Oberleutnant u. Kp. Chef

6. Vom .... bis .... nach
Grund:
den
Dienststempel
(Unterschrift des Komp.-, Truppenführers usw.)

7. Vom .... bis .... nach
Grund:
den
Dienststempel
(Unterschrift des Komp.-, Truppenführers usw.)

8. Vom .... bis .... nach
Grund:
den
Dienststempel
(Unterschrift des Komp.-, Truppenführers usw.)

24

Sorgfältig durchlesen!

Bestimmungen

1. Das Soldbuch dient dem Soldaten im Kriege als Personalausweis und berechtigt zum Empfang der Gebührnisse bei eigenen oder bei fremden Zahlstellen. Es ist ferner als Ausweis beim Postempfang, bei Eisenbahnfahrten, bei Kommandos und Urlaub zu verwenden.
2. Das Soldbuch hat der Soldat stets in einer Rocktasche bei sich zu tragen. Aufbewahrung im Gepäck, im Quartier usw. ist unzulässig. Sorgsame Aufbewahrung liegt im eigenen Interesse des Inhabers.
3. Das Soldbuch muß ordnungsmäßig geführt sein. Der Inhaber hat selbst dafür zu sorgen, daß alle Veränderungen in den zustehenden Gebührnissen bei Beförderungen oder Versetzungen sofort durch seine vorgesetzte Dienststelle eingetragen werden.
4. **Das Soldbuch ist eine Urkunde.** Zu Eintragungen sind nur Dienststellen der Wehrmacht befugt. Eigenmächtige Änderungen werden als Urkundenfälschung bestraft.
5. **Der Verlust des Soldbuches** ist von dem Inhaber ungesäumt dem Truppenteil oder der Dienststelle, bei der er sich gerade befindet, zu melden; die Ausstellung eines neuen Soldbuches ist zu erbitten.

Le *Fwb.* Wolf. (DR)

De son côté, la *Verlustmeldung Nr. 2* du *Res.Gren.-Btl. 217* (période du 11 au 30 juin 1944) nous apprend qu'un soldat a été tué, le *Gefreiter* Michael Ettlinger de la 4e compagnie de ce bataillon, ainsi qu'un officier blessé, l'*Oblt.* Siegfried Morgenstern, officier en second de cette *4. Kp.* Document remarquable, nous disposons du *Soldbuch* de l'un des soldats blessés mentionnés plus haut, l'*Ogefr.* Gerhard Fuchs.

Plusieurs annotations qui y figurent méritent notre attention. Tout d'abord, la mention de la *Res. Inf. Pz.Jg.-Kp. 157* comme unité d'affectation au moment des faits (elle n'est pas suivie d'une autre), en page 4. Puis, aux pages 12-13 – qui concernent les séjours d'hospitalisation –, l'indication d'une entrée à l'« *Ortslazarett Gap* » le 24 juin 1944 précisément, par blessure au combat (catégorie « 31 » dans la nomenclature sanitaire allemande). Remarquons que cette arrivée est signée par le responsable de l'hôpital, le *Lazarett-Feldwebel* Wolf, dont il a été fait mention, par le plus curieux des hasards, dans un reportage de France 3 diffusé il y a quelques années au sujet des « enfants de boches », nés de l'union de soldats de l'armée allemande avec des jeunes filles ou femmes françaises. Ce sous-officier est très probablement celui qui y est cité comme ayant eu une liaison avec une jeune femme de La Mure, et dont la fille, interviewée dans le reportage, donne l'identité de son père comme étant le *Feldwebel* **Wolf**.

Du fait de la gravité évidente de ses blessures (« *Infanterie-Geschoß Bein* », projectile d'infanterie dans la jambe), le Bavarois Fuchs est transféré à l'hôpital d'Aix-les-Bains (*Kriegslazarett 905*) le 26 juillet 1944, où il sera fait prisonnier le 21 août suivant (mention au crayon à la page 13), puis démobilisé et transféré en camp de prisonniers le 30 octobre. Gerhard Fuchs ne fait pas partie des jeunes recrues de la division, mais de ses soldats expérimentés, qui ont été transférés dans celle-ci pour se remettre en conditions (!), ainsi qu'il résulte de son affectation préalable à l'*Infanterie-Regiment 217* (attention, ne pas confondre avec le bataillon, de même numéro mais *der Reserve*, de la *157. Res.-Div.*), qui est l'un des régiments de la *57. Infanterie-Division*, engagée en 1941 et 1942 en Russie (zone d'action sud du front de l'Est). Le 31 juillet 1942, l'homme a d'ailleurs été décoré de la médaille des combats d'hiver à l'Est. Enfin, précisons que son *Soldbuch* est signé en page 15 par l'*Oberleutnant* Wimmer.

Avers et revers d'un bidon dit « *de Gebirgsjäger* », présentant le même système de courroies que sur le bidon de *Sanitäter*, si ce n'est l'adjonction d'un mousqueton destiné à accrocher cet effet sur la musette à pain. Cette pièce provient directement du Vercors, dénichée dès 1972. Ce bidon est, entre autres, retrouvé sur des photographies de *Gebirgsjäger* prises en Norvège, au printemps de 1940. (Collection privée)

Afin d'illustrer d'autres formes d'engagements allemands sur cette période, citons quelques exemples supplémentaires, dont une opération entreprise le **28 juin 1944**, relatée là encore par La Picirella. Composée de dix camions transportant chacun une dizaine de soldats, une colonne allemande se dirige ce jour-là vers La Rochette-sur-Crest, en provenance de Valence. En trajet, ce convoi est attaqué par une compagnie de FFI, et une voiture transportant notamment le commandant du détachement est immédiatement détruite, ses passagers tués et transportés dans la maison du maire (probablement de La Rochette). Or, ce convoi était escorté, dans son déplacement, par des bombardiers moyens *Junkers 88* ayant décollé de l'aérodrome de Chabeuil – à quelques kilomètres à l'est de Valence –, qui ont mitraillé les maquisards et les habitants du village fortifié de Beaufort-sur-Gervanne, au sud du Vercors. Finalement, après deux heures d'affrontements, les résistants doivent décrocher. Frustrés de leur échec, les Allemands quittent La Rochette après l'avoir incendiée et pillée.

Notons que deux appareils Ju. 88 sont abattus dans cette affaire : Dans l'un d'eux, un Ju. 88 A-5 marqué PB+GB (W.Nr. 880504), se trouvait le *Major* Ferdinand Zandt, 52 ans, commandant la *IV. Gruppe* de l'escadre « von dem Bongart » (voir ci-après pour des précisions concernant cette unité). Durant cette mission, Zandt occupe le poste d'observateur, le pilote étant un certain Hans Masorsky, 26 ans. Les autres membres de l'équipage sont le radio de bord l'*Oberfeldwebel* Kurt Dommasch, 29 ans, et le mécanicien de bord l'*Unteroffizier* Edmund Fey, âgé de 25 ans. Tous sont décédés, leurs dépouilles seront relevées par la Croix Rouge et transportées à Crest, sur la Drôme, à dix kilomètres environ de Beaufort. Le corps d'un cinquième membre d'équipage, Wilhelm Festing, 29 ans, complètement déchiqueté, sera retrouvé plus tard. Cette destruction sera revendiquée par la compagnie Morin (2).

Un autre Junkers 88 a, quant à lui, été abattu avec certitude par les résistants de cette compagnie Morin, en position sur le Savel, au-dessus du hameau des Artauds, sur la commune de Gigors. L'avion s'est écrasé à Ourches, sur la montagne de Côte Blanche, située à deux kilomètres de La Rochette-sur-Crest, et à cinq kilomètres environ du site du crash de l'avion du commandant de

(1) A ce titre, citons ici un extrait de la directive du 16 mai 1944 du gouvernement d'Alger à l'intention des Forces Françaises de l'Intérieur : « [...] *2) Sud-Est (Jura-Savoie-Dauphiné-Provence). Dans cette zone, les objectifs seront : a) l'ouverture, au profit des forces alliées débarquées en Provence, de l'Axe : Sisteron-Grenoble-Bellegarde, en direction de Besançon, permettant le débordement par l'est du Rhône ; b) des actions de harcèlement sur les communications ferroviaires du couloir du Rhône, c) le cisaillement des communications entre la France et l'Italie ; d) ultérieurement, l'ouverture des passages des Alpes* [...] ».

(2) Voir *ghostbombers.com/Bongart/GB_08* et l'ouvrage de La Picirella.

Illustrant parfaitement les adversaires de la *157. Res.-Div.*, photographie bien connue, prise dans le Vercors, de l'entraînement au tir au fusil Lee-Enfield n°4, de maquisards manifestement à peine sortis de l'adolescence. Notons le port de l'équipement individuel français en cuir brun du modèle de 1935. (IWM)

Un brassard en tissu très bien conservé, de fabrication française du modèle dit d'Alger, retrouvé dans le Vercors. Un effet fourni aux maquisards au moyen de parachutages provenant du C.F.L.N. (remarquons que beaucoup d'avions, à destination du Sud de la France occupée, décollent alors du terrain d'aviation de Blida, en Algérie). (Collection Loïc Testoud)

Un brassard, cette fois emblématique des maquis de l'Isère (de la première région militaire, ou R-1), provenant lui aussi directement du Vercors. (Collection Loïc Testoud)

Bartholomeus Huber. (DR)

Alfred Auer. (DR)

groupe, le *Major* Zandt. Les cinq aviateurs, le *Leutnant* Stefan Ulrich, 30 ans, l'*Unteroffizier* Aloïs Henneke, 31 ans, les *Gefreiten* Werner Gaudings, 22 ans, Edmund Klein, 23 ans et Ewald Henker, 37 ans, périssent carbonisés.

Les travaux de l'ancien résistant La Picirella nous apprennent également que, le **29 juin** 1944, trois soldats du *Res.Pi.-Btl. 7* trouvent la mort au cours d'un engagement à Gresse-en-Vercors, en bordure orientale du massif : Bartholomeus « Bartl » Huber, un Haut-bavarois âgé d'à peine 19 ans, Siegmund Fandrejewski, 22 ans, et Herbert Schustal, 21 ans.

Selon la *Verlustmeldung Nr. 5* de ce bataillon du génie du 13 juin au 6 juillet 1944, deux soldats sont mentionnés comme ayant été tués à Gresse le 3 juillet, à 16 heures : l'*Oberpionier* **Bartholomeus Huber** de la 1re compagnie, et le *Pionier* Siegmund Fandrejewski de la 3e. Trois soldats de ce bataillon sont également blessés au même endroit : les *Pioniere* Friedrich Hetzel, Josef Ameres et Robert Sikora. Quant à Herbert « Schoustal », dans la *Verlustmeldung Nr. 4/44* du *Res.Pi.-Btl.7*, il est mentionné comme ayant été grièvement blessé le 15 juin à Saint-Nizier (à quelques kilomètres à l'ouest de Grenoble), ainsi que nous le verrons plus loin. Le même auteur précise encore qu'après plusieurs tentatives, le 6 juillet, les Allemands attaquent des positions de la Résistance au Col de Grimone, en bordure sud-est du Vercors ; cette entreprise n'est pas couronnée du succès escompté, puisqu'ils doivent se retirer en emportant les corps de cinq soldats de l'unité engagée, à savoir, une nouvelle

Insigne, parfaitement conservé, en tissu brodé des Chantiers de Jeunesse du Vercors (le groupement 11 « Vercors », stationnant sur Villars-de-Lans), qui forment une partie des effectifs de la Résistance dans le massif. (Collection Loïc Testoud)

fois, le *Res.Pi.-Btl.7*. Ces cinq victimes sont **Alfred Auer**, Johann Böck, Martin Schrägle, et **Alfred Suchy**, tous les quatre âgés de 18 ans, et Lorenz Feckl, 27 ans.

Les avis de décès de **Böck**, Schrägle, Auer et **Feckl** confirment leur appartenance à une unité

Au cimetière de Vassieux, la sépulture de Hans Böck et Martin Schrägle, deux Sud-allemands ayant combattu dans le régiment du génie de la *157. Res.-Div*. (Photo auteur)

Ich weiß, ihr werdet bitter weinen,
daß ich so ferne sank ins Grab,
Wo nur die stillen Sterne scheinen,
In meine dunkle Gruft hinab.
Doch einmal kommt der Tod zu allen
Und bricht der Liebe zartes Band,
Wo wär ich herrlicher gefallen,
Als kämpfend treu fürs Vaterland.
Mein früher Tod, mein großes Glück,
Drum meine Lieben weinet nicht,
Ich lebe noch und liebe euch
In Gottes schönem Himmelreich.

Zur Erinnerung
an
Hans Böck
Malermeisterssohn von Deggendorf
Pionier in einem Pionier-Regiment
welcher am 6. Juli 1944 nach schwerer Verwundung in Südfrankreich im Alter von 18 Jahren fern der Heimat sein Leben für Volk und Vaterland gab.

Ehre seinem Andenken!

du génie. Celui de ce dernier nous apprend qu'il s'agit, ici encore, d'un cadre expérimenté affecté à la division pour remise en condition et instruction des recrues. En effet, il est mentionné que Feckl a participé aux campagnes de Pologne, de Belgique, de France, du front de l'Est. Il a été décoré de l'*EK. 2*, de l'insigne des blessés, de la médaille des combats d'hiver à l'Est et de l'*Allgemein-Sturmabzeichen*. Cet avis précise également, comme cause du décès : « *tödlich verunglückt* » (mort accidentellement), ce qui ne cor- respond pas à la relation d'un combat au Col de Grimone. Il faut effectivement remarquer que, précédant le nom de ces cinq soldats et leur appartenance à la 2e compagnie, le motif de leur mort est mentionné comme : « *Außerhalb der Lazarettbehandlung gestorbene* » dans la *Verlustmeldung Nr. 5, Blatt II* du *Res.Pi.-Btl. 7*, pour la période du 13 juin au 6 juillet 1944. L'on peut en déduire qu'ils ne sont pas décédés au combat (participe passé « *gestorben* » au lieu de « *gefallen* »), et pas non plus en milieu hospitalier. Or, il est précisé qu'il s'agit d'une « détonation d'explosifs » (« *Deton. v. Sprengmunition* ») qui a eu lieu à Grenoble, le 6 juillet 1944.

Gedenket im Gebete
an unsern innigstgeliebten, guten, unvergeßlichen Sohn und Bruder, Jüngling
Lorenz Feckl
Landwirtssohn von Gmain
Unteroffizier in einem Pionier-Bataillon
Inhaber des E. K. 2, Verwundetenabzeich., Ostmedaille und Sturmabzeichen
Teilnehmer am Feldzug in Polen, Frankreich, Belgien, Rußland, zuletzt in Grenoble (Südfrankreich)
Ausbilder in einem Pionier-Bataillon
welcher nach 6jähriger, treuester Pflichterfüllung am 6. Juli 1944 im 27. Lebensjahr tödlich verunglückte. Er liegt im Heldenfriedhof in Grenoble begraben.

Ach, so bald bist Du fortgegangen
Von den Deinen, die Dich treu geliebt,
Himmelsfriede mag Dich dort umfangen,
Wie die düst're Erde nie ihn gibt;
Trost uns möge aus den Sternen weh'n,
Bis uns einst dort ein Wiederseh'n.

Buchdruckerei P. März, Höpfs Nachf., Dorfen.

Sépulture et *Sterbebild* de l'*Uffz*. Feckl, un Bavarois chevronné de 27 ans, qui a tout d'abord été inhumé à Grenoble (sans doute au cimetière du Sablons). (Collection privée et photo de l'auteur)

Cette *Schützenschnur* – cordon de tireur – a été retrouvée sur Grenoble en 1972. Notons qu'il ne dispose pas de gland, sans doute s'agit-il donc d'un cordon du 1er degré. Cet effet est destiné à récompenser les meilleurs tireurs d'une petite unité. (Collection privée)

La pierre tombale d'Alfred Suchy, jeune sapeur de la *157. Res.-Div.* décédé trois semaines après son 18e anniversaire… (Photo auteur)

Quelques pièces d'équipement individuel – produites à des millions d'exemplaires – retrouvées dans la région de Grenoble. Pour l'anecdote, les cartouchières et la baïonnette proviennent de Brignoud (à une douzaine de kilomètres au nord-est de Grenoble), équipements de récupération de l'atelier d'un chasseur, qui employait dans l'Après-guerre le *Kar.98k.* comme arme de chasse… (Collection privée)

Selon le mode de rédaction des *Verlustmeldungen*, il y a tout lieu de supposer que tel est bien le cas, et non pas une mort au combat car, d'une part, ces listes n'occultent pas les causes de décès lorsqu'elles sont dues à la Résistance (sous l'appellation « *Terroristen* » ou « Armée secrète », selon les cas ou la période). D'autre part, le lieu de décès ou de blessure est toujours donné, comme cela a déjà été vu, avec le plus de précision possible, même s'il comporte souvent des fautes de rédaction. Or, dans le cas présent, ce lieu est bien Grenoble, et non le Col de Grimone, tandis que nous voyons par exemple, sur une autre *Verlustmeldung* – la *Nr. 5* du *Res.Gren.-Btl. 217* du 13 au 31 juillet –, qu'un certain *Oberfeldwebel* Georg Hagl, de la 1re compagnie, est indiqué comme ayant été grièvement blessé précisément « *2 Km westlich Grimone* », le 21 juillet 1944.

Si cette divergence ne saurait remettre en question la qualité du travail de Joseph La Picirella, elle confirme la difficulté de retracer, si longtemps après leur survenance, des événements mineurs par rapport au cours général de la guerre, lorsqu'ils n'ont laissé que très peu de traces écrites.

Le **10 juillet**, La Picirella – rappelons-le, ancien résistant – participe à l'attaque d'une colonne allemande, empruntant la route du col de Lus-la-Croix-Haute, dans le sud-est du Vercors. Composé du commando américain du *Captain* Tuppers et de dix-sept maquisards, un groupement se prépare à l'interception près d'un petit pont enjambant le ruisseau des Pellas, et passe à l'attaque. A l'issue d'un violent engagement, La Picirella indique que les Allemands laissent neuf des leurs, sans vie, sur le terrain : « *Kurt Becker, 36 ans, Leonhard Bergmann, 20 ans, Hieronimus Lubowski, 34 ans, Alfons Petzelt, 38 ans, Otto Reicherseder, 18 ans, Ludwig Spengler, 53 ans, Gottlieb Steppmai, 19 ans, Oskar Warnke, 34 ans, Otto Vogginger, 19 ans, et une quinzaine de blessés* ».

Pour le début de juillet 1944, les *Verlustmeldungen* nous renseignent à ce sujet. Dans celle du *Res.Gren.-Btl.217, Nr. 4*, enregistrant les pertes du 1er au 12 juillet, l'on apprend que, le **6 juillet** à un kilomètre avant le col de la Croix-Haute, le bataillon subit trois blessés de la 3e compagnie : les *Gren.* Bogdan Pietrowski, Franz Pfaffinger et Josef Knechtskern. Le **10 juillet**, toujours dans la « zone » de la Croix-Haute, cinq tués sont comptabilisés, le *Gren.* Reicherseder, l'*Ogefr.* Warnke, et le *Gefr.* Petzelt de la 1re compagnie, ainsi que les *Gren.* Vogginger et Bergmann de la 3e compagnie, et treize blessés : les *Ogren.* Alfred Sparmann et Natanael Krause, les *Gren.* Miron Sliwinski et Ernst Friedrich, l'*Ogefr.* Sigmund Beutel, de la 1re compagnie, et les *Gren.* Walter Fuhrmann, Alois Hain, Hermann Heider, Johann Heinle, Franz Mittermeyer, Georg Plattner, Eduard Troska, et Otto Weidenegger, quant à eux membres de la 3e compagnie.

Pour la même unité, la *Verlustmeldung Nr. 5* (du 13 au 31 juillet) rapporte un tué le **17 juillet** au Col Bayard – à quelques kilomètres au nord de Gap –, le *Gren.* Hyronimus Lubonski de la 4e compagnie, et trois blessés, l'*Ogefr.* Richard Höfner, de la même compagnie, ainsi que le *Gefr.* Georg Tanne et le *Gren.* Dietrich Allwein de la 1re compagnie. Pour la période du 12 juin au 21 septembre, la *Verlustmeldung Nr. 2* du *Res.Gren.-Rgt.157* rapporte un tué le **10 juillet**, « près » (*bei*) du Col-de-la-Croix-Haute, le *Gren.* Gottlieb Steppmaier, de la *Res.Inf.Pz.Jäg.-Kp.157*, et un blessé, l'*Uffz.* Walter Bartl.

Mais la relation de ces actions, ou d'autres, dans cette période intermédiaire, résulte principalement de la seule lecture des *Verlustmeldungen*. Manifestement, ces mois de juin et de juillet dans la région de Grenoble, de Savoie, de l'Ain, de l'est et du sud du Vercors, et jusque vers Gap, se révèlent globalement tendus. Or, ces communications de pertes ne rapportent qu'un certain nombre d'entre elles ; elles ne sont, autrement dit, pas exhaustives... La *Verlustmeldung Nr. 3* du *Res. Geb.Jg-Btl.99* indique les pertes suivantes : Le 6 juin à 800 mètres à l'est de Pontaix (Drôme), près de Die, deux soldats tués, les *Jäger* Andreas Holzschuh (*4.Komp.*) et Dietmar Lenz (*1. Komp.*). Six jours plus tard, le 12 juin, un *Jäger* de la 2e compagnie, Georg Pussl, est tué à Saint-Paul dans les Hautes-Alpes. Le lendemain 13 juin, un autre *Jäger*, quant à lui de la *4. Komp.*, Albert Gromer, trouve la mort à un kilomètre et demi au sud de Condamine, dans les Basses-Alpes (il est enterré au cimetière communal de Saint-Paul près Barcelonnette) (3). Le même jour, un *Objg.* de la 1re compagnie, Max Schraudolf, est tué à deux kilomètres au nord de Jausiers. Le 16 juin, un *Jäger* de la même compagnie, Frank Reusse, trouve la mort à Briançon et, une quinzaine de jours après, le 3 juillet, c'est également le cas d'un *Oberschütze*, Lorenz Stegherr. En outre, trois autres hommes de la 1re compagnie sont blessés à l'Argentière-la-Bessée, dans les Hautes-Alpes, au sud-ouest de Briançon.

La *Verlustmeldung Nr. 4*, du *Res.Geb.Jg-Btl.100*, mentionne un *Ogefr.* de la 4e compagnie, Michael Frehner, tué le 8 juin dans le tunnel routier près de Saint-Marcel, en Savoie, et un autre *Gebirgsjäger*, l'*Objg.* Leo Kurkowiak, tué à Aix-les-Bains le 27 juin, par l'explosion d'une grenade.

Pour les périodes du 8 au 12 juin et du 11 au 30 juin 1944, la *Verlustmeldung Nr.1* du *Res.Gren.-Btl. 217* indique de son côté : le 8 juin, à Moydans, à 20 kilomètres à l'ouest de Serres, trois blessés, plus un « présumé tué au combat » (*wahrscheinlich gefallen*), le *Gren.* Wladislaus Deuter, et un disparu, le *Gren.* Felix Dombrowski, mentionné comme se trouvant probablement dans un hôpital de Nyons. Ces hommes appartiennent tous à la *3. Kp.* de ce bataillon. Notons que ce dénommé Dombrowski figurera parmi les quatre prisonniers retrouvés par les troupes allemandes dans l'hôpital installé dans la grotte de la Luire, le 27 juillet. Ce même 8 juin, à quatre kilomètres à l'est de Rosans, près de Veynes, cinq hommes de troupe, un *Unteroffizier* et un *Leutnant* du nom de Helmuth Günther, sont blessés, quant à eux membres de la *1. Kp.* Le lendemain 9 juin, à deux kilomètres au sud-est de Pellegrin, près de Gap, neuf *Grenadiere* de la *1. Kp.* et un *Leutnant*, Werner Spindler, dont blessés, et un *Grenadier* de la même compagnie trouve la mort, un certain Paul Gostomczyk. Le 13 juin, à 2,5 kilomètres au sud de Saint Paul-Barcelonnette, un autre *Grenadier* est tué, Anton Petta, de la *3. Kp.* de ce bataillon.

Pour la période du 11 au 30 juin 1944 (suite de la *Verlustmeldung Nr. 1*, et la *Nr. 2*), qui concerne les combats de Montclus dans les Hautes-Alpes, la même unité signale le 19 juin, à deux kilomètres au sud-ouest de Serres, cinq soldats de la *3. Kp.* et un *Stabsarzt,* - un médecin militaire - Hans Ottmar Sobetzko, qui sont blessés, sans compter cinq soldats portés disparus : les *Grenadiere* Otto Geimer, Emil Tylla, Wladislaus Zielinski, Viktor Malachowski et Sylvester Weronetzki. En fait, ces deux derniers figureront aussi parmi les prisonniers des résistants retrouvés le 27 juillet par les troupes allemandes, dans l'hôpital de la grotte de la Luire. Le 20 juin à Serres, deux tués sont déplorés : le *Grenadier* Johann Oliwkiewicz, de la *4. Kp.*, et un *Unteroffizier*, Bartholomeus Huber, de la *1. Kp.* (par un pur hasard, homonyme du *Pionier* tué le 3 juillet à Gresse). Sont également comptés quatre soldats blessés, dont l'un, le *Gren.* Alfred Kruschel, semble avoir été l'un des quatre prisonniers se trouvant à la Grotte de la Luire, lors de son dégagement par les *Gebirgsjäger* le 27 juillet. Le 22 juin, toujours à Serres, deux *Grenadiere* de la 1re compagnie sont blessés.

Pour la période du 1er au 12 juillet 1944, dans la *Verlustmeldung Nr. 4* du même *Res.Gren.-Btl.217*, outre ceux déjà précédemment cités, sont comptabilisés un *Grenadier* de la *3. Kp.*, Eduard Manz, tué le 1er juillet à Gap, dans le quartier Borgart (?), un *Ogefr.* de la même compagnie, blessé le 9 juin près de Pelegrin au sud-est de Gap, ajouté postérieurement à la liste des dix pertes de la *1. Kp.* enregistrées, en ce lieu, pour cette journée du 9 juin par la *Verlustmeldung Nr. 1*. Le 6 juillet, à un kilomètre en avant du Col de la Croix-Haute, trois soldats sont blessés. Quatre jours plus tard, le 10 juillet dans la zone de la Croix-Haute (voir ci-dessus les cinq tués et treize blessés), un *Ogefr.* de la 1re compagnie, Karl Hildebrand, est blessé le 13 juillet dans le secteur de Monestier « *bei Grenoble* » (4). Le 17 juillet, deux soldats sont tués au Col Bayard « *bei Gap* » (près de Gap), à savoir le *Gre-*

(3) Précisons que cette localité fait manifestement référence à Saint Paul-sur-Ubaye, légèrement au nord de La Condamine.

(4) De fait, Monestier-de-Clermont, à une vingtaine de kilomètres au sud de Grenoble.

L'*Oberfeldwebel* bavarois Max Anzinger, du *Res.Gren.-Rgt. 157*. La barrette de service, épinglée au-dessus de sa poche de poitrine gauche, laisse supposer qu'il s'agit d'un combattant expérimenté. (DR)

nadier Hyronimus Lubonski, et l'*Ogefr.* Richard Höfner. Le 20 juillet, soit un jour avant le déclenchement des opérations contre le Vercors, à deux kilomètres au sud de Saint-Julien (?), quatre hommes de troupe et un sous-officier de la 3e compagnie sont grièvement blessés. Le même jour dans la zone de Ceilles (?), près de Veynes, quatre soldats, un *Unteroffizier*, Konrad Schroll, et un *Stabsfeldwebel*, Franz Berndl, sont blessés. Un *Grenadier* est tué, Ludwig Tarczewski ; toutes ces pertes sont subies par la 1re compagnie. Le lendemain 21 juillet, à deux kilomètres au sud-ouest de Glandage, deux blessés graves sont relevés et, le même jour à deux kilomètres à l'ouest de Grimone, dans le même secteur du sud-est du Vercors, un blessé l'*Oberfeldwebel* Georg Hagl, de la 1re compagnie.

De son côté, la *Verlustmeldung Nr. 1* du *Res.Gren.-Btl.179* signale tout d'abord, et fort curieusement, trois pertes enregistrées hors du secteur occupé par la division, puisqu'elles sont subies à l'occasion d'un combat livré le 7 juin contre la Résistance dans le Var – plus exactement à Aups –, qui devrait normalement relever la *148. Res.-Div.* d'Otto Fretter-Pico dans son secteur de stationnement sur la Côte d'Azur, ou de celle de la *242. Inf.-Div.* de Johannes Baeßler stationnée à Toulon. Il n'empêche que c'est bien la 3e compagnie du *Res.Gren.-Btl.179* qui est engagée ce jour-là, en ces lieux ; elle y perd deux soldats tués : les *Grenadiere* Ernst Gehrmann et Gerhard Neumeister (ou Neumeirer), enterrés au cimetière de Fréjus, et un blessé du même grade, dénommé Richard Kühbach. Quelques jours plus tard, le 10 juin, trois blessés de la même *3. Kp.* sont déplorés sur le Mont Revard, près d'Aix-les-Bains, et le lendemain lors d'un déplacement routier entre Lancey et le Versoud, aux alentours de Grenoble, sont déplorés deux blessés de la *4. Komp.*, l'*Uffz.* Kurt Berger et l'*Ogefr.* Josef Grolig, ainsi qu'un tué, le *Gren.* Raimund Zabicki.

La *Verlustmeldung Nr. 3* du même bataillon mentionne cinq tués le 13 juin à Culoz (à une vingtaine de kilomètres nord-nord-ouest d'Aix-les-Bains) appartenant à la *3.Kp./Res.Gren.-Btl.179* : les *Grenadiere* Jerzy Guzdziol, Franz Fritza, Leo Kaczmarek, Stanislaus Wloch et l'*Oberfeldwebel* **Max Anzinger**, décédé le lendemain. Ce dernier a vu le jour à Kösslarn le 15 novembre 1919, non loin de la frontière austro-allemande, à une dizaine de kilomètres de Braunau-am-Inn. Il repose de nos jours au cimetière militaire de Dagneux.

Remarquons que deux *Verlustmeldungen* « postérieures » (des *Nachmeldungen*), les *Nr. 6* et *7* du 26 juin, mentionnent six soldats, puis onze autres de la même compagnie, blessés le même jour au même endroit. Manifestement, cet accrochage sur Culoz a été sérieux... La *Verlustmeldung Nr. 9* de la même unité, pour la période du 19 juillet au 8 août 1944, mentionne le 27 juillet un *Grenadier* tué à Grenoble, Kasimir Niedzwiecki (de la *3. Kp.*), et deux autres grenadiers blessés dans le cadre du même événement. Le 3 août, c'est un *Obergrenadier* de la 1re compagnie, Josef Perger, qui est blessé à Monestier-de-Clermont, et succombe le lendemain.

Le 12 juin 1944, la *Verlustmeldung* du *Res.Gren.-Rgt. 157* portant sur les unités du régiment autres que les deux bataillons *179* et *217*, signale deux soldats et un *Stabsfeldwebel*, Ludwig Schreiner, de la *Res.Inf.Gesch.-Kp.7*, blessés dans un secteur différent, entre Aix-les-Bains et Lyon, sur Virieu-le-Grand (« *westlich Virieu le Grand* », c'est-à-dire à l'ouest de la localité), et un officier *vermißt*, le *Hauptmann der Reserve* Max Zimmermann, commandant cette compagnie d'*Infanterie-Geschütze*. Il est enregistré comme « porté disparu, probablement prisonnier des terroristes ». Précisons qu'il demeure encore porté disparu (*vermisst*) de nos jours... En outre, quatre autres soldats et un *Unteroffizier*, Gottfried Schwarz, cette fois de la *Res.Inf.Gesch.-Kp. 157*, sont blessés au même endroit ce 12 juin où s'est déroulé, on peut l'imaginer, un engagement virulent. Quatre jours plus tard, le 16 juin, un soldat de la même unité de canons d'infanterie, le *Gefreiter* **Maximilian Angermeier**, est signalé comme décédé à l'hôpital de Grenoble des suites de ses blessures reçues le même jour, sur la route de Chambéry à Grenoble.

Le 16 juin toujours, un *Obergefreiter* de la *Res.Inf.Pz.Jg-Kp.7* est blessé à la Terrasse et, trois jours plus tard, un *Obergrenadier* de la *Res.Inf.Pz.Jg-Kp.157*, Jakob Streber, est déclaré tué vers (« *bei* ») Serres, dans les Hautes-Alpes, tandis qu'un *Grenadier* de la même unité est blessé au même endroit. Le 20 juin, deux *Grenadiere* y sont blessés et un *Uffz.*, Stefan Heimbach, est tué ainsi qu'un soldat de cette *Panzerjäger-Kompanie*, le *Gren.* Adolf Krüger, est porté disparu – il sera retrouvé le 22 juillet dans un hôpital français, à Die –. Le 24 juin, il est question de l'embuscade mentionnée plus haut près de Corps et, cinq jours plus tard, à Saint Theoffrey « *bei Grenoble* » (sur la route reliant Grenoble à Gap), sont blessés un *Grenadier* et un *Uffz.*, Willy Closs, de la *Res. Inf.Pi.-Kp.7*. Deux autres soldats de cette compagnie sont tués, les *Grenadiere* Klemens Samulewski et Alfons Resinski.

Le 13 juillet 1944, un soldat de la *Res.Inf.Nachr. Kp.157*, Albert Luger, trouve la mort à cinq kilomètres au nord de Monestier-de-Clermont, on l'a vu situé auprès du flanc oriental du massif du Vercors. Le 26 juillet, un autre soldat de la même unité, le *Gren.* Ludwig Klopfer, subira le même sort à douze kilomètres au nord-ouest de Veynes. Le 3 août à quatre kilomètres au sud de la même localité, deux soldats de cette compagnie de transmissions sont tués, les *Grenadiere* Karl Ascherl et Wilhelm Lax ; l'on dénombre également deux blessés.

Outre les pertes citées plus haut des 3 et 6 juillet, et en dehors de celles du 15 juin à Saint-Nizier, de leur côté les *Verlustmeldungen* du *Res.Pi.-Btl.7* mentionnent notamment, pour cette période de la fin juin et du début de juillet 1944, un *Unterfeldwebel* de la 1re compagnie, Rudolf Markl, blessé le 10 juin à Grenoble, à Chaudosin (?) le 13 juin, quatre sapeurs de la 4e compagnie sont blessés, à Chapareillan – à quelques kilomètres au sud de Chambéry – le 24 juin, c'est un *Uffz.* de la 1re compagnie blessé, Josef Weilmann. Au Col-de-l'Allimas, près de Gresse-en-Vercors, le 3 juillet, un *Uffz.*, Josef Holzhinrich, et un *Stabsgefreiter* sont blessés. Au sud de Chambéry, le 24 juin, un soldat blessé, à Grenoble le 17 juillet, mort par noyade (à l'occasion d'un bain dans l'Isère !) d'un soldat, le *Pionier* **Thaddäus Haas**, et enfin, le 20 juillet (c'est-à-dire juste avant le début des opérations dans le Vercors), Joseph La Picirella évoque l'anecdote qu'un jeune motocycliste de l'armée allemande, **Josef Ausmeier**, 19 ans, a été abattu alors qu'il franchissait le pont situé à l'entrée de Vif, à une quinzaine de kilomètres au sud de Grenoble. L'ancien résistant précise que le village a aussitôt été investi par les Allemands, qui s'emparent alors de neuf otages choisis au hasard, et les conduisent au col de Fau, au-dessus de Monestier-de-Clermont, où ils sont fusillés après un jugement des plus sommaires.

Si l'on en juge par les *Verlustmeldungen Nr. 6/44, Blätter I* et *II*, l'affaire semble cependant avoir été plus problématique pour les troupes allemandes présentes ce jour-là. « *Bei Pont-de-Claix* » (la localité de Vif, distante d'environ cinq kilomètres de Claix, n'est pas citée), le *Pionier* Josef Ausmeier de la *1. Komp.* est tué, et deux autres soldats de la même compagnie sont blessés. Six autres soldats (5e et 1re compagnies) sont mentionnés comme se trouvant depuis cet accrochage « aux mains des terroristes » (« *befinden sich in Gewalt der Terroristen* »). Un septième soldat, indiqué comme « *ayant probablement déserté avec son fusil-mitrailleur* » (« *vermutlich mit MG übergelaufen* ») et, selon le deuxième feuillet (*Blatt II*), trois autres soldats de la 1re compagnie disparus, signalés comme ayant probablement déserté (« *vermutlich übergelaufen* »).

Observons à ce sujet que quatre des soldats signalés comme aux mains des terroristes, sont Allemands : les *Pioniere* Nikolaus Bürger, Josef Würzbauer, Josef Zormeier et Johann Hatta ; les deux autres sont manifestement d'origine polonaise : Kasimir Jegerski et Johann Malecki. Les quatre soldats mentionnés comme probablement déserteurs, sont sans aucun doute, eux aussi, d'origine polonaise : Aloisius Crzonka, Anton Rudnicki, Edmund Lykowski et Bernhard Wischnewski. Enfin, et en marge de ces actions visant les troupes de la *157. Res.-Div.*, on peut citer une embuscade tendue par la résistance le 21 juillet près de Saint Marcellin (Isère), au cours de laquelle est tué un *Major* dénommé Hans Wagenführ (1886-1944), 58 ans, ancien maire de Düsseldorf de 1933 à 1937, qui avait été affecté au mois de décembre 1942 à la *Feldkommandantur* (ancien *Verbindungsstab*) *998* de Valence, et qui avait notamment commandé une opération ayant fait plusieurs victimes civiles le 15 juin précédent à Saint-Donat-sur-l'Herbasse (Drôme). Cela confirme, au passage, que le secteur du nord-ouest de l'Isère ne relève alors pas du *Verbindungsstab 735* de Grenoble, ni de la *157. Res.-Div.*

Tombe et portrait du *Gefreiter* Angermeier, appartenant lui aussi au *Res.Gren.-Rgt. 157,* père de famille né en 1911. (Photo auteur et DR)

Reposant ensemble, deux jeunes sapeurs du même corps de troupe décédés à trois journées d'intervalle, peu avant le déclenchement de l'opération « *Bettina* » : Thaddäus Haas et Josef Ausmeier. (Photo auteur)

Le *Generalleutnant* Niehoff. (DR.)

Les combats de Saint-Nizier

L'action entreprise par le général Pflaum, dans le cadre d'une action d'envergure, s'ancre dans un contexte nouveau lié, d'une part, au bouleversement créé par le débarquement allié en Normandie, et d'autre part, à l'importance grandissante, depuis plusieurs semaines, des concentrations de combattants de la Résistance dans la région de Grenoble, et plus particulièrement au sud-ouest de la ville, dans le Vercors. Sabotages, coups de main et embuscades se multiplient. Ces facteurs aggravent le climat d'insécurité pour les troupes allemandes, constituant généralement une menace pour les déplacements réciproques sur les axes Lyon-Marseille (nord-sud), et pour les liaisons vers l'Italie du Nord et la Provence et la Méditerranée (plutôt est-ouest).

S'agissant du Vercors, le haut-commandement allemand, en la personne du *Generalleutnant* **Niehoff**, a depuis plusieurs mois dans ses plans d'éliminer l'aire de dissidence du plateau, qui constitue une forte menace, qui plus est si proche de Grenoble. Niehoff s'efforce donc d'organiser une action à cette fin, et de réunir les moyens nécessaires au succès. Outre les moyens en hommes et en matériel, il s'agit tout d'abord, pour les responsables allemands, de s'assurer de la meilleure stratégie d'attaque possible, car la géographie des lieux interdit toute manœuvre ou déploiement de moyens de combat lourds ou de blindés – dont la *157. Reserve-Division* est de toute façon dépourvue –. Il faudra donc exploiter les particularités du plateau, en choisissant les meilleurs axes de pénétration, et les combiner avec des moyens de combat plus inattendus en cette partie de l'Europe occupée, c'est-à-dire des forces aérotransportées, en jouant ainsi de l'effet de surprise maximal (tactique employée au Gran Sasso, puis dans le cadre de l'opération « *Rösselsprung* »).

Ayant appartenu à un certain *Feldwebel* Bongartz, ce *Stahlhelm 40* complet, jamais démonté, provient de Grenoble – la jugulaire, montée d'origine, elle-même est datée de 1940 –... Ce sous-officier a-t-il été fait prisonnier dans cette ville, à la fin d'août 1944 ? (Collection privée)

Également retrouvée dans le chef-lieu de l'Isère, cette baïonnette de production tchécoslovaque, de prise, a été affublée dans un porte-baïonnette en cuir quant à lui allemand. (Collection privée)

Vue de l'Entre-deux-guerres prise depuis la tour Sans-Venin, en contrebas de Saint-Nizier-du-Moucherotte, avec une vue vers le nord-est (Grenoble et, en arrière-plan, le massif de la Chartreuse). (DR)

Ci-dessous : vue prise en direction des monts du Vercors, depuis la route départementale reliant Saint-Nizier à Grenoble. L'on distingue le Moucherotte en arrière-plan et, à ses pieds, les pics dénommés « Les trois pucelles ». Voici la route empruntée par les forces allemandes les 13 et 15 juin 1944 et, un peu plus d'un mois plus tard, par la *KGr. « Seeger »*… (Photo auteur)

Avant de pouvoir finaliser son plan d'opération, le commandement allemand local décide de « tâter » le dispositif de défense de la Résistance, en l'un de ses points faibles en termes topographiques – c'est-à-dire au niveau de la trouée de Saint-Nizier, à quelques kilomètres à l'ouest de Grenoble –. Celle-ci représente une ouverture routière sur le plateau, du fait de voies d'accès conduisant sans difficulté jusqu'à Villard-de-Lans, plus au sud. Les forces de la Résistance présentes sur les lieux, environ 400 hommes, ne pourront en pratique tenir le choc face à des formations allemandes supérieurement armées et entraînées. De cela, le général Pflaum n'est cependant pas encore certain, il va donc déclencher une première action « de reconnaissance » et « de contact » le 13 juin 1944, afin de s'assurer de la réalité défensive des forces qu'il devra affronter, mais aussi, plus symboliquement, pour mettre fin à une provocation : un immense drapeau français tricolore a été hissé sur Saint-Nizier-du-Moucherotte de façon à être visible depuis Grenoble !

Peu avant 9 heures du matin, les Allemands, au nombre de 400 environ, répartis entre fantassins d'une part, et artilleurs du *Res.Art.-Rgt.7* d'autre part (curieusement employés pour une action d'infanterie), arrivent à la Tour-Sans-Venin, à l'est de Saint-Nizier, où ils laissent leurs véhicules, pour se lancer à l'assaut. Sur un plan logistique, il est possible que, pour le transport de ces troupes, la division (qui, on l'a vu, n'est pas une unité motorisée) a eu recours – au moins en partie – aux véhicules d'une entreprise grenobloise de transports réquisitionnée dès le 24 décembre 1943, les Transports Farçat, comme à l'occasion de nombreuses opérations antérieures. Cette entreprise dispose d'un parc important de véhicules, elle est placée sous le contrôle d'un inspecteur allemand des transports, un dénommé Remeth.

Ce premier « contact » du **13 juin** est bref, mais violent. En début d'après-midi, les troupes allemandes se retirent, déplorant un tué, le *Kanonier*

Hélas incomplet, ce havresac à pattelette en poil de veau n'en est pas moins des plus passionnants ! En effet, il porte le nom et le grade de son propriétaire initial, l'*Unteroffizier* Franz Regler. Les deux parties métalliques circulaires, permettant d'accrocher les bretelles, portent chacune le même numéro de *Feldpost*, le 07792 E, correspondant à la 4e compagnie du *Res.Gren.-Btl. 179* (l'un des bataillons du *Res.Gren.-Rgt. 157*). Grièvement blessé le 14 juin 1944 au sud-ouest de Grenoble – projectile de fusil fiché dans l'épaule droite –, évacué vers la ville, Regler a abandonné son sac dans la région, retrouvé plusieurs décennies après ! (précisons qu'il ne figure pas à la nécropole de Dagneux). (Collection privée)

Johann Wardin de la *2.Bttr./Res.Art.-Abt.7* (selon sa fiche, tombé au combat contre les « terroristes », coup reçu dans la tête, enterré au cimetière du Grand Sablon à Grenoble avec les honneurs militaires), mais également plusieurs blessés. Deux d'entre eux appartiennent à la même batterie que ce dernier, les *Kan.* Josef Hackl et Johann Zech, et un autre est membre de la 1re batterie, le *Gefr.* Erich Nussbaumer.

Selon les *Verlustmeldungen Nr. 2* et *Nr. 3* du *Res.Gren.-Btl.179* du 12 au 15 juin, sur les hauteurs à l'ouest de Grenoble, devant Saint-Nizier, deux soldats de la 1re compagnie sont blessés le 13 juin même (un *Grenadier* et un *Stabsgefreiter*). Le lendemain à Saint Nizier, trois *Grenadiere* de la même petite unité sont blessés. Le même jour à Seyssinet, entre Grenoble et Saint-Nizier, trois soldats de la 4e compagnie le sont à leur tour, l'*Oberfeldwebel* Franz Xaver Kolb, et les *Unteroffiziere* Josef Reindl et **Franz Regler**, ce dernier grièvement. Une pièce d'équipement ayant appartenu à ce dernier a été retrouvée…

Prise certainement en France occupée, cette photographie montre que, même en opération, il arrivait au soldat allemand d'emporter avec lui son havresac. C'est probablement à l'occasion de sa blessure dans la zone de Saint-Nizier, que l'*Uffz.* Regler a dû abandonner sur place sa pièce d'équipement… Il ne s'agit toutefois que d'une hypothèse. En tous cas, si l'historiographie sur le sujet évoque essentiellement des combats ayant eu lieu les 13 et 15 juin 1944, force est de constater que le 14 juin, lui aussi, a connu des épisodes sanglants. (DR)

Manifestement saisi après le combat par les Résistants, ce *Tornister* sera retrouvé chez un brocanteur à quelques kilomètres de distance, 28 ans plus tard. Ainsi peut-on remarquer que ce type d'équipement pouvait être porté en opération, voire au combat, comme en atteste également une photo d'un autre *Unteroffizier* assis à la terrasse d'un café, prise en France manifestement, si l'on en juge par un écriteau indiquant une fermeture de l'établissement « le dimanche », et en 1944, car y figurent des pièces d'équipement et d'habillement tardives: brodequins et guêtrons, vareuse quatre poches du modèle de 1942, pistolet-mitrailleur Sten de prise – arme retrouvée chez les FFI et partisans –, ce qui dénote un engagement en opération et non une simple permission, et où l'on voit précisément un havresac en poil de veau d'ailleurs d'un modèle ancien, à armature en bois.

Pour en revenir à l'affrontement du 13 juin, la Résistance déplore douze morts dans ses rangs. Poursuivant sa stratégie, le général Pflaum renouvelle son action le surlendemain, en la faisant cette fois précéder de tirs d'artillerie de canons installés, notamment, sur le terrain de Bachelard, dans la partie sud de Grenoble. De nouvelles troupes, plus importantes numériquement, reviennent là encore par la Tour-Sans-Venin. Il s'agit principalement de fractions du *Res.Gren.-Rgt. 157* (plus exactement du *Res.Gren.-Btl. 179*) et du *Res.Pi.-Btl. 7*, mais non du régiment de *Gebirgsjäger* de la *157. Res.-Div.* Les moyens mis en œuvre ce jour-là permettent, aux troupes allemandes d'emporter la décision, et de s'emparer de Saint-Nizier, sans toutefois pouvoir progresser davantage vers le cœur du plateau, car l'objectif de l'action est atteint : « tâter » le terrain, en vérifiant concrètement la possibilité de pénétration dans le massif par cet axe. Selon leur habitude, les troupes allemandes n'épargnent pas le village, afin d'interdire, ou tout au moins de réduire considérablement les possibilités, pour la Résistance, de revenir s'installer sur les lieux. Ainsi incendient-elles près de 80 maisons sur les plus de 90 que compte jusque-là le village.

Bilan pour la Wehrmacht : D'après les *Verlustmeldungen Nr. 2* et *4* du *Res.Gren.-Btl.179*, trois grenadiers et un sergent de la 1re compagnie ont été blessés le 15 juin à Saint-Nizier. Ce dernier, Emil Becker, est mentionné décédé à Grenoble le 16 juin, à 9h40. Trois grenadiers de la 3e compagnie, et un autre de la 4e, ont été blessés le même jour. La *Verlustmeldung Nr. 4/44* relative au *Res.Pi.-Btl.7* du 1er au 15 juin 1944, indique cinq soldats tombés à Saint-Nizier le 15 juin, à savoir l'*Ogefr.* Josef Hiltensperger, l'*Oberpionier* Andreas Kogler et trois *Pioniere* dénommés Walter Baur, Heinrich Brandstetter et Andreas Hatzl, appartenant tous à la 1re compagnie, sans oublier un *Pionier* quant à lui membre de la 2e compagnie, Johann Gajewski, mentionné décédé le 16 juin. Ont été blessés à Saint-Nizier le même jour un sergent de la 3e compagnie, Josef Viebek, un *Pionier*, et un *Ogefr.* de la 2e, un *Grenadier* de la 4e compagnie du *Res.Gren.-Btl. 179*, Josef Hoffmann, et un *Gefreiter* de l'état-major du *Res.Pio.-Btl.7*, Herbert Schoustal, mentionné comme grièvement blessé (également évoqué page 83). De son côté, la *Verlustmeldung* du *Res.Gren.-Rgt. 157* indique un soldat tué le 15 juin à Saint-Nizier – le *Gren.* Friedrich Schlegel, de la *Res.Inf. Pio.-Kp.7* –, et deux soldats de la même unité blessés. Et enfin, une *Verlustmeldung* du *Res.Art.-Rgt. 7* nous apprend qu'un *Waffenoberfeldwebel* (adjudant-chef armurier) de l'état-major du régiment (*Rgt.-Stab*), Gerhard Lamprecht, est décédé le 16 juin à l'hôpital de Grenoble des suites d'un coup reçu à la tête (*Kopfschuss*) « près de Grenoble », le jour n'étant malheureusement pas renseigné. Lamprecht est enterré au cimetière du Sablon.

Les avis de décès de **Heinrich Brandstetter** (originaire de Basse-Bavière) et de Josef Hiltensperger (né le 28 juillet 1913 à Rieden, dans l'est de l'Allgäu) nous apprennent qu'ils appartiennent au bataillon de sapeurs-pionniers. Une fois encore, il s'agit d'un combattant expérimenté, puisque Hiltensperger est titulaire de l'EK.2, de l'insigne d'assaut (de l'infanterie curieusement, et non pas de l'insigne général d'assaut, auxquels les *Pioniere* ont normalement droit), de l'insigne des blessés et de la médaille des combats d'hiver à l'Est.

Heinrich Brandstetter. (DR.)

Les bombardements de Vassieux et de ses environs par la Luftwaffe

Depuis juin 1943, la Luftwaffe a effectué d'importants travaux d'aménagement du terrain d'aviation de Chabeuil, situé à proximité de Valence, dans la Drôme, et devant constituer une base d'action et de relais pour ses avions en provenance d'autres contrées de France, ou à destination d'autres terrains situés dans la région méditerranéenne (par exemple, ceux d'Orange, d'Avignon, de Cuers, de Salon, voire ceux du nord de l'Italie).

Des aéronefs de diverses formations, pas forcément rattachées à cet aérodrome, ont effectué des missions à partir de ce site, dans la période de l'été 1943 à l'été 1944, ou y ont stationné. Des appareils de tous types sont passés par Chabeuil : des chasseurs Messerschmitt Bf. 109, des Focke-Wulf 190, des chasseurs-bombardiers de type Do. 17, des Heinkel et Junkers 88, ainsi que les appareils de transport de type Ju. 52, d'autres de formation Bücker, ou encore d'observation Fi.156 Fieseler Storch. N'oublions pas également des planeurs « d'assaut » du type DFS. 230, ce qui sera notre propos avec l'*Oblt.* Schäfer...

Ainsi, dans le cadre de la préparation de son plan d'anéantissement de la dissidence sur le plateau du Vercors – notamment au mois de juillet 1944, avant le déclenchement l'opération « *Bettina* » –, la Luftwaffe a apporté son soutien préparatoire aux forces terrestres, pour surveiller et attaquer les lieux identifiés comme cibles de bombardements.

Parmi les unités chargées de ces missions, est principalement retrouvée l'« escadre Bongart », du nom de son commandant, l'*Oberst* Hermann-Josef Freiherr von dem Bongart (1897-1952), qui a été commandant de groupe dans le *KG.55* (par exemple, de la *III. Gruppe* de cette escadre en septembre 1942). En décembre 1943, il reçoit le commandement du *Fliegerziel-Geschwader 2*, puis de l'escadre qui porte son nom (constituée des *III.* et *IV. Gruppen* du *Fliegerziel-Geschwader 2*) (5). Cette unité a été mise sur pied en avril 1944 à Bourges, avant tout à des fins de lutte anti-partisan dans une aire couvrant, globalement, les régions de Lyon, de Valence, de Clermont-Ferrand, d'Avord et de Bourges. Aussi a-t-elle accompli de nombreuses sorties avant l'attaque terrestre sur le Vercors, et dans les jours qui l'ont suivi (44 sorties le 21 juillet, 68 le lendemain, 63 le 23, 20 le 24, 32 le 25, et 18 le 26). Pour ce faire, elle a employé des appareils Me. Bf. 109 et 110, Do. 17 ou 217, Fi. 156, He. 46, He. 111, Ju. 88 et Re. 2002. Clairement, sa domination est trompeuse ; ce n'est pas une formation de bombardement ordinaire, mais une escadre employée à des missions beaucoup plus diverses (expérimentation, transport, observation...).

On doit également citer le *Kampfgeschwader 200*, escadre de bombardement dotée d'appareils similaires, qui a elle aussi effectué des missions dans le cadre de l'action contre le Vercors.

Le village de Vassieux-en-Vercors, pris par un appareil allemand de reconnaissance du sud vers le nord. La localité de la Chapelle-en-Vercors se situerait, quant à elle, en haut à droite de l'image, quoique non perceptible ici. Cette zone est préparée par les bombardiers de la Luftwaffe, avant qu'une fulgurante opération aéroportée ne soit organisée auprès de cette localité. Au passage, comme en Bosnie occidentale dans le cadre de « *Rösselsprung* », à peine deux mois auparavant... (IWM)

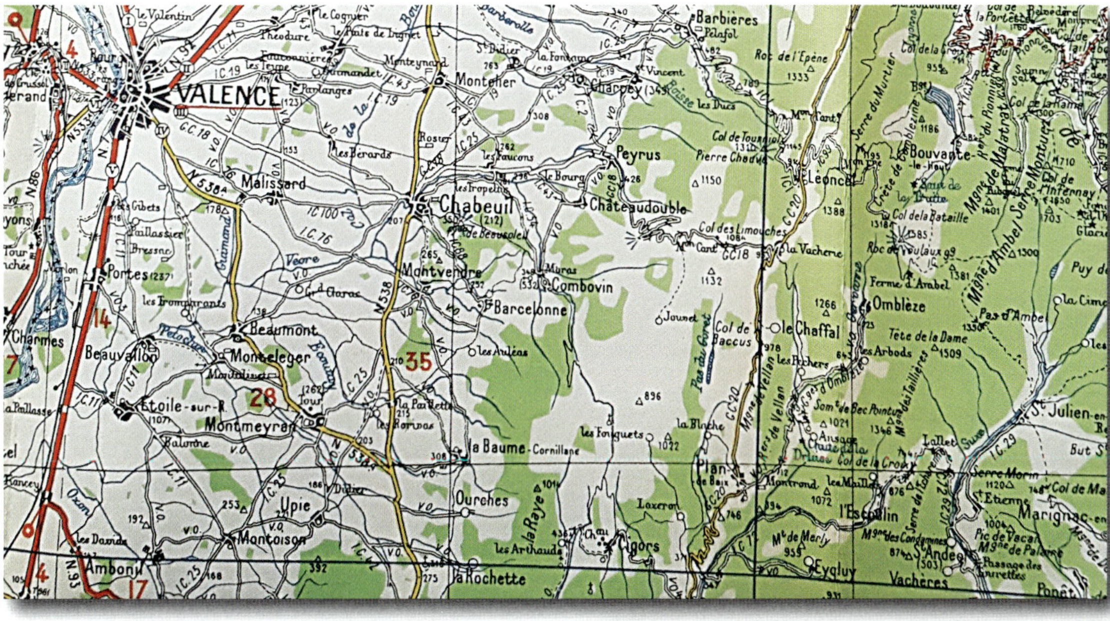

Extrait d'une carte Michelin de production allemande, montrant la zone de Valence et de Chabeuil ; un terrain d'aviation se trouve à Chabeuil, qui joue un rôle important dans les opérations de juillet 1944. (Collection auteur)

L'emblème du *Kampf-Geschwader 26*.

Dans son livre *Témoignages sur le Vercors*, Joseph La Picirella cite le cas de bombardements de Vassieux, aux effets humainement et matériellement dévastateurs, effectués les 13 et 14 juillet 1944. Il précise ainsi que le 13, vers 19 heures, l'aviation ennemie, décollant de l'aérodrome de Chabeuil vient bombarder Vassieux et la Chapelle-en-Vercors, se contentant de lâcher une dizaine de bombes, et que la première d'entre elles a fait cinq victimes, dont le lieutenant Point (Payot), brillant officier de la Résistance, dont le rôle avait été particulièrement efficace lors des combats de Saint-Nizier. L'auteur ajoute qu'un nouveau bombardement, plus terrifiant que le premier, a eu lieu le même jour vers 20 heures, ne faisant heureusement aucune victime. Il précise encore qu'à La Chapelle-en-Vercors, la « DCA des patriotes », placée sous les ordres du lieutenant Cadillac, réussit malgré son faible armement (une mitrailleuse et deux F.-M.) à mettre un appareil ennemi en difficulté. Le lendemain, de nouveaux bombardements ont lieu avec des bombes incendiaires.

Arrêtons-nous un instant sur ces bombardements, et plus particulièrement sur le second, afin d'en savoir un peu plus, notamment sur l'unité de la Luftwaffe impliquée.

Par chance, deux carnets de vol (ou *Flugbuch*, un document attaché à chaque personnel volant et enregistrant les données des vols effectués) existent, ayant appartenu à un *Unteroffizier* dénommé **Karl-Heinz Freese**, membre d'équipage de l'un des appareils engagés dans cette région. Le second carnet a été ouvert le 2 avril 1944 et se clôture le 8 mai 1945, c'est lui qui nous intéresse...

L'unité de l'*Unteroffizier* Freese est le *Kampfgeschwader 26*, escadre de bombardement dont la devise latine est « *Vestigium Leonis* », et le code de ses avions « 1H ». Il ne s'agit donc pas de l'une des unités citées plus haut et plus spécialement « affectées » aux missions contre la Résistance et sur le Vercors. Le *KG. 26*, et plus précisément son 2e groupe (source *Ghostbombers*), a manifestement tendance à intervenir en force d'appoint, suivant diverses circonstances. S'agissant du 13

(5) Von dem Bongart s'est vu décerner la coupe d'honneur pour actes exceptionnels dans la guerre aérienne, et le *Deutsches Kreuz in Gold*.

Une pièce passionnante, offrant un éclairage sur les bombardements de la Luftwaffe contre les Vercors : le carnet de vols de l'aviateur le *Fwb.* Freese, de la 4e escadrille de la *II./KG.26*. (Collection privée)

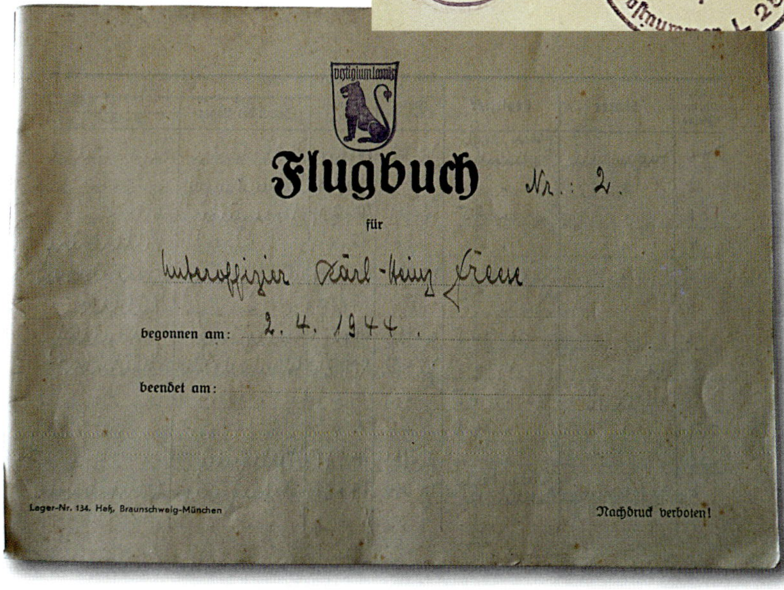

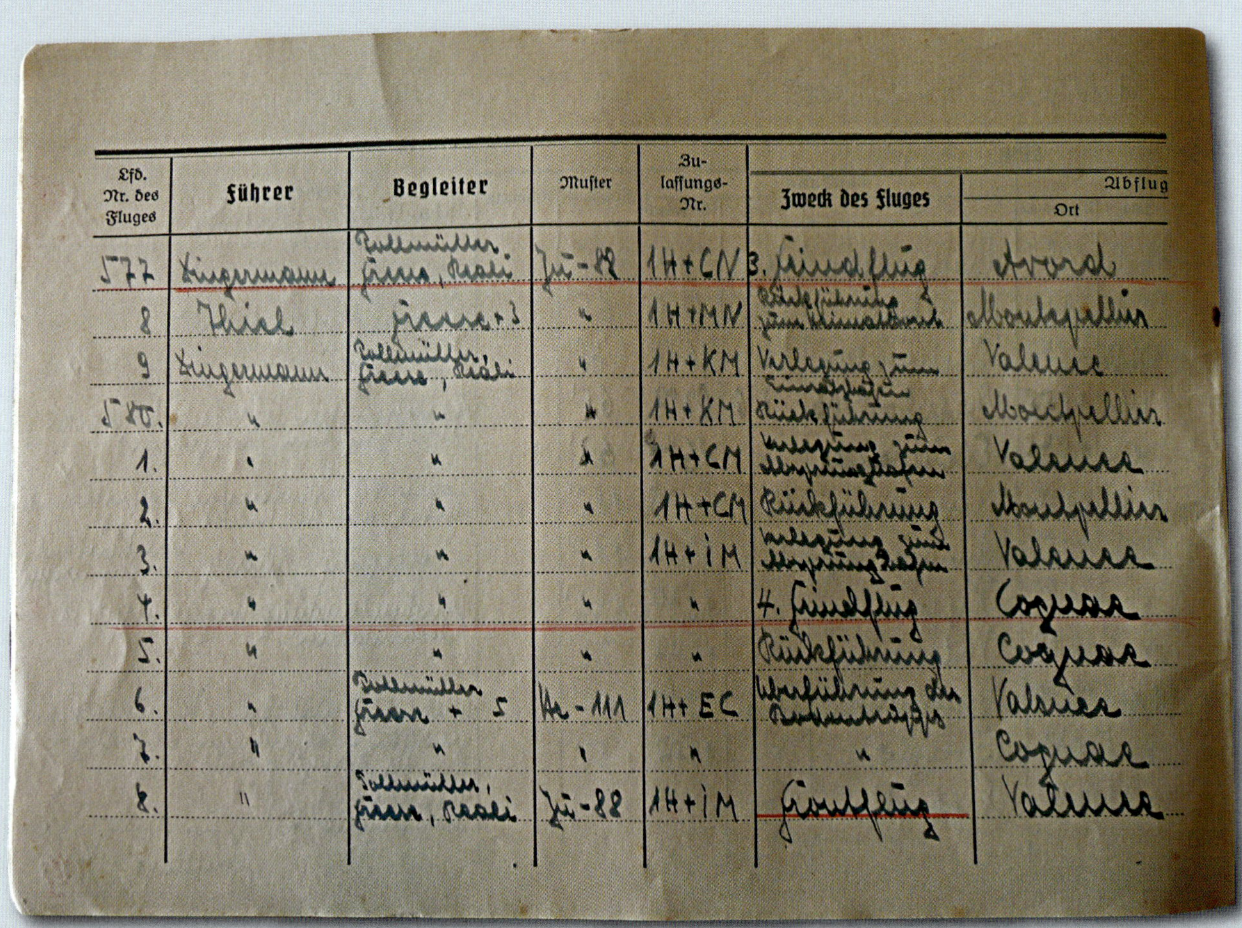

Voici deux double-pages, très riches de renseignements, du *Flugbuch* de l'*Unteroffizier* (plus tard *Feldwebel*) Freese. Sur la double-page précédente de ce carnet (non présentée ici), on lit pour le 18 juillet, que Freese effectue un vol sur He.111 avec le *Leutnant* Hubert Schnabel (1924-1967). (Collection privée)

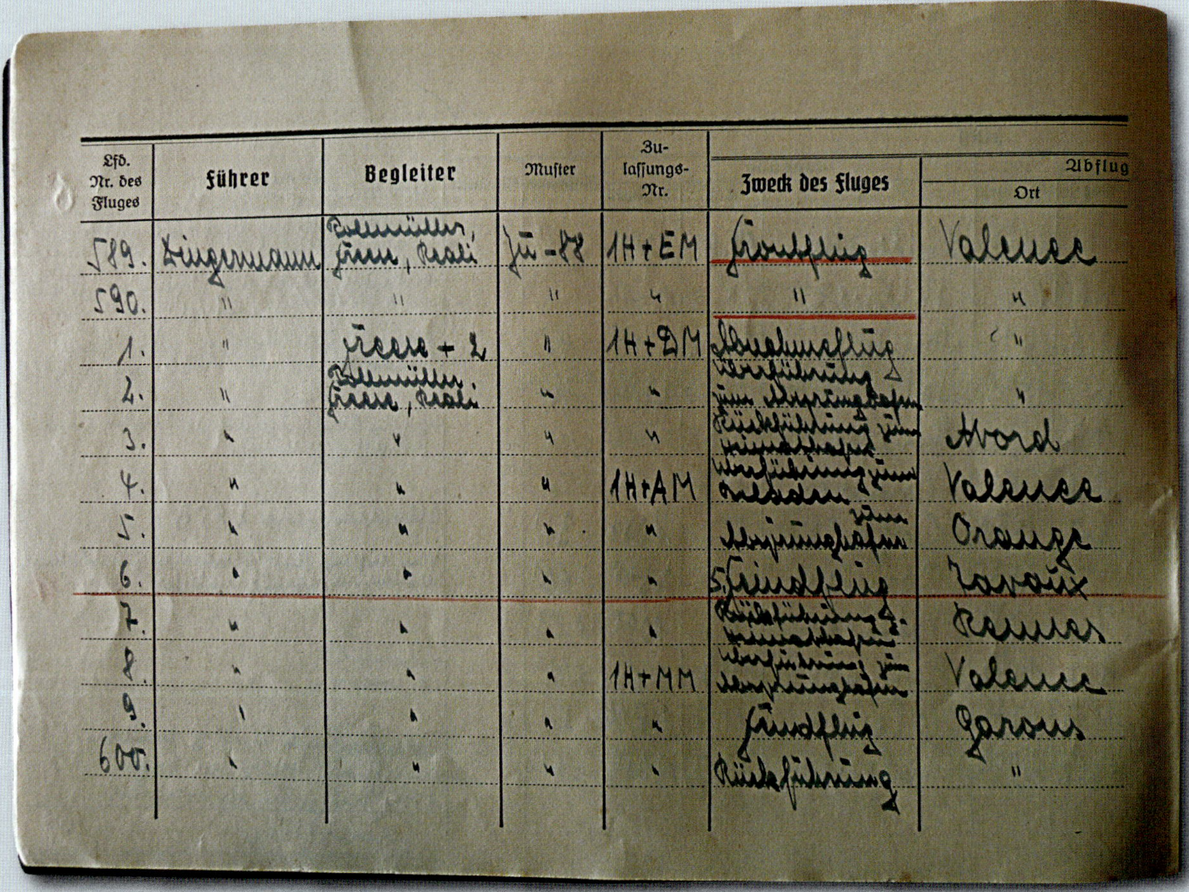

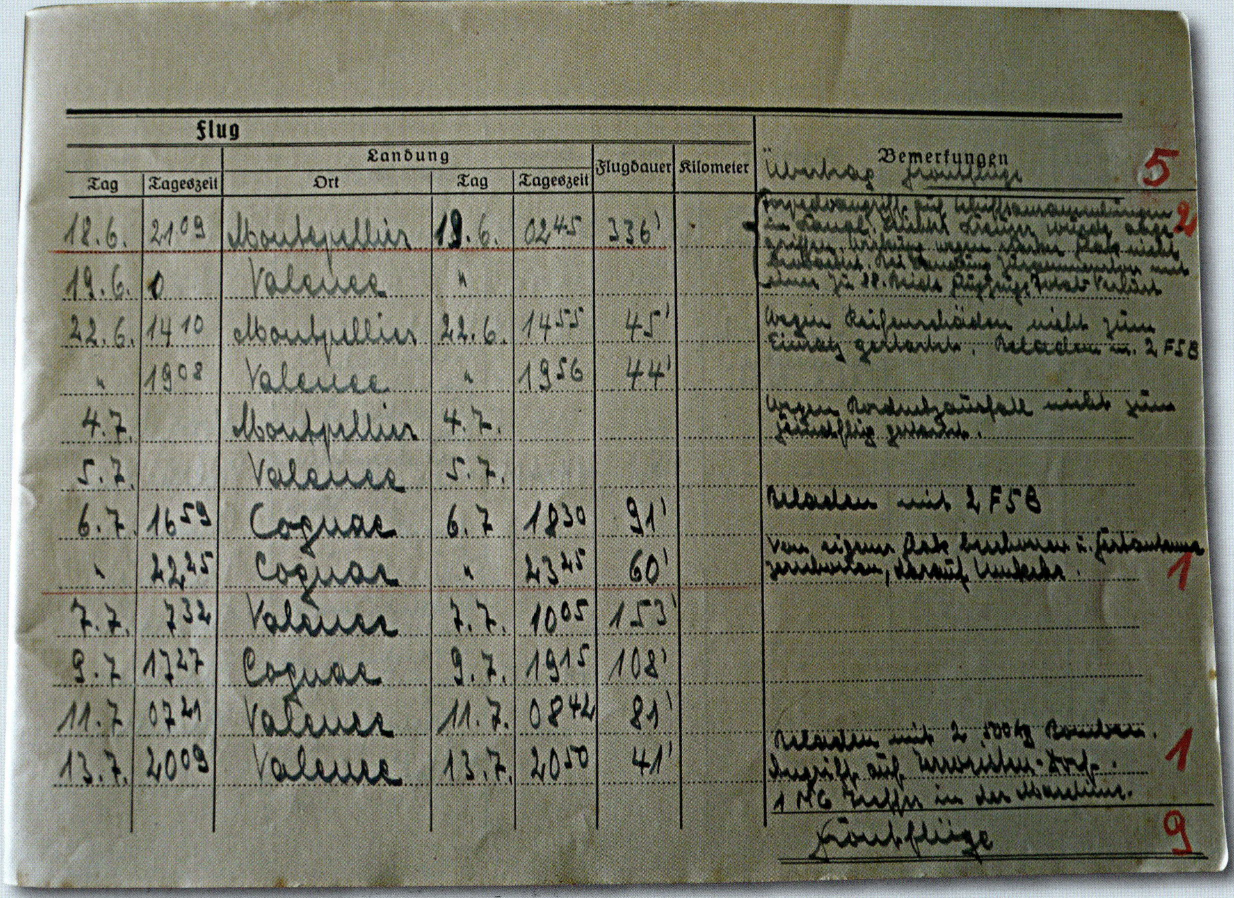

Flug		Landung					
Tag	Tageszeit	Ort	Tag	Tageszeit	Flugdauer	Kilometer	Bemerkungen
							Übertrag Frontflüge 5
12.6.	2109	Montpellier	13.6.	0245	336'		[illegible] 2
19.6.	0	Valence	"				
22.6.	1410	Montpellier	22.6.	1455	45'		Wegen Reifenschaden nicht zum Einsatz gestartet. Beladen m. 2 FSB
"	1908	Valence	"	1956	44'		
4.7.		Montpellier	4.7.				Wegen Bordnetzausfall nicht zum Feindflug gestartet.
5.7.		Valence	5.7.				
6.7.	1653	Cognac	6.7.	1830	91'		Beladen mit 2 FSB
"	2225	Cognac	"	2345	60'		[illegible] 1
7.7.	734	Valence	7.7.	1005	153'		
9.7.	1747	Cognac	9.7.	1915	108'		
11.7.	0721	Valence	11.7.	0842	81'		
13.7.	2009	Valence	13.7.	2050	41'		Beladen mit 2 500 kg Bomben. Angriff auf [illegible]. 1 MG Treffer in der Maschine. 1
							Frontflüge 9

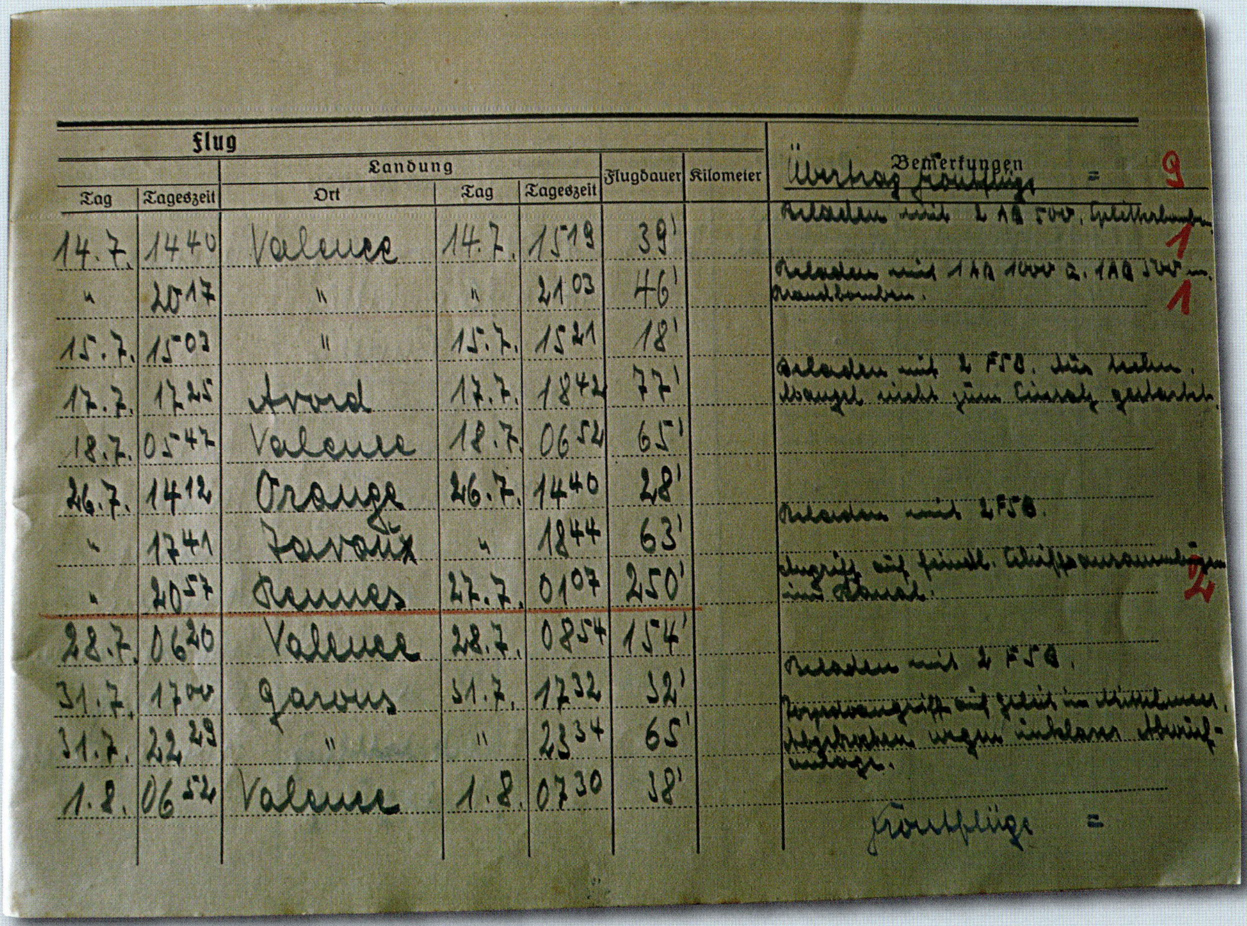

Flug		Landung					
Tag	Tageszeit	Ort	Tag	Tageszeit	Flugdauer	Kilometer	Bemerkungen
							Übertrag Frontflüge = 9
14.7.	1440	Valence	14.7.	1519	39'		Beladen mit 2 AB 500 [illegible] 1
"	2017	"	"	2103	46'		Beladen mit 1 AB 1000 u. 1 AB 250 [illegible] 1
15.7.	1503	"	15.7.	1521	18'		
17.7.	1725	[illegible]	17.7.	1842	77'		Beladen mit 2 FSB. [illegible] nicht zum Einsatz gestartet.
18.7.	0547	Valence	18.7.	0654	65'		
26.7.	1412	Orange	26.7.	1440	28'		Beladen mit 2 FSB.
"	1741	[illegible]	"	1844	63'		
"	2057	Rennes	27.7.	0107	250'		Angriff auf feindl. Schiffsansammlungen im Kanal. 2
28.7.	0640	Valence	28.7.	0854	154'		
31.7.	1700	Garons	31.7.	1732	32'		Beladen mit 2 FSB.
31.7.	2249	"	"	2334	65'		[illegible] abgebrochen wegen [illegible]
1.8.	0652	Valence	1.8.	0730	38'		
							Frontflüge =

Le flanc gauche du fuselage de cet appareil de la Luftwaffe a été criblé d'impacts de faible calibre. Celui de l'*Uffz.* Freese a, lui aussi, été atteint le 13 juillet 1944… (DR)

Ce *Ladedruckmesser* (jauge de pression d'admission, *Fl.-Nummer 20 555*) a été cédé à l'auteur en 1967 à Apt, par un ancien résistant l'ayant récupéré sur l'épave d'un avion qui s'était écrasé dans le Sud-est de la France. Cet appareil est retrouvé sur les Focke-Wulf 190, les Junkers 88 ou encore les Messerschmitt Bf. 110. (Collection auteur)

juillet 1944, nous lisons dans le carnet un vol qualifié de « *Frontflug-* » (vol au front), avec un Ju. 88 codé 1H + IM, dont le chef est un dénommé Singermann, avec trois membres d'équipage : Rollmüller, Reali et Freese. Ce Junkers décolle à 20h09 de Valence et revient à sa base à 20h50. La colonne « Remarques » du carnet contient les informations suivantes : « *chargé de 2 bombes de 500 kg. Attaque d'un village de terroristes. Une rafale de mitrailleuse dans la machine* ». Notons ainsi que l'horaire indiqué par Joseph La Picirella pour le deuxième bombardement, correspond à celui enregistré par Karl-Heinz Freese, et que le mitraillage réussi évoqué par Joseph La Picirella a atteint l'avion de Freese.

Nous disposons de la photographie d'un sous-officier de la Luftwaffe examinant des impacts de balles sur la carlingue d'un avion de type Junkers 88 ou Heinkel 111, qui n'est pas formellement localisé et identifié chronologiquement, mais qui montre un avion codé 1H, soit du *KG.26,* et qui illustre parfaitement celui de l'*Uffz.* Freese après le raid contre Vassieux du 13 juillet 1944.

Le 14 juillet, ce Junkers 88 (avec le même équipage) décolle, une première fois, toujours du terrain d'aviation de Valence à 14h00, chargé de deux bombes à fragmentation (*Splitterbomben*) de 500 kilos chacune, et est de retour à 15h19. Il repart à 20h17 avec deux bombes incendiaires (*Brandbomben*), de 500 et 1000 kg. Une nouvelle fois, la justesse de Joseph La Picirella se trouve confirmée.

Signalons que l'*Uffz.* Freese a connu d'autres expériences… le 18 juin 1944, il a décollé de Valence à bord d'un He. 111 codé 1H + FC, commandé par le *Leutnant* Schnabel. Dans la colonne « Remarques », il est indiqué que l'avion est intercepté et abattu au bout de onze minutes de vol par des Thunderbolt (vraisemblablement du groupe Lafayette), et que l'équipage n'est que légèrement blessé. Le 6 juillet 1944, vol au décollage de Cognac dans le Ju. 88 codé 1H + IM à 22h25, mais l'avion est touché par sa propre *Flak* et effectue un retour forcé à 23h45. Quelques semaines plus tard, le 15 août 1944, c'est-à-dire le jour du déclenchement de l'opération « *Dragoon* », toujours avec le même équipage commandé par Singermann, décollage de Valence en Ju. 88 codé 1H + IM à 20h30, pour regagner le même terrain d'aviation à 22h30. Dans « Remarques », est évoquée l'attaque de bombardement dans la zone d'invasion Sud, chargé de deux bombes de 500 kg, dans le secteur du Cap Nègre. Notons à ce sujet que Paul Gaujac, dans son ouvrage *La bataille de Provence,* indique en page 195 que l'intervention des bombardiers allemands, lors de ce débarquement allié, s'est limitée à deux raids à la tombée de la nuit : le premier le 15 août vers 22h25, contre des chalands rassemblés au large d'Agay, occasionnant la perte du LST 282. Certaines sources font état d'un horaire moins tardif, mais globalement, les tranches horaires généralement citées correspondent à celles figurant sur le *Flugbuch* de Karl-Heinz Freese pour le raid effectué ce jour-là en cet endroit précis, en compagnie d'ailleurs d'autres appareils, notamment du *Kampfgeschwader 100* partis de Toulouse, lequel sera crédité de la destruction du LST 282.

Cependant, il convient de noter que ce groupe du *KG. 26* n'interviendra plus sur le Vercors après le 15 juillet. Les bombardements effectués en appui des opérations du Vercors seront uniquement le fait de l'escadre « von dem Bongart ».

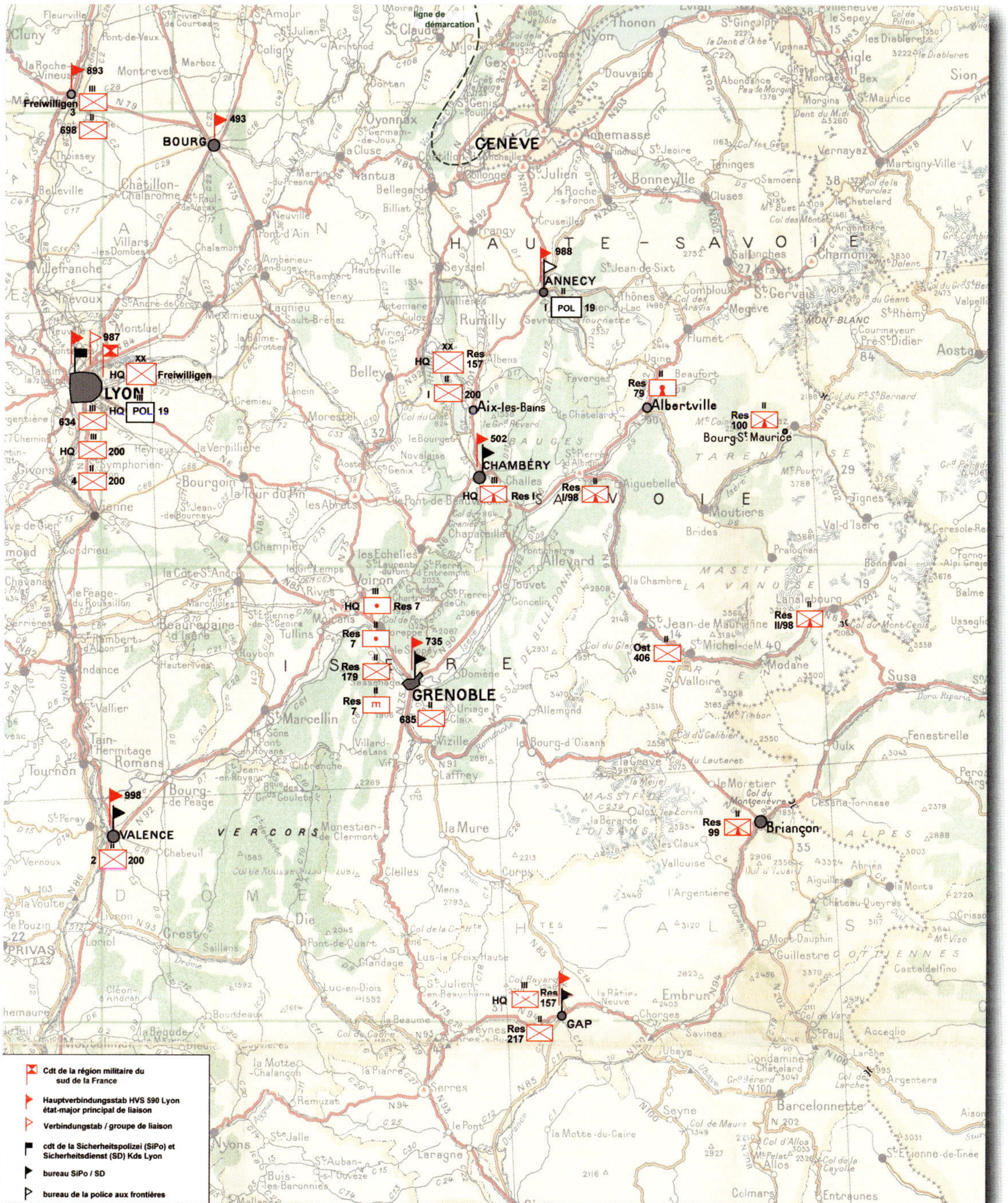

Le stationnement des forces allemandes dans le Sud-est de la France. (Carte Bernard Paich)

Les opérations dans les *Bauges* et « *Treffenfeld* »

Le massif des Bauges se situe à l'est de Chambéry et d'Aix-les-Bains ; l'opération se déroule du 2 au 8 juillet 1944, les *Res.Geb.Jg-Btl. I./98*, *II./98* et *100* formant l'armature principale du groupement d'attaque. Sont également engagées les 1re et 4e compagnies du *SS-Polizei-Regiment 19*, la *Res.Geb.Pz.Jg-Kp. 1* et la *Res.Pz.Jg.Kp. 7*. Dans un premier temps, il est prévu d'arrêter tous les hommes du secteur âgés de 17 à 30 ans, projet qui est cependant abandonné, mais qui sera mis en œuvre, ultérieurement, dans le Vercors et la vallée de la Romanche.

De nouveau, des habitations sont incendiées et des autochtones exécutés, ce qui entraîne une véhémente protestation du préfet de Savoie auprès du commandant du *Verbindungs-Stab 502*, l'*Oberst* Kurt Niezoldi (1887-1966). Selon la *Verlustmeldung Nr. 12* du *Res.Geb.Jg-Btl. 99*, un *Sanitätsgefreiter* de la 4e compagnie, Johann Kölbl, est tué le 4 juillet à 300 mètres à l'est d'Apprieu (Isère), à environ 25 kilomètres au nord-ouest de Grenoble, et un *Oberjäger* de la 1re compagnie blessé le même jour à Apprieu.

Quant à elle, décidée par le *Generalleutnant* Hederich (dont le QG est à Dijon, commandant en chef de la zone nord-est de la France), l'opération « *Treffenfeld* » (la raison de cette appellation est obscure, peut-être une allusion à un commandant de régiment de Uhlans, ou du nom d'un officier de l'Allemagne du Nord du XVIIe siècle…) s'est déroulée du 10 au 22 juillet 1944 dans le nord du département de l'Ain et le sud du département du Jura, à la limite des aires de compétence du *Heeresgebiet Südfrankreich* et du *Befehlshaber Nordostfrankreich*, dans le secteur déjà visé par les opérations « *Korporal* » et « *Frühling* » et qualifié,

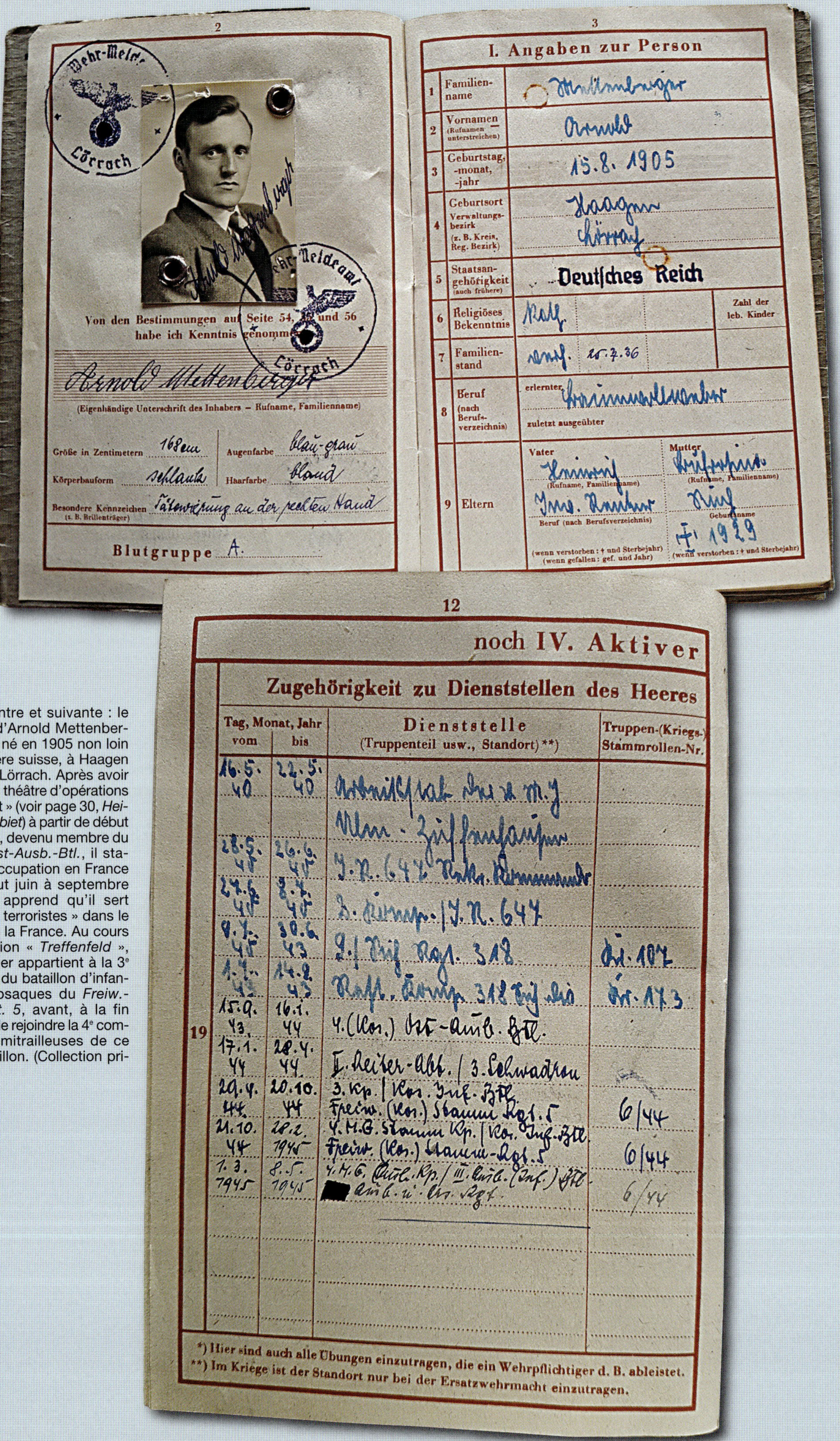

Page ci-contre et suivante : le *Wehrpass* d'Arnold Mettenberger, qui est né en 1905 non loin de la frontière suisse, à Haagen au nord de Lörrach. Après avoir servi sur le « théâtre d'opérations de la Heimat » (voir page 30, *Heimatkriegsgebiet*) à partir de début février 1944, devenu membre du *4. (Kos.) Ost-Ausb.-Btl.*, il stationne en occupation en France et, de début juin à septembre 1944, l'on apprend qu'il sert contre les « terroristes » dans le nord-est de la France. Au cours de l'opération « *Treffenfeld* », Mettenberger appartient à la 3e compagnie du bataillon d'infanterie de Cosaques du *Freiw.-Stamm-Rgt. 5*, avant, à la fin d'octobre, de rejoindre la 4e compagnie de mitrailleuses de ce même bataillon. (Collection privée)

par le haut-commandement allemand, de « *centre de terrorisme particulièrement bien organisé* ». Elle visait également à rafler des jeunes réfractaires du S.T.O., mais cet objectif sera abandonné.

Les instructions données par le commandement consistaient à ne faire aucun prisonnier, et à détruire et incendier toutes les maisons ayant servi de refuge aux maquisards. Les effectifs engagés furent de l'ordre de 5 000 hommes environ, répartis en trois colonnes. Ainsi trouve-t-on la *Kolonne « Nord »,* incluant le *Kosaken-Stamm-Regiment 5* (6), la *Fahnenjunkerschule* de Dijon, les hommes du *Sipo-SD* de Dijon, Besançon, Lons-le-Saunier, la *Feldgendarmerie* de Langres, de Gray, de Saint Dizier, sans oublier des éléments de la Milice française. La *Kolonne « Süd »*, constituée du 2ᵉ bataillon du *Freiw.-Stamm-Regiment 3*, des unités de sapeurs, de membres du *Sipo-SD* de Lyon et de la *Feldgendarmerie* de Bourg et de Mâcon. Et enfin, la *Kolonne « Südost »*, composée de fractions des bataillons suivants de la *157. Res.-Div.* de Karl Pflaum: *Res.Geb.Jg-Btl. I./98*, *99* et *100*, et peut-être du *II./98*. (7)

S'agissant du *I./98*, il est probable qu'il s'agit de ses 4ᵉ et 5ᵉ compagnies, les 1ʳᵉ et 3ᵉ devant être alors dans leurs bases de départ dans le cadre de l'opération « *Bettina* ». Quant à elle, la 2ᵉ compagnie de ce bataillon est engagée dans le secteur du tunnel de Fréjus, où son commandant, l'*Oblt.* Heuberger (voir photographie page 31), a trouvé la mort le 18 juillet.

Les actions les plus violentes et cruelles, voire les exactions, sont à l'évidence le fait des unités de l'Est (Cosaques), même si des représailles ont également été effectuées par des *Gebirgsjäger*, qui fusillent de nombreux civils à Neuville-sur-Ain, Oyonnax, Charchilla ou Dompierre-sur-Mont. Ainsi des Cosaques du *Freiw.-Stamm-Rgt. 5* sont-ils responsables des exactions les plus graves, comme le massacre de Dortan (dans l'Ain), du 12 au 22 juillet, où 35 personnes environ ont été tuées, et la localité incendiée. Le *Sipo-SD* n'est pas en reste, bien au contraire même, puisque 1200 individus sont arrêtés et seront ultérieurement déportés, et plusieurs d'entre eux fusillés (y compris, à l'hôpital de Nantua, des FFI blessés). Le *Generalleutnant* Niehoff lui-même doit intervenir pour obtenir à Bourg la libération de quelques hommes arrêtés par la *Sipo-SD*. Peter Lieb précise qu'il existe peu de sources d'époque, d'origine allemande, relatives à cette opération ; quelques-unes avancent le chiffre d'une trentaine de morts dans le camp allemand. De leur côté, les *Verlustmeldungen* à disposition apportent quelques renseignements. La *Nr. 7* du *Res.Geb.Jg-Btl.100* dénombre un mort à 1,5 kilomètre au sud de Hanay le 10 juillet, le *Jäger* Michael Schreiner de la 2ᵉ compagnie du bataillon. Quatre morts également à Châtillon-de-Michaille le lendemain 11 juillet, les *Jäger* Hermann Kollofrath, et Egid Hacker de la 4ᵉ compagnie (celui-ci lors de l'éclatement d'un lance-grenades), ainsi que Paul Jederhauser et Wladislaus Ludwig de la 2ᵉ. La *Nr. 5* du *Res.Geb. Jg-Btl. 99* compte un mort au Capet-près-Ruffieu, le 12 juillet, le *Feldwebel* Ludwig Meier de la 2ᵉ compagnie (enterré au cimetière d'Aix-les-Bains).

Voici close une intervention qui accroît l'expérience de contre-guérilla de la *157. Res.-Div.* – en tout cas, d'une partie d'entre elle –, et qui pourra être mise à profit dix jours plus tard, notamment au sud-ouest de Grenoble…

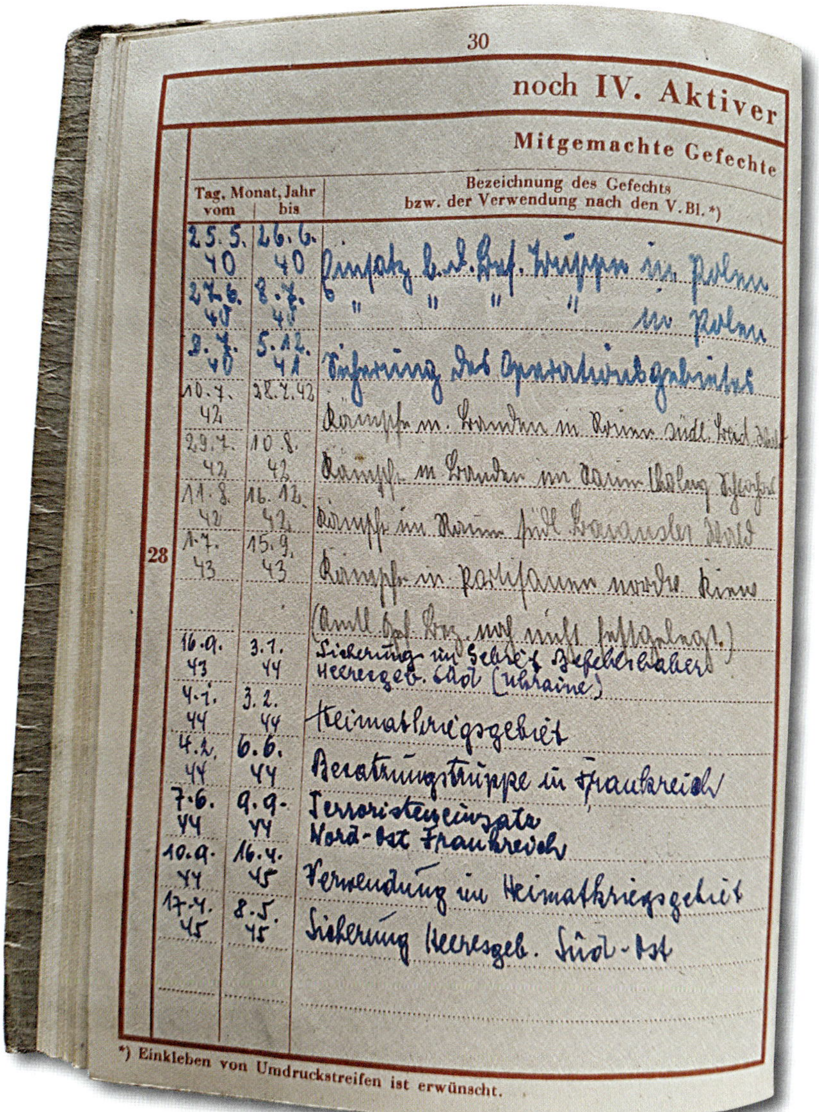
30

noch IV. Aktiver

Mitgemachte Gefechte

Tag, Monat, Jahr vom	bis	Bezeichnung des Gefechts bzw. der Verwendung nach den V.Bl.*)

28

*) Einkleben von Umdruckstreifen ist erwünscht.

Médaille de concours de tir régional du Tyrol, de 1938 – l'année même de l'*Anschluss* de l'Autriche –, qui mesure 40 mm de diamètre, et est pourvue sur son revers d'une épingle horizontale. Même si la majorité des soldats de la *157. Reserve-Division* sont manifestement d'origine bavaroise, des Autrichiens ont aussi, sans aucun doute, été engagés en son sein… Une pièce sortant de l'ordinaire, retrouvée dans Grenoble en 1968. (Collection privée)

(6) Il s'agit d'un corps de troupe de la *Freiwilligen-Stamm-Division*, grande unité de dépôt de la Wehrmacht commandée par le *Generalmajor* von Henning, composée de cinq régiments, mise sur pied en février 1944. Ayant son QG à Lyon, elle est constituée de « volontaires » russes, ukrainiens, cosaques, géorgiens, baltes…, répartis sur Bourg-en-Bresse, Mâcon, Chaumont, Langres, Dijon et Pontarlier. Quant au *Freiw.-Stamm-Rgt. 5*, il est composé de trois escadrons de cavalerie et d'un bataillon d'infanterie.

(7) Voir Peter Lieb. Par ailleurs, le *Hauptmann* Geyer et le *II./98* sont mentionnés à la page 21 du rapport du service historique des armées de J. Defrasne, pour le début de juillet 1944.

Fin juillet 1944 L'opération "Bettina" Tentative d'élimination des maquis du Vercors

Le *Generalleutnant* Niehoff. (DR.)

Cette opération d'envergure s'inscrit dans le cadre d'un plan initié par le *Generalleutnant* **Niehoff** qui, dès le début du mois de juillet 1944, donne un ordre d'attaque général contre la Résistance du Vercors sous le nom de code «*Bettina*», en raison notamment des parachutages significatifs d'armes et de la menace croissante, presqu'une provocation, que ce maquis représente pour les forces allemandes sur l'arrière de la côte méditerranéenne.

Au-delà de l'aspect purement militaire de la bataille du Vercors, quelques remarques plus générales. Sa dimension la démarque des événements de toute la période qui nous occupe, et ce pour plusieurs raisons tenant, essentiellement, à la nature géographique même des lieux, ainsi qu'à la symbolique politico-militaire de notre histoire nationale, à la très grande diversité des destins qui s'y sont croisés au sein de la Résistance, et aux circonstances de la bataille (tant dans ses préludes que dans son plein déroulement). Cette lutte revêt une dimension humaine, tragique et même romantique, si l'on songe, par exemple, au parcours littéraire et à la mort de Jean Prévost, sans équivalent ni précédent sous l'Occupation. La lutte pour la libération de la France a réuni dans le Vercors des hommes en plus grand nombre qu'ailleurs (l'on compte environ 4 000 maquisards à la veille de l'opération «*Bettina*»), par rapport à d'autres maquis plus modestes, venus d'horizons les plus divers pour s'opposer à l'ennemi. Des hommes représentatifs des courants de pensée, de croyance et de conviction les plus riches de la société de l'époque : paysans, étudiants, enseignants, militaires, ouvriers, réfugiés français et étrangers, écrivains, religieux, médecins, et tant d'autres encore. Tout cela contribue à la formation de la dite «République du Vercors» du mois de juillet 1944. On ne peut, en effet, qu'être frappé par la très forte symbolique et la fatalité qui ont mêlé pendant cet été 1944, dans ce site alpestre grandiose, deux visions du monde : celle où la Résistance incarne un refuge de l'esprit et des valeurs, et celle où de jeunes soldats de la Wehrmacht, voire même la plupart de leurs chefs, ignorant de la dimension humaine et spirituelle de l'ennemi qui leur était désigné (ou qui lui étaient, d'emblée, résolument hostiles), agissent, sur ordre ou par conviction, pour une conception du monde radicalement opposée.

Ce contraste, prenant ici toute sa dimension, et le tragique du destin de tous les hommes tombés, est incontestablement imprimé dans les falaises, les forêts, les cols, les routes, les chemins et les sentiers du Vercors d'aujourd'hui, et qui doivent conduire à en garder les traces et la mémoire le plus longtemps possible. A cet égard, l'on pourrait dire que ce qui contribue à forger l'attrait pour l'histoire des troupes allemandes durant leur occupation de la région alpine, c'est la confrontation d'ampleur entre l'idéologie sinistre que cette présence ennemie représente, et la force particulière prise en ces lieux par l'idéal de la Résistance. Ce particularisme explique sans doute le caractère exceptionnel de cette opération militaire allemande en France occupée, indéniablement la plus importante menée contre la Résistance française par les forces du IIIe Reich, au cours de la Seconde Guerre mondiale.

Il convient de noter que les mentions et les identités des soldats présents, tués ou blessés au combat dont il sera ici question, ne sont, comme pour toutes celles qui sont indiquées par ailleurs, nullement exhaustives et elles ont seulement pour but de lever une partie du voile qui entoure le sort de ces soldats (1).

Le plan d'attaque de l'opération « *Bettina* »

Il consiste à encercler les forces ennemies regroupées sur le plateau en occupant la zone au nord du massif, en suivant la vallée de l'Isère, en bloquant les routes situées sur le versant ouest, de même que les voies d'accès par le versant sud. La question du blocage du versant est ne se pose pas, vu qu'il n'existe pas de voie d'accès ou de repli autre que de simples chemins non carrossables, du fait de la configuration des lieux et du barrage que constituent à cet endroit les hautes falaises, dont le point culminant est le Grand Veymont. Il doit donc y avoir un verrouillage préalable, puis une attaque du plateau lui-même. Le total des forces allemandes engagées est de l'ordre de huit à dix mille hommes. Concernant le verrouillage proprement dit, pour les faces nord et ouest du massif les unités impliquées sont le *Res.Gren.-Btl. 179*, unité renforcée de troupes de l'Est du *Freiw.Stamm-Rgt. 3*, d'éléments du *SS-Pol.-Rgt.*

(1) C'est dans cette perspective que seront examinés, au terme d'une relation succincte des événements du côté allemand, quelques parcours de soldats de la *157. Res.-Div.* qui ont pris part aux combats de cet été-là, tout simplement ici encore par le biais de documents personnels, et des autres supports qui nous ont guidés jusqu'à présent.

Retrouvons quelques pages de l'album anonyme précédemment retrouvé, qui donne une idée de la vie du *Landser* – plus exactement du « *Gebirgler* » – avant les opérations de contre-guérilla de 1944. Les explications mentionnent tout particulièrement : « *A Besançon, notre 5ᵉ compagnie a reçu ses cantonnements à la "Caserne de la Garde mobile"* ». Est-il question ici de la 5ᵉ compagnie du *Res.Geb.Jg.-Btl. I.98*, du *99* ou encore du *100* ?

Et, sur la page suivante : « *Après trois semaines, l'on s'est ensuite dirigé d'Annemasse sur Annecy* ». La légende de la photo où pose une douzaine de *Gebirgsjäger* décrit : « *Notre groupe de recrues avec notre « instructeur auxiliaire »* (Hilfsausbilder), *le caporal Hopf Toni* ». Quel a pu être le destin de ces hommes ? (Collection privée)

Cette photographie allemande donne une idée très précise de l'étroitesse qui s'impose, à l'intérieur du planeur d'assaut de la Luftwaffe DFS.230, les passagers étant assis l'un derrière l'autre sur l'unique banquette centrale. « *Leukoplastbomber* » – bombardier de sparadrap –, était-il parfois surnommé à l'époque par les Allemands… (Bundesarchiv Koblenz)

19, du *Sich.-Rgt. 200*, et aussi de quelques hommes de la *Feldgendarmerie*. Pour le versant sud, c'est le *Res.Gren.-Btl. 217*, stationnant sur Gap.

Quant à elle, l'attaque est confiée à quatre groupements tactiques (*Kampfgruppen*) distincts, les deux derniers se voyant confier les missions les plus risquées (d'après Peter Lieb) :

La *Kampfgruppe* numériquement la plus importante est placée sous les ordres de l'*Oberst* Seeger (la *KGr. Seeger*), commandant le *Res.Art.-Rgt. 7*, chargé du secteur nord-est, qui constitue le point faible du dispositif de défense du Vercors, ainsi démontré par les combats des 13 et 15 juin. Il est intéressant de noter que le général Pflaum choisit Seeger, qui n'avait jusqu'alors commandé aucun groupement de lutte anti-partisans, pour ce commandement, et non pas l'*Oberst* Schwehr. Les troupes constituant ce groupement sont les *Res.Geb.Jg.-Btl. 99* et *100*, une compagnie du *Res.Pi.-Btl. 7*, la *Res.Art.-Abt. 7*, et une moitié de la *Res.Geb.-Art. 79*. La *Kampfgruppe* chargée du sud-ouest, sous les ordres du *Major* Zabel (la *KGr. Zabel*), du *Pz-Gren.-Rgt. 10* de la *9. Pz-Div.*, renforcé de troupes de l'Est. La *Kampfgruppe* chargée d'attaquer le versant Est et ses cols, y compris des endroits réputés infranchissables – là où personne ne s'attend à une attaque allemande, et où les positions du maquis sont donc garnies d'effectifs limités – est confiée à l'*Oberst* Franz Schwehr, qui commande pour ce faire plusieurs formations : les *Res.Geb.Jg.-Btl. I./98* et *II./98*, plus une demi-batterie de la *Res.Geb.Art.-Abt. 79*. Et enfin, la *Kampfgruppe* chargée de la mission la plus inattendue consiste à déployer des parachutistes acheminés au moyen de planeurs DFS. 230, et qui est confiée à l'*Oberleutnant* Friedrich Schäfer (la *KGr. Schäfer*), ayant sous ses ordres deux compagnies du *Fsch.-Jg.-Btl. « Jungwirth »*, qui est une unité rattachée alors à la *II. Gruppe* du *Kampfgeschwader 200*, plus une compagnie d'un bataillon de l'Est (à compter du 23 juillet 1944). Cette *Kamfgruppe* doit être déposée au centre du plateau, autour du village de Vassieux-en-Vercors, que les Allemands prennent à tort pour le quartier-général des forces du maquis, qui se trouve en réalité établi à Saint-Martin-en-Vercors, plus au nord. Le groupement tactique «*Schäfer*» doit ensuite marcher sur La Chapelle et Saint Agnan-en-Vercors, avant d'être relevé par les troupes de la *Kampfgruppe « Schwehr »*. Le transport des unités parachutistes est confié à la *I. Gruppe* du *Luftlandegeschwader 1*, 1er groupe de la 1re escadre aéroportée (*I./LLG. 1*).

Dans son ouvrage, Volker Schlunk précise que cette *Kampfgruppe* constitue un groupement de choc, composé d'hommes beaucoup plus expérimentés que les recrues de la *157. Res.-Div.* et ayant combattu sur divers théâtres d'opérations. Ils ont d'abord été préparés et entraînés dans un camp à Dedelstorf en Allemagne du Nord (à l'est de Celle), puis à Nancy, avant le Vercors. Leur armement est lui aussi exceptionnel, comparé y compris à celui des troupes de l'armée d'active, bien équipées, combattant à cette période-là en Normandie ou en Russie, puisque sur un groupe de dix hommes embarqué dans un planeur DFS. 230, huit sont armés du nouveau *Sturmgewehr 44*, et deux d'un MG. 42 (c'est-à-dire une puissance de feu importante en armes automatiques). Leur habillement et équipement est celui des parachutistes, comprenant la combinaison de saut (le « sac à os ») et le casque de saut du modèle 1938. Ils sont aussi formés à l'utilisation d'explosifs de type nouveau, et notamment des charges creuses de 25 kilos, et au combat de rues.

Leur chef choisi pour cette mission est l'*Oberleutnant* **Friedrich Schäfer**… son action dans cette opération lui vaudra le décernement de la prestigieuse Croix de chevalier, ce qui est exceptionnel et unique en France dans le cadre de la lutte contre « les terroristes », le «*Bandenkampf*». Volker Schlunk note au passage, à juste titre, que l'adversaire ne sera pas nommé dans le dossier de proposition, ce qui n'est pas étonnant si l'on en juge par des documents beaucoup plus « ordinaires », comme le *Wehrpass*, et qui sont, comme nous le verrons, généralement très discrets quant à l'affectation géographique et aux missions « de contre-guérilla » des soldats dans cette partie de la France. Du reste, le *Ritterkreuz* n'a pas pour finalité de récompenser la lutte contre les partisans, un insigne spécifique à cette dernière ayant été créé en janvier 1944, le « *Bandenkampfabzeichen* ». Nous reviendrons sur cet insigne, au sujet des attributions qui en seront faites à certains soldats de la *157. Res.-Div.*

Le déclenchement et le déroulement de l'opération *« Bettina »*

Le volet aéroporté de l'opération : la *Gruppe « Schäfer »*

Les planeurs d'assaut DFS. 230 destinés à l'opération sont acheminés, par voie routière, dans le plus grand secret de Nancy à Lyon-Bron, puis jusqu'à l'aérodrome de Chabeuil le 14 juillet 1944. Chacun doit être remorqué pour l'opération par un He. 111 ou un Do. 217, et équipé d'un MG. 15 en défense contre avion. Pour l'occasion, ils sont aussi munis, pour certains d'entre eux, de roquettes spéciales destinées à freiner leur manœuvre d'atterrissage.

Les quelques photos de ces appareils engagés pour cette opération, prises avant celle-ci ou lors de son déroulement après l'atterrissage, montrent

L'*Oberjäger* (*Unteroffizier*) Friedrich Schäfer, en 1940-41. (Heimdal)

Le planeur d'assaut DFS. 230

Dès 1936, Kurt Student, père de la *Fallschirmtruppe*, ordonne la fabrication d'un planeur militaire pour permettre le transport de troupes. Avec plusieurs collaborateurs (Heinrich Voelpel, ou encore Adolf Wanner), c'est Hans Jacobs, ingénieur du *Deutsche Forschungsanstalt für Segelflug* (DFS), qui conçoit les plans du dit DFS.230, long d'un peu plus de onze mètres et de vingt-deux mètres d'envergure. Principalement constitué d'une armature de tubes métalliques recouverte de toile, cet aéronef sans moteur est capable de transporter 1,2 tonne d'équipements, ou dix hommes avec leur équipement individuel, pilote (*LS-Flugzeugführer*) inclus. Un prototype est testé avec succès quelques mois avant le déclenchement de la campagne de Pologne, et qui occasionne rapidement sa fabrication en série. Or, dans le cadre du *Blitzkrieg* à l'Ouest, ces planeurs doivent jouer un rôle essentiel en vue de la capture de l'ouvrage belge d'Eben-Emael, le 10 mai 1940. Il est également employé l'année suivante en Grèce, dans le cadre de l'opération « *Marita* », y compris en Crète. Puis, deux ans plus tard, on le retrouve pour des opérations aéroportées d'ampleur modérée, d'abord au Gran Sasso (le 12 septembre 1943, pour l'opération « *Eiche* ») et, dans le cadre de l'opération « *Rösselsprung* » contre le QG de Tito en Bosnie occidentale, à la fin de mai 1944. Le DFS.230 est également retrouvé en Afrique du Nord ou sur le front de l'Est dans le cadre de missions de ravitaillement, et joue un rôle essentiel dans le transport des *Fallschirmjäger* de l'*Oblt.* Schäfer au cœur du massif du Vercors. Plusieurs versions sont retrouvées, notamment le B-1, pourvu d'un parachute de queue (*Bremsschirm*), ou encore le C-1, doté quant à lui de roquettes de freinage (*Bremsraketen*). D'une capacité plus importante, le planeur Go.242 sera également employé par la Luftwaffe et retrouvé dans le Vercors en juillet 1944.

P.-C.

Peinture de Paul Cherrier et Erik Groult.

Les éléments d'un planeur Gotha Go.242 transportés dans le cadre de la préparation des opérations sur le Vercors, manifestement dans le Dauphiné ou le Lyonnais… (DR)

un codage H4 + 2 suivi d'un n° d'ordre, par exemple H4 + 2-13, ou encore H4 + 2-27. Dans la nomenclature des marquages de la Luftwaffe, le code H4 correspond au *Luftlandegeschwader 1*.

Voici, en résumé, ce que relate Peter Lieb au sujet de l'opération :

Le décollage de Chabeuil de la **première vague** de sept planeurs a lieu le 21 juillet 1944 au matin, vers 9h30. Ayant atteint le versant sud du Vercors, les avions motorisés se désolidarisent des planeurs à huit kilomètres environ de leur objectif. Ceux-ci remontent vers le nord, et atteignent ce dernier en cinq à huit minutes de vol libre, en prenant leur adversaire par totale surprise dans les

Au *Luftwaffen-Museum* de Berlin-Gatow, exposition très vivante d'un DFS.230, avec un conteneur de parachutage et un *Oberleutnant* des *Fallschirmjäger* en combinaison de saut. (Photos Damien Bouet, Collection Luftwaffen-Museum)

hameaux des Jossauds, de La Mure et du Château. Tous les maquisards et les civils se trouvant dans le secteur sont tués. Puis, les *Fallschirmjäger* se retranchent dans les hameaux, bloquant toutes les voies d'accès du nord, de l'ouest et de l'est. Une couverture aérienne permet de clouer les réactions des maquisards. Vers 10 heures, la **seconde vague**, comprenant une douzaine de *Lastensegler* DFS. 230, atterrit près de Vassieux, avec à son bord l'*Oberleutnant* Schäfer et le chef du *Sipo-SD* de Lyon, le sinistre *SS-Obersturmbannführer* Werner Knab. S'ils sont accueillis par une riposte violente des maquisards, les assaillants réussissent à s'emparer de Vassieux, tuant des dizaines de maquisards et de civils. Comme dans les trois hameaux du nord, les parachutistes organisent la défense du village. En tout, vingt-deux DFS. 230 atterrissent le 21 juillet avec 220 hommes. A la fin de la journée et après les premières pertes, un total de 180 soldats environ est encore apte au combat - Werner Knab figure parmi les blessés -. De leur côté, sur trois journées, du 21 au 24 juillet, des chasseurs-bombardiers de l'escadre « von dem Bongart » harcèlent les positions du maquis.

Deux jours plus tard, le 23 juillet dans la nuit, les maquisards tentent de reprendre Vassieux par une contre-attaque, mais elle échoue en raison d'une coordination défaillante des forces engagées, et de l'illumination intentionnelle de la zone de combat par les Allemands. Le même jour à 7h30, vingt nouveaux planeurs DFS. 230 sont acheminés jusqu'au sud de Vassieux, apportant les renforts désespérément attendus par les *Fallschirmjäger*, « assiégés » par les maquisards. Parmi ces renforts se trouvent une cinquantaine de membres d'un bataillon de l'Est, et probablement quelques soldats de formations spéciales de « Brandebourgeois ». Un Fieseler Storch Fi. 156 parvient également à atterrir, évacuant Knab vers Lyon. Plus tard, dans la journée, un Ju. 52 atterrit pour emporter les autres blessés.

Le lendemain 24 juillet, deux amples planeurs de type Gotha Go. 242 atterrissent pour débarquer des armes lourdes, suivis le lendemain par un troisième. Ici encore, des photos prises avant l'opé-

Ceinturon de la Luftwaffe pour sous-officiers et hommes de troupe, avec une plaque en tôle d'acier peinte en *graublau*, retrouvé sur Lyon en mars 1996. (Collection privée)

Si les *Fallschirmspringer* et *Lastensegler-Flugzeugführer* engagés dans le Vercors coiffent le casque de saut, pas en revanche les soldats d'autres formations extérieures à la Luftwaffe, elles aussi aéroportées dans le cadre de l'opération « *Bettina* » comme, par exemple, les „*Osttruppen*". Ici, un *Springerhelm* du modèle de 1938, présentant une jugulaire du 2e type (1). (Collection privée)

Insigne de fusilier-voltigeur parachutiste de la Luftwaffe, en zinc affiné. (Collection privée)

(1) Voir Karl Veltzé, *Les parachutistes allemands*, Heimdal, tome 2.

ration montrent un codage en arrière les ailes, comportant le chiffre 2 suivi d'un numéro, puis un numéro d'ordre sous le poste de pilotage. Ce « 2 » correspond au *Luftlandegeschwader 2* et, si l'on en croit La Picirella, l'un de ces planeurs a été photographié lors de son acheminement routier vers Lyon, qui porte le code 2-81. Sur un autre planeur

L'impressionnant « squelette » d'un DFS.230 ayant servi dans le cadre de l'opération « Vercors ». Récupéré dans un terrain aux alentours du village, il est de nos jours visible derrière l'église de Vassieux-en-Vercors. (Photos auteur)

figure le n° d'ordre 032. Enfin une photo parue dans le livre de Volker Schlunk fait apparaître le code 2-40, et le n° d'ordre 019.

Le 25 juillet au matin, les hommes de la *Kampfgruppe « Zabel »* relèvent les parachutistes, achevant ainsi l'intervention de la *Kampfgruppe « Schäfer »*. En ce qui concerne les pertes des *Fallschirmjäger*, manifestement, un planeur de la première vague a été abattu, et tous ses occupants tués. Les autres morts du premier jour (21 juillet) sont, d'après Joseph La Picirella (et partiellement Volker Schlunk) : Alfred Barth, le Dr. Max Burckhardt, Günther de Rouck, Rudolf Dreyer, Hermann Groth, Helmut Hadicke, Paul Haupt, Willy Karg, Theodor Kluner, Peter Knab, Willi Kruger, Günther Meyer, Erich Peter, Eberhard Pyritz, Friedrich Rink, Werner Schäfer, Albert Schreiter, Ernst Tasler, Wolfgang Weck, Hermann Weber et Albert Weigel.

A noter que le Dr. Burckhardt était un ami personnel de Friedrich Schäfer, l'un des premiers assaillants à trouver la mort. Pur hasard, le soldat **Peter Knab** est un homonyme du chef de la *Sipo-SD* et un membre des personnels sanitaires, sa fiche de décès indique qu'il est né en 1917 en Haute-Bavière, et qu'il sert alors parmi le personnel sanitaire. Huit autres tués peuvent être décomptés par les assaillants, à Vassieux le 23 juillet 1944 : Philipp Heineken, Ernst Wegner, et six inconnus.

Par ailleurs, deux des planeurs prévus pour rejoindre le plateau ce jour-là s'écrasent dans le sud de la Drôme. Le premier à Montjoux est entièrement détruit et ses onze occupants tués. Une seule des victimes, l'*Uffz.* August Birzer, le pilote, pourra être formellement identifiée par la suite (2).

Plusieurs choses sont intéressantes à observer concernant ce drame :

Des débris de casques du modèle général de 1935, 1940 et de 1942 ont été retrouvés, de même que des fragments de journal en langue non-allemande, et surtout une plaque d'identité du *Freiw.-Stamm-Rgt. 3*. Ces éléments tendent à confirmer que des soldats de cette unité (puisque nous avons vu que des troupes de l'Est ont fait partie de la vague du 23 juillet), équipés et habillés d'effets standards du Heer, se trouvaient à bord de cet aéronef. Cela semble être également confirmé par les photographies montrant des planeurs,

Nous disposons là d'une vue éloquente de la banquette centrale, permettant le transport de neuf passagers. Une quantité limitée de matériel peut être embarquée et, au vu de la violence de la descente et de l'atterrissage, il doit être solidement arrimé ! (Photo auteur)

avec des officiers et soldats à proximité de ces derniers, préparés pour l'opération sur le Vercors. Or, ces hommes sont bien équipés du casque du modèle général des forces armées allemandes, et de tenues tropicales claires, souvent rencontrées sur le théâtre d'opérations méditerranéen.

Notons que ces photos correspondent bien à cette opération, puisque le code figurant sur l'un des planeurs est le H4 + suivi d'un chiffre, qui est le code lettrique du *LLG. 1* (*Luftlandegeschwader 1*), la formation chargée de l'acheminement des troupes aéroportées dans le cadre de l'assaut sur le Vercors. Nous retrouvons d'ailleurs ce code sur une autre photographie, montrant un autre *Lastensegler* ayant atterri à Vassieux-en-Vercors immédiatement après l'opération, car il n'a pas encore été incendié par les troupes qui abandonneront le plateau une fois celle-ci terminée.

Par ailleurs, une boucle de jugulaire de casque de parachutiste allemand du modèle de 1938, ainsi qu'un débris de couteau à lame rétractable (attribué aux pilotes et parachutistes), des fragments de combinaison(s) de saut de parachutiste et d'une *Fliegerbluse* (qui est la vareuse démunie de poches de poitrine dotant les personnels de la Luftwaffe) ont aussi été retrouvés sur le site, ce qui laisse à penser qu'il s'agit d'effets ayant appartenu à l'*Uffz.* Birzer, lui-même parachutiste (3).

Le second planeur a dû atterrir en urgence à Teyssières (à l'est de Montélimar) et ses occupants, sains et saufs, se cachent dans les bois face au château. Au matin, neuf d'entre eux se rendent aux FFI cantonnant dans l'édifice, dont Joseph la Picirella précise qu'aucun n'était allemand, ce qui corrobore les constatations faites – à l'exception du pilote – au sujet du planeur de Montjoux et de l'emploi de « volontaires de l'Est ». Ils s'enrôlent alors dans les FFI et participeront, quelques semaines plus tard, à la libération de Grenoble…

Pointons le fait que le bilan de la *Gruppe « Schäfer »* sur Vassieux-en-Vercors même est loin de n'être que militaire, puisque celle-ci s'est illustrée, outre par la destruction de très nombreuses maisons du village, par le massacre de 72 personnes parmi la population civile, dont de nombreux femmes et enfants. Les auteurs, dont Peter Lieb, s'accordent à dire que le général Pflaum ne peut être tenu pour seul responsable de telles exactions, exerçant son commandement sur la *157. Res.-Div.* proprement dite. La conduite générale de l'opération, elle, incombait alors au *Generalleutnant* Niehoff. Du reste, les recherches et procédures diligentées après la guerre mettent en évidence le rôle de Werner Knab dans ces massacres, ce qui n'est pas surprenant compte tenu du rôle répressif de la *Sipo-SD*, et le fait que Knab ait personnellement participé à l'opération.

Il faut encore ajouter que si la mission des *Fallschirmjäger* s'est achevée le 25 juillet 1944, leur parcours ne s'est pas terminé à Vassieux pour autant. En effet, ils ont entrepris de quitter le plateau pour rejoindre Grenoble et, ce faisant, ils ont parcouru le chemin d'une quinzaine de kilomètres entre Vassieux- et La Chapelle-en-Vercors le matin du 25 juillet, rejoignant des *Gebirgsjäger* de la *Gruppe « Seeger »*, cette dernière ayant exécuté sa propre mission.

Or, le village subit ce jour-là un pillage, il est incendié et détruit en grande partie, et ceci du fait des

(2) Remarquons qu'un site très intéressant existe sur internet (sur le crash du planeur de Montjoux), qui relate les recherches effectuées il y a quelques années sur les lieux du drame, afin de tenter d'identifier les restes humains découverts. Il recense les pièces d'équipement et d'uniformes retrouvées (voir Tauligna 39/45, *Vercors 1944 : L'attaque aéroportée à Vassieux*, par P. Biolley).

(3) Notons que les pilotes de planeurs recevaient des effets de parachutiste (notamment casque et combinaison de saut, etc.) NDLR.

Vu générale du flanc gauche d'un autre DFS.230, quant à lui rénové, exposé devant le musée de la Résistance du Vercors de Vassieux. (Photo auteur)

L'*Uffz.* Peter Knab. (DR)

L'*Oberleutnant* Schäfer portant son «*Halskreuz*», à la fin de l'année 1944. (Heimdal)

Le *Hauptmann* Friedrich Schäfer

Friedrich Schäfer est né à Gelsenkirchen, dans le bassin industriel et minier de la Ruhr, le 12 août 1919. De mai à octobre 1938, il est membre du *Reichsarbeitsdienst*, avant de rejoindre les rangs de la Luftwaffe le 9 août 1938, plus exactement le *Flieger-Ausbildungs-Regiment 51*, régiment d'instruction de la Luftwaffe. A l'été de 1939, Schäfer intègre la 4e compagnie du *Fallschirmjäger-Regiment 1* (alors sous les ordres de Bruno Bräuer) stationnant à Stendal, puis la *Sturmabteilung* «*Koch*» (l'élite des parachutistes allemands). Le 10 mai 1940, ayant achevé sa formation au saut en parachute, il participe à l'attaque en planeur d'Eben-Emael en tant qu'*Oberjäger* (sergent) et chef d'une équipe de mitrailleuse. Deux ans plus tard, c'est à l'assaut de la Crète qu'il prend part en mai 1941, toujours avec le grade d'*Oberjäger*, et membre de la 4e compagnie du *Luftlande-Sturmregiment 1*. Engagé dans les affrontements furieux de Malémé et de la *Höhe 104*, il y est blessé. Quelques mois plus tard, ayant été promu *Feldwebel*, Schäfer participe aux combats de la *Kampfgruppe* «*Koch*» à l'Est, dans le secteur de Shaïkovka (*Heeresgruppe Mitte*), à l'hiver 1941/42, ce qui lui donnera droit à la médaille des combats d'hiver à l'Est (décernement le 21 septembre 1942), après s'être vu conférer l'insigne du combat terrestre de la Luftwaffe, les EK. 2 et 1 et la croix allemande en or. Suite à l'ouverture d'un second front en Afrique du nord – conséquence directe de l'opération «*Torch*» –, l'aspirant Friedrich Schäfer est envoyé en Tunisie, en qualité de chef de section au sein de la 10e compagnie du *FJR 5*, où il est blessé une nouvelle fois, au début de l'année 1943. Ces dernières blessures entraînent le décernement de l'insigne des blessés en argent, et les campagnes méditerranéennes lui donneront également droit aux bandes de manche «*Kreta*» et «*Afrika*». Le 1er mars 1943, il est nommé *Leutnant*, puis *Oberleutnant* au début de l'automne de la même année. A cette période, il quitte les *Fallschirmjäger* proprement dit pour rejoindre l'aviation de bombardement, devenant commandant par intérim de la 2e escadrille du *Kampf-Geschwader 200*, commandant de groupement tactique dans le 2e groupe de ce *Geschwader*, avant de prendre la tête de la *4./KG. 200* (4e escadrille de la 200e escadre de bombardement). Lors de l'opération contre les résistants français du Vercors de la fin juillet 1944, Schäfer dirige un groupement tactique relevant toujours du même *Kampf-Geschwader 200*. Il participe ainsi, au premier plan, au volet aéroporté de l'*Unternehmen* «*Vercors*». Ce *Fallschirmjäger* chevronné, grâce à sa haute expérience et ses qualités de bravoure, de détermination, de volontarisme, d'énergie, de réactivité, d'organisation (ce sont du moins les qualités énumérées dans son dossier de proposition au grade de *Hauptmann* du 31 août 1944), se voit remettre la croix de chevalier de la Croix de fer le 24 octobre 1944, et accède au rang de *Hauptmann* quelques semaines plus tard, se trouvant provisoirement dans la *Führer-Reserve*. Il réintègre les *Fallschirmjäger* au début de l'année 1945, devenant commandant en titre du 3e bataillon du *Fsch.Jg-Rgt. z.b.V.* (ou *Fsch.-Jg-Btl.* «*Schäfer*»). Pour l'anecdote, il est également connu dans le monde des *Fallschirmjäger* pour son oreille musicale, ayant écrit et composé le texte du célèbre chant des parachutistes allemands *Rot scheint die Sonne* ! Friedrich Schäfer décède à Cologne le 2 septembre 1990. P.C.

Gebirgsjäger d'après ce que rapporte Joseph la Picirella. Surtout, seize personnes ont été fusillées de façon arbitraire. Selon Volker Schlunk, aucun membre des parachutistes n'aurait avoué, après-guerre, avoir pris part à la « dévastation » de La Chapelle-en-Vercors, ce qu'ont contesté des vétérans des *Gebirgsjäger* présents ce jour-là, et que Volker Schlunk a pu interroger, notamment de la *Gruppe* « *Seeger* », de la 2e compagnie du *Res. Geb.Jg-Btl. 99*.

En tous cas, si des incertitudes subsistent encore de nos jours sur la responsabilité exacte de ces forfaits et sur l'identité des auteurs, même s'il semble établi – selon Volker Schlunk – que les *Gebirgsjäger* avaient déjà quitté le village au moment des fusillades, et que Peter Lieb conclut également à la responsabilité des *Fallschirmjäger* dans ce forfait (l'*Oblt.* Schäfer se trouvait sur les lieux). Quoi qu'il en soit, il s'agit bien d'un crime perpétré par l'armée allemande.

Il semble ensuite que les parachutistes aient quitté le village de La Chapelle-en-Vercors entre les 27 et 29 juillet 1944, et regagné Grenoble avec des véhicules pris à la Résistance et remis en état, en empruntant le pont des Grands Goulets, près de Saint-Martin-en-Vercors. Le 30 juillet, ils se dirigent vers Lyon au moyen d'un convoi automobile comprenant voitures, camions et un autobus.

Le centre-ville de La Chapelle-en-Vercors, où subsistent encore quelques ruines. (Photos auteur)

D'après Volker Schlunk, Friedrich Schäfer se trouve à bord du véhicule de tête, une Buick sport décapotable « *rafistolée tant bien que mal* » ayant appartenu au chef de maquis Hardy. Toutefois, le convoi est attaqué vers 7 heures à hauteur de Voreppe. Le groupe riposte et, vers 16 heures, l'action est terminée. Un *Fallschirmjäger*, l'*Oberfeldwebel* Fritz Borchardt, est grièvement blessé et évacué vers « l'arrière » ; il mourra deux jours plus tard à l'hôpital de Grenoble.

En représailles, deux maisons sont incendiées par les Allemands, cinq personnes sont pendues aux arbres bordant la route et deux autres éliminées d'une balle dans la tête, dans un champ voisin. Les responsables de ces actes sont bel et bien, de leur aveu même, les *Fallschirmjäger* (Volker Schlunk). Il s'agit à l'évidence d'un nouveau crime dans le sillage des opérations du Vercors, auquel Friedrich Schäfer est une nouvelle fois au minimum associé.

La *Gruppe « Zabel »* dans le sud du massif

Ce groupement tactique est composé d'un bataillon de *Panzergrenadiere* de la « *9. Panzer* », le *II./Pz.Gren.-Rgt.10*, commandé par le *Major* Zabel. Comme le souligne à juste titre Peter Lieb, cette formation est la mieux équipée (mis à part l'armement individuel de type StG. 44 de la *Gruppe « Schäfer »*), car n'oublions pas qu'elle appartient à une division blindée d'élite, la *9. Panzer-Division*, et que les hommes qui la composent sont des *Panzergrenadiere*, c'est-à-dire des fantassins entraînés à la manœuvre avec des véhicules motorisés et blindés. Pour cette opération, ce groupe est d'ailleurs le seul à être doté de semi-chenillés blindés de type *SdKfz. 250* ou *251*, dont la topographie des lieux permet le déploiement.

Son parcours dans la région du Sud-est de la France commence d'ailleurs dès avant l'opération contre le Vercors, comme le rappelle Alain Cha-

L'emblème de la *9. Panzer-Division*.

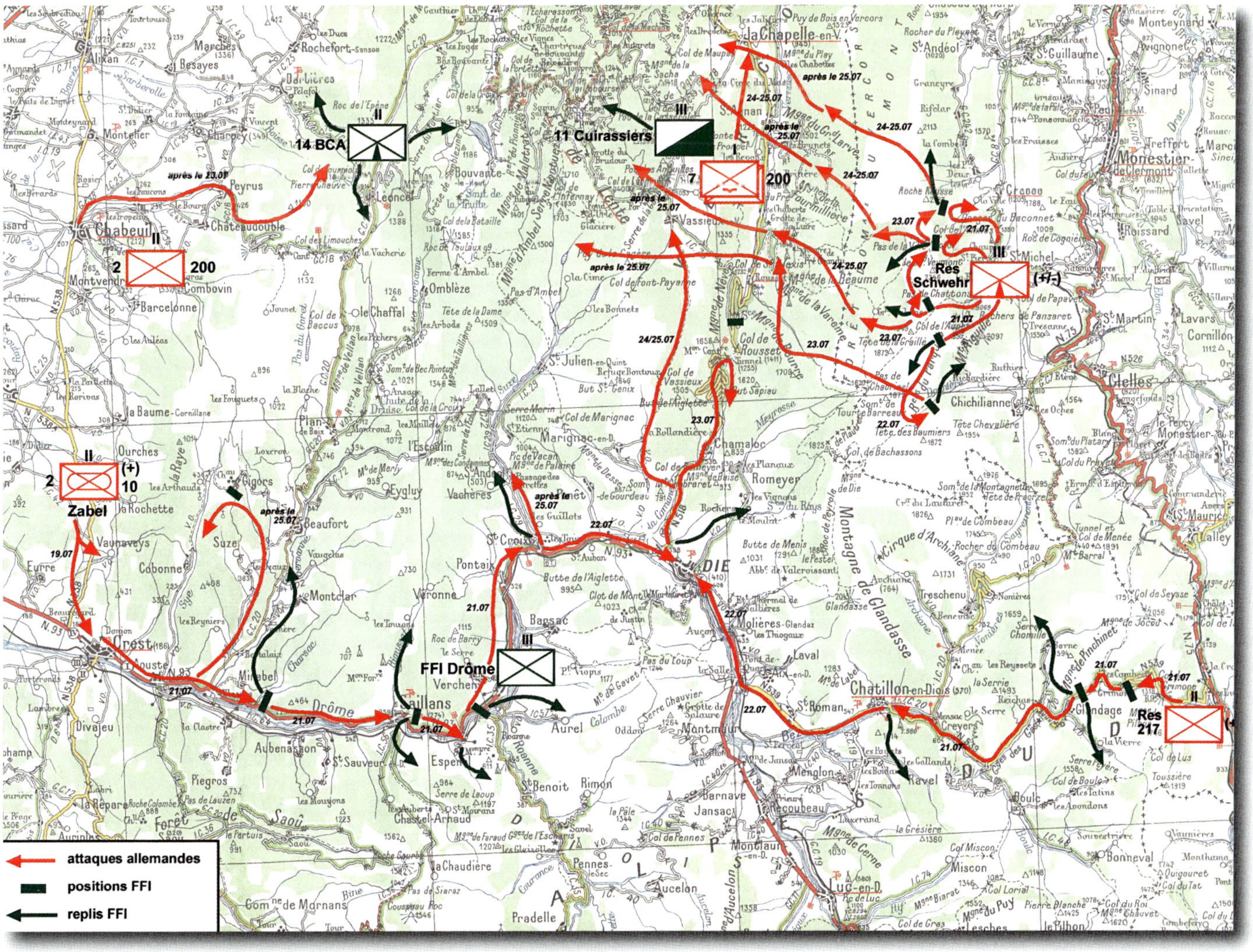

Les affrontements dans la partie sud du massif, présentant notamment l'action des *Kampfgruppen « Zabel »* et *« Schwehr »* à la fin de juillet 1944. (Carte Bernard Paich)

Maisons incendiées sur la place de l'église de La Chapelle-en-Vercors, localité devenue quasiment déserte. On aperçoit l'avant d'un Dodge à l'abri sous les halles situées au-dessous de la place centrale du village. (NARA)

Ruines d'une maison incendiée à La Chapelle-en-Vercors. Seules les façades sont encore debout, portant les stigmates d'incendies, témoignages muets de la violence des destructions du 25 juillet 1944. (NARA)

Véhicules civils incendiés dans les ruines de La Chapelle-en-Vercors. (NARA)

Une famille française dans sa maison détruite à La Chapelle-en-Vercors. Clairement, toute réparation est impossible, ce qui explique que ce quartier ait été totalement nivelé puis reconstruit. Il ne reste rien des bâtiments de cette époque… mais le village a quand même su renaître. (NARA)

Une maison incendiée sur une petite place proche de l'église de la Chapelle-en-Vercors. Un comparatif avec la carte postale au milieu à droite, permet de situer les lieux. (NARA)

Le café du Centre, à la Chapelle-en-Vercors, a également été incendié le 25 juillet 1944. (NARA)

L'église de village, avant les combats. (DR)

La place principale de La Chapelle (alors chef-lieu d'un canton du district de Die), au début du XXe siècle. (DR)

Changeons maintenant de localité : une maison incendiée dans le village de Saint Nizier-du-Moucherotte, sans doute au cours des combats entre les maquisards et la *KGr. « Seeger »*. (NARA)

Détail de l'entrée latérale de l'église, juste sous son clocher, dont le cadran de l'horloge a été détruit. (NARA)

Encore une vue de désolation de La Chapelle-en-Vercors. Comptant 823 habitants en 1936, on en recense 738 dix ans plus tard. (NARA)

La route en lacets du Col du Rousset, empruntée par la *Gruppe « Zabel »* avec ses véhicules blindés de la *9. Panzer*... (Photo auteur)

zette dans ses travaux, qui précise que la *9. Pz-Div.* a, au début du mois de juin 1944, détaché quelques troupes à la lutte anti-maquis dans la région de Nîmes. A cet effet, elle met sur pied deux groupements tactiques: la *KGr. « Zabel »* (précédemment *« Unger »*, du nom du *Major* Heinz Unger), avec le *II./Pz.Gren.-Rgt.10*, six Panzer IV du *Pz-Rgt.33* (4), et six canons automoteurs de *7,5-cm-Pak40* de type *« Marder »* de la *Pz.Jäg.-Abt.50*, et la *KGr. « Reich »*, du nom de son commandant l'*OTL*. Reich. Dès le 12 juin, la *KGr. « Unger »* se signale en occupant Valréas, libéré quelques jours auparavant par les maquisards. La répression fait alors 52 morts, dont 23 résistants faits prisonniers la veille. Au cours des jours suivants, on retrouve ce groupement tactique au sud-est de Livron, à la confluence de la Drôme et du Rhône (le 13 juin) et, plus tard, dans le secteur de Saint Rambert et Montélimar, puis le 25 à Tarascon et Beaucaire.

La *Kampfgruppe* prend alors le nom de son nouveau commandant, le *Major* Zabel et, du 28 juin au 5 juillet, elle affronte les maquisards dans la région de Privas (55 morts sont à déplorer parmi la population et les FFI). Quelques jours plus tard, on le retrouve dans les combats du Cheylard, en Ardèche (entre Le Puy-en-Velay et Valence). Dès avant le déclenchement de l'opération le 21 juillet contre le Vercors, la *KGr. « Zabel »* avait donc été engagée dans des opérations de répression. Or, c'est dans ce contexte qu'elle a entamé, dès avant cette dernière date, la phase préparatoire de sa mission consistant à verrouiller les accès sud du Vercors, en s'assurant des routes d'accès le long de la vallée de la Drôme. Ainsi le groupement entre-t-il le 20 juillet dans la petite ville de Crest (à une quinzaine de kilomètres à l'est de Livron), mise à sac par des troupes de l'Est se trouvant dans le sillage de la *Kampfgruppe*. Le 21 juillet, Zabel s'engage dans la vallée drômoise, le long de la N 93, avec Die comme objectif intermédiaire. Les maquisards espèrent ralentir cette progression par une série d'embuscades, ce qui se produit effectivement au pont d'Espenel, sur la Drôme. Mais avec l'appui de l'escadre Bongart, le verrou de résistance saute, les Allemands ayant néanmoins perdu deux tués âgés de 20 ans, Wolfgang Barber et Kurt Borger, ainsi que six blessés. De leur côté, les maquisards déplorent quatorze tués ; six civils sont également tués en représailles, le village d'Espenel étant en partie incendié.

Par ailleurs, selon l'ancien résistant La Picirella, cinq camions allemands (appartiennent-ils à la *9. Pz-Div.* ?) sont attaqués à Blacons, à huit kilomètres à peu près à l'est de Crest, mais ils réussissent à atteindre Saillans, situé un peu plus à l'est, en ayant tout de même perdu douze tués dans cette attaque : Johann Zentner, 32 ans, Walter Dippold et Raymund Hunert, 28 ans, Werner Haude et Herbert Schmuck âgés de 26 ans, Wilhelm Winsemann et Fritz Zessel, 25 ans, Horst Nehrenheim, 23 ans, Wilhelm Mehring, 22 ans, Wilfried Dissmann, 19 ans, ainsi que les dénommés Stutz et Tschaplik. Poursuivant sa progression, la *KGr. « Zabel »* ne trouve pas de résistance, lors de son arrivée au pont franchissant la Drôme à proximité de Pontaix. Les maquisards évacuent Die (à une dizaine de kilomètres à l'est de Pontaix), laissant leurs blessés à l'hôpital de la ville, où ils seront impitoyablement exécutés lors de l'arrivée du groupement tactique allemand, le 22 juillet.

Entre-temps, plus à l'est, une petite *Kampfgruppe*, principalement constituée du *Res.Gren.-Btl. 217*, - rappelons-le, de la *157.Res.-Div.* - a avancé en provenance de l'est par le col de Grimone, et opéré sa jonction avec la *Gruppe « Zabel »* à l'est de Die, achevant ainsi le bouclage complet du plateau du Vercors.

A ce stade, le groupement tactique « *Zabel* » a donc rempli la mission qui lui était assignée. Plus tard (comme indiqué précédemment), il aurait pu pousser davantage vers l'avant, en direction du Col de Rousset via Chamaloc, mais il s'est retrouvé bloqué au col, la Résistance ayant fait sauter le tunnel. Finalement, l'unité accède au plateau par le Col de Vassieux, et opère sa jonction avec les *Fallschirmjäger* dans la localité de Vassieux-en-Vercors, à l'issue des opérations menées par les groupements tactiques « *Schwehr* » et « *Seeger* ». Cela ne marque pas pour autant la fin de la mission de cette *Kampfgruppe* dans ce secteur méridional du Vercors, puisque s'il a été retiré du plateau le 26 juillet, en direction du sud vers la vallée de la Drôme, il n'en a pas moins été chargé de prendre part à la phase suivante de bouclage et de « nettoyage », visant à tarir les ressources de la Résistance dans l'ensemble du secteur.

Ainsi, dans cette partie sud du Vercors, la *Kampfgruppe « Zabel »* de la « 9e Panzer » a-t-elle tenté d'infiltrer les zones de la vallée de la Drôme abritant encore des groupes de maquisards ayant échappé à l'offensive sur le plateau lui-même. Le 27 juillet, des résistants réussissent néanmoins à repousser les *Panzer-Grenadiere*, qui perdent cinq blessés (explications de Peter Lieb). Le lendemain, les troupes allemandes évacuent le secteur, d'autant plus que les maquisards sont appuyés par l'aviation alliée qui parvient notamment à stopper, ce même jour, une colonne allemande remontant la vallée de Cobonne, au nord-est de Crest, et se dirigeant vers Gigors, commune localisée au sud de Gap. Ces épisodes marquent la fin de l'action de la *KGr. « Zabel »* qui, au cours des jours suivants, rejoindra le gros de la division, déjà engagé sur le front de Normandie.

(4) Le *Panzer-Grenadier-Regiment 10* est alors commandé par l'*Oberstleutnant* le Dr. Johann Reich, l'*Oberst* Ludwig Schmahl est quant à lui à la tête du *Panzer-Regiment 33*.

… arrivés en haut, à cet endroit précis, les véhicules allemands doivent faire demi-tour, suite à la démolition de ce tunnel par les résistants français (l'on voit ici son entrée sud ; voir également la carte page 101). Face à cela, la *KGr. « Zabel »* emprunte un autre itinéraire d'accès au col de Vassieux, mais qui a l'inconvénient d'être non carrossable – Il est pratiquement admis que ce groupement tactique a dû gagner l'intérieur du plateau du Vercors à pied –. (Photo auteur)

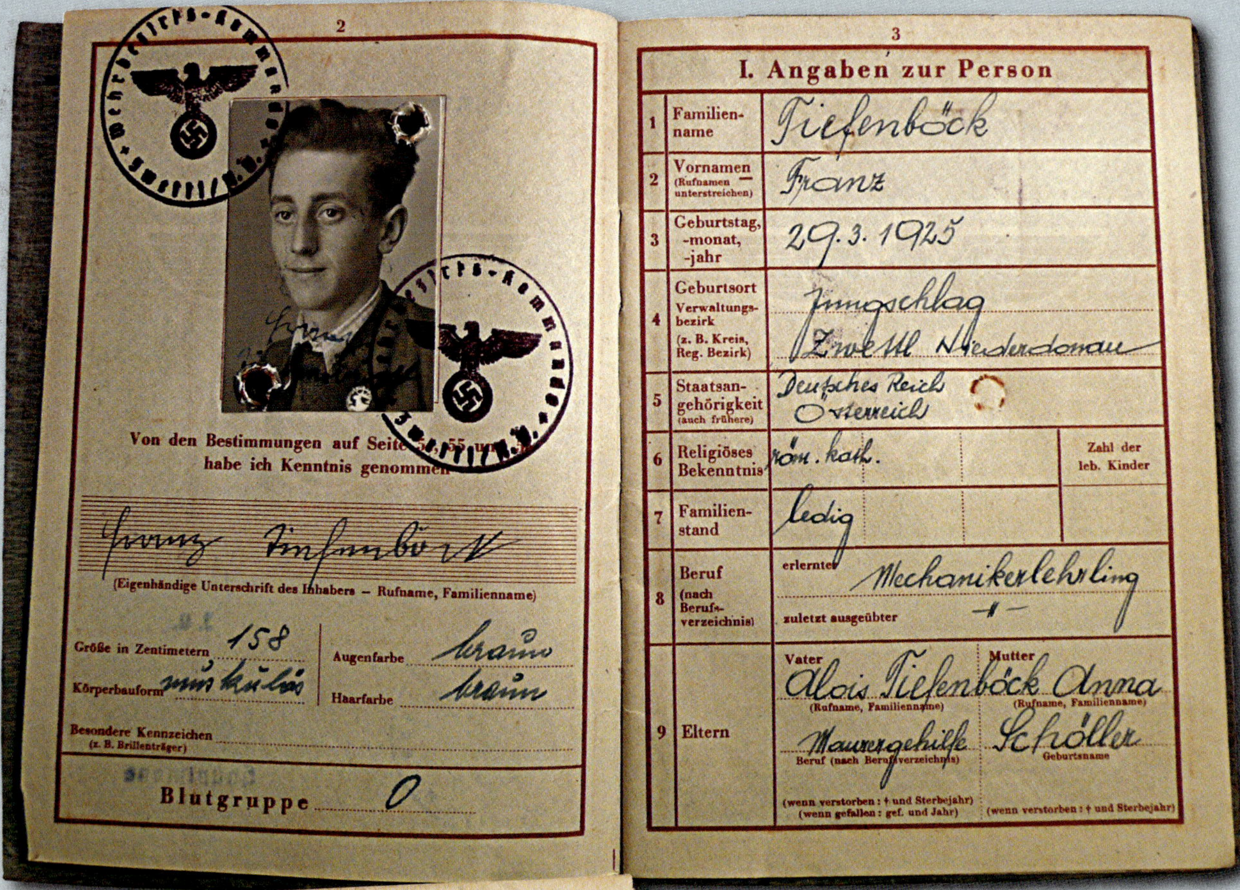
2

Von den Bestimmungen auf Seite … habe ich Kenntnis genommen

Franz Tiefenböck

(Eigenhändige Unterschrift des Inhabers – Rufname, Familienname)

Größe in Zentimetern 158 — Augenfarbe braun

Körperbauform muskulös — Haarfarbe braun

Besondere Kennzeichen (z. B. Brillenträger)

Blutgruppe 0

3

I. Angaben zur Person

1	Familienname	Tiefenböck
2	Vornamen (Rufnamen unterstreichen)	Franz
3	Geburtstag, -monat, -jahr	29.3.1925
4	Geburtsort Verwaltungsbezirk (z. B. Kreis, Reg. Bezirk)	Jungschlag Zwettl Niederdonau
5	Staatsangehörigkeit (auch frühere)	Deutsches Reich Österreich
6	Religiöses Bekenntnis	röm. kath. — Zahl der leb. Kinder
7	Familienstand	ledig
8	Beruf (nach Berufsverzeichnis)	erlernter Mechanikerlehrling; zuletzt ausgeübter —
9	Eltern	Vater Alois Tiefenböck (Rufname, Familienname), Maurergehilfe, Beruf (nach Berufsverzeichnis) (wenn verstorben: † und Sterbejahr) (wenn gefallen: gef. und Jahr); Mutter Anna (Rufname, Familienname) Schöller Geburtsname (wenn verstorben: † und Sterbejahr)

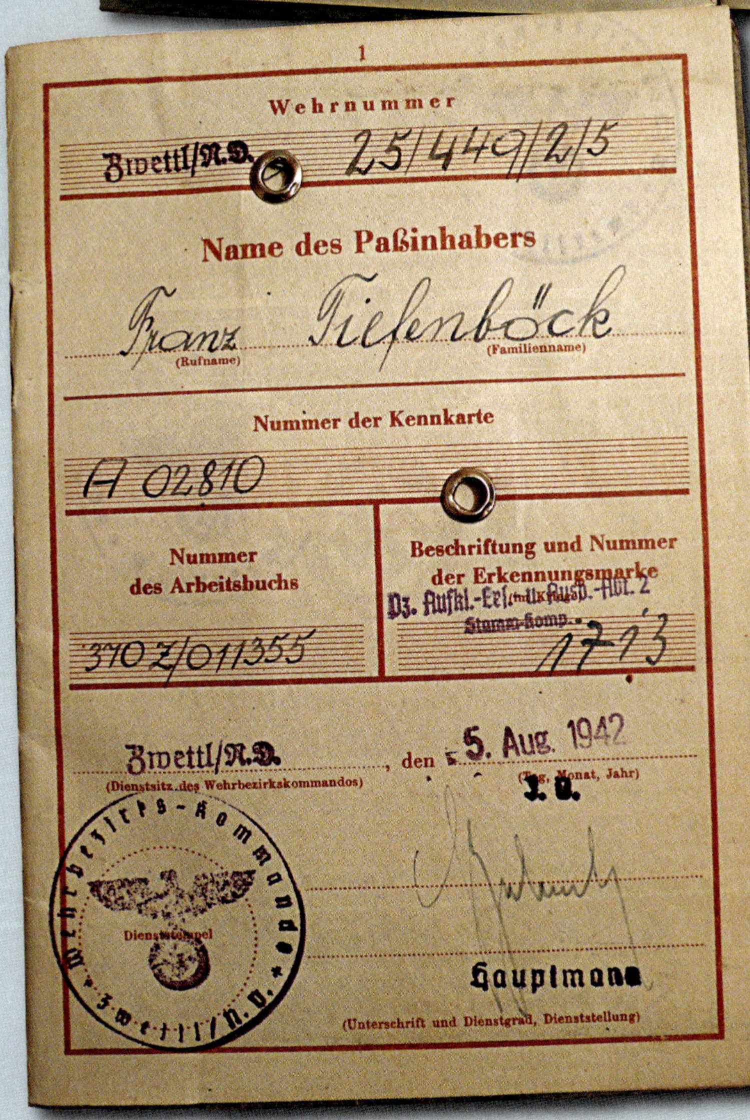
1

Wehrnummer

Zwettl/N.D. 25/440/2/5

Name des Paßinhabers

Franz (Rufname) Tiefenböck (Familienname)

Nummer der Kennkarte

A 02810

Nummer des Arbeitsbuchs	Beschriftung und Nummer der Erkennungsmarke
3702/011355	Pz. Aufkl.-Ers.-u. Ausb.-Abt. 2 Stamm-Komp. 1713

Zwettl/N.D. (Dienstsitz des Wehrbezirkskommandos), den 5. Aug. 1942 (Tag, Monat, Jahr)

Hauptmann

(Unterschrift und Dienstgrad, Dienststellung)

Arrêtons-nous un instant sur le *Wehrpass* du *Gefreiter* **Franz Tiefenböck**, ayant appartenu à ce groupement tactique « Zabel », car nous voyons qu'il a été affecté, du 1er décembre 1943 au 28 juillet 1944, à la compagnie de commandement (*Stab*) du 2e bataillon du *Pz.Gren.-Rgt.10* (composant cette *Kampfgruppe* aux mois de juin et de juillet 1944) et qu'il a été affecté avec cette unité en France à partir du 1er mai. Précisons que ce jeune homme est Autrichien, né au sud de Zwettl. Nous lisons également qu'il a été formé à la conduite des véhicules semi-chenillés jusqu'à 10 tonnes. Tiefenböck a été blessé au combat le 28 juillet 1944 (éraflure causée à la tête et à l'épaule, voir page 34), c'est-à-dire dans la phase ultime des combats menés par la *Kampfgruppe* dans le secteur sud du Vercors. Malgré sa blessure, il est resté au sein de l'unité *(bei der Truppe verblieben)*.

Sur les tampons du *Wehrpass* de Tiefenböck, on retrouve la localité de Basse-Autriche dont il dépend (Zwettl/NÖ), étant né dans le petit village alpin de Jungschlag. A la même page, les renseignements morphologiques ; ici, yeux et cheveux marrons, constitution corporelle musclée, etc. On note qu'avant son incorporation, il était apprenti-mécanicien… cela a-t-il contribué à son versement dans une grande unité blindée ? (Collection privée)

12
noch IV. Aktiver
Zugehörigkeit zu Dienststellen des Heeres
Tag, Monat, Jahr vom bis
Dienststelle (Truppenteil usw., Standort) **)
19
34
noch IV. Aktiver
Sämtliche Verwundungen, Krankheiten mit Lazarettaufenthalt
Tag, Monat, Jahr
Art der Verwundung bzw. Krankheit *), Lazarettaufnahme und Lazarettentlassung, gefallen, gestorben, vermißt **)
Verbleib (bei Truppe verblieben bzw. Angabe des Lazaretts)
Ortsangabe (nur bei Gefallenen, Gestorbenen, Vermißten)
29

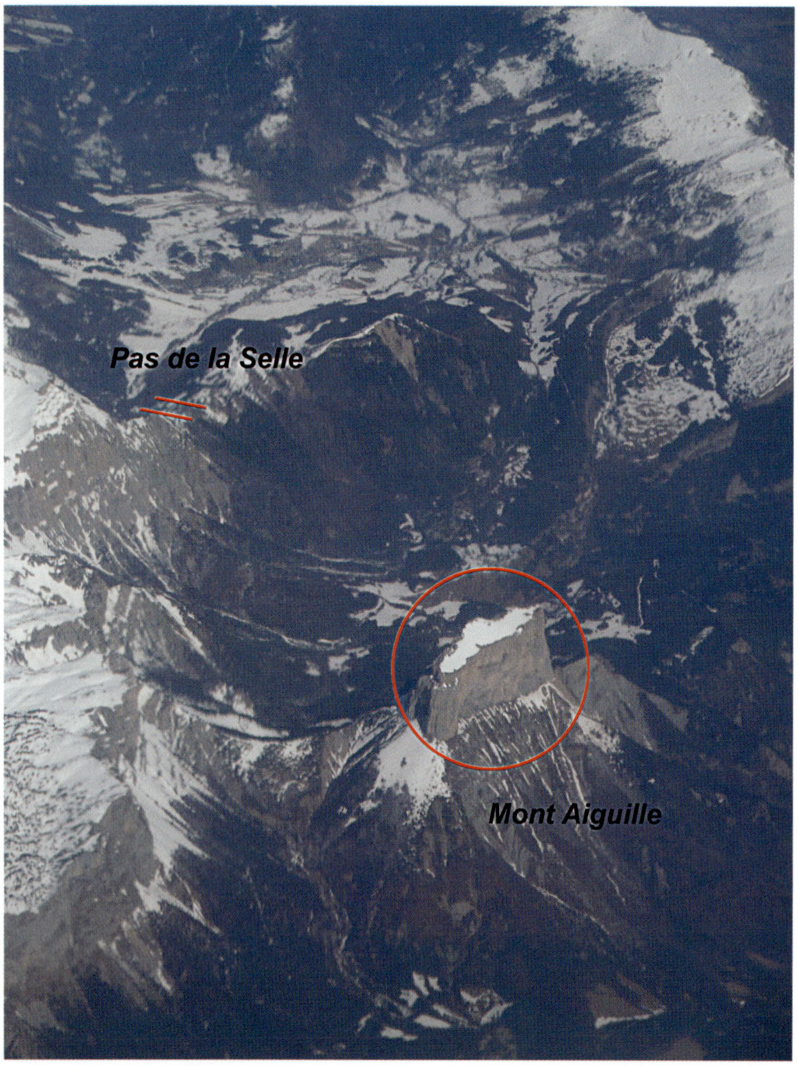

Photographies aériennes actuelles montrant le flanc oriental du Vercors, dans un axe sud-nord. (Photos auteur)

La *Gruppe « Schwehr »* – l'attaque des Pas (secteur sud-est)

La mission de ce groupement s'inscrit dans un contexte géographique exceptionnel qui, encore aujourd'hui, ne permet que des marches individuelles ou par petits groupes, souvent en file indienne ; en aucun cas le passage de véhicules ou, à l'époque, d'armes lourdes. En effet, cette façade du Vercors est constituée de falaises abruptes sur son versant oriental, et les seuls passages permettant d'accéder au plateau dans ce secteur sont caractérisés par des cols très étroits, des défilés appelés des pas (ce terme sera employé ici). Pour cette raison, cette partie du Vercors n'est pas considérée comme stratégiquement vitale par les responsables de la Résistance, l'énergie défensive ayant été déployée à d'autres endroits. N'ignorant pas cette faiblesse du dispositif adverse, le général Pflaum décide de l'exploiter en chargeant un groupement d'attaquer par les pas en question. Précisément, ce type de terrain est adapté aux troupes de montagne, dont l'entraînement et l'équipement se prêtent à l'évolution, à la manœuvre et à l'offensive dans ce milieu inhospitalier : les « *Gebirgler* » ont notamment été formés à déplacer les fardeaux de mortiers de 50 et de 80 mm, ainsi que ceux de canons de montagne, eux-aussi démontables, chargés sur des mules ou des mulets. Cette mission est confiée à l'*Oberst* Franz Schwehr, à la tête d'une *Kampfgruppe* composée d'éléments des *Res.Geb.Jg.-Btl. I.* et *II./98*, et d'une fraction de la *Res.Geb.Jg.-Abt. 79*, soit un effectif total engagé d'environ 1 200 à 1 500 hommes.

Diverses sources (archives issues du *II./98*, mais aussi l'ouvrage de Peter Lieb, ou encore le *Guide Mémorial du Vercors Résistant* (1)) indiquent que les forces engagées des *Res.Geb.Jg.-Btl. I.* et *II./98* incluent la 1re compagnie du *I./98*, sous les ordres de l'*Oblt.* Werner Eyselen et du *Lt.* Günther Luz, et la 3e compagnie du *I./98* (*Hptm.* Fritz Haug) (2), la 7e compagnie du *II./98* de l'*Oblt.* Karl Staib et du *Lt.* Albin Baronsee, et sa 8e compagnie (*Oblt.* Stefan Ritter et *Lt.* Hans Schlemmer). Ces petites unités sont renforcées par des formations de mitrailleuses de la 9e compagnie du *II./98* (commandée par l'*Oblt.* Anton Greil et le *Lt.* Anton Büttner), et de la 10e compagnie du même bataillon (*Oblt.* Gerhard Gentsch).

Schwehr décide d'organiser l'attaque en créant deux sous-groupements : selon Peter Lieb, les deux compagnies du *I./98* sont chargées d'attaquer au nord les Pas de la Ville (*1. Kp.*) et Berrièves (*3. Kp.*) avec l'appui de l'artillerie, tandis que les petites unités du *II./98* sont chargées de prendre les Pas du Sud : les Pas de Bachassons, puis ceux de Chattons par la *7. Kp.*, et les Pas de la Selle par la *8. Kp.*, plus une fraction de la *9. Kp.* Plus tard, la *8. Kp.* serait chargée de s'emparer du Pas de l'Aiguille, une fois réalisée la prise du Pas de la Selle. Notons toutefois que, d'après les *Verlustmeldungen* du *I./98*, la 3e compagnie aurait également été engagée au Pas de la Ville…

A l'évidence, l'effort principal repose sur la 8e compagnie, qui peut compter sur l'appui d'une section de mitrailleuses, d'une section de canons d'infanterie et d'une autre de *Pioniere*. Le commandant du *Geb.Jg.-Btl. II./98*, le *Hauptmann* Graf Rességuier de Miremont, se trouve personnellement aux côtés de cette compagnie pendant l'opé-

Depuis Grenoble, la progression allemande à travers le Vercors (essentiellement de la *KGr. « Seeger »*). (Carte B. Paich)

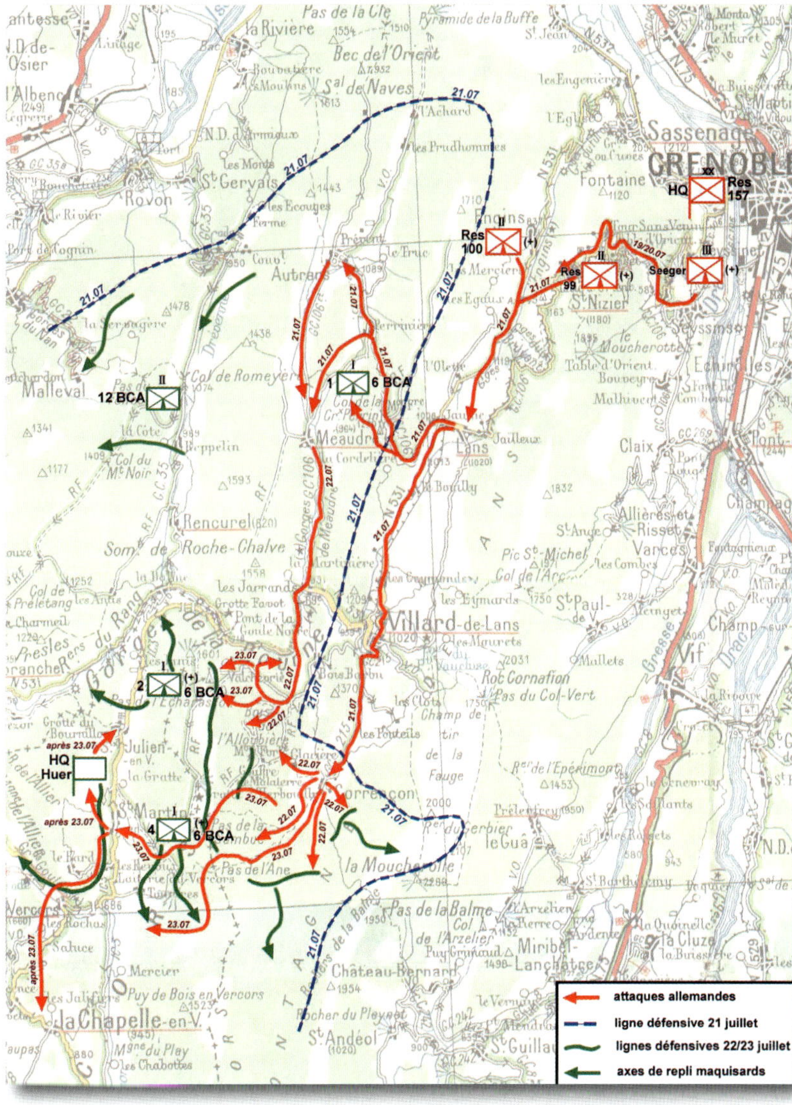

ration. Accordons-nous un bref aparté… Comme son nom l'indique, Rességuier de Miremont descend d'une vieille famille d'aristocrates français, manifestement émigrée, comme beaucoup d'autres, après la révocation de l'Edit de Nantes (des Huguenots). Ils ont fui la France de Louis XIV pour s'installer en Allemagne du Nord (entre autres, dans la région de Berlin), mais également (dans une moindre de mesure) dans le Sud, voire en Autriche – d'autres Français se sont aussi installés outre-Rhin plus tard, durant la période napoléonienne –. A noter également qu'un autre membre de sa famille est, à ce moment-là, officier et pilote dans la Luftwaffe. Lieb décrit le comte Clemens Rességuier de Miremont comme un commandant capable qui, par la suite, a mené une carrière d'artiste à New York, ce qui sera brièvement expliqué par la suite…

Pour en revenir aux opérations, la *Kampfgruppe « Schwehr »* intègre sa base de départ au matin et jusque dans l'après-midi du 21 juillet 1944, dans une aire comprise entre Chichilianne, au sud, et Gresse-en-Vercors, au nord. Ensuite, elle entame son ascension vers les pas qui lui sont assignés, chaque compagnie se déployant à 300 mètres en aval de chacun d'eux, et passe à l'attaque…

Le premier pas conquis est celui de la Selle (*8. Kp.*), suite à un combat d'une heure environ. A peu près au même moment, le Pas des Bachassons – à environ 16 kilomètres au sud-est de Vassieux-en-Vercors – est pris (*7. Kp.*). Cependant, l'attaque des Pas de la Ville et de Berrièves par le *I./98*, malgré un soutien de l'artillerie, n'est pas couronnée du même succès, loin s'en faut, puisque ni l'un ni l'autre ne sont pris à l'issue de ces premiers combats. La défense du Pas de la Ville, par une vingtaine de maquisards commandés par l'aspirant Bechet, se révèle donc efficace.

Au sujet de cette phase, il existe le témoignage d'un *Gebirgsjäger*, appartenant vraisemblablement à la 3e compagnie du *I./98* : le *Jäger* Emil Maser (3). Ce dernier indique qu'il est engagé à partir du 20 juillet (marche d'approche) dans le Vercors, pour prendre le Pas de la Ville en direction de Vassieux, par une attaque frontale, en progressant sur une pente d'éboulis. L'action se déroule bien dans un premier temps, du moins jusqu'à une certaine hauteur. Puis, un terrible feu de défense s'abat sur les assaillants, les clouant au sol. Aussitôt sont tirées des fusées rouges, réclamant un soutien de l'artillerie et, malgré l'intervention de cette dernière, le Pas-de-la-Ville demeure sous le feu des maquisards, que notre témoin estime bien retranchés, exploitant leur connaissance des lieux. Soudain, la pente d'éboulis paraît se mettre en mouvement, sous l'effet de projections de rochers occasionnées par les résistants. Finalement, l'attaque est interrompue à la tombée de la nuit, et la compagnie se replie sur ses bases de départ initiales, pour quelques jours, dans le bruit lointain d'autres engagements. La rumeur se répand que les positions des maquisards devraient être attaquées, par derrière, par une autre unité. L'ordre d'attaque est transmis le matin ; la 1re compagnie est chargée de monter à l'assaut par les chemins serpentant jusqu'au pas : *« Nous avons découvert plusieurs positions ennemies, avec leurs défenseurs les armes à la main,*

La zone de La Bâtie, petit hameau sécurisé par les *Gebirgsjäger* dès le 20 juillet 1944. Depuis leurs bases de départ, ils progresseront ensuite vers les pas… En arrière-plan, le Grand-Veymont – Ne pas confondre avec un autre La Bâtie, sur la commune de La Chapelle-en-Vercors –. (Photo auteur)

(1) Aux éditions du Cherche Midi, 2004, 404 pages.

(2) Remarquons que Fritz Haug et son IIe bataillon sont évoqués à la page 20 du rapport du service historique de l'Armée de J. Defrasne, rédigé dans l'Après-guerre, sur l'occupation du Sud-est de la France et les opérations dans le Vercors.

(3) Témoignage rapporté par Roland Kaltenegger dans son ouvrage sur le *Feldwebel* Peter Grübl, chez Flechsig-Verlag, aux pages 119-120.

Un accessoire accompagnant nécessairement toute équipe de MG. : un bidon d'huile d'arme, dont la destination est explicite : *MG.Öl* – huile pour fusil-mitrailleur et mitrailleuse. Pièce dénichée sur Grenoble au milieu des années 1970. (Collection privée)

Provenant eux aussi du chef-lieu de l'Isère (« trouvaille » de 1978), une trousse d'outils et pièces de rechange de tireur au MG (*MG-Werkzeugtasche*), en carton compressé bouilli *sandfarbig*, avec son gant en amiante. Il porte le marquage « cea 1943 ». (Collection privée)

Affichant le nom « Dickmann », indéniablement portée, une vareuse d'officier montée d'origine, dont le devant se ferme grâce à cinq boutons, retrouvée dans le Sud-est de la France en 1982. A noter qu'elle présente des pattes d'épaule (initialement amovibles) spécifiques, jusqu'en 1938, aux officiers de réserve non mobilisés. Après cette date, les officiers de réserve mobilisés afficheront les mêmes pattes d'épaule que ceux d'active. Elle présente un emblème de souveraineté cousu à la main ; ses boutons argentés grenelés sont eux aussi cousus d'origine. Il s'agit d'une vareuse du modèle de 1936 initialement destinée aux sous-officiers et hommes de troupe, qui a été modifiée en période de guerre. Pourtant, quoique cela contrevienne au règlement, son propriétaire a fait coudre les pattes d'épaule amovibles dans l'emmanchure… Manifestement une volonté, de sa part, d'afficher son appartenance à la *Reserve*. (Collection Privée)

Ayant probablement appartenu à un officier allemand, cet étui à jumelles 10x50 a été acquis en mars 1987 sur Grenoble. (Collection privée)

Un objet du reste rarement présenté, pièce en acier pour couloir d'alimentation de MG, employée par exemple avec le chargeur « tambour » (le « *Trommel* »), et provenant de l'Isère en 1973. (Collection privée)

En regardant vers l'ouest, vue du Pas de la Selle, nappé de brouillard. Dans l'angle inférieur gauche de l'image, le sentier emprunté par les hommes de la *8. Kp.* du *II./98*, le 21 juillet 1944 et, dans le fond du pas en arrière-plan (là où s'élèvent de petits sapins), la zone depuis laquelle les maquisards on pris les *Gebirgsjäger* sous leur feu... (Collection privée)

mais morts, ainsi que de nombreux amas pyramidaux de rochers destinés à être jetés sur nous et à provoquer des chutes de pierres [...] ».

Maser rapporte ensuite être parvenu jusqu'à Vassieux, où il observe des destructions importantes, avec toute vie humaine et animale « éteinte ». Au vu des carcasses de planeurs, il en conclut avec ses camarades que des troupes aéroportées ou parachutistes ont dû lutter en ces lieux, ajoutant que l'on évoque alors la présence de la *Sipo-SD* (« *Sicherheitsdient* »)... Ces dernières observations révèlent l'absence d'information de la troupe de la part du commandement, tant sur le sens général de l'opération que sur la stratégie d'ensemble poursuivie, dont ils sont pourtant les acteurs, mais cela n'a rien de spécifique à cet événement ni à l'armée allemande.

Au terme de ces premières journées de la *KGr.* « *Schwehr* » en ces lieux, intéressons-nous plus particulièrement à quelques-uns des hommes ayant pris part à ces actions. Le *Jäger* **Wendolin** (ou Wendl) **Frommknecht** est un membre de la 1re compagnie typique des jeunes soldats de la division, né en 1926 originaire de Souabe bavaroise, tué au Pas-de-la-Ville le 21 juillet.

Il y a également le ***Stabsfeldwebel* Heinrich Grabowski** ; les renseignements le concernant sont, entre autres, contenus dans son *Soldbuch* conservé à ce jour. Lorsque j'ai pu dénicher ce document, ma satisfaction a été double. D'une part, il s'agit d'un sous-officier engagé au Pas de la Ville – un lieu dont j'ai déjà évoqué l'attrait –, d'autre part, il ne peut que s'agir d'un compagnon d'arme direct d'Otto Hackl, lui-même tombé au Pas de la Ville au cours de cette action, selon les indications données par Joseph la Picirella. Une réalité humaine et visible, palpable, commence donc à se dessiner autour des combattants allemands de ces événements dramatiques... du moins, dans une certaine mesure, comme nous le verrons plus loin.

Cette *Einheitsfeldmütze* a été retrouvée à Grenoble en 1972. Généralisée à partir de 1943, elle est aussi retrouvée parmi les jeunes *Gebirgsjäger* n'ayant pas perçu la *Bergmütze*, casquette de montagne (la plupart du temps, ils épingleront alors un édelweiss métallique sur le côté gauche du rabat de leur *Einheitsfeldmütze*). (Collection privée)

Bete für mich, ich starb auch für Dich!

In Gottes hl. Frieden ruht fern von seinen Lieben u. seiner geliebten Bergheimat unser einziger herzensguter unvergeßlicher Sohn und Bruder

Wendl Frommknecht

Jäger in einem Geb.-Jäg.- Regt.
Absolvent der Aufbauschule Kaufbeuren

Geb. am 19. Februar 1926 in Burk
Gef. am 21. Juli 1944 in Grenoble (Südfr.)

Was weint Ihr? Eltern! Brüder
meine Lieben,
Weil ich nicht länger bin bei Euch geblieben;
Es ist nicht weit, blickt auf zum Stern,
Dort oben woh'n ich gar nicht fern.
Und früh geschieden – nur nicht bang,
Auch Euer Leben währt nicht lang.
Wie bald, wie schnell, verrinnt die Zeit.
Ihr seid bei mir und ich bei Euch,
„Die ganze Ewigkeit!"

Oskar Schnitzer, Markt Oberdorf

Sterbebild et sépulture de Wendolin « Wendl » Fromknecht (né à Burk, entre Nördlingen et Ansbach) du *I./98*, tué au cours de l'assaut allemand avorté contre les pas le 21 juillet. Il repose au côté d'un camarade encore plus jeune que lui… (Collection privée et photo auteur)

Gebetsandenken
an unseren unvergeßlichen Sohn und Bruder

Eduard Klankermeier

Schüler der Oberschule Burghausen
Soldat in einem Gebirgsjäger-Regiment

geb. am 4. 8. 1926 gefallen am 21. 7. 1944
Er ruht in einem Heldenfriedhof bei Grenoble.

Wie wir dich kannten in fröhlichem Walten,
So wollen wir dich auch im Gedenken behalten.

D. Geiger, Mühldorf

Également au cimetière militaire de Dagneux, la tombe d'Eduard Klankermeier. Originaire de la région de Mühldorf (du moins est-ce dans cette localité que sa famille a fait réaliser son image de décès), ce Haut-bavarois de la *3.Kp. / Res.Geb.Jg.-Btl. I./98* n'a même pas fêté son 18 anniversaire, tombé lui aussi lors des affrontements du 21 juillet, au Pas de la Ville… (Collection privée et photo auteur)

Le *Stabsfeldwebel* « Heinz » Grabowski, 32 ans à peine en 1944, est un « Allemand de Prusse » protestant, célibataire (encore *Unteroffizier* sur sa photographie). C'est un *Infanterist* chevronné qui a servi dans un régiment mis sur pied dans l'« *Ostmark* » (l'*Inf.-Rgt. 134*), dans la région militaire de Vienne, où il était domicilié en 1939 (sa mère, quant à elle, est toujours domiciliée en Prusse Orientale à l'époque). Après des mois de campagne d'Est, Grabowski se retrouve versé dans un corps de troupe de « *Gebirgler* », où il côtoie de nombreux « *Bayer* ». Il appartient à la même compagnie que Wendolin Frommknecht, mais lui ne trouvera pas la mort dans le Vercors… (Collection privée)

Heinrich Grabowski

Né le 8 août 1912, Heinrich Grabowski est originaire de Struben, en Prusse orientale. Son parcours est pour le moins inattendu, à l'instar de celui d'autres cadres, dans ce massif du Vercors. Son *Soldbuch* est ouvert le 3 juillet 1940, ce qui ne signifie pas qu'il ait été enrôlé à cette date, car contrairement au *Wehrpass*, le *Soldbuch* n'a été généralisé qu'à partir de la fin d'août 1939. D'ailleurs, sa fiche individuelle conservée au *WASt.* indique qu'il a été fait prisonnier pendant la campagne de France le 5 juin 1940 à Herleville, dans la Somme, et rendu aux troupes allemandes en gare de Saint Claude (dans le Haut-Jura) le 29 juin suivant. Le livret individuel mentionne aussi son entrée dans l'*Infanterie-Regiment 134*, avant d'intégrer l'*Inf.-Rgt. 131*, deux régiments organiques de la *44. Infanterie-Division* qui est rattachée, en 1942, à la *6. Armee* chargée de l'offensive vers la Volga et de la prise de Stalingrad. Les pages 12 et 13 du livret indiquent qu'il est hospitalisé le 20 novembre 1942, soit le lendemain de l'offensive soviétique « *Uranus* », visant à un ample encerclement de la *6. Armee* dans Stalingrad. Avant le début de l'hiver et d'agonie de l'armée de Paulus, Grabowski a donc été évacué et, suite à sa guérison, il se retrouve affecté à la 5e compagnie du *Jäger-Regiment 207*, l'un des régiments de chasseurs de la *97. Jäger-Division*.

Au plus tôt durant l'année 1943, il est versé dans la *157. Res.-Div.*, en qualité de sous-officier supérieur, ce qui épargne à ce combattant expérimenté un retour sur le front de l'Est. Il rejoint plus exactement la 1re compagnie du *Res.Geb.Jg.-Btl. I./98*, du 25 novembre 1943 au 17 octobre 1944, comme cela est précisé aux pages 6 et 7 de son *Soldbuch*, comportant les attributions d'équipements (l'on retrouve d'ailleurs la signature du commandant de cette compagnie, l'*Oblt.* Werner Eylesen). Les pages de ce dernier afférent aux hospitalisations et permissions n'ayant aucune mention, il est manifeste que ce *Stabsfeldwebel* ait participé à toutes les opérations de son 1er bataillon en 1944 : « *Korporal* », « *Glières* », « *Frühling* », « *Treffenfeld* », « *Vercors* ». Il se trouve ainsi à l'assaut du Pas de la Ville le 21 juillet, avec le chef de compagnie pour cette action, le *Lt.* Günther Luz. Après son départ de Grenoble, il fera partie des rescapés de la division, affecté par la suite au *Geb.Jg.-Rgt. 297*, de la *157. Gebirgs-Division* (grande unité issue d'un remaniement de la *157. Res.-Div.* en septembre 1944).

Pour ses longues années de service et d'engagements, il a été décoré de la médaille des Sudètes, de l'EK. 2, de l'*Infanterie-Sturmabzeichen* (8 février 1943), de l'insigne des blessés en argent (6 mai 1943), et même de l'EK.1 le 13 novembre 1942. Comme Otto Hackl, il est en 1944 un vétéran aguerri. Un détail notable sur l'armement : il a reçu un pistolet de calibre 9 mm Radom Vis, arme de poing d'origine polonaise.

Un courrier, adressé à Heinrich Grabowski au départ de Vienne en Autriche le 20 juillet 1944 (c'est-à-dire le jour de l'attentat contre Hitler et à la veille de l'attaque sur le Vercors) est resté joint à son *Soldbuch* : il porte la *Feldpostnummer* de destination « 14593 B », numéro effectivement attribué à la 1re compagnie du *I./98*.

Pliée dans son livret individuel, la *Gehaltsaberechnung*, ou déclaration de salaire, envoyée au *Stabsfeldwebel* Grabowski depuis Vienne, où il est domicilié. (Collection privée)

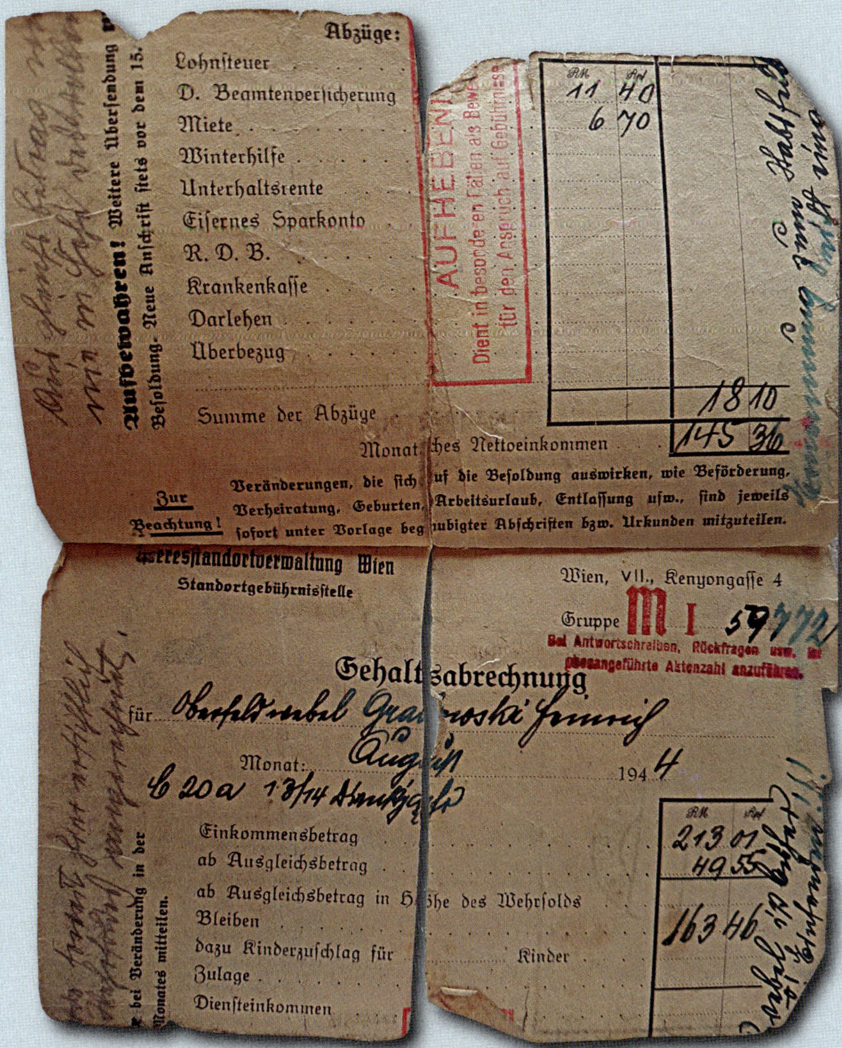

Quelques pages du livret individuel du jeune Gröber. Notons qu'il est coiffé ici d'une *Einheitsfeldmütze*, et non pas d'une *Bergmütze*. Notons que la croix gammée, sur les tampons, a été masquée. (Collection privée)

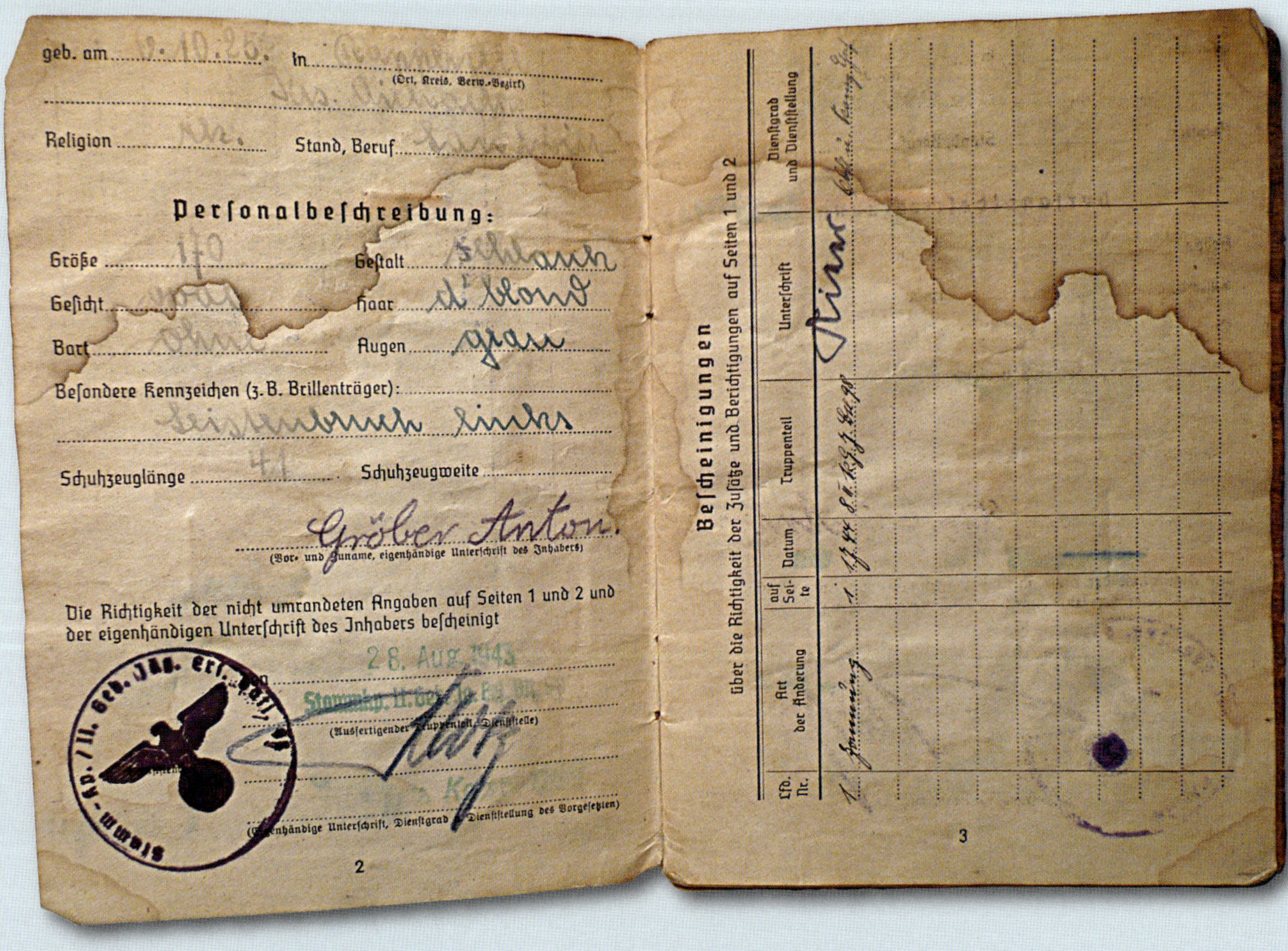

Le *Jäger* **Anton Gröber**, soldat caractéristique des jeunes recrues de la division. Né le 12 octobre 1925 en Bavière près d'Aichach, dans la région d'Augsbourg, agriculteur de profession, il est enrôlé le 26 août 1943 et immédiatement affecté, au début de septembre, à la 8e compagnie du *Res. Geb.Jg.-Btl. II./98*. Il est nommé *Oberschütze* le 1er juillet 1944, l'on retrouve d'ailleurs la signature apposée par le commandant de compagnie, l'*Oblt.* Stefan Ritter. Son *Soldbuch* ne mentionnant aucune entrée à l'hôpital ni de permission, on peut affirmer qu'il a participé à toutes les opérations de la compagnie depuis son incorporation. Le livret est intéressant, concernant un membre d'une petite unité qui a joué un rôle prépondérant lors de la bataille du Vercors et, comme nous le verrons, au Pas de l'Aiguille et sans doute à l'occasion de l'affaire de la Grotte de la Luire, quelques jours plus tard. Le *Soldbuch* de ce Bavarois n'est plus renseigné après juillet 1944, or il contient une fiche de prisonnier à Uriage en Isère, ce qui laisse entendre qu'Anton Gröber a fait partie des soldats capturés à la fin d'août 1944 à Vizille... Notons que, comme tous les membres de cette unité, sa formation de dépôt figurant en page 4 est la même que celle du *Geb.Jg.-Rgt. 98* de la *1. Gebirgs-Division*, c'est-à-dire le *Geb.Jg.-Ers.Btl. 98*, sis à Garmisch-Partenkirchen.

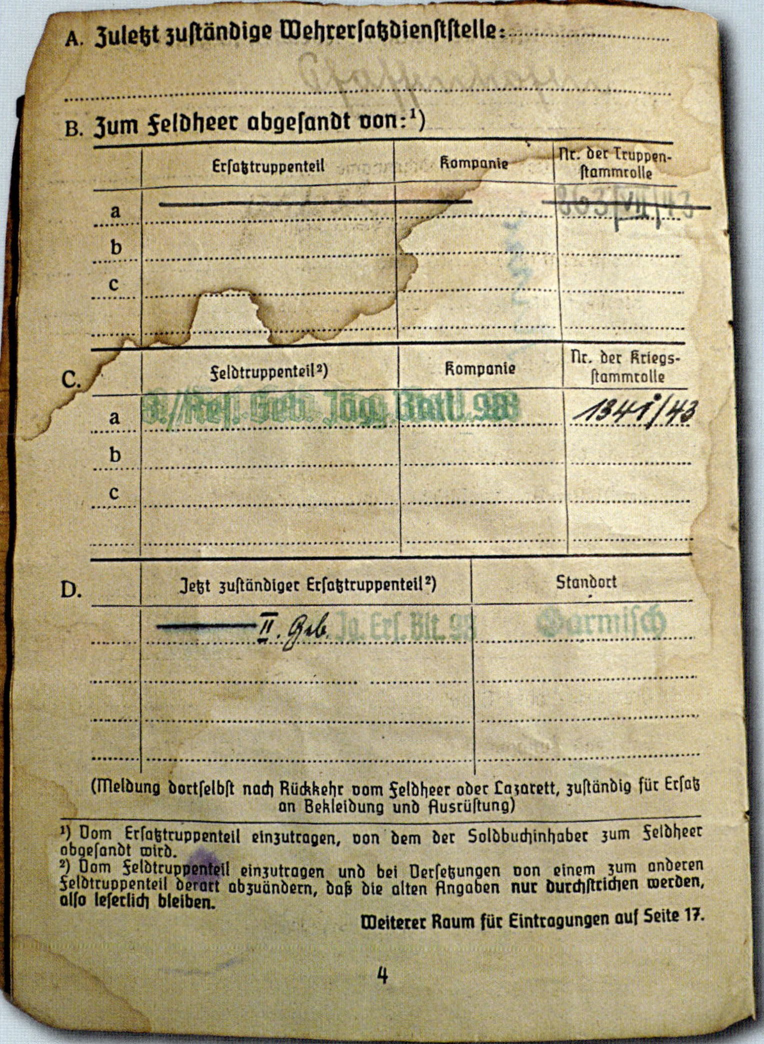

A. Zuletzt zuständige Wehrersatzdienststelle:

B. Zum Feldheer abgesandt von:¹)

	Ersatztruppenteil	Kompanie	Nr. der Truppenstammrolle
a			863/VII/43
b			
c			

C.

	Feldtruppenteil²)	Kompanie	Nr. der Kriegsstammrolle
a	8./Res. Geb. Jäg. Batl. 98		1341/43
b			
c			

D.

Jetzt zuständiger Ersatztruppenteil²)	Standort
II. Geb. Jg. Ers. Btl. 98	Garmisch

(Meldung dortselbst nach Rückkehr vom Feldheer oder Lazarett, zuständig für Ersatz an Bekleidung und Ausrüstung)

¹) Vom Ersatztruppenteil einzutragen, von dem der Soldbuchinhaber zum Feldheer abgesandt wird.
²) Vom Feldtruppenteil einzutragen und bei Versetzungen von einem zum anderen Feldtruppenteil derart abzuändern, daß die alten Angaben nur durchstrichen werden, also leserlich bleiben.

Weiterer Raum für Eintragungen auf Seite 17.

4

Le certificat de vaccination de la première moitié de 1945, impeccablement plié dans le *Soldbuch* du Bavarois Gröber (son livret ne lui a donc pas été confisqué lors de sa capture). Ses injections lui ont été administrées à l'école militaire installée au château d'Uriage, à une dizaine de kilomètres au sud-est de Grenoble. Établissement créé par Vichy en septembre 1940, il est alors destiné aux cadres F.F.I. après la Libération. (Collection privée)

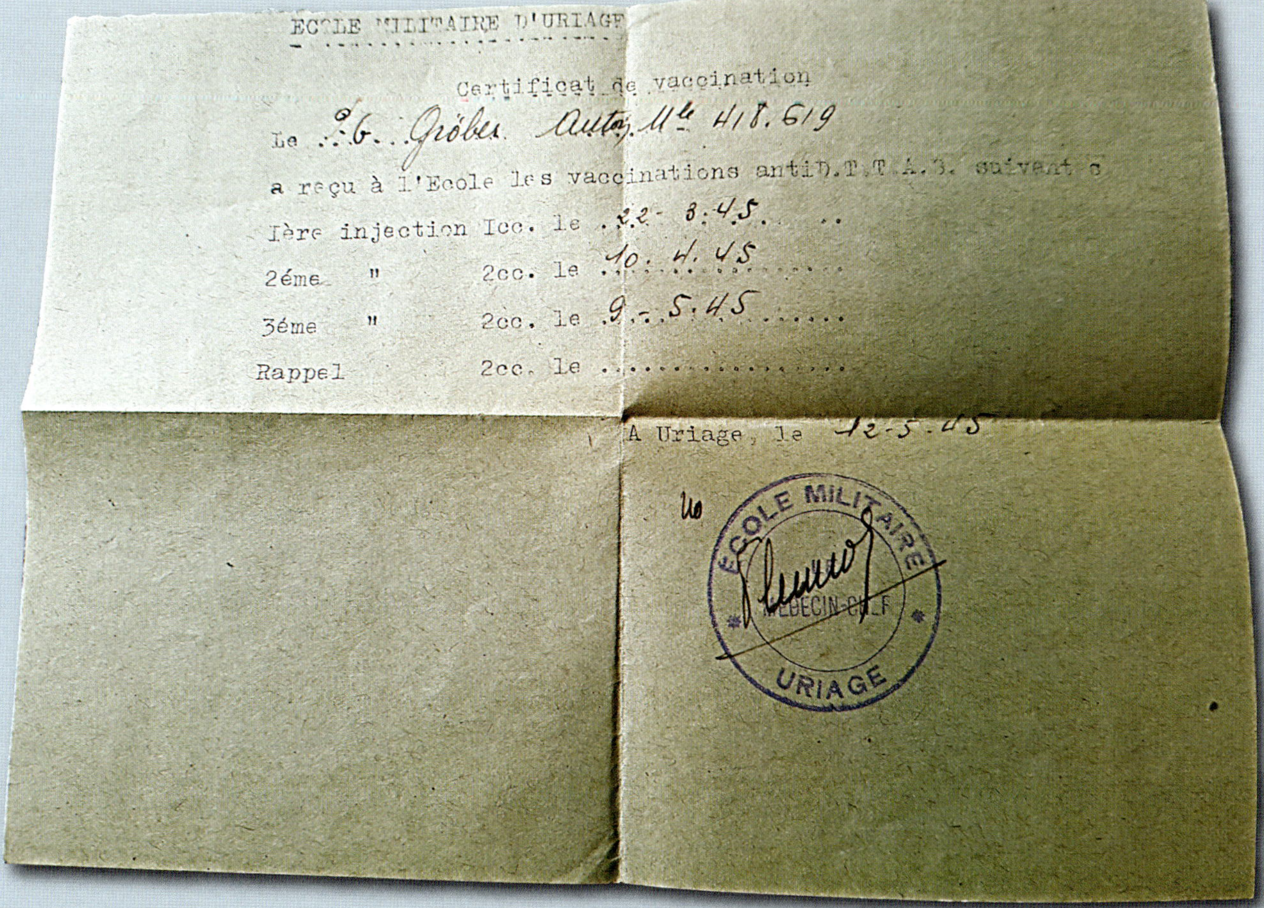

ECOLE MILITAIRE D'URIAGE

Certificat de vaccination

Le ... Gröber ... 418.619

a reçu à l'Ecole les vaccinations antiD.T.T.A.B. suivants

1ère injection 1cc. le 22-3-45

2éme " 2cc. le 10.4.45

3éme " 2cc. le 9-5-45

Rappel 2cc. le

A Uriage, le 12-5-45

Soldbuch
zugleich Personalausweis
Nr. 362
für
den Krankenträger
(Dienstgrad)
ab 15.XI.39 (Datum) San. Uffz. und Uffz (neuer Dienstgrad)
ab 1.XII.39 U.A.d.R.
ab 1.8.42 Assistenzarzt d.R.
1.3.43 Oberarzt d.R.
1.10.44 Stabsarzt d. Res.
Max Lizius
(Vor- und Zuname)
Beschriftung und Nummer der Erkennungsmarke San.Ers.Komp.7/427
Blutgruppe A
Gasmaskengröße II
Wehrnummer I 15/-/2127
1

Le Munichois Max Lizius est un officier qui, indéniablement, détient une grande expérience en matière sanitaire. Le 1er septembre 1943, le *Leutnant* Hoch a signé son livret, qui certifie l'attribution à Lizius de la croix du mérite de guerre de 2e classe avec épées (attribution effectuée par le 64e corps de réserve), dont le ruban apparaît sur sa vareuse. Notons que Hoch appartient au *Divisions-Nachschubtrupp 1057* (numéro de poste militaire 48 389). Dans ce livret apparaît également la signature du chef de corps de cette formation de la *157. Res.-Div.*, le *Major* Werdich, qui a été blessé durant les combats du mois d'août 1944. Le dernier corps d'affectation de Max Lizius est le 1er groupe de batteries du *Gebirgs-Artillerie-Regiment 1057*, dans lequel il sert toujours comme médecin. (Collection privée)

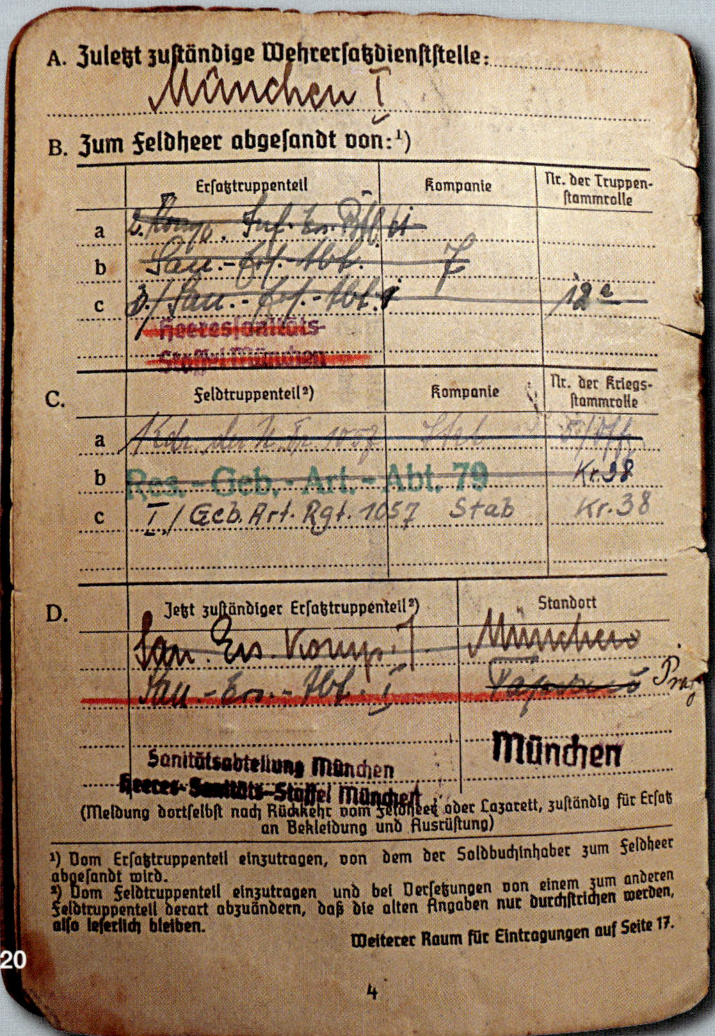
A. Zuletzt zuständige Wehrersatzdienststelle: München I
B. Zum Feldheer abgesandt von:¹)

	Ersatztruppenteil	Kompanie	Nr. der Truppenstammrolle
a			
b	San.-Ers.-Abt.	7	
c	7./San.-Ers.-Abt. 7		12

C.

	Feldtruppenteil²)	Kompanie	Nr. der Kriegsstammrolle
a		Stab	
b	Res.-Geb.-Art.-Abt. 79		Kr. 38
c	I./Geb.Art.Rgt. 1057	Stab	Kr. 38

D.

Jetzt zuständiger Ersatztruppenteil²)	Standort
San.-Ers.-Komp. 7	München
San.-Ers.-Abt.	
Sanitätsabteilung München	München
Heeres-Sanitäts-Staffel München	

(Meldung dortselbst nach Rückkehr vom Feldheer oder Lazarett, zuständig für Ersatz an Bekleidung und Ausrüstung)

¹) Vom Ersatztruppenteil einzutragen, von dem der Soldbuchinhaber zum Feldheer abgesandt wird.
²) Vom Feldtruppenteil einzutragen und bei Versetzungen von einem zum anderen Feldtruppenteil derart abzuändern, daß die alten Angaben nur durchstrichen werden, also leserlich bleiben.

Weiterer Raum für Eintragungen auf Seite 17.

4

Digne d'intérêt là-aussi, le *Soldbuch* d'un officier du service de santé, le *Stabsarzt* (équivalent de médecin capitaine) **Max Lizius**. Il est né le 15 mars 1915 à Munich, et s'est retrouvé enrôlé le 20 septembre 1939, avec le grade initial de brancardier (*Krankenträger*), étant médecin de profession. Rapidement, il est promu caporal infirmier (en novembre de 1939), *Assistenzarzt* (médecin sous-lieutenant) en août 1942, puis *Oberarzt* (médecin lieutenant) en mars 1943, et enfin *Stabsarzt* (médecin capitaine) après les opérations nous intéressant, en octobre 1944. Le livret donne l'exemple d'un officier médecin engagé au cœur même des combats... Également notable, ce soldat appartient, du début jusqu'à la fin, à la *157. Res.-Div.*, contrairement à nombre de ses membres, affectés le temps de l'instruction, puis versés dans l'armée de campagne, ou encore les hommes provenant de l'armée de campagne, qui y ont été affectés plus ou moins tardivement comme instructeurs. En 1943, ce Munichois est affecté à la *Res.Geb.Art.-Abt. 79* et, n'étant pas non plus à l'hôpital ni en congé en 1943/44, il prend part à toutes les actions du bataillon, et même activement, son livret individuel mentionnant l'attribution, le 15 décembre 1944, du *Bandenkampfabzeichen*, qui est une décoration exceptionnelle, surtout pour un membre des troupes non-combattantes au sens strict (personnel sanitaire), cet insigne de combat étant conditionné à la partici-

(4) Nous verrons d'ailleurs plus loin que, le même jour, d'autres membres de la division ont été gratifiés de cet insigne... NDA.

pation à des engagements de contre-guérilla pendant une durée d'au moins vingt journées de combat. A l'évidence, cette décoration vient récompenser ses actions depuis le début de 1944, et notamment dans le Vercors, car le décernement de cet insigne n'est jamais effectué immédiatement après les faits, nécessitant d'assez longues formalités de validation des journées de combat (4). Alors *Oberarzt*, Max Lizius a, entre autres, participé aux combats dans le Vercors. Le *Soldbuch* est signé par l'*Oblt.* Fritz Schubert, du *Stab/Res. Geb.Art.-Abt. 79*.

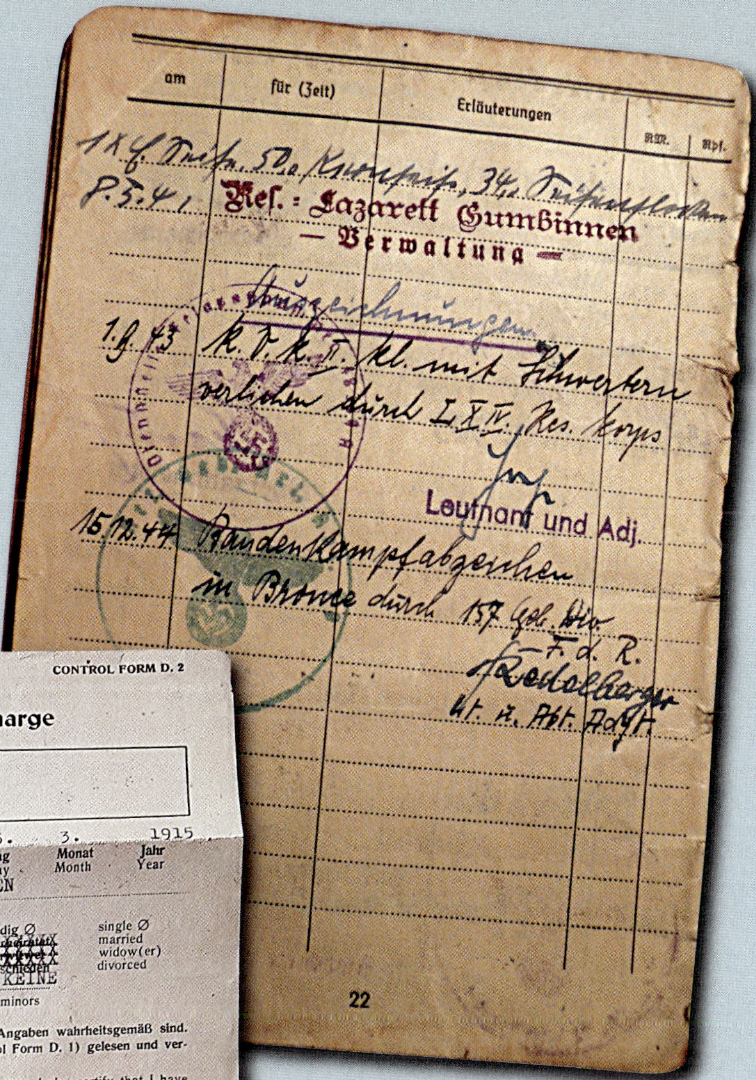

am	für (Zeit)	Erläuterungen	RM.	Rpf.
8.5.41		Res.-Lazarett Gumbinnen — Verwaltung		
1.8.43		K.V.K. II. Kl. mit Schwertern verliehen durch LXIV. Res. Korps		
		Leutnant und Adj.		
15.12.44		Bandenkampfabzeichen in Bronze durch 157 Geb. Div.		

22

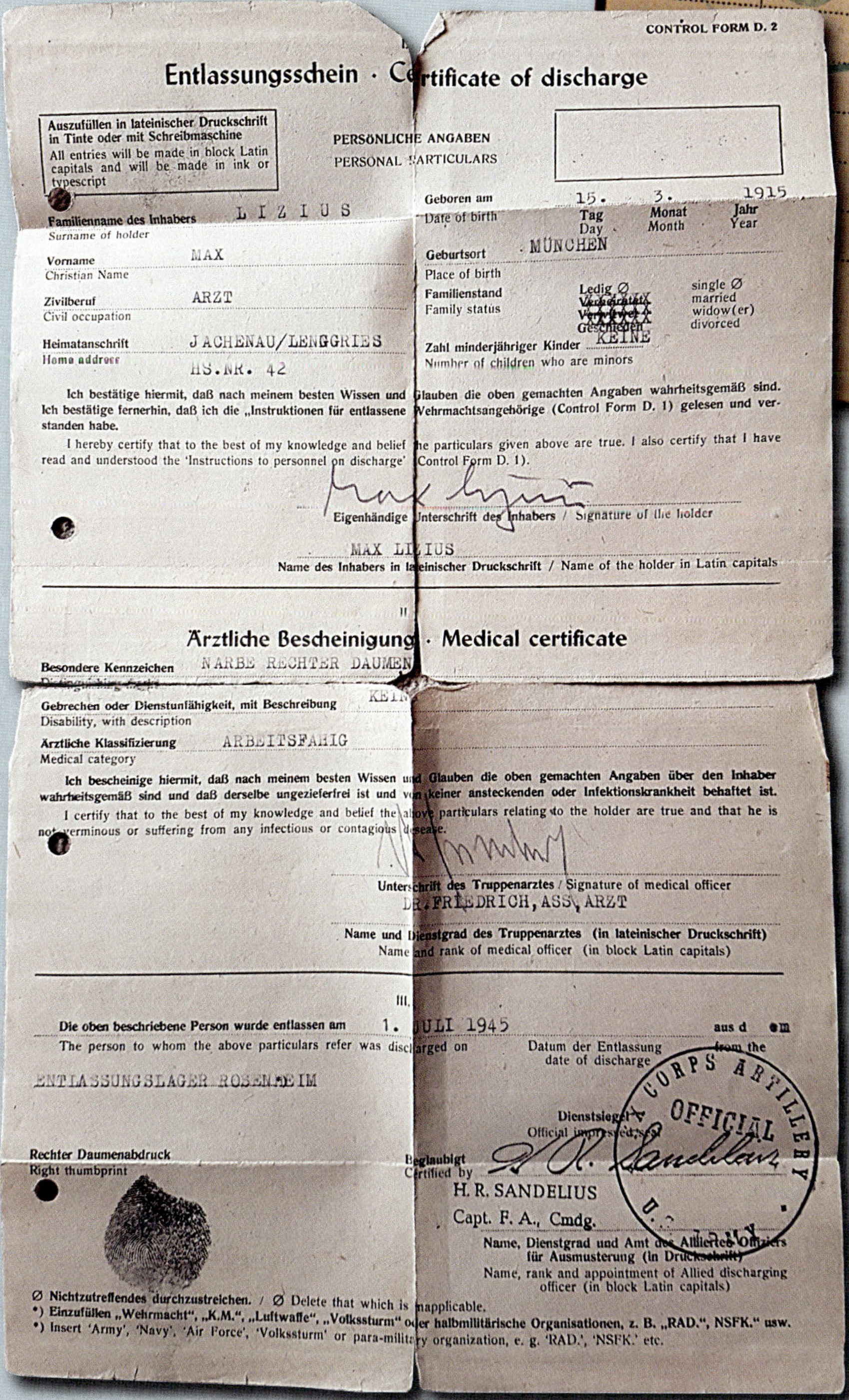

CONTROL FORM D. 2

Entlassungsschein · Certificate of discharge

Auszufüllen in lateinischer Druckschrift in Tinte oder mit Schreibmaschine
All entries will be made in block Latin capitals and will be made in ink or typescript

PERSÖNLICHE ANGABEN
PERSONAL PARTICULARS

Familienname des Inhabers / Surname of holder: LIZIUS
Geboren am / Date of birth: 15. 3. 1915 (Tag / Day, Monat / Month, Jahr / Year)
Vorname / Christian Name: MAX
Geburtsort / Place of birth: MÜNCHEN
Zivilberuf / Civil occupation: ARZT
Familienstand / Family status: Ledig Ø / single Ø; Verheiratet / married; Verwitwet / widow(er); Geschieden / divorced
Heimatanschrift / Home address: JACHENAU/LENGGRIES HS.NR. 42
Zahl minderjähriger Kinder / Number of children who are minors: KEINE

Ich bestätige hiermit, daß nach meinem besten Wissen und Glauben die oben gemachten Angaben wahrheitsgemäß sind. Ich bestätige fernerhin, daß ich die „Instruktionen für entlassene Wehrmachtsangehörige (Control Form D. 1)" gelesen und verstanden habe.

I hereby certify that to the best of my knowledge and belief the particulars given above are true. I also certify that I have read and understood the 'Instructions to personnel on discharge' (Control Form D. 1).

Eigenhändige Unterschrift des Inhabers / Signature of the holder

MAX LIZIUS
Name des Inhabers in lateinischer Druckschrift / Name of the holder in Latin capitals

II

Ärztliche Bescheinigung · Medical certificate

Besondere Kennzeichen / Distinguishing marks: NARBE RECHTER DAUMEN
Gebrechen oder Dienstunfähigkeit, mit Beschreibung / Disability, with description: KEIN
Ärztliche Klassifizierung / Medical category: ARBEITSFÄHIG

Ich bescheinige hiermit, daß nach meinem besten Wissen und Glauben die oben gemachten Angaben über den Inhaber wahrheitsgemäß sind und daß derselbe ungezieferfrei ist und von keiner ansteckenden oder Infektionskrankheit behaftet ist.
I certify that to the best of my knowledge and belief the above particulars relating to the holder are true and that he is not verminous or suffering from any infectious or contagious disease.

Unterschrift des Truppenarztes / Signature of medical officer
DR.FRIEDRICH,ASS.ARZT
Name und Dienstgrad des Truppenarztes (in lateinischer Druckschrift) / Name and rank of medical officer (in block Latin capitals)

III

Die oben beschriebene Person wurde entlassen am 1. JULI 1945 aus d ...
The person to whom the above particulars refer was discharged on ... from the
Datum der Entlassung / date of discharge
ENTLASSUNGSLAGER ROSENHEIM

Rechter Daumenabdruck / Right thumbprint
Dienstsiegel / Official impressed seal
CORPS ARTILLERY OFFICIAL U.S. ARMY
Beglaubigt / Certified by
H.R. SANDELIUS
Capt. F.A., Cmdg.
Name, Dienstgrad und Amt des Alliierten Offiziers für Ausmusterung (in Druckschrift)
Name, rank and appointment of Allied discharging officer (in block Latin capitals)

Ø Nichtzutreffendes durchzustreichen. / Ø Delete that which is inapplicable.
*) Einzufüllen „Wehrmacht", „K.M.", „Luftwaffe", „Volkssturm" oder halbmilitärische Organisationen, z. B. „RAD.", NSFK." usw.
*) Insert 'Army', 'Navy', 'Air Force', 'Volkssturm' or para-military organization, e. g. 'RAD.', 'NSFK.' etc.

La fiche de libération de captivité de Max Lizius. Alors interné en Bavière, quelques semaines seulement après la fin de la Seconde Guerre mondiale en Europe, il a la chance d'être libéré du camp de Rosenheim. En cette période de dénazification, aucune charge n'est retenue contre lui. Son domicile est indiqué à Lenggries, au sud de Munich, dans les Alpes de Haute-Bavière. (Collection privée)

Face à la résistance française de la grotte du Pas de l'Aiguille

Reprenons maintenant le déroulement des opérations de la *Gruppe «Schwehr»* à partir du 22 juillet 1944. A l'aube de cette journée, elle tient les Pas du sud, mais pas encore ceux du nord, à savoir les Pas de la Ville et de Berrièves. Les *7.* et *8. Kompanien* consolident et sécurisent leurs positions au cours de la journée, notamment en direction du Pas de l'Aiguille, plus au sud, qui peut constituer une menace en raison, par exemple, de la présence de maquisards qui y ont été aperçus. La 8e compagnie se transporte donc par les crêtes jusque sur les lieux où se trouvent, précisément, 28 maquisards de la section de Mens sous les ordres de leur lieutenant, Paul Blanc, qui sont accrochés vers 16 heures par les *Gebirgsjäger*. En effet, les maquisards contrôlant les accès en provenance de la vallée et du hameau de la Richardière (juste au sud du Mont Aiguille), et en direction du Veymont, n'ont pas sécurisé l'accès par les Rochers du Parquet vers le Pas-de-la-Selle, ignorant que celui-ci avait été pris la veille par les Allemands.

Pour les maquisards, il faut de toute urgence trouver un abri viable, dans un premier temps l'une des vastes grottes, au pied de la falaise, la dite grotte du Pas de l'Aiguille. Cependant, celle-ci est trop ouverte, c'est-à-dire exposée aux tirs directs de l'ennemi. Le groupe, composé de vingt-trois hommes, se dirige alors vers une petite grotte avec une ouverture en biais, à flanc de la pente qui s'étend de la falaise vers le sentier en contrebas.

Vue actuelle, en regardant vers le sud, prise sur les Rochers du Parquet, montrant le chemin conduisant à pied – aucune route n'est carrossable, aujourd'hui comme en 1944 – du Pas de la Selle à celui de l'Aiguille. Voici l'itinéraire emprunté par la 8e compagnie du *Res.Geb.Jg.-Btl. II./98*, après la prise du Pas de la Selle (ce dernier dans le dos du photographe ici). (Photo auteur)

Un sentiment étrange ne peut que saisir le visiteur de cette grotte. Ses dimensions très réduites contrastent, de façon surprenante, avec le rôle qu'elle va jouer pour les maquisards qui s'y réfugient. De plus, elle cause de fortes difficultés aux *Gebirgsjäger* qui doivent s'acharner, deux jours durant, pour tenter de les en déloger avec les moyens puissants dont ils sont dotés. Peu après l'investissement de ce modeste refuge par les résistants, un officier allemand s'avance dans sa direction, accompagné de deux soldats (d'après le *Guide-Mémorial du Vercors Résistant* (5)). Selon Peter Lieb, il s'agit bien de l'*Oberleutnant* Ritter, commandant la *8. Kompanie*, qui vient enjoindre aux maquisards de se rendre. Ripostant immédiatement, ils blessent l'officier. Les archives du *II./98* confirment que Stefan Ritter a été blessé durant l'opération sur les Pas, au cours de l'assaut d'un «point fortifié» ; les *Verlustmeldungen* du *II./98* attestent elles aussi de cela.

Les «*Gebirgler*» se mettent tout de suite à couvert, et entreprennent de réduire la résistance de cette grotte par divers assauts. La configuration des lieux rend ces tentatives très difficiles, les tirs tendus de fusils ou de fusils-mitrailleurs ne pouvant quasiment pas atteindre l'intérieur de la grotte : les *Gebirgsjäger* vont alors employer leurs *Granatwerfer* de 50 mm et leurs tromblons lance-grenades (*Gewehr-Granat-Geräte*), fonctionnant en tir courbe. Outre de très nombreux étuis de cartouches de 9 mm (P.-M. Sten) et de fusil britannique SMLE de .303, une recherche superficielle effectuée dans la grotte en 1985 a mis en évidence un petit éclat en bakélite de grenade anti-personnel de projectiles de tromblon allemand, ce qui tend à prouver, comme on peut l'imaginer, que des tirs ont bien atteint l'objectif, à savoir l'intérieur de la grotte.

Jour et nuit, les attaques se succèdent, pendant 36 heures, avec l'emploi de fusées éclairantes, sans succès, mais accablant les assiégés sous les éclats de balles, de grenades et d'obus contre l'entrée de la grotte, tuant et blessant plusieurs de ses occupants. Deux d'entre eux, sans espoir de fuite, en arrivent à se suicider...

Le 23 juillet, les Allemands expérimentent un nouveau moyen pour tenter d'anéantir ces irréductibles : une équipe se place au-dessus de l'entrée de la grotte, en faisant descendre – au moyen d'une corde – un paquet d'explosifs jusqu'au niveau de l'entrée. La manœuvre n'échappe pas au lieutenant Jean-Paul, qui se saisit de la corde, parvient à arracher le paquet et à le projeter vers l'extérieur. Après plusieurs tentatives et à l'occasion d'un nouvel essai avec un paquet de 5 kg de mélinite, les Allemands parent à la difficulté en remontant immédiatement de quelques centimètres la boîte d'explosif au moment où l'un des occupants de la grotte tente de s'en emparer pour couper la corde, puis la redescendent immédiatement, les explosifs éclatant ainsi à la hauteur de l'entrée mais sans effets graves ; les blessures sont surtout provoquées par des éclats de pierre.

(5) Ouvrage de Patrick Escolan et Lucien Ratel, éditions Le Cherche-Midi, 2004.

Le site des combats du Pas de l'Aiguille, présentant une portion des Rochers du Parquet en ligne de crête, la grande grotte (ouverture noire dans la falaise, à gauche) mais aussi la petite grotte, celle qui a servi de lieu de refuge pour les 23 maquisards (l'ouverture de cette anfractuosité, de biais, est à peine visible au centre de la photo).

Précisons que les *Gebirgsjäger* ont, judicieusement, fait irruption par la ligne de crête, selon le principe tactique « qui tient les hauteurs, tient le terrain en profondeur », et non par le sentier montant de la vallée directement au Pas de l'Aiguille. Ils se sont ensuite déployés tout autour de la petite grotte, pour la tenir sous leur feu, notamment en tir plongeant, s'installant aussi, par exemple, à l'endroit duquel est pris ce cliché. Plusieurs « *Gebirgler* » ont été tués au cours de cet engagement de deux journées complètes, notamment marqué par la grave blessure de l'*Oblt.* Ritter. (Photo auteur)

Un ensemble impeccablement conservé de tromblon (*Schießbecher*), avec sa trousse et ses accessoires – y compris son appareil de pointage – destiné à l'universel *Karabiner 98k*. Pièce retrouvée dans le Vercors en 1973 qui, sans aucun doute, a participé aux affrontements de juillet 1944. Son projectile peut atteindre un objectif jusqu'à 300 mètres. (Collection privée)

D'émouvantes reliques des combats de la grotte du Pas de l'Aiguille, retrouvées par l'auteur en septembre 1985, la plupart légèrement enterrées, le long des parois de la grotte. Plusieurs étuis britanniques de calibre .303 et de 9 mm, percutés, munitions de fusils Lee-Enfield, F.-M. Bren ou P.-M. Sten. Une balle britannique de .303 également, ainsi que des débris d'équipements divers et, non présentées ici, des étuis de 7,92 mm allemands, des pièces de monnaie de Vichy, des boutons… (Collection privée)

… ainsi qu'un éclat, en bakélite, de grenade à fusil allemande. Pièce en apparence insignifiante, elle atteste bien l'emploi de cette arme par les *Gebirgsjäger* pour faire plier les maquisards. – à titre de comparaison, deux *Gewehr-Granaten* neutralisées, non explosées. (Collection privée)

Ci-dessus : cet empennage de projectile de mortier allemand de 80 mm provient, lui aussi, du sol du Vercors (pièce donnée à l'auteur en 1971, par un ami fin connaisseur du massif, l'ayant retrouvé au cours d'une randonnée). (Collection privée)

Bien conservée, retrouvée en Isère en 1973, cette caisse est destinée au transport de trois projectiles de *Granatwerfer 34* de 80 mm. (Collection privée)

Une *Stielhandgranate 24* – arme emblématique du soldat allemand – retrouvée dans Grenoble, en 1965. (Collection privée)

Une *Leuchtpistole 34* Walther, fabrication d'avant-guerre, provenant elle aussi directement de l'agglomération grenobloise (1974). (Collection privée)

Dans la grotte du Pas de l'Aiguille, une plaque en marbre rappelle la ténacité avec laquelle les maquisards ont tenu à cet endroit durant 48 heures, face aux *Gebirgsjäger*. (Photo auteur)

Ci-dessous : paysage splendide, le Pas de l'Aiguille vu depuis le bas de la vallée. C'est cette zone qui a été atteinte par les Résistants ayant pu s'échapper de leurs précaires « retranchements » de la grotte. (Photo auteur)

La position devient inéluctablement intenable et, avec la nuit, les survivants décident de tenter l'impossible : une sortie précipitée, en force, en catastrophe et en masse, hors de la grotte du Pas de l'Aiguille vers le sentier en contrebas rejoignant la vallée. Contre toute attente, et malgré le tir de fusées éclairantes, les Allemands ne peuvent rien faire et, quelques minutes plus tard, les rescapés se retrouvent dans la vallée. En définitive, sept maquisards et un berger se trouvant sur les lieux ont été tués dans ces combats.

Pour les journées des 21 au 23 juillet 1944 dans ce secteur, la liste des pertes allemandes nous est fournie une nouvelle fois par les *Verlustmeldungen*. Ainsi les listes *Nr. 7* et *8* du *Res.Geb.Jg.-Btl. I./98* donnent-elles, pour le Pas de la Ville le 21 juillet, trois soldats de la *3. Kompanie* tués, les *Jäger* Erich Buchenroth, Eduard Klankermeier et Wendelin (ou Wendolin) Fromknecht (voir page 115), et deux *Jäger* de la même compagnie blessés. La liste de pertes *Nr. 10* indique, au Pas de la Ville le 23 juillet, un blessé, le *Lt.* Günther Luz de la 1re compagnie (qui est également la petite unité de Heinrich Grabowski). Quant au *Res. Geb.Jg.-Btl. II./98*, la *Verlustmeldung Nr. 4* du 21 juillet mentionne un soldat tué au Pas de Chattons, le *Jäger* **Hermann Kerler**, et onze blessés, dont les *Jäger* Wilhelm Mayer, Eduard Ströbel, Peter Dyck et Johann Schwarzbart (dont il sera question plus loin), tous membres de la 7e compagnie. La *Nr. 5*, du 21 juillet, indique au Pas de la Selle un soldat tué – le *Jäger* **Rudolf Steiner** – et cinq blessés, tous de la 8e compagnie. La *Nr. 6*, toujours du même bataillon, recense pour les 21-22 juillet, un blessé de la 8e compagnie au Pas de la Selle (21 juillet), l'*Oberschütze* Artur Summ, mentionné plus spécialement ici car ce soldat a récemment fait don, au Musée de la Résistance de Grenoble, de son album personnel contenant des photographies prises lors de son service dans cette unité. Au « Pas de Laupe », en réalité le Pas de l'Aiguille, deux soldats tués sont indiqués pour le lendemain 22 juillet – les *Ogefr.* **Richard Krafft**, 35 ans, et **August Steube**, 20 ans, tous deux par des éclats de grenades –, et neuf blessés, dont l'*Oblt.* Stefan Ritter (commandant de compagnie) et le *Feldwebel* Kurt Kienle, là encore des hommes

Deux *Jäger* du *II./98*, âgés d'à peine 18 ans, tombés au début de l'opération « *Bettina* » : H. Kerler et R. Steiner. (Photo auteur)

Là encore, un *Jäger* né en 1926, Sebastian Winzinger, tombé contre les maquisards. Il repose certainement aux côtés d'un prisonnier de guerre mort en captivité à la fin de 1946. (Photo auteur)

Le caporal-chef August Steube, quant à lui légèrement plus âgé, tombé au Pas de l'Aiguille le 22 juillet 1944. (Photo auteur)

L'*Ogefr.* Krafft, qui a trouvé la mort le 22 juillet au Pas de l'Aiguille, repose aux côtés d'un *Jäger* tombé le lendemain dans la même zone, Matthäus Färber. (Photo auteur)

de la 8e compagnie. La fiche individuelle de Stefan Ritter nous apprend qu'il a été grièvement blessé à cette occasion, et qu'il a survécu à la guerre. La *Verlustmeldung Nr. 7* des 22 et 23 juillet indique, au « Pas de Laupe », deux soldats de la 9e compagnie tués, deux *Jäger* âgés de 18 ans **Sebastian Winzinger** et **Matthäus** (ou Matthias) **Färber**, et cinq *Jäger* de la 8e compagnie blessés, dont Leo Makiewka (qui sera évoqué plus loin). Et enfin, la *Nr. 8* du 21 juillet, là encore au « Pas de Laupe », un tué de la même 8e compagnie, le *Jäger* **Helmut Schweickhardt**, 19 ans.

Revenons aux opérations... Entre-temps, dès le 22 juillet, la 7e compagnie du *II./98* est chargée de prendre à revers les positions de maquisards vers le nord, où le *I./98* n'a pas pu percer. Après avoir pris possession du Grand Veymont, les Allemands tiennent une position en surplomb de celles des maquisards au Pas de la Ville, les rendant intenables. En fin de journée, le Pas tombe entre les mains des *Gebirgsjäger*, de même que le quatrième Pas – celui de Berrièves, au nord-ouest de Gresse-en-Vercors, où s'écoule le ruisseau des Pinées –.

Ainsi s'achève la « bataille des pas » au cours des journées des 23 et 24 juillet 1944, permettant aux Allemands de conforter leur « contre-guérilla » au cœur du plateau du Vercors. Toutefois, la *Kampfgruppe « Schwehr »* met trois jours pour rejoindre le plateau, et n'opère pas à Vassieux – comme cela était planifié – sa jonction avec les *Fallschirmjäger* (plutôt dans le secteur de La Chapelle). Par la suite, le groupement demeurera plusieurs jours sur place, afin de traquer les maquisards non neutralisés et d'exercer des représailles.

A ce stade du récit, citons un extrait des archives du *II./98*, qui renferme d'intéressants renseignements sur l'action des différentes unités du bataillon engagées dans l'opération contre les pas (sans contenir, d'ailleurs, d'informations relatives à la Grotte de la Luire…) (7). Ce document a été publié sur le site internet de l'association du 11e Régiment de Cuirassiers Vercors ; il s'agit d'une traduction des documents allemands, comportant certaines imperfections, qu'il faut tenter de clarifier pour une meilleure compréhension. La première page relate les actions du *II./98* aux Pas de Chattons – au sud-ouest du Grand-Veymont – et de la Selle, plus au sud. En ce qui concerne ce dernier, les informations reflètent les commentaires des auteurs déjà cités, à savoir que la 8e compagnie a constitué l'essentiel de l'attaque contre le Pas de la Selle, avec l'appui d'un groupe de mitrailleuses de la 9e compagnie et d'un groupe de la 10e (ayant, notamment, engagé des mortiers).

Pour les journées des 22, 23 et 24 juillet, l'on note un combat avec « le poste de résistance » d'un groupe de « terroristes » en un endroit nommé « Pas de Laupe »… On l'a vu, il s'agit du Pas de l'Aiguille, aucun autre Pas ne portant ce nom. Seul le col de l'Aupet a un nom proche mais, qui n'a nullement été le théâtre d'un affrontement de ce type. D'ailleurs, la *Verlustmeldung* mentionnant la blessure de l'*Oblt.* Ritter indique comme lieu ce « Pas de Laupe ». Or, nous savons qu'il a bien été blessé durant les combats autour de la grotte du Pas de l'Aiguille.

La 2e page relate plus spécifiquement les actions de la 8e compagnie (à laquelle appartient Anton Gröber, dont nous avons analysé le *Soldbuch*). A noter qu'on lit sur l'en-tête du document « *II.Btl./ReserveGeb.Jäg.-Bataillon 98* », et non « *11e Réserve 98e Bataillon de chasseurs* ». Ce relevé a pour but de comptabiliser les journées de combat prises en compte pour l'attribution d'un insigne dénommé « insigne du combattant ». Cette appellation

L'affaire de la grotte de la Luire

L'entrée de la grotte de la Luire – à ne pas confondre avec celle du Pas-de-l'Aiguille –. (Photo auteur)

C'est dans ce contexte de son stationnement sur le plateau, que des éléments de la *Gruppe « Schwehr »* sont informés de l'existence d'un hôpital de campagne dans la Grotte de la Luire – une ample infractuosité à flanc de falaise –, où ils font irruption le 27 juillet… Ayant reçu pour instructions de ne faire aucun prisonnier (d'ailleurs, les archives connues du *II./98* ne mentionnent rien au sujet de prisonniers), les troupes en question, soit la 8e compagnie du *II./98* (dont fait partie Anton Gröber, voir page 118-119), semblent tout d'abord hésiter quant au sort à réserver aux maquisards trouvés dans la grotte, mais un ordre venu de la hiérarchie conduit à l'exécution de 28 maquisards (6).

L'officier en charge à ce moment-là aurait été le *Leutnant* Anton Büttner, quoique celui-ci commandait en second la 9e compagnie, et non la 8e. Il semblerait par conséquent probable, que l'officier en question ait été le *Leutnant* Hans Schlemmer, devenu le commandant par intérim (*Kompanie-Führer*) de la 8e compagnie du *II./98* après que l'*Oblt.* Ritter, précédemment évoquée, ait été laissé hors-de-combat au Pas de l'Aiguille. Quoi qu'il en soit, une incertitude existe quant au responsable exact de cet ordre d'exécution ; l'on ne voit pas comment le *Hptm.* Rességuier de Miremont, en qualité de commandant de Büttner et de Schlemmer (commandant le *II./98*), serait resté étranger à cette affaire… Or, selon Volker Schlunk, le dossier du général Pflaum, à l'occasion de son procès tenu en France après-guerre, cite le nom du responsable du massacre de la grotte de la Luire… Ainsi Schlunk précisait-il : « *C'est un aristo, il vit à New York. Je l'ai appelé : il a nié les faits, mais il a admis avoir connu Pflaum. Il est sur la liste internationale de recherches, j'ai donné son nom à la police allemande, qui n'a rien fait.* » Il ajoute qu'en 1951, une lettre de la CDU (le parti chrétien-démocrate allemand) demandait qu'on arrêtât les recherches sur la 157e division, car « cela gênait ce monsieur ». Difficile de ne pas déduire qu'il ait été question ici du *Hauptmann* Rességuier de Miremont, mort en 2002, dont Peter Lieb nous rappelle qu'il a émigré à New York pour exercer une carrière d'artiste.

De lointaine ascendance française, le *Hauptmann* Rességuier de Miremont. (DR)

Comme dans la grotte du Pas de l'Aiguille, une plaque rappelle au passant les douloureux événements de la fin juillet 1944. (Photo auteur)

Site général du Pas de la Ville, avec le Grand Veymont à gauche en arrière-plan, et le pas proprement dit (au point le plus bas de la ligne de crête des falaises). Étant donné les faibles modifications du terrain depuis 75 ans, c'est sans doute, à peu de choses près, la vue qui s'est offerte aux « *Gebirgler* » des 1re et 3e compagnies du *I./98*, lors de leur marche d'approche le 20 juillet 1944, à la veille de l'attaque... Du reste, une journée lourde de sens pour le IIIe Reich. (Photo auteur)

n'existant pas dans la nomenclature des insignes de la Wehrmacht, mais plus exactement celle de *Kampf-Abzeichen* – insigne de combat –, il faut sans doute voir ici une allusion soit à l'insigne d'assaut de l'infanterie (*Infanterie-Sturmabzeichen*), soit – plus probablement – celui de combat contre les bandes (*Bandenkampf-Abzeichen*), beaucoup moins fréquemment attribué et qui le sera, nous avons commencé à le voir, à des membres de la *157. Res.-Div.* Cette archive cite d'abord trois journées se rapportant à l'opération dans le Massif des Bauges du 2 au 8 juillet, puis les journées d'attaque contre le Pas de la Selle et, du 22 au 24 juillet, contre un « bunker » au « Pas de Loup », ou au « Pas de Laupe ». Il s'agit ici encore d'un seul et même Pas, celui de l'Aiguille, dont la localisation (à quatre kilomètres au sud-est de La Bâtie) correspond grossièrement à ce dernier, et non, par exemple, au col de l'Aupet. La relation concerne ensuite la 9e compagnie (la *9.Kp./Res.Geb.Jäg.-Btl. II./98*), qui comptabilise trois journées d'affrontements dans les Bauges, et trois autres les 12, 13 et 19 juillet 1944, notamment à Pontcharra et Vif.

Quant à elle, la 3e page s'attache à des faits ou actions de combattants pris individuellement, sous forme de citations à l'ordre de la division, en commençant par trois officiers avec, en premier lieu, l'*Oberleutnant* Stefan Ritter. Son action est sou-

Ci-dessous : photographie de 1938 montrant la façade orientale de la dorsale du Vercors, avec le Grand-Veymont et, plus loin, le Mont Aiguille en arrière-plan. Elle est prise dans un axe nord-sud, à l'opposé des deux photographies aériennes page 110. (DR)

(6) D'après les travaux de Peter Lieb.

(7) Par ailleurs, aux pages 23 et suivantes du rapport du service historique des armées, rédigé peu après la fin de la guerre, l'on trouve des infos sur l'opération « Vercors » et l'on note que des archives du *Res.Geb.Jg-Btl. II./98* ont été exploitées. Sont aussi mentionnés les dits groupements Staib, Ritter et Greil, correspondant aux 7e, 8e et 9e compagnies du *II./98*.

Sur cette photographie aérienne britannique, prise dans un axe nord-sud, l'on distingue la même dorsale que sur la photo précédente, Vers la droite, hors champ, la direction des localités de Vassieux et de La Chapelle. Sur la gauche, la vallée où s'étire la N-75, reliant Grenoble à Sisteron par le Col de Lus-La Croix-Haute. Entre cette route nationale et les falaises, les villages de Gresse et de Chichilianne, principales bases de départ des compagnies engagées des *I.* et *II./98*. (IWM)

lignée dans le cadre de l'attaque contre le Pas de la Selle le 21 juillet, et le lendemain contre le « point fortifié dans le rocher au Pas de Laupe » (la grotte du Pas de l'Aiguille). Ce rapport confirme que Ritter a bien été blessé à l'occasion des assauts contre la grotte. Vient ensuite l'évocation des actions du commandant de la 9e compagnie, l'*Oberleutnant* Anton Greil, et des « mérites » dont il a fait preuve lors de l'anéantissement d'un groupe de « terroristes sous la direction du capitaine Roland », le 29 juillet. Le troisième officier est un médecin, nommé Harold Tersteggen, qui se serait révélé particulièrement efficace dans les secours apportés aux blessés et en vue de leur transport vers l'hôpital de Grenoble. Cela démontre au passage la prise en compte des actions des médecins dans les journées de combat comptabilisées dans le cadre de l'attribution du *Bandenkampf-Abzeichen*, comme cela a été vu pour l'*Oberarzt* Max Lizius.

La liste continue, en soulignant de façon plus ou moins détaillée les actions de certains sous-officiers et hommes du rang : Le *Feldwebel* Werner Lindler, attaché à l'état-major du *II./98*, action remarquée au Pas de l'Aiguille, et le *Jäger* Johann Schwarzbart, de la 7e compagnie, pour une action accomplie au col du Fouillet (Pas du Fouillet, à quelques centaines de mètres du Pas de Chattons). Dans le secteur d'attaque de cette petite unité au Pas des Bachassons, il abat un « observateur » ennemi. Les *MG-Schützen* Wilhelm Mayer et Eduard Ströbel, et le *Jäger* Otto Haid, de la même compagnie, s'illustrent au Pas du Fouillet, les deux premiers ayant été blessés lors de l'attaque. Le *Jäger* Hermann Steiner, de la 7e compagnie, abat deux hommes le 21 juillet, idem pour son homologue, Johann Herold, et le *Jäger* Peter Dick, ce dernier ayant tué un ennemi malgré ses blessures. Le *Jäger* Karl von Hofe, de la 8e compagnie, fait partie des assaillants de la grotte du Pas de l'Aiguille et des hommes ayant rampé jusqu'à la grotte (« la brèche »), pour y lancer des charges explosives. Idem pour le *Jäger* Otto Kohler, qui a combattu au « corps-à-corps » près de la grotte avec grenades à manche et pistolet au poing, les « chaussures de montagne entourées de chiffons » ! Quant à lui, l'*Obergefreiter* Otto Günther a fait preuve de témérité en emportant la décision contre la grotte, et en infligeant des « pertes sanglantes » à l'ennemi… La liste n'est pas exhaustive, se prolongeant pour d'autres soldats, y compris de la 9e compagnie. A noter la mention d'un *Jäger* nommé Leo Makiewka, de la 8e compagnie, qui s'est distingué lors de l'attaque contre la grotte le 22 juillet, quand il a été grièvement blessé. Il est noté « *bien qu'appartenant à la Liste III (Polonais), il s'est vraiment comporté comme un soldat digne de toute confiance* ». Ce commentaire n'est pas anodin à un double titre : d'une part il confirme la présence, certes peu nombreuse, de soldats de la *Volksliste III*, y compris dans le *Res.Geb.Jäg.-Rgt. 1*, (c'est-à-dire pas uniquement dans le *Res.Gren.-Rgt. 157*), et d'autre part, il souligne le caractère fort péjoratif attaché à l'appartenance à cette liste, qui comporte une sorte de présomption de « médiocrité », de « serment de fidélité douteux envers le Reich », que seul le courage au combat pourrait démentir.

Le Mont Aiguille, depuis la route reliant Gresse à La Bâtie. Le 20 juillet 1944, cette zone est investie sans difficultés par les *I.* et *II./98*, préalablement au déclenchement de l'opération le lendemain. (Photo auteur)

Ce ceinturon d'officier, avec l'étui de pistolet de 7,65 mm glissé dessus, a été cédé en avril 1997 par le fils d'un hôtelier dont établissement se trouvait rue Montorge, où quelques officiers allemands cantonnaient sous l'Occupation (voir cette rue page 170). (Collection privée)

Provenant de la terre du Dauphiné, un *Verschlußkopf* (tète de culasse) de MG.42. Cette arme automatique collective, extrêmement puissante, est en dotation dans la *157. Reserve-Division* aussi bien que le MG.34. (Collection privée)

La *Kampfgruppe « Seeger »* – l'attaque au nord

Contrairement à la façade orientale du plateau, ce secteur apparaît comme le maillon faible du dispositif de défense de la Résistance, tant du fait de la topographie des lieux que par suite des combats des 13 et 15 juin 1944 ayant fait sauter le verrou défensif des maquisards (voir pages 80-83). En effet, cette porte du Vercors est largement accessible depuis Grenoble par un réseau routier conduisant à Saint-Nizier et, au-delà de cette trouée, de vastes prairies s'étendent jusqu'à Lans-en-Vercors et Villard-de-Lans, entre deux rangées de crêtes. La *Kampfgruppe* chargée de pénétrer ce secteur en direction du cœur du plateau est commandée par l'*Oberst* Seeger. Elle est composée des *Res.Geb.Jäg.-Btl. 99* (commandé par le *Hptm.* Hans Schneider) et *100* (*Hptm.* Johann Kunstmann), de la *Res.Art.-Abt. 7* sous les ordres du *Major* Johannes Schlegel, d'une batterie de la *Res.Geb.Jäg.-Abt. 79*, et de la 1re compagnie du *Res.Pi.-Btl. 7.* (commandée par l'*Oblt.* Werner Brandhorst).

S'installant dans ses bases de départ les 19 et 20 juillet, vers 8 heures du matin le 21 juillet la *Gruppe* débouche de Saint-Nizier en direction de Villard-de-Lans (se reporter à la carte page 111). Puis, une partie d'entre elle oblique à hauteur de Lans-en-Vercors vers Autrans et Méaudre, empruntant alors le col de la Croix Perrin, où elle est bloquée par les chasseurs de la compagnie Bordenave. Néanmoins, rapidement débordés par les *Gebirgsjäger*, les défenseurs se replient sur Autrans, qui tombe à 17 heures, laissant le champ libre vers Méaudre, qui est également prise peu après aux assaillants allemands.

Entre-temps, une seconde colonne du groupement se dirige vers Villard-de-Lans et Corrençon à partir de Lans-en-Vercors (à quelques kilomètres plus au sud), mais elle est accrochée par une compagnie du 6e BCA (bataillon de chasseurs alpins, aussi connu sous l'appellation de « Bataillon Vercors »). Elle atteint néanmoins Villard-de-Lans, puis Corrençon dans l'après-midi, où elle se trouve de nouveau bloquée violemment, cette fois-ci par la compagnie du capitaine Jean Prévost. Ce n'est qu'après une lutte de six heures que Corrençon est prise. En outre, le terrain s'est prêté à la pose de mines et les *Gebirgsjäger* vont devoir s'appliquer à dégager les voies de communication de ces dangereux obstacles, qui leur causeront des pertes, et empêcheront le déploiement d'armes lourdes. Pour pénétrer plus avant dans le plateau, la route des Gorges de la Bourne ne s'avère pas fiable, du fait des risques d'embuscades et des nombreux tunnels et ponts détruits par la Résistance. Pour ce sous-groupement, une autre option se présente donc, par une voie passant par le village abandonné de Valchevrière, à quelques kilomètres à l'ouest de Villard-de-Lans. Une ligne de défense française est établie dans ce secteur, commandée par Jean Prévost. De plus, en un endroit du nom de Belvédère, les maquisards ont installé un verrou tenu par la 2e compagnie du lieutenant Chabal.

Bottes issues, il y a plusieurs décennies, de la collection de l'ancien Résistant du Vercors Joseph La Picirella. A tige haute, dont le haut se resserre notamment au moyen d'un lacet, il s'agit sans doute ici de *Stiefel* d'officier, quoique son cloutage typiquement allemand soit identique à celui des bottes de marche du modèle général. L'on n'y trouve néanmoins aucun marquage. (Collection privée)

Ici, des « *Trittlinge* » (l'un des surnoms des brodequins de montagne), eux aussi issus de la collection du maquisard et auteur d'ouvrages sur le Vercors, La Picirella. Ils proviennent directement de cette région, ayant sans aucun doute été portés par un *Gebirgsjäger* de la *157. Res.-Div*. Là non plus, aucun marquage n'est retrouvé. Pour l'anecdote, l'intérieur contient encore du papier journal français de 1947… (Collection privée)

Paire de bottes de marche du modèle général, à tige courte, les « cornets à dé » (« *Knobelbecher* ») dans le langage du *Landser*, retrouvés au début des années 1970 en Isère. Quoique pas dans un état aussi irréprochable que celles de la page 45, cet effet vient directement de la zone d'opérations de la « 157ᵉ »,et possède ses marquages réglementaires sur le haut de la tige, ici 30 – 5 – 41 – 178. (Collection privée)

Les reliques du champ de Bataille du Vercors

Ces objets ont tous été retrouvés sur les hauteurs de Corrençon-en-Vercors, à même le sol pour la plupart, où une partie de la *KGr. « Seeger »* s'illustre le 22 juillet 1944 : un boîtier allemand en tôle d'acier d'appareil de protection contre les gaz, un empennage de projectile de mortier allemand de 80 mm, une boîte métallique criblée d'impacts. Illustrant bien l'armement des maquisards, un chargeur de 32 cartouches de Pistolet-mitrailleur Sten. (Collection Loïc Testoud)

L'épave d'un appareil de protection contre les gaz, dont il subsiste le masque en toile caoutchoutée, un morceau du pourtour d'étanchéité, ainsi qu'une infime partie de la cartouche filtrante, ou encore un disque antibuée. Sur l'embaco métallique est encore présente une partie du numéro d'identification de l'ensemble. Peut-être a-t-il été abandonné sur les hauteurs de Corrençon par un blessé… En effet, il est vrai qu'il n'a trouvé que très peu d'emploi dans sa destination première – la lutte contre les gaz –, au cours de la Seconde Guerre mondiale. (Collection Loïc Testoud)

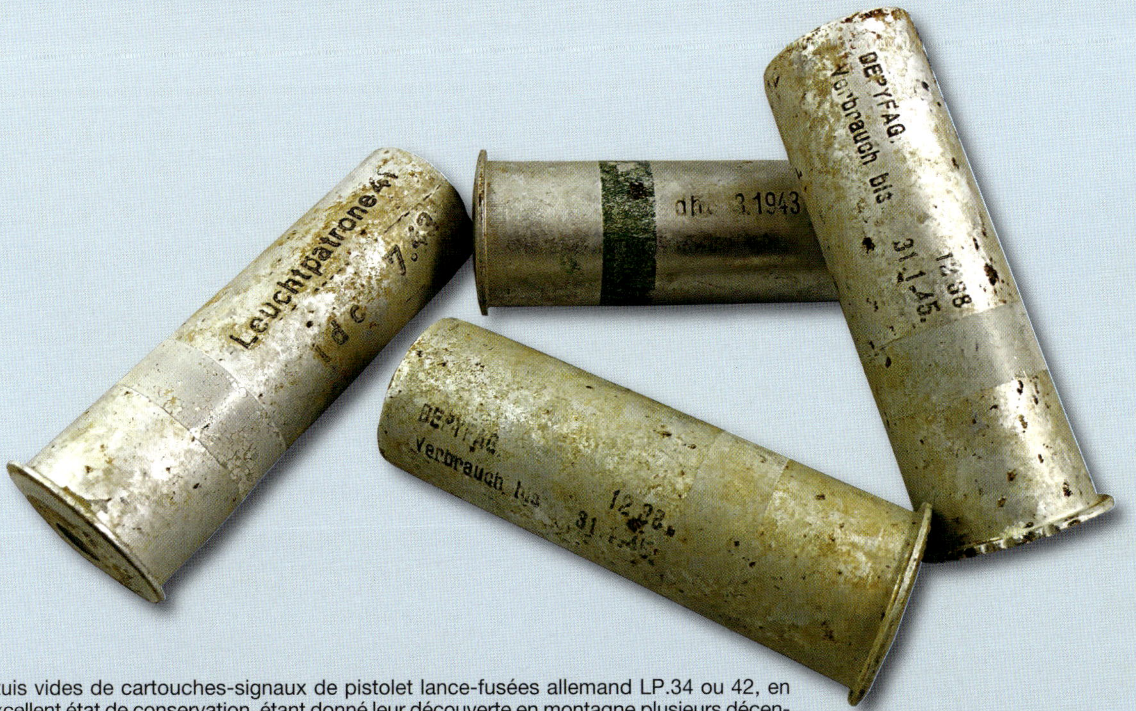

Étuis vides de cartouches-signaux de pistolet lance-fusées allemand LP.34 ou 42, en excellent état de conservation, étant donné leur découverte en montagne plusieurs décennies après les opérations. Les trois étuis à bande blanche renfermaient des projectiles éclairants, et celui à bande verte un projectile à étoile verte. (Collection Loïc Testoud)

L'image de décès de l'*Artillerist* J.-A. Rosenhuber, fils d'un maître-charpentier d'Isen en Haute-Bavière, à l'est de Munich. Il est grièvement blessé au premier jour de l'opération « *Bettina* », et trouve la mort dès le lendemain. (Collection privée)

Gebets-Andenken

an unsern lieben, braven Sohn, Bruder u. Enkel

Josef Anton Rosenhuber

Wagnermeisterssohn von Isen
Soldat in einem Geb. Art. Abt.

welcher am 22. Juli 1944 in einem Feldlazarett im Alter von 18 Jahren den Heldentod für Gott und seine geliebte Heimat starb.

Ihr habt jetzt zwar Trauer, aber ich werde Euch wiedersehn und Euer Herz wird sich freuen und diese Freude wird niemand von Euch nehmen.

(Joh. 16, 22.)

Mein Jesus, Barmherzigkeit! [300 Tage Abl.]

LORENZ NUSSHAINER, ISEN OBB.

Dans ce secteur, les pertes de cette journée du 21 juillet s'élèvent à un blessé grave, mort le lendemain des suites de ses blessures à l'hôpital de Grenoble – le *Kanonier* **Josef Anton Rosenhuber**, de la 2e batterie de la *Res.Geb.Art.-Abt.79* –, sans précision malheureusement sur le lieu de ses blessures, puisque nous avons vu que, concernant le mois de juillet 1944, les *Verlustmeldungen* de cette unité font défaut. Selon Joseph La Picirella, il s'agirait du Col de la Croix Perrin…

A vrai dire, une seule perte est bien confirmée en un endroit précis par la *Verlustmeldung Nr. 4* du *Res.Geb.Jäg.-Btl.100*. Je m'arrête un instant sur celle-ci car elle clôt, en la personne d'Otto Hackl, le cheminement ouvert pour moi il y a plus de quarante ans, évoqué au début de cette étude. Plus précisément, au cours de ma visite à Berlin en 2017, ma première demande a été de pouvoir consulter les documents relatifs à cet *Oberfeldwebel*. Sur ceux-ci, j'ai enfin pu découvrir, d'une part, le lieu et les circonstances de son décès, et d'autre part, qu'il s'agissait pour lui dans le Vercors, d'une « deuxième mort »… Sa fiche personnelle et la *Verlustmeldung* précitée nous apprennent qu'il a été tué en tant que chef de section (*Zugführer*) ce 21 juillet d'un coup au cœur (*IG – Infanterie Geschoss - Herz*) au « col de la Croix », sans autre précision, mais avec la mention « *2,5 km au sud-ouest de Lans – France méridionale* », ce qui situe le lieu en direction du col de la Croix Perrin, cadre de l'attaque mentionnée ci-dessus.

Plus précisément, la distance mesurée de 2,5 kilomètres à partir du centre de Lans-en-Vercors conduit vers une petite clairière, sur la route menant à ce col, où se trouve de nos jours une

Le Pas de la Ville avec quelques reliquats de neige. Une fois sa prise de contrôle par les *Gebirgsjäger* de la *KGr.* « *Schwehr* » le 23 juillet, ces derniers progressent vers la Chapelle-en-Vercors. Cependant, par là-bas, ils n'opéreront leur jonction avec les hommes de la *KGr.* « *Seeger* », provenant pour leur part de la zone de Lans et Corrençon, que plusieurs jours après. (Photo auteur)

croix de Lorraine signalant le lieu où, ce même 21 juillet, le résistant **Alexandre Ginet** est tombé. Il est très probable qu'il s'agisse de l'endroit où ce dernier a péri, ainsi que le *Kanonier* Josef Rosenhuber, décédé le lendemain à l'hôpital de Grenoble, et aussi **Otto Hackl**, tué quant à lui sur le coup. Ainsi donc, ce dernier n'a pas été tué au Pas de la Ville, mais non loin de Lans-en-Vercors (en un lieu proche de la station de ski où, jeunes débutants, nous apprenions à skier au début des années 1960, et où rien ne laissait penser que le destin d'un soldat allemand s'était achevé à peine une vingtaine d'années plus tôt).

Comme déjà dit, le parcours de ce soldat, originaire de Bavière à Itting, à l'est de Straubing, où il est né le 29 août 1914, est inhabituel pour une unité de ce type, puisque, outre la croix allemande en or, lui ont été conférées les croix de fer des 2e et 1re classes, l'agrafe des combats rapprochés et l'insigne des blessés en argent.

Conservée au WASt, sa fiche individuelle précise également qu'il exerçait la profession de charcutier, un clin d'œil au fait que tous les individus empêtrés dans une guerre sont, généralement, des hommes comme les autres. L'on apprend également qu'en tant que sous-officier dans les rangs du *Jäg.-Rgt.204* de la *97. Jäger-Division* opérant à l'Est en 1941/42, il a été blessé une première fois à Troiskoye le 10 décembre 1941, puis une seconde fois, (à la tête) le 1er décembre 1942, dans le Caucase, « *à 300 mètres à l'est P. 641 au nord-ouest de B. Indjuk* ». Entre-temps, il a été déclaré tué sur Berg Gaiman, à cinq kilomètres au nord de Cunnika, toujours dans les montagnes caucasiennes (le 28 septembre 1942). Toutefois, curieusement, il est déclaré mort à ce moment, et une mention postérieure rectificative indique : « *Ref. I/12a/19891/43 rapporte que O.H. né le 29.08.14 est en vie, et qu'il n'est pas mort au combat à Berg Gaiman* ». Officiellement, Otto Hackl était donc bien « mort » une première fois. Ce Bavarois est ensuite transféré à la *157. Res.-Div.* en août 1943. Selon deux mentions postérieures à la guerre, l'une du 7 mai 1954, il serait tombé le 21 juillet 1944 au Col de la Croix, à 2,5 km à l'ouest de Lans, suite à un coup mortel au cœur, à l'hôpital local de Grenoble. Une autre, postérieure (du 5 mai 1960), indique que sa dépouille se trouvait au cimetière du Grand Sablon, à Grenoble, tombe N° 2203, et qu'elle a été transférée le 12 juin 1958 à Dagneux, carré 15, rang 4, tombe 80 – Au passage, à mon arrivée à Grenoble avec mes parents au début de 1958, jeune garçon, sa tombe se trouvait toujours au cimetière du Grand Sablon, et qui sait dans quel état ? –.

Ces faits sont significatifs des hasards du destin. Ce soldat, qui a échappé aux plus opiniâtres combats sur le front de l'Est, trouve finalement la mort en affrontant des « partisans sans uniforme », sur un front très secondaire, non comparable avec l'Est, l'Italie, la Normandie ou encore les Balkans... Cela démontre également, une nouvelle fois, la détermination et le courage des Résistants français, qui sont parvenus à mettre hors-de-combat un soldat aussi aguerri.

Ouvrons maintenant une parenthèse, quant à mes recherches sur ce soldat. En effet, l'identification de son parcours jusqu'à sa disparition, ce 21 juillet 1944, ne pouvaient se clôturer dans mon esprit à cette date fatidique. J'ai donc décidé de remonter jusqu'à la source, à savoir sa famille en Alle-

La sépulture du Bavarois l'*Oberfeldwebel* Otto Hackl, à la nécropole de Dagneux. Précisons qu'au moment de son incorporation dans la Wehrmacht dès l'Avant-guerre, il résidait dans la Ruhr, et non dans sa *Heimat* du Sud... la raison est inconnue. En tous cas, voici un cadre très expérimenté du front de l'Est, qui trouve la mort durant les affrontements contre les maquisards, dès le premier jour de l'opération « *Bettina* », comme son camarade Rosenhuber. (Photo auteur)

L'endroit approximatif où Otto Hackl a été tué, le 21 juillet 1944, selon toute vraisemblance contre les hommes du 6e Bataillon de Chasseurs du Vercors... A proximité de là, une croix marquant la mort d'un résistant, Albert Ginet. Cet affrontement a également vu, le même jour, le décès au combat de René Dechaudol, et quelques maquisards supplémentaires sont blessés. (Photos auteur)

Évocation d'Otto Hackl, avec une *Bergmütze* accompagnée d'un insigne en drap brodé des *Gebirgstruppen*, d'une croix allemande en or (DKG) et de pattes d'épaule d'*Oberfeldwebel* au liseré vert. La seule photographie connue de ce Bavarois provient d'un *Sterbebild*, se trouvant dans une collection privée. Déjà *Unteroffizier* avant le déclenchement du conflit, il est nommé *Feldwebel* en mars 1941, puis *Oberfeldwebel* l'année suivante. Lui ont été attribués les *EK. 2* et *1*, ainsi que l'insigne d'assaut de l'infanterie en argent en 1941, l'*Ostmedaille* et le prestigieux *Deutsches Kreuz in Gold* en 1942, et l'insigne des blessés en argent l'année suivante. (Collection privée)

magne, si toutefois il en restait une, 75 ans après les faits, et peut-être découvrir des choses nouvelles sur lui, sa vie civile, son parcours militaire, voire son tempérament, à la recherche d'éléments tant matériels que personnels pour affûter le portrait de cette victime des combats du Vercors. Dans les archives, j'avais pu tomber sur l'adresse de l'*Ofwb.* Hackl en 1944 en Bavière. J'ai ensuite approfondi mes recherches qui m'ont conduit à identifier sa famille, et à découvrir que ce Bavarois était déjà marié et que sa femme avait accouché d'un fils, quelques mois après sa mort. Ayant alors adressé à sa famille une lettre en expliquant ma démarche, je n'ai reçu aucune réponse depuis. Il faut sans doute supposer que certaines plaies de ce passé tragique ne sont pas davantage refermées du côté allemand que du côté français, surtout s'agissant des combats contre la Résistance.

Mais revenons aux événements, au terme de cette journée du 21 juillet.

Le 22 juillet 1944 en début d'après-midi, les *Gebirgsjäger* passent à l'attaque avec 300 hommes, mais les défenseurs tiennent bon et contre-attaquent, et les Allemands sont tenus en échec. Ils reprennent l'offensive le lendemain, vers 5 heures du matin, contre le dernier bastion de résistance constitué par le Belvédère de Valchevrière, tenu par le lieutenant **Chabal** et ses 92 hommes.

Le lieutenant Abel Chabal. Originaire des Hautes-Alpes, il effectue son service militaire dans les Zouaves au Maroc, à Oujda. Chasseur alpin, il s'illustre lors des combats victorieux contre les Italiens, en juin 1940. Chabal rejoint le maquis du Vercors en février 1944, et est nommé lieutenant le 25 juin… (DR)

Un insigne en drap noir brodé du 6e Bataillon de Chasseurs Alpins, auquel Abel Chabal a été versé en 1940, et dont il a contribué à la remise sur pied dans la première moitié de l'année 1944. (Collection Loïc Testoud)

… il tombe courageusement la veille de son 34e anniversaire, le 23 juillet 1944. (Photo auteur)

La pierre tombale de Franz Xaver Stadler, de la *3.Kp./Res.Geb.Jg-Btl. 100*, qui décède à 17 ans sur le Massif du Vercors. (Photo auteur)

Par une manœuvre familière dans les troupes de montagne, les *Gebirgsjäger* fixent la défense des résistants, puis occupent les positions dominant ces derniers, les rendant rapidement intenables. Dans un sacrifice « à la Sidi-Brahim », le lieutenant Chabal est tué vers 11 heures, de même qu'une partie de ses hommes. Ce succès allemand ouvre la voie vers l'intérieur du plateau, brisant la dernière ligne de défense des maquisards…

Du côté allemand, les pertes de la *Kampfgruppe « Seeger »* mentionnent, d'après la *Verlustmeldung Nr. 7* du *Res.Geb.Jg-Btl.100*, du 11 au 23 juillet – outre Otto Hackl le 21 juillet –, un *Jäger* de la 3e compagnie tué à Valchevrière (« bei-Lans ») le même jour, un dénommé **Franz Xaver Stadler**. Pour le même corps de troupe, la *Verlustmeldung Nr. 6* du 11 au 28 juillet fait état d'un blessé de la 2e compagnie, toujours le 21 juillet « à l'ouest de Lans », et d'un autre de la même compagnie une semaine plus tard (le 28 juillet) à Rencurel (à quelques kilomètres au sud de Malleval-en-Vercors) et, plus inattendu, un blessé de la 3e compagnie à Domène (à une poignée de kilomètres à l'est de l'agglomération grenobloise) le 19 juillet, c'est-à-dire avant le début de l'opération « *Bettina* ».

Quant à elle, la *Verlustmeldung Nr.6* du *Res.Geb. Jg.-Btl.99* du 16 au 24 juillet 1944 décompte un blessé de la 1re compagnie le 21 juillet, à un kilomètre au nord de Villard-de-Lans, ainsi que deux soldats tués, le *Jäger* **Balthasar Körver** de la 2e compagnie, et l'*Obergefreiter* Sepp Rauch de la 4e, de même que cinq blessés de la 1re compagnie et un autre de la 4e, le 23 juillet à deux kilomètres au sud-ouest de Lans.

Arrêtons-nous un instant de Balthasar Körver, dont nous possédons le *Soldbuch*…

Nous voyons dès la page 1, une mention manuscrite, effectuée par un responsable de l'unité : «*tombé au combat le 23. VII. 44 par une explosion de mine vers (« bei ») Correncon (Isère) France* ». Il s'agit d'une indication non réglementaire, les livrets individuels des soldats tués au combat ou morts des suites de leurs blessures comportant, généralement, deux traits rouges en X barrant la page de couverture. Ce soldat est très représentatif de ceux composant la division à cette époque, un homme très jeune, né le 30 janvier 1927 – cette fois, un Rhénan de la région d'Aix-la-Chapelle –, qui n'a donc pas même 17 ans et demi lorsqu'il trouve la mort. Körver a été enrôlé le 29 février 1944 et affecté à la *2.Kp./Res.Geb.Jäg.-Btl.99*, dans laquelle il se trouve par conséquent en opé-

Balthasar Körver

Soldbuch
zugleich Personalausweis

Nr. 3284

für

den Jäger (Dienstgrad)

ab Gefallen am 23.VII.44 durch (Datum) (neuer Dienstgrad)
ab Minenexplosion bei Correncon
ab (Isere) Frankreich

Balthasar Körver (Vor- und Zuname)

Beschriftung und Nummer der Erkennungsmarke: 1. [illegible] #3263 1. Geb. Jäg. Ers. Btl. 98. Garmisch

Blutgruppe: A

Gasmaskengröße: II

Wehrnummer: Aachen 27/13/1/I Fr.

1

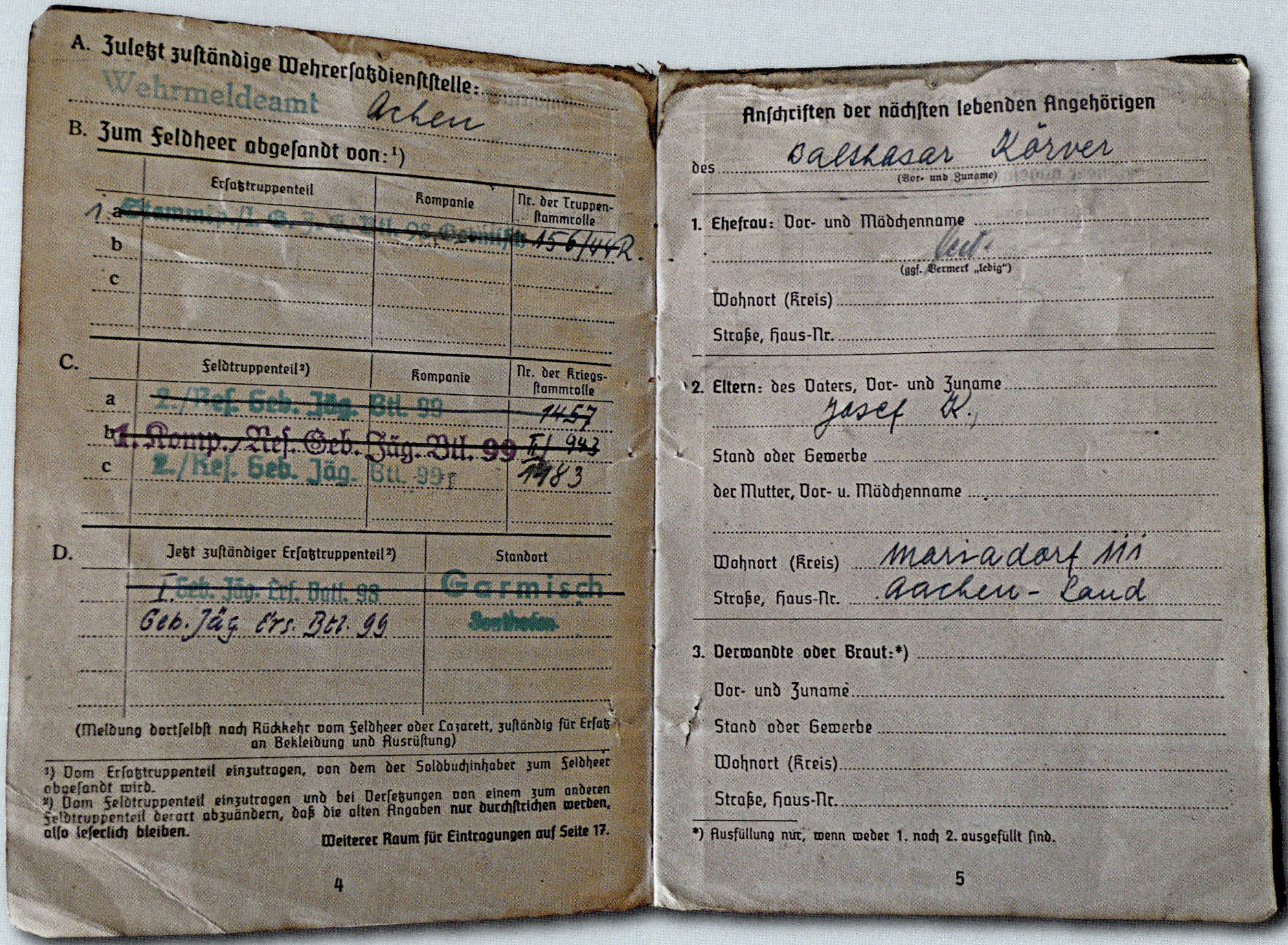

A. Zuletzt zuständige Wehrersatzdienststelle: Wehrmeldeamt Achen

B. Zum Feldheer abgesandt von:¹)

	Ersatztruppenteil	Kompanie	Nr. der Truppenstammrolle
a	Stamm.../I. G. J. E. Btl. 98 Garmisch		156/44R
b			
c			

C.

	Feldtruppenteil²)	Kompanie	Nr. der Kriegsstammrolle
a	2./Res. Geb. Jäg. Btl. 99		1457
b	1. Komp./Res. Geb. Jäg. Btl. 99		943
c	2./Res. Geb. Jäg. Btl. 99		1483

D.

Jetzt zuständiger Ersatztruppenteil²)	Standort
1. Geb. Jäg. Ers. Btl. 98	Garmisch
Geb. Jäg. Ers. Btl. 99	Sonthofen

(Meldung dortselbst nach Rückkehr vom Feldheer oder Lazarett, zuständig für Ersatz an Bekleidung und Ausrüstung)

¹) Vom Ersatztruppenteil einzutragen, von dem der Soldbuchinhaber zum Feldheer abgesandt wird.
²) Vom Feldtruppenteil einzutragen und bei Versetzungen von einem zum anderen Feldtruppenteil derart abzuändern, daß die alten Angaben nur durchstrichen werden, also leserlich bleiben.

Weiterer Raum für Eintragungen auf Seite 17.

4

Anschriften der nächsten lebenden Angehörigen

des Balthasar Körver (Vor- und Zuname)

1. Ehefrau: Vor- und Mädchenname: ledig (ggf. Vermerk „ledig")
Wohnort (Kreis)
Straße, Haus-Nr.

2. Eltern: des Vaters, Vor- und Zuname: Josef K.
Stand oder Gewerbe
der Mutter, Vor- u. Mädchenname
Wohnort (Kreis): Mariadorf ...
Straße, Haus-Nr.: Aachen-Land

3. Verwandte oder Braut:*)
Vor- und Zuname
Stand oder Gewerbe
Wohnort (Kreis)
Straße, Haus-Nr.

*) Ausfüllung nur, wenn weder 1. noch 2. ausgefüllt sind.

5

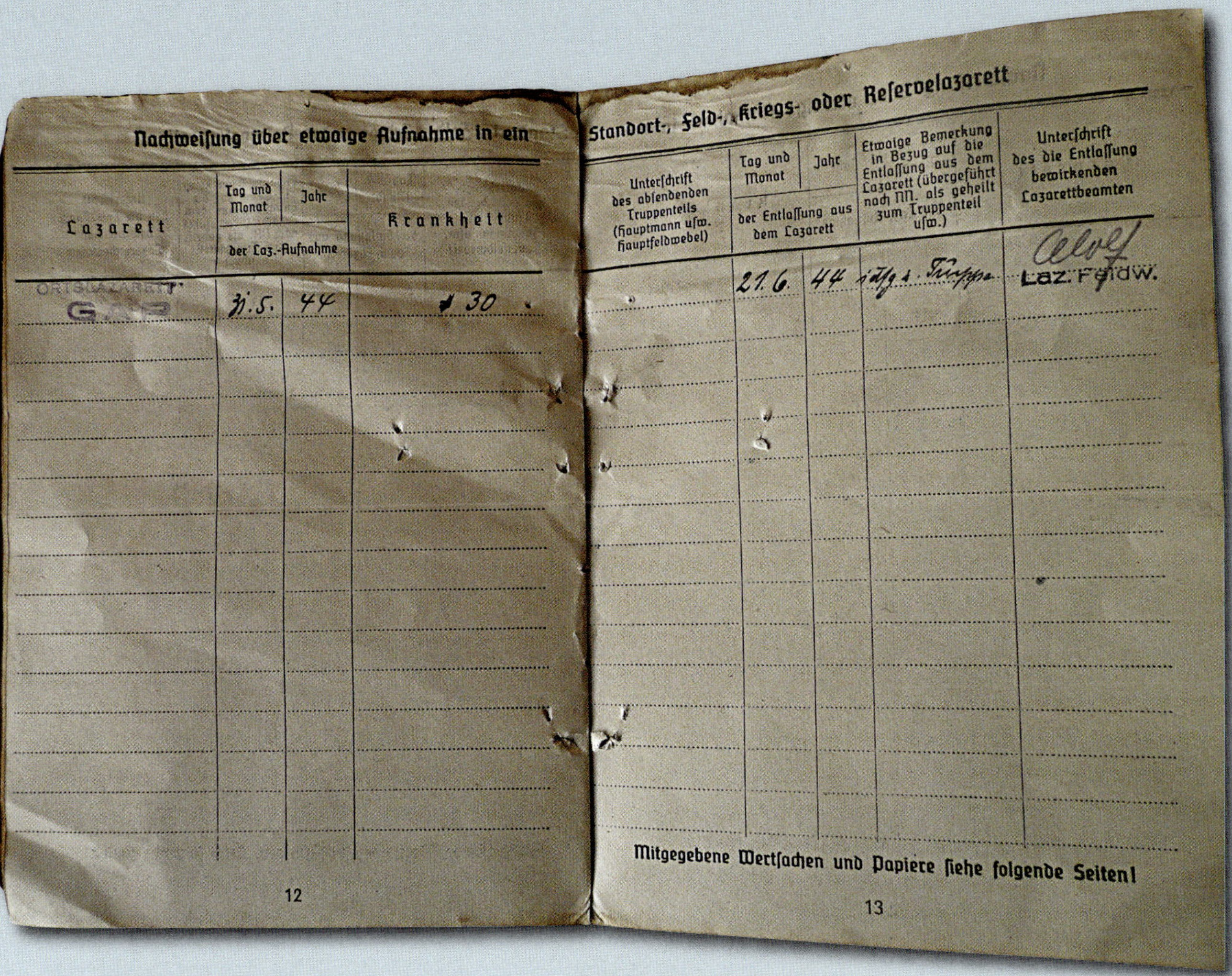
Nachweisung über etwaige Aufnahme in ein Standort-, Feld-, Kriegs- oder Reservelazarett

Lazarett	Tag und Monat	Jahr	Krankheit	Unterschrift des absendenden Truppenteils (Hauptmann usw. Hauptfeldwebel)	Tag und Monat	Jahr	Etwaige Bemerkung in Bezug auf die Entlassung aus dem Lazarett (übergeführt nach NN. als geheilt zum Truppenteil usw.)	Unterschrift des die Entlassung bewirkenden Lazarettbeamten
	der Laz.-Aufnahme				der Entlassung aus dem Lazarett			
ORTSLAZARETT GAP	31.5.	44	30		21.6.	44	[illegible]	Wolf Laz. Feldw.

Mitgegebene Wertsachen und Papiere siehe folgende Seiten!

12 13

Le *Soldbuch* de Balthasar Körver, qui n'est pas encore adulte alors qu'il trouve la mort durant l'opération « *Bettina* ». Notons, dans l'encadré de la première page, la pratique inhabituelle de mention de son décès, avec la date et le lieu précis. Ce Rhénan est d'abord incorporé dans le *I. Gebirgs-Jäger-Ersatz-Bataillon 98*, sis à Garmisch, avant d'être versé dans le *Res.Geb.Jg.-Btl. 99*, et de trouver la mort au cours de l'opération « *Vercors* ». (Collection privée)

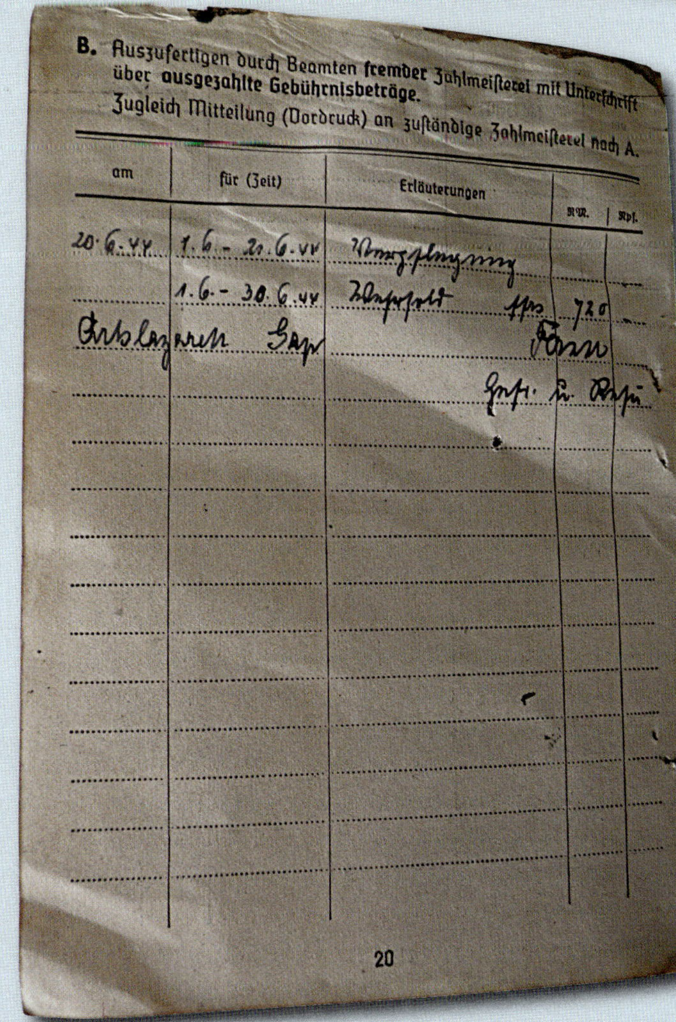
B. Auszufertigen durch Beamten fremder Zahlmeisterei mit Unterschrift über ausgezahlte Gebührnisbeträge.
Zugleich Mitteilung (Vordruck) an zuständige Zahlmeisterei nach A.

am	für (Zeit)	Erläuterungen	RM.	Rpf.
20.6.44	1.6. - 20.6.44	[illegible]		
	1.6. - 30.6.44	[illegible]		720
Ortslazarett Gap				

20

rations avec le « groupement Nord » (ou *KGr.* « *Seeger* ») ce 23 juillet. Durant son bref séjour dans la division, il n'a pas reçu de permission, mais a été hospitalisé à Gap du 31 mai au 21 juin 1944, ce qui signifie qu'il a dû participer aux opérations des Glières et à « *Frühling* », en mars et avril de la même année. Remarquons enfin que, comme pour Gerhard Fuchs, blessé lors de l'embuscade du 24 juin près de Corps, le *Soldbuch* de ce jeune *Gebirgsjäger* porte la signature du *Sanitätsfeldwebel* Wolf (voir page 73).

Relevons également que deux soldats de la même unité sont également blessés à Saint-Martin-en-Vercors le 24 juillet, dont l'*Unteroffizier* Epimachus Schugg, de la 1re compagnie. La *Verlustmeldung Nr.7* de la même unité, du 16 au 24 juillet, indique un *Ogefr.* et un *Jäger* de la 4e compagnie blessés à Villard-de-Lans le 21 juillet, et deux autres *Jäger* de cette compagnie blessés le 23 juillet. Cette fois-ci, le lieu de Corrençon est précisé sur la liste. Enfin, selon la *Verlustmeldung Nr.11* de la même unité, un membre de la 1re compagnie a été blessé à Saint Martin-en-Vercors le 24 juillet.

Cette vareuse du modèle de 1942, en excellent état, ayant appartenu à un soldat des *Gebirgstruppen*, a été retrouvée sur Draguignan en novembre 1988. Ses *Litzen*, tout comme l'edelweiss sur le haut de la manche droite, sont cousus d'origine. L'emblème de souveraineté a été rajouté a posteriori, la vareuse ayant été dénazifiée dans les années 1940… Elle a certainement appartenu à un « *Gebirgler* » de la *157. Res.-Div.* capturé sur Grenoble, beaucoup d'hommes faits prisonniers là-bas ayant été, par la suite, transférés dans des camps plus au sud, comme celui de Calas. (Collection privée)

Stahlhelm 42 retrouvé la même année en Isère, présentant une décalcomanie bien conservée de son emblème de souveraineté. Hélas, aucune information sur son propriétaire, portant le nom de famille Kaphengst, si ce n'est qu'il ne repose pas au cimetière militaire de Dagneux : il y a donc de fortes chances qu'il n'ait pas été tué dans la région. (Collection privée)

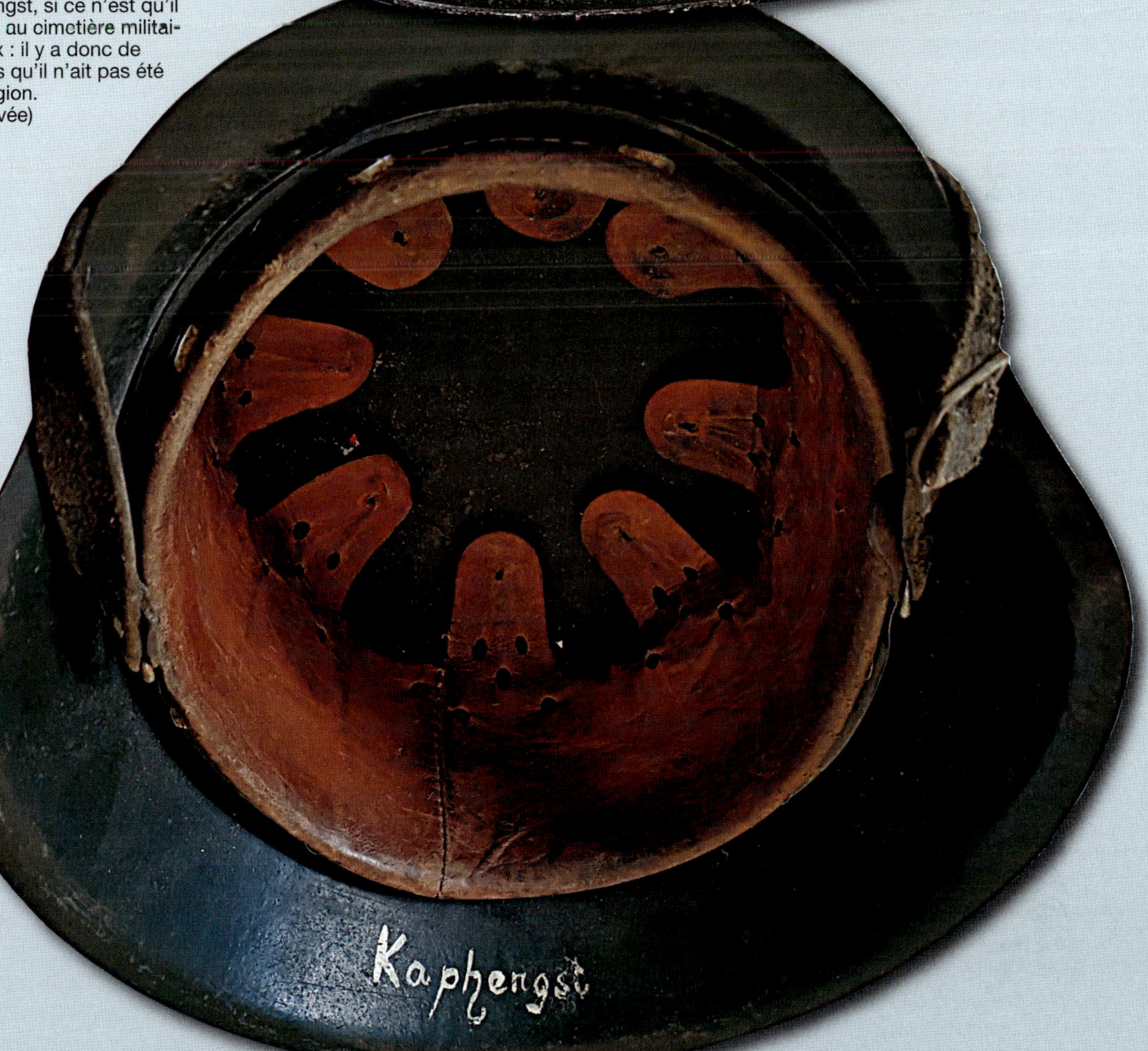

2

Von den Bestimmungen auf Seite 54, 55 und 56 habe ich Kenntnis genommen.

Ernst Kothmeier

(Eigenhändige Unterschrift des Inhabers – Rufname, Familienname)

Größe in Zentimetern 168 | Augenfarbe braun

Körperbauform schlank | Haarfarbe dunkelbr.

Besondere Kennzeichen (z. B. Brillenträger)

Blutgruppe A

3

I. Angaben zur Person

1	Familienname	Kothmeier
2	Vornamen (Rufnamen unterstreichen)	Ernst
3	Geburtstag, -monat, -jahr	8. Mai 1926
4	Geburtsort Verwaltungsbezirk (z. B. Kreis, Reg. Bezirk)	Nürnberg / Obb.
5	Staatsangehörigkeit (auch frühere)	Deutsches Reich
6	Religiöses Bekenntnis	kath. — Zahl der leb. Kinder
7	Familienstand	ledig
8	Beruf (nach Berufsverzeichnis)	erlernter: angel. Schleifer — zuletzt ausgeübter
9	Eltern	Vater: Josef – Kothmeier (Rufname, Familienname), Hilfsarbeiter (Beruf nach Berufsverzeichnis), (wenn verstorben: † und Sterbejahr) (wenn gefallen: gef. und Jahr) — Mutter: (Rufname, Familienname), Geburtsname, (wenn verstorben: † und Sterbejahr)

Wehrnummer

München II 26/69/2/8

Name des Paßinhabers

Ernst (Rufname) Kothmeier (Familienname)

Nummer der Kennkarte

Nummer des Arbeitsbuchs	Beschriftung und Nummer der Erkennungsmarke (im Kriege)
306/25034	-3473- Stammkp. / II. Geb. Jäg. Ers. Btl. 98

München (Dienstsitz des Wehrbezirkskommandos), den 10. Juni 1943 (Tag, Monat, Jahr)

Dienststempel

Oberst u. Kommandeur

(Unterschrift und Dienstgrad, Dienststellung)

Ernst Kothmeier vient de prendre 18 ans, au moment des affrontements dans le Vercors. Le 11 août 1944, ce jeune Bavarois est blessé par un projectile d'infanterie reçu à la tête, comme c'est attesté à la page 34 de ce *Wehrpass*. Il sera congédié quelques mois plus tard, au début de 1945. (Collection privée)

Le *Wehrpass* du *Jäger* **Ernst Kothmeier** nous apprend qu'il a servi dans la *4.Kp./Res.Geb. Jäg.Btl.100* depuis la mi mai 1944. Observons que les *Jäger* Rieder et Kothmeier sont tous deux membres de la 4e compagnie – celle de l'*Oberfeldwebel* Otto Hackl –, et qu'ils ont très probablement été présents sous ses ordres lors des combats 21 juillet, aux abords du Col de la Croix Perrin.

Lunette de précision ZF.41 au grossissement de 1,5 avec son étui pour le port au ceinturon, immanquables équipements de *Scharfschütze* découverts sur Grenoble en 1971. (Collection privée)

12

noch IV. Aktiver

Zugehörigkeit zu Dienststellen des Heeres

Tag, Monat, Jahr vom	bis	Dienststelle (Truppenteil usw., Standort) **)	Truppen-(Kriegs-) Stammrollen-Nr.
27.4.44	17.5.44	Stammkp. / II. Geb. Jäg. Ers. Btl. 98	217/III/44
18.5.44	30.9.44	4./Res. Geb. Jäg. Btl. 100	Kr. 975
?		?	
26.2.45		Heeresentlassungsstelle 18. April 1945 W. Kr. VII	

19

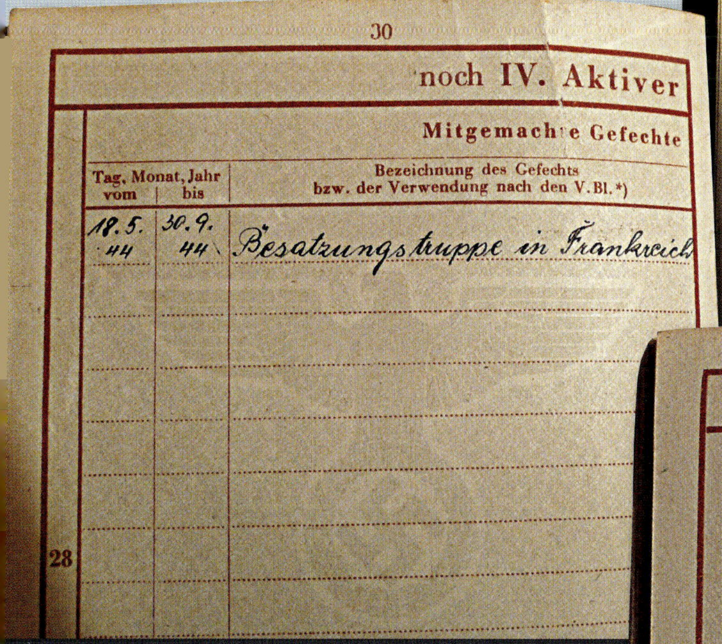

30

noch IV. Aktiver

Mitgemachte Gefechte

Tag, Monat, Jahr vom	bis	Bezeichnung des Gefechts bzw. der Verwendung nach den V.Bl.*)
18.5.44	30.9.44	Besatzungstruppe in Frankreich

28

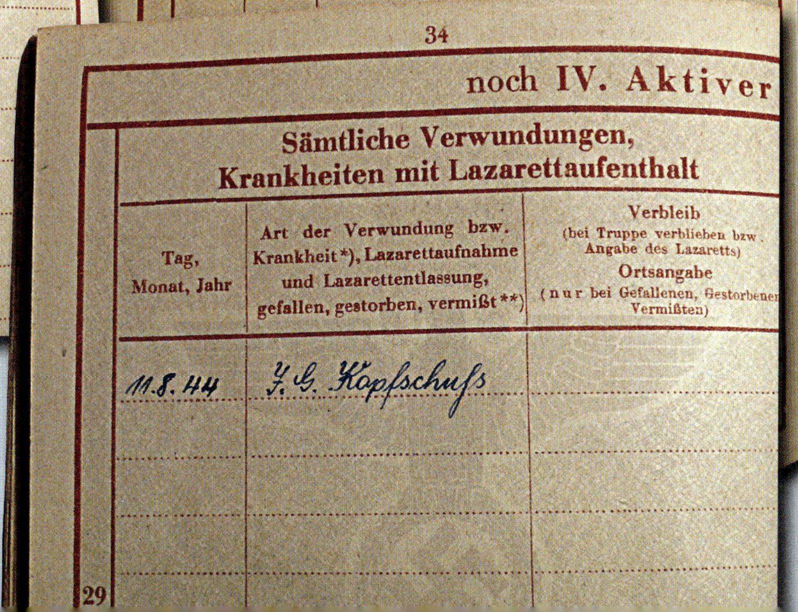

34

noch IV. Aktiver

Sämtliche Verwundungen, Krankheiten mit Lazarettaufenthalt

Tag, Monat, Jahr	Art der Verwundung bzw. Krankheit*), Lazarettaufnahme und Lazarettentlassung, gefallen, gestorben, vermißt**)	Verbleib (bei Truppe verblieben bzw. Angabe des Lazaretts) Ortsangabe (nur bei Gefallenen, Gestorbenen, Vermißten)
11.8.44	J.G. Kopfschuß	

29

Cette photographie aérienne IGN de La Chapelle-en-Vercors, prise deux ans après les événements, montre encore de nombreux bâtiments détruits ou du moins dépourvus de toiture, particulièrement au niveau de la rue principale (en l'occurrence, la D-518).
rectangle rouge : cour et mur des fusillés
route D 178 : vers Vassieux-en-Vercors et le col de Proncel
route D 518 : vers Saint-Aignan-en-Vercors. (IGN)

Les derniers affrontements de juillet 1944 dans le Vercors

Le 25 juillet, le groupement « Seeger » effectue sa jonction à La-Chapelle-en-Vercors avec les *Fallschirmjäger* en provenance de Vassieux, ce qui marque la fin des opérations offensives contre les forces de la Résistance dans le Vercors, indépendamment des combats de Gigors, en périphérie, du périmètre d'action allemand, les 27 et 28 juillet.

Durant quelques journées supplémentaires, les troupes des *Kampfgruppen « Schwehr »* et *« Seeger »* demeurent sur le plateau, chargées d'exécuter les consignes appliquées par la division lors des précédentes opérations : destruction de tout site pouvant abriter à l'avenir de nouvelles concentrations ennemies ou cachettes d'armes, de munitions, d'équipements, et le maintien à la disposition des populations locales non soupçonnées d'avoir participé à la Résistance, des seuls moyens de subsistance, y compris s'agissant du bétail, propres à répondre à leurs stricts besoins. Par ailleurs, les Allemands s'emploient à traquer toute personne tentant de se soustraire au plateau du Vercors, en fusillant immédiatement celles qui, à l'évidence, sont des maquisards. Ainsi le 1er août, une patrouille intercepte t'elle Jean Prévost et certains de ses compagnons, qui sont passés par les armes, ce qui met un terme au parcours de courageux combattants français et d'un écrivain illustre.

Il faut signaler d'ultimes combats s'étant déroulés à Gigors le 27 juillet 1944, dans le secteur sud du massif, où des éléments allemands tentent, à partir de l'axe Crest-Die, de s'introduire vers le nord. Joseph La Picirella rappelle qu'à cette occasion, une colonne allemande en provenance d'Aouste-sur-Sye, au bord de la Drôme, se dirige sur Cobonne (par la D. 531). Là, une compagnie de résistants, qui a pris position près de Gigors,

ouvre le feu sur la colonne... Face à cette résistance, équipés de camions et de deux canons, les Allemands tentent de déborder la position des maquisards par Blacons. Puis, une autre colonne, composée de treize camions, lance depuis Aouste une attaque de diversion en direction de Gigors, qui est finalement atteint. Les combats se poursuivent à Beaufort-sur-Gervanne, d'où les Allemands se lancent à la poursuite des défenseurs ; de violents accrochages ont lieu. La présence de la Wehrmacht est en permanence menacée au cours de cette opération, qui fait dire aux Allemands que, même arrivés à leur but, ils restent surpris sur leurs arrières, dans un climat général d'insécurité ; par là, ils sont dans l'impossibilité d'assurer le contrôle d'ensemble de la région. Le bilan dans le camp allemand est lourd : cinq tués à Die, Johann Engelmann et Hans Wilhelm Kahle, tous deux âgés de 30 ans, Ernst Wolf, 25 ans, et deux inconnus à environ un kilomètre à l'ouest de la ville, sur la RN 93. A Sainte Croix, Ewald Bohl, 19 ans, Herbert Leix, 18 ans et un dénommé Welijow, d'origine russe (peut-être un « *Hiwi* », ou un membre des « *Osttruppen* »). A Aouste-sur-Sye, sur la route de la Cobonne (N 51), quatre soldats d'originaires d'Union Soviétique sont également tués, et inhumés dans le cimetière communal. A Gigors et Lozeron, l'on dénombre trois tués : Severin Haub, 38 ans, Ernst Kirschhof, 21 ans, et Arthur Marquardt, 29 ans.

D'autres pertes sont enregistrées en marge ou à l'issue des opérations du Vercors, ainsi pour le *Res.Gren.-Rgt.157*, quatre blessés à trois kilomètres au sud-ouest de Montmélian – à une dizaine de kilomètres au sud-est de Chambéry – le 9 août, et trois autres le 12 août au nord de Barraux, sur la route Chambéry-Grenoble. Quant à la *Res.Inf.Gesch.-Kp.7*, elle déplore un tué, le *Gren.* Karl Greil, à Pont-la-Dame, sur la route Gap-Grenoble le 2 août. De son côté, la *Res.Inf.Nachr.-Kp. 157* compte deux tués, les *Gren.* Karl Ascherl et Wilhelm Lax, ainsi que deux hommes blessés le 3 août, à quatre kilomètres au sud de Monestier-de-Clermont. Est également enregistré un blessé le 23 juillet, à vingt kilomètres de Grenoble en direction de Saint Nazaire, et un blessé le 29 juillet à 400 mètres à l'ouest de Bas-Seyssins. La *Res.Inf.Pi.-Kp.7* fait état d'un *Unterfeldwebel*, Josef Limbrunner, blessé le 21 juillet à la Croix-Haute, d'un blessé à Grenoble-même le 4 août, et de cinq blessés le 7 août à cinq kilomètres au sud de Vif, juste à l'est du massif, à une douzaine de kilomètres au sud de la cité grenobloise. Pour le *Res.Gren.-Btl.217* (*Verlustmeldung Nr. 5* du 13 au 31 juillet 1944), un *Grenadier* blessé le 23 juillet à 25 kilomètres au sud de Gap, un autre de la 1re compagnie, un dénommé Matthias Emerschitsch, tué à Gap le 24 juillet, et deux *Grenadiere* de la même compagnie grièvement blessés au nord-ouest de Veynes – une petite ville située à une quinzaine de kilomètres à l'ouest de Gap –, deux jours plus tard le 26 juillet.

Bilan de l'opération « *Bettina* »

Finalement, les derniers *Gebirgsjäger* quitteront le plateau du Vercors le 5 août 1944. Sur l'ensemble de l'opération, les pertes allemandes se montent à environ 80 tués et disparus, ainsi que plus de 130 blessés, les maquisards ayant perdu, quant à eux, plus de 630 hommes tués au combat ou fusillés. Enfin, la répression d'une extrême brutalité, opérée par les troupes allemandes toutes unités confondues, a causé environ 200 victimes civiles (touchant femmes, enfants, vieillards, voire des familles entières).

Il est singulier, et pour le moins paradoxal, de constater que le haut-commandement allemand, en la personne du général Niehoff, et la *Sipo-SD*, estimeront que Pflaum, commandant de la *157. Res.-Div.*, a fait preuve à l'égard des maquisards d'un comportement par trop modéré, contrairement d'ailleurs au souvenir qu'en garderont longtemps les habitants du plateau, et plus généralement de la région grenobloise. Il est vrai que Pflaum et certains commandants d'unités avaient déjà manifesté leur hostilité envers la brutalité de la *Sipo-SD* à l'égard, sinon des maquisards eux-mêmes, du moins des populations civiles lors des précédentes opérations. D'ailleurs, ce jugement du comportement de Pflaum par sa hiérarchie, avec sa conduite également évaluée comme non efficace lors de l'évacuation de Grenoble par ses troupes, et durant le repli vers l'Italie à la fin du mois d'août, contribuera nettement à son rapide limogeage, dès le début du mois de septembre 1944.

Une pièce bien évocatrice des adversaires de la *157. Res.-Div.* dans le Vercors : un porte-chargeurs artisanal des plus rustiques, confectionné à partir de matériaux de récupération. Il provient directement du Vercors, destiné à trois chargeurs de 32 cartouches du P.-M. Sten. (Collection Loïc Testoud)

Quelques boîtes en carton pour munitions américaines de 11,43 mm (cal .45) et de 9 mm (cal .38), issues de l'un des nombreux parachutages de ravitaillement ayant eu lieu sur le Vercors. (Collection privée)

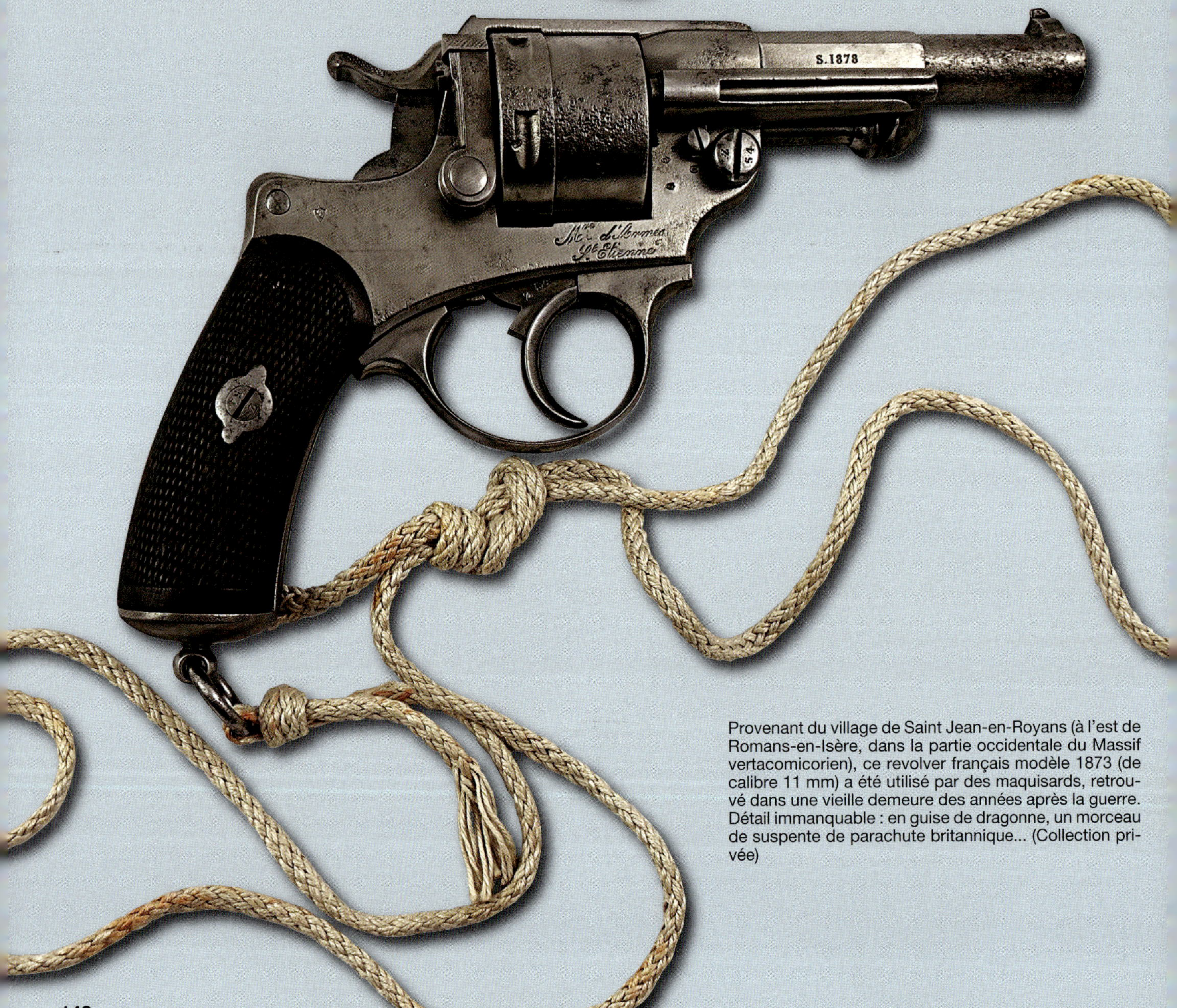

Provenant du village de Saint Jean-en-Royans (à l'est de Romans-en-Isère, dans la partie occidentale du Massif vertacomicorien), ce revolver français modèle 1873 (de calibre 11 mm) a été utilisé par des maquisards, retrouvé dans une vieille demeure des années après la guerre. Détail immanquable : en guise de dragonne, un morceau de suspente de parachute britannique... (Collection privée)

Également digne d'intérêt, un morceau de voilure de parachute du SOE en nylon bariolé, retrouvé dans un grenier de Saint-Nazaire-en-Royans, non loin de la confluence de la Bourne et de l'Isère. (Collection Loïc Testoud)

Août 1944. Des dernières opérations massives anti-partisans au *Rückzug* vers les cols frontaliers

Dès avant la fin du mois de juillet 1944 et à plus forte raison au moment de l'achèvement du « nettoyage » du Vercors au début du mois d'août, les signes d'une aggravation de la situation de l'armée allemande en France deviennent manifestes. D'une part, le front de Normandie connaît un tournant défavorable à la Wehrmacht (l'« *Invasionsfront* » ayant été profondément enfoncé à l'ouest de Saint-Lô) et, d'autre part, les signes d'un nouveau débarquement allié en Méditerranée – et, cette fois, sur le littoral français directement… – se font de plus en plus évidents. Pour la survie des forces allemandes en France et la protection de leurs voies de retrait éventuelles (vers les frontières occidentales du Reich, mais aussi vers l'Italie), il est plus vital de préserver la sécurité des axes de communication, sans cesse et de plus en plus menacés par la Résistance. Ainsi, une fois l'opération sur le Vercors terminée, la *157. Res.-Div.* se préoccupe-t-elle immédiatement de s'en prendre aux forces situées dans le massif de l'Oisans, et plus généralement dans les vallées conduisant à l'est de Grenoble (celle de la Romanche) vers Briançon et l'Italie, puis dans la Tarentaise, dans le cadre d'une opération baptisée « *Hochsommer* » (plein été). Les deux phases de cette dernière sont décrites avec précision par l'historien militaire Peter Lieb, notamment dans *Vercors 1944*.

Tentative de nettoyage de l'Oisans et de la vallée de la Romanche

Opérations et déplacements de troupes allemandes dans l'Oisans, en août 1944. (Carte Bernard Paich)

L'opération débute le 8 août 1944, pour s'achever dix jours plus tard. Elle vise un secteur d'intervention compris entre le Bourg d'Oisans et le col du Lautaret (ce dernier situé à une trentaine de kilomètres à l'est de Bourg d'Oisans), avec des unités au départ de Grenoble et La Mure à l'ouest, de Saint-Michel-de-Maurienne au nord, et peut-être de Briançon au sud-est. Par ailleurs, cette opération présente un aspect économique, car il s'agit d'une région d'exploitation minière (bauxite, magnésium, etc.), encore sous le contrôle du service économique allemand. L'objectif est donc également de procéder au « transport du butin », afin qu'il soit placé en sécurité.

Toujours selon Peter Lieb, les forces allemandes engagées comprennent, au point initial de Grenoble, le *Res.Geb.Jg.-Btl. 99*, le *Res.Gren.-Btl. 179* (ou *217* ?), la *Res.Inf.Gesch.-Kp. 157* et la *Res.Inf.Pz.Jg.-Kp. 157*. Débouchent quant à eux de La Mure d'Isère le *Res.Geb.Jg.-Btl. II./98* et, de Saint-Michel-de-Maurienne, l'*Ost.-Btl. 406* (bataillon de Russes). Toutefois, pour le sud-est, les unités d'intervention ne sont pas identifiées…

Deux engagements majeurs ont lieu : l'un le 9 août aux environs de La Mure, et l'autre vers l'Alpe d'Huez une semaine plus tard, avec des pertes s'élevant à une quinzaine d'hommes tués et blessés du côté allemand. La seconde phase se déroule dans la vallée interalpine de la Tarentaise, à une soixantaine de kilomètres au nord-est de l'Oisans. Les forces allemandes engagées à cette occasion sont commandées par le *Major* Johann Kolb (chef de corps du *Res.Gren.-Btl. 179*), regroupent le *Res.Gren.-Btl. 179*, le *Res.Geb.Jg.-Btl. 100*, la *Res.Geb.Art.-Abt. 79*, l'*Ost-Bataillon (Turk.) 781*, ainsi qu'un bataillon du *SS-Pol.-Rgt. 19*. Sont donc engagées au minimum deux unités ayant précédemment combattu sur le plateau du Vercors. Les opérations se déroulent du 10 août au 21 août 1944, et butent sur de premières résistances adverses aux alentours de Pussy (La Léchère). Les actions combinées du *Res.Gren.-Btl. 179* et

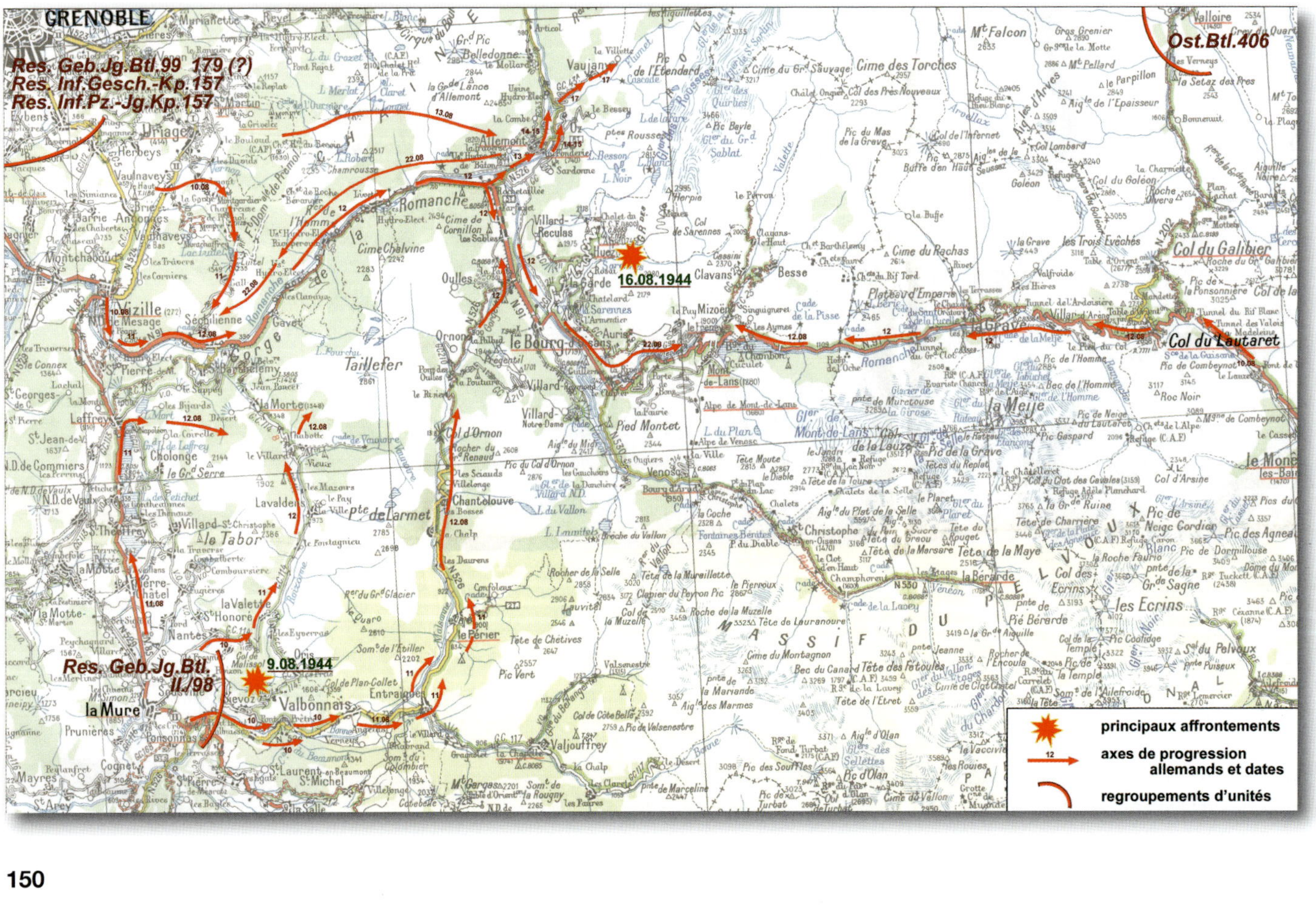

du *Res.Geb.-Btl. 100* conduisent à réduire la résistance des maquisards le 11 août.

Pour se pencher sur un cas particulier, notons que le *Wehrpass* du *Jäger* Kothmeier (voir pages 144-145), de la *4. Kp./ Res.Geb.Jg.-Btl. 100*, mentionne qu'il a été blessé par un tir à la tête le 11 août, sans mention de lieu. Or, la consultation de la *Verlustmeldung Nr. 12* (période du 5 au 28 août 1944) de cette unité de chasseurs de montagne apprend que cela se serait produit sur Pussy précisément. Son *Wehrstammbuch*, conservé au *WASt*, contient par ailleurs une lettre de ce soldat écrite à sa hiérarchie pour retracer son parcours, à l'issue de cette blessure, un document riche de renseignements: «*J'ai été blessé le 11 août 1944 et fait prisonnier le 21 août à l'hôpital (Aix-les-Bains). Le 2 novembre a eu lieu un gros échange (de prisonniers), dont j'ai eu la chance de faire partie. Et je me trouve depuis le 9 novembre dans un hôpital au pays. Les autres camarades faits prisonniers avec moi, ont été dirigés vers un camp en France, et certains en Amérique*». Au passage, cette lettre confirme l'existence de contacts entre nations belligérantes, pour permettre des échanges de prisonniers.

Si nous reprenons le bref récit précédent, nous voyons que ces unités parviennent les 15 et 16 août à Bourg-Saint-Maurice, pour tenter de sécuriser la zone concernée par l'opération, mais le cours des évènements et la résistance des maquisards ne leur permettront pas de conforter durablement les résultats obtenus. En effet, dès les 19-20 août, le général Pflaum apprend contre toute attente que les forces américaines (débarquées le 15 août sur le littoral provençal) ont déjà atteint les environs du col de la Croix Haute, aux portes méridionales du Vercors, à une quarantaine de kilomètres au sud de Grenoble. La situation est sur le point de basculer de façon radicale et précipitée, notamment pour les forces de la Wehrmacht présentes depuis plusieurs mois dans la région... Chassant jusque-là les «*Banditen*», elles deviennent le gibier, quasiment du jour au lendemain. Une phase confuse en résulte, qui débouche sur l'évacuation de Grenoble par les Allemands, et des combats sporadiques dans ses alentours.

Ces opérations prennent fin sans conclusion déterminante pour la Wehrmacht. Pour les forces allemandes engagées en Oisans, le bilan approximatif des pertes est le suivant :

Le <u>*Res.Geb.Jg-Btl.100*</u> compte, d'après les *Verlustmeldungen Nr. 8* et *9* (période du 6 au 29 août), deux soldats tués le 6 août à Moûtiers, les *Jäger* Otto Ulmer et Wilhelm Sauter et, deux jours plus tard sur le même lieu, l'*Oberjäger* Heinz Egon Schwilling. Seize autres soldats sont portés disparus et trois blessés le 6 août, toujours à Moûtiers, membres de la 3e compagnie. De son côté, la *Verlustmeldung Nr. 11* (5 août) indique douze soldats de la 4e compagnie disparus à Moûtiers le 5 août, et la *Nr. 12* (période du 5 au 28 août) deux *Jäger* de la même *4. Kp.* blessés à Pussy (dont Ernst Kothmeier, dont le portrait a été dressé plus haut) et un autre *Jäger* de cette dernière, Franz Niederstrasser, tué aux Chapieux le 21 août. Un *Oberjäger* dénommé Karl Lang est tué, et cinq *Jäger* de la *4. Kp.* blessés à Cottes-d'en-Baut le 28 août.

Les *Verlustmeldungen Nr. 13* et *14* (période du 4 au 28 août) mentionnent trois *Oberschützen* dénommés Josef Kalb, Ludwig Stecher et Adolf

Voici le terrain dans lequel les F.F.I. sont dissimulés, et que les Allemands tentent de nettoyer en août 1944. Ici, au-dessus de la vallée de la rivière Le Vénéon, le pont du Diable, à une vingtaine de kilomètres au sud-est de Bourg d'Oisans. (DR)

Sommer, tués le 4 août à Granier – à une dizaine de kilomètres au sud-ouest de Bourg-Saint-Maurice – et quatre soldats blessés, tous de la 5e compagnie. Le 5 août à Notre-Dame-de-Briançon – dans la vallée de l'Isère, entre Moûtiers et Albertville –, deux soldats sont tués, le *Stabsgefreiter* Josef Haider et le *Jäger* Richard Dorn, plus dix soldats blessés (toujours de la *5. Kp.*). Le lendemain 6 août, un *Jäger* de la même petite unité, August Kundmüller, trouve la mort ; quatre soldats sont enregistrés comme blessés. La *Verlustmeldung Nr. 15* mentionne un *Jäger*, Josef Mittermayer, décédé par suicide le 10 août 1944 à Bourg-Saint-Maurice, «enterré par les habitants du bourg au cimetière municipal», et onze soldats sont blessés les 6 et 21 août. La *Verlustmeldung* suivante, *Nr.16*, indique dix soldats de la 2e compagnie faits prisonniers le 6 août à Moûtiers, plus un tué de la même unité deux jours plus tard au même endroit, le *Jäger* Daniel Klatt. La *Verlustmeldung Nr. 17* indique un *Jäger* ayant trouvé la mort à Moûtiers le 8 août, Johann Hilgenreiner, et ainsi qu'Otto Kroiss (*Objg.*) et Egon Burgert, décédés à Pussy (sur Notre-Dame-de-Briançon) le 10 août, membres de la 2e compagnie. La *Verlustmeldung Nr. 20* indique un *Jäger* tué à Montgirod «*bei Moûtiers*» (1) le 14 août, nommé Edmund Sadowski.

Le <u>*Res.Geb.Jg.-Btl.99*</u> compte, quant à lui, d'après la *Verlustmeldung Nr. 1* (période du 14 au 21 août), trois *Jäger* de la *2. Kp.*, Ataman Bechstein, Josef Angerer et Helmut Glass, qui ont été tués à Allemont le 15 août, et enterrés au cimetière du Sablon à Grenoble (sépultures n° 2264, 2266 et 2265). Deux autres *Jäger*, Alois Faltus et Alfons Seibold, trouvent la mort à Prelles (Hautes-Alpes) le 19 août, et cinq *Gebirgsjäger* de la *4. Kp.* sont tués à Briançon le 23 août : Georg Gschwendtner, Josef Unterreiner, Georg Breher, Josef Reiser et Georg Brandmaier, très probablement des Allemands du Sud.

(1) A ne pas confondre avec Montgirod, Les Chapelles, homonyme situé à quelques kilomètres au sud-ouest de Bourg-Saint-Maurice.

Un ensemble exceptionnel d'équipements individuels de la Wehrmacht, dans la mesure où il a été découvert en l'état dans les Alpes Maritimes, en 1992. La baïonnette, elle, est d'origine polonaise… Ont-ils été récupérés ainsi par des autochtones juste après que son propriétaire de la Wehrmacht ait été capturé et fouillé ? (Collection privée)

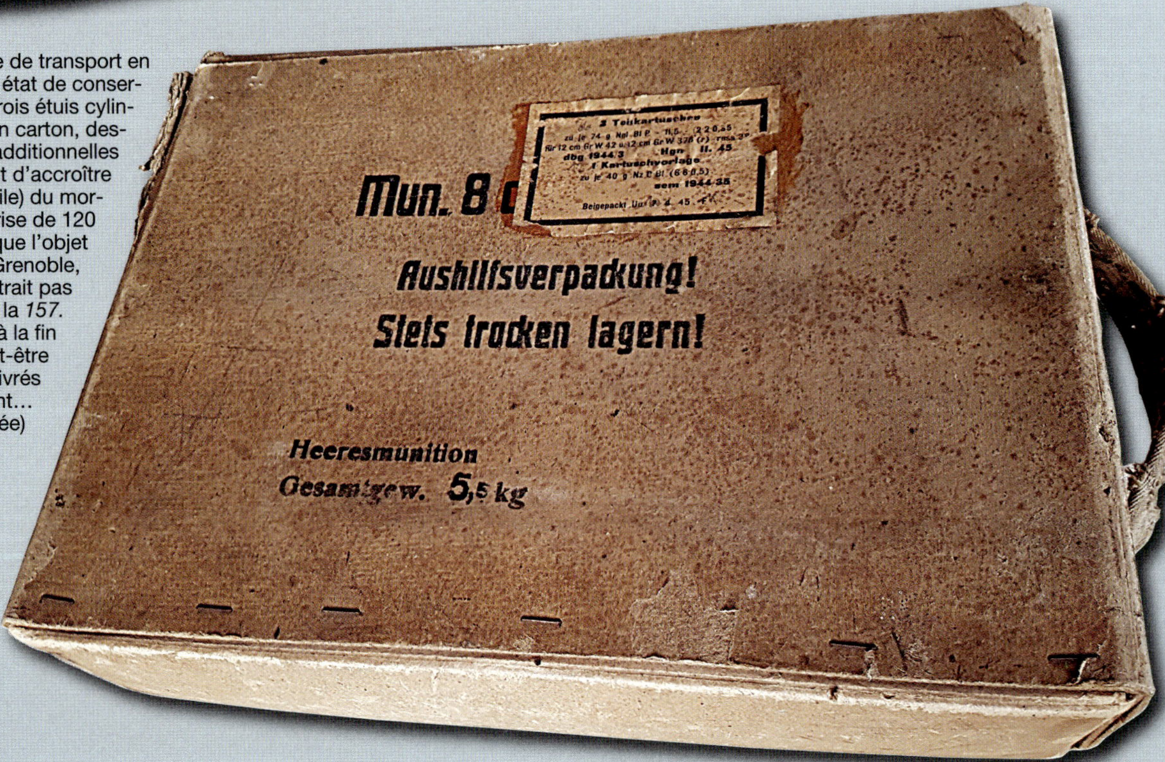

Ici aussi, une boite de transport en carton en superbe état de conservation, renfermant trois étuis cylindriques eux aussi en carton, destinés aux charges additionnelles « relai » (permettant d'accroître la portée du projectile) du mortier soviétique de prise de 120 mm HM-38. Bien que l'objet ait été retrouvé à Grenoble, ce mortier n'entrait pas dans la dotation de la *157. Reserve-Division* à la fin de 1943, mais peut-être y en a-t-il eu de livrés postérieurement… (Collection privée)

Eierhandgranate 39, provenant des environs de Nice. (Collection privée)

Provenant de la région d'Avignon, une caisse pour trente grenades à main ovoïdes modèle 1939 (avec autant de bouchons allumeurs et de détonateurs), armes aussi bien retrouvées que les grenades à manche modèle 1924 dans la *157. Res.-Div*. Du reste, peut-être des grenades de prise ont-elles également été employées par les soldats de la division (par ex., les grenades offensives françaises OF-37), comme c'était fréquemment le cas dans les formations de sûreté ou d'occupation. (Collection privée)

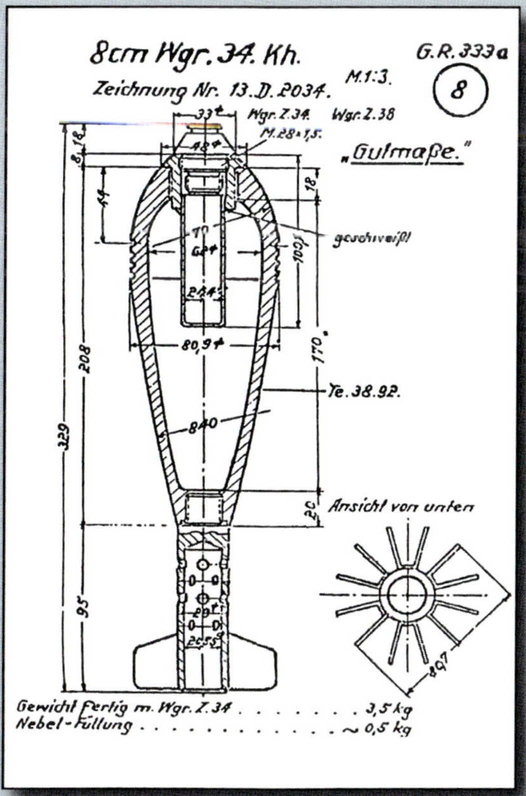

Caisse en tôle d'acier *sandfarbig* destinée au transport de trois projectiles de mortier allemand de 80 mm, provenant du Sud-est de la France. Comparer avec la caisse pour les mêmes projectiles, page 125. (Collection privée)

La retraite (fin août 1944)

Josef Beck, portant sa vareuse du *Reichsarbeitsdienst*. (DR)

Même depuis la fin des opérations contre le Vercors et au début du mois d'août 1944 (dont celles en Oisans), la situation demeure très tendue dans Grenoble et sa région, allant jusqu'à s'aggraver de façon croissante. Un exemple parmi d'autres : le 8 août, **Josef Beck**, un soldat de 18 ans, originaire d'un petit village haut-bavarois localisé au sud d'Ingolstadt et meunier dans le civil, est abattu à Grenoble. Il appartenait au *Res.Pi.-Btl.7*.

Le 12 août, à deux kilomètres au sud de Chapareillan, commune située non loin de Chambéry, le *Leutnant* Franz Weinzierl, de l'état-major du *Kdr. Div.-Nachsch. 1057*, est vraisemblablement tué au cours d'un accrochage entre son convoi et un groupe de maquisards. L'officier est inhumé au cimetière d'Aix-les-Bains. Deux jours plus tard, le 14 août, en représailles de la mort de deux des leurs abattus au 153 du cours Berriat à Grenoble (1) (l'identité et l'unité de ces victimes n'a pu être retrouvée), les Allemands rassemblent une vingtaine de jeunes garçons détenus dans la caserne

(1) Cela se trouve en plein centre-ville, tout près de l'actuel Square des fusillés, à quelques centaines de mètres du Drac.

Emblème en tissu brodé de la *36th US-Inf.Div*, qui est engagée en Méditerranée depuis avril 1943, et débarque en Provence le 15 août 1944... (DR)

Ce groupe de trois cartouchières du modèle général, fabriqué en 1939 dans le Saxe-Anhalt – certes, une pièce en apparence aussi banale que des milliers d'autres –, a été offert à l'auteur en mars 1972 et provient directement de Grenoble. Il aurait été récupéré en août 1944 sur le cadavre d'un soldat allemand ayant gi sur le stade de Bachelard, dans le sud-ouest de la ville... (Collection de l'auteur)

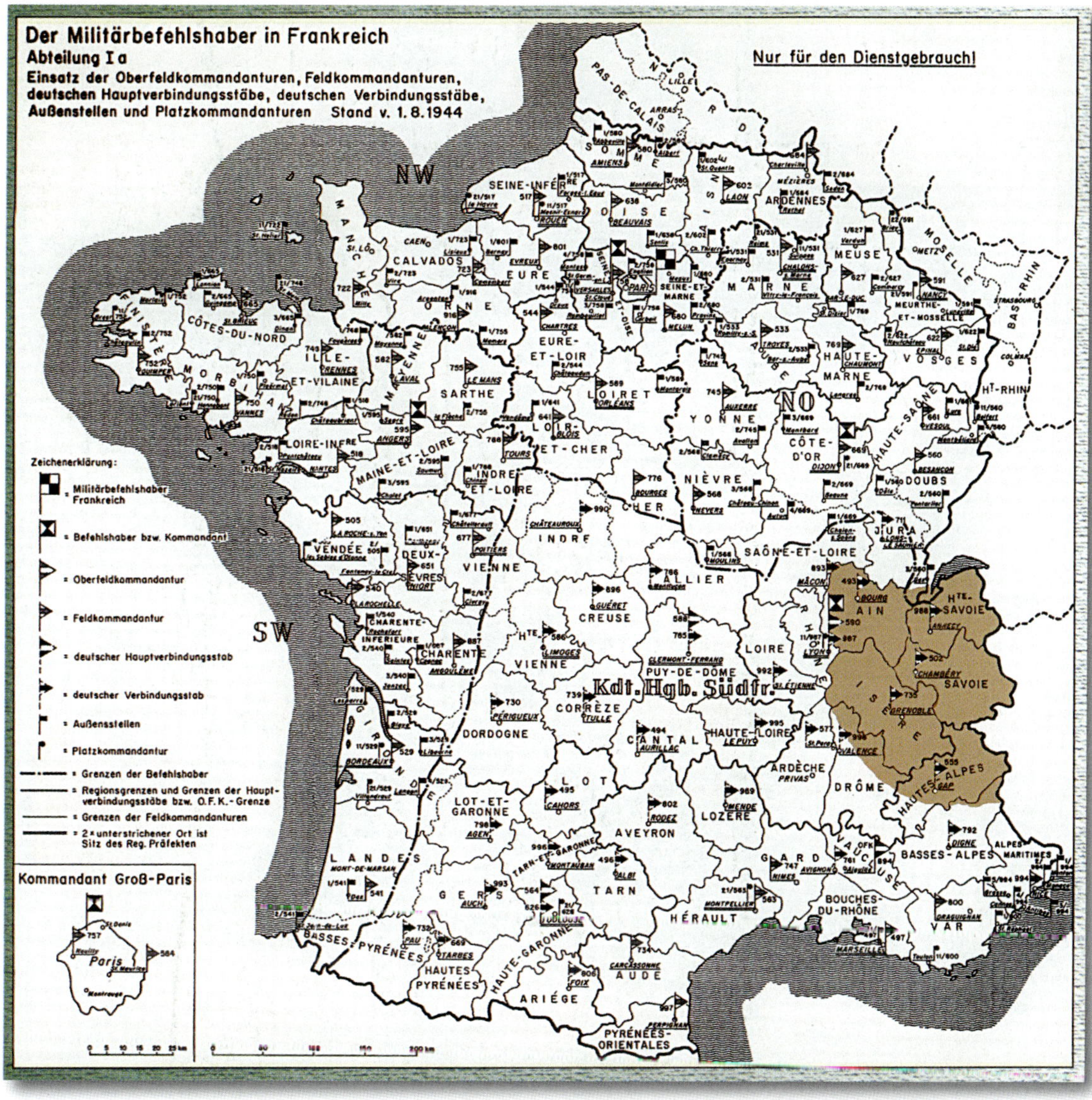

Carte élaborée par l'état-major du *MbF* (commandant militaire en France), présentant la répartition des forces chargées du maintien de l'ordre sur le territoire occupé en l'état du 1er août 1944. Notons qu'elles ne figurent évidemment plus dans la région correspondant à la tête de pont alliée de Normandie. La partie colorisée est celle de la zone d'intervention de la *157. Reserve-Division*, de septembre 1943 à août 1944. (BA)

de Bonne, et les fusillent près du Pont-du-Drac (au demeurant, non loin de l'endroit où les deux membres de la Wehrmacht ont trouvé la mort).

Dès le 20 août et à la fin des opérations en Oisans, la retraite s'articule, globalement, autour du repli du gros de la *157. Res.-Div.*, y compris le *Generalleutnant* Pflaum et son état-major, qui évacuent précipitamment Grenoble, dans la nuit du 21 au 22 août, principalement vers l'Italie et la région de Turin, via la vallée de la Maurienne, où le reste de ces troupes opérera, plus tard, une jonction avec la *90. Panzer-Grenadier-Division* du *Generalleutnant* Ernst Günther Baade, en provenance de la région de Florence. Des combats retardateurs sont livrés autour de Grenoble par certaines unités, ou plutôt des groupements tactiques de la *157. Res.-Div.*, dont la plupart des membres seront finalement capturés par les troupes américaines, à savoir la *36th US Infantry Division* (rattachée au *6 US-Army Group*) qui, remontant vers le nord depuis la Provence, a préalablement neutralisé la garnison de Gap qui retraitait en direction de Grenoble, largement aidée dans son action par les forces de la Résistance.

Globalement, la retraite de la division s'effectue dans des conditions de désorganisation manifestes, caractérisée par une absence de vision d'ensemble, voire des instructions contradictoires, ou du moins en décalage avec la réalité du terrain, qui conduiront à la capture de plusieurs centaines d'hommes… A cet égard, les *Verlustmeldungen* sont représentatives de cette situation paradoxale où l'organisation allemande fait, de règle, symbole d'efficacité, en recensant au plus près les pertes au travers d'un nombre exceptionnellement élevé de feuillets par unité, mais en ne pouvant identifier le sort exact des pertes constatées. Ainsi des listes très nombreuses de noms existent-elles, où ils apparaissent sous la simple mention « disparu », généralement sans détails, et sans possibilité de déterminer pour chacun d'eux, sauf exception, s'il s'agit plus exactement d'une capture, d'une blessure ou d'une mort au combat. Il faut savoir que le feuillet comporte assez systématiquement, et uniquement en cas d'incertitude, la mention « *probablement captif de l'armée américaine* », ou « *des terroristes* »…

Cependant, d'une manière générale, on peut affirmer qu'il s'agit de captures, car il n'existe pas un nombre de sépultures aussi important pour cette courte période au cimetière de Dagneux, où a été inhumé l'essentiel des soldats allemands tombés au champ d'honneur ou décédés dans le Sud-est de la France, sur une période allant de 1940 aux années 1947/48 (notamment, pour ceux morts après la guerre, dans le cadre de leur détention).

Concernant ces journées de la fin d'août 1944, notons que Joseph La Picirella a indiqué dans son

L'emblème de la *90. Pz.Gren.-Div.*, qui s'est battue sur Cassino et Rome.

Emblème du 6ᵉ corps d'armée américain. (DR)

Ci-dessus : dans les environs de Grenoble, le *Major General* Lucian K. Truscott à bord d'une jeep avec quelques officiers à l'arrière : un *Captain* (deux barres argentées sur le devant du casque) et deux *Majors* ou *Lieutenant Colonels* (dont les *Oak Leaf* soudées sur le casque sont de couleur or ou argent, ce qui n'est pas discernable ici). Il est possible que le *Captain* soit Richard Rolfer, l'un des officiers les plus proches de Truscott, que ce dernier décorera de la *Bronze Star* le 25 octobre 1944. Truscott, qui a pris la tête du *VI US-ArmyCorps* le 22 février 1944, et a participé à la prise de Rome, est engagé dans l'opération « *Dragoon* » le 15 août 1944. Il remonte la vallée du Rhône et sera promu *Lieutenant General* le 2 septembre de la même année, avant de prendre la tête de la *15th US-Army*. On distingue, sur le haut de la manche gauche de Truscott et de l'un des officiers assis à l'arrière, l'insigne en tissu brodé caractéristique du *VI US-ArmyCorps*. (NARA)

ouvrage un certain nombre de défunts allemands, pendant cette courte période à partir du 22 août. Cela résulte de ses propres recherches, sans que nous ne puissions affirmer qu'il en ait bien été ainsi dans tous les cas cités. Nous illustrerons cette relative incertitude au travers de l'exemple d'un officier...

Sous ces réserves, on peut néanmoins regrouper – toujours de façon non exhaustive – un certain nombre d'informations, quoique sans grande précision quant aux unités allemandes concernées (du fait de l'absence d'archives à ce sujet pour cette période, ou encore de témoignages de vétérans). Le 22 août, à Vizille, a lieu la reddition – quasiment en bloc – du *Res.Geb.Jg.-Btl. II./98*, principalement des jeunes recrues de l'unité, mais également des éléments d'autres formations de *Gebirgsjäger*, notamment des membres de la *Res.Geb.Pz.Jg.-Kp.1*, plus une fraction du *Res. Gren.-Btl. 179*.

Rencontre entre généraux. Truscott serre la main du *Major General* Alexander M. Patch, chef de la *7th US-Army* depuis mars 1944 – auparavant commandée par G.S. Patton –, dont dépend le *VI US-ArmyCorps*. (NARA)

Le même jour au même endroit, le *Major General* Patch en discussion avec Truscott (de dos à droite) et un officier – l'homme caché par Truscott – portant, sur le haut de la manche gauche, un insigne que nous n'avons pas identifié (le chiffre 7 dans un rond ou ovale clair). (NARA)

Et une quatrième photographie prise au cours du même reportage, Alexander Patch ayant lui aussi sa jeep. Il a débarqué en Provence dans les secteurs de Saint-Tropez et de Saint-Raphaël. Cette photo n'a pas été datée, mais il est probable que Patch, qui a reçu sa troisième étoile de *Lieutenant General* le 18 août 1944, n'a pas encore eu le temps de la faire ajouter sur la bombe de son sous-casque. (NARA)

Inhalt

	Seiten
I. Angaben zur Person	3 u. 4
II. Musterung und Aushebung	5-7
III. Reichsarbeitsdienst	6, 8-10
IV. Aktiver Wehrdienst	11-35
V. Wehrdienst im Beurlaubtenstande	36-46
Nachträge	47-53
Bestimmungen	54-56

Dieser Wehrpaß hat 56 Seiten
(Sechsundfünfzig Seiten)

Fälschung und mißbräuchliche Benutzung dieses Wehrpasses werden unter den gesetzlichen Voraussetzungen nach §§ 267-70 RStGB bestraft.

1

Wehrnummer
Pfarrkirchen 26/96/1/2

Name des Paßinhabers
Ludwig Hitzlinger
(Rufname) (Familienname)

Nummer der Kennkarte

Nummer des Arbeitsbuchs
31/78977

Beschriftung und Nummer der Erkennungsmarke (im Kriege)
St.-Kp./Gren.Ers.Btl.199
H 647

Pfarrkirchen, den 17. Juni 1943
(Dienststelle des Wehrbezirkskommandos) (Tag, Monat, Jahr)

Dienststempel

Oberst und W.B.Kdeur.
(Unterschrift und Dienstgrad, Dienststellung)

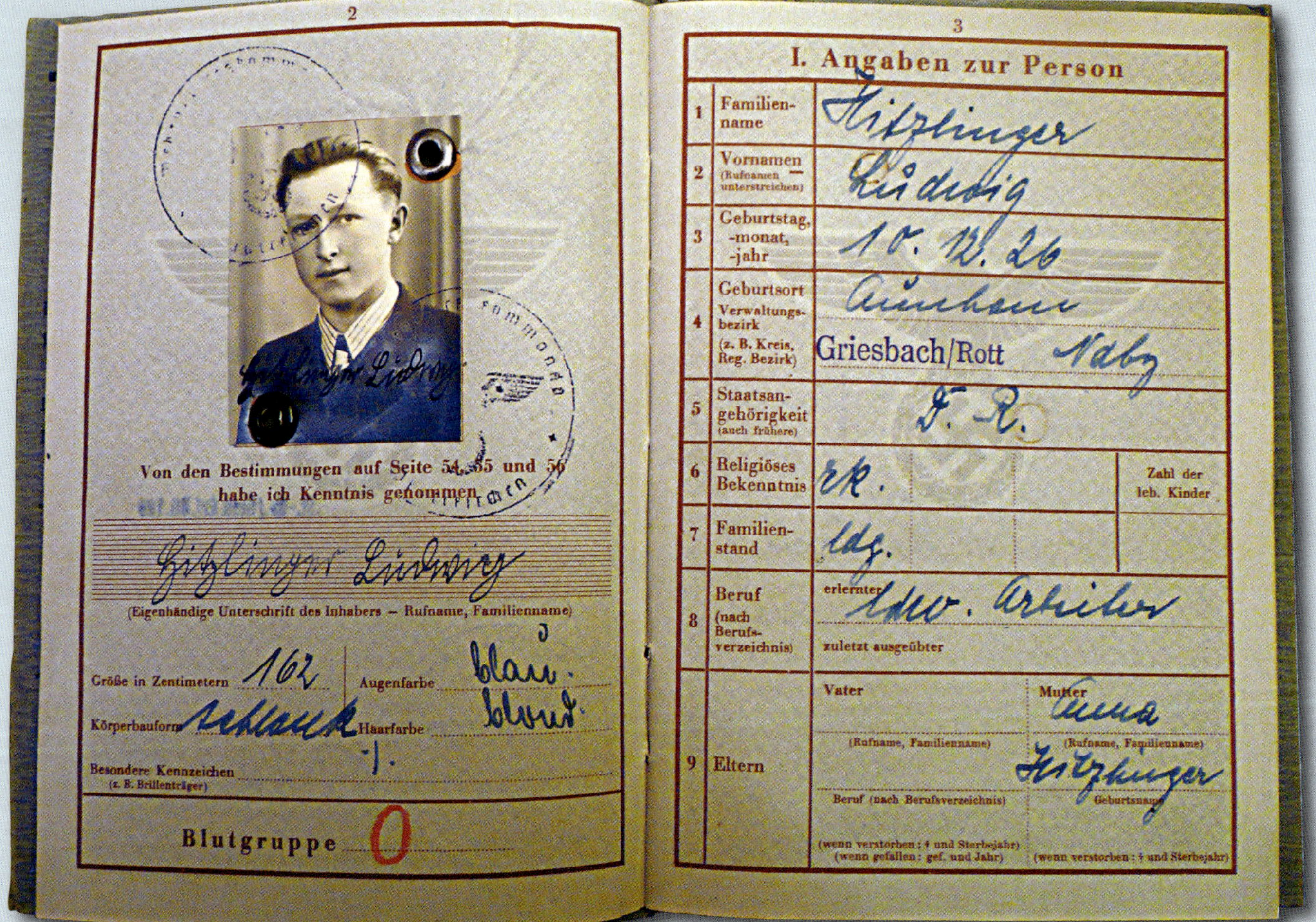
2

Von den Bestimmungen auf Seite 54, 55 und 56 habe ich Kenntnis genommen.

Hitzlinger Ludwig
(Eigenhändige Unterschrift des Inhabers – Rufname, Familienname)

Größe in Zentimetern 162 — Augenfarbe blau
Körperbauform schlank — Haarfarbe blond
Besondere Kennzeichen (z. B. Brillenträger) -/-

Blutgruppe 0

3

I. Angaben zur Person

1	Familienname	Hitzlinger
2	Vornamen (Rufnamen unterstreichen)	Ludwig
3	Geburtstag, -monat, -jahr	10. 12. 26
4	Geburtsort Verwaltungsbezirk (z. B. Kreis, Reg. Bezirk)	Aunham, Griesbach/Rott Ndby
5	Staatsangehörigkeit (auch frühere)	D. R.
6	Religiöses Bekenntnis	rk. — Zahl der leb. Kinder
7	Familienstand	ldg.
8	Beruf (nach Berufsverzeichnis)	erlernter: Ldw. Arbeiter; zuletzt ausgeübter
9	Eltern	Vater (Rufname, Familienname); Beruf (nach Berufsverzeichnis); (wenn verstorben: † und Sterbejahr) (wenn gefallen: gef. und Jahr) — Mutter Anna (Rufname, Familienname) Hitzlinger Geburtsname (wenn verstorben: † und Sterbejahr)

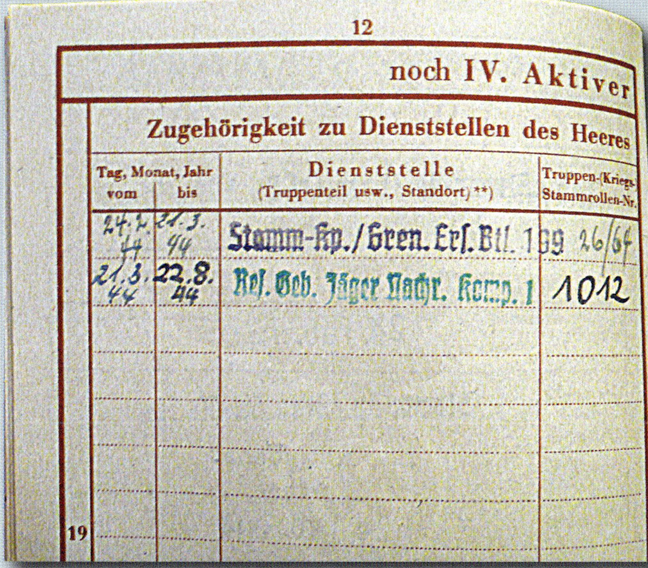

12

noch IV. Aktiver

Zugehörigkeit zu Dienststellen des Heeres

Tag, Monat, Jahr vom	bis	Dienststelle (Truppenteil usw., Standort) **)	Truppen-(Kriegs-) Stammrollen-Nr.
24.2. 44	21.3. 44	Stamm-Kp./Gren. Ers. Btl. 199	26/64
21.3. 44	22.8. 44	Res. Geb. Jäger Nachr. Komp. 1	1012

19

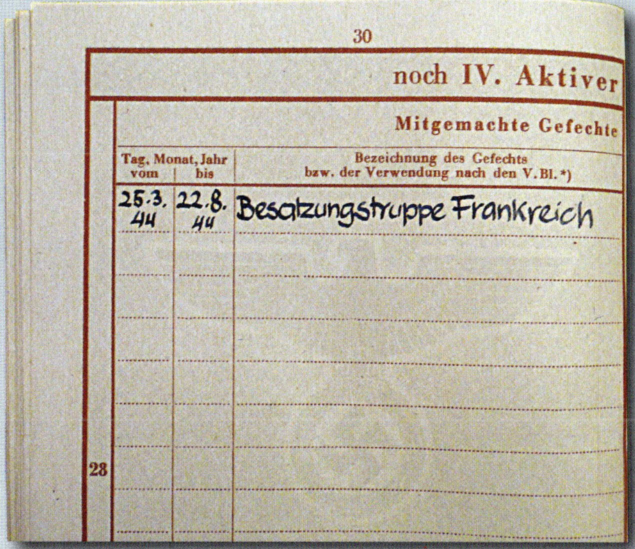

30

noch IV. Aktiver

Mitgemachte Gefechte

Tag, Monat, Jahr vom	bis	Bezeichnung des Gefechts bzw. der Verwendung nach den V. Bl. *)
25.3. 44	22.8. 44	Besatzungstruppe Frankreich

28

Analysons le *Wehrpass* d'un *Jäger*, là encore un Allemand du Sud, **Ludwig Hitzlinger**, né le 10 décembre 1926, de la *Res.Geb.Jg.Nachr.-Kp. 1*, sous les ordres de l'*Oblt.* C. Herrmann, dont le P.-C. est établi à Aix-les-Bains. L'on y apprend qu'il est resté comme soldat d'occupation en France du 25 mars au 22 août 1944, date à laquelle ce *Wehrpass* mentionne notamment : « *22.8.44 – Vermisst – Südostfrankreich (Vizille)* ». En d'autres termes, l'homme a été porté disparu sur Vizille, le 22 août 1944, comme des dizaines de ses camarades de division.

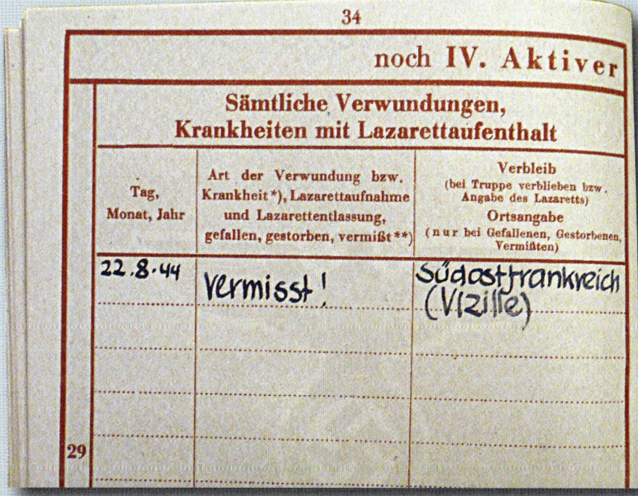

34

noch IV. Aktiver

Sämtliche Verwundungen, Krankheiten mit Lazarettaufenthalt

Tag, Monat, Jahr	Art der Verwundung bzw. Krankheit *), Lazarettaufnahme und Lazarettentlassung, gefallen, gestorben, vermißt **)	Verbleib (bei Truppe verblieben bzw. Angabe des Lazaretts) Ortsangabe (nur bei Gefallenen, Gestorbenen, Vermißten)
22.8.44	Vermisst !	Südostfrankreich (Vizille)

29

Le *Wehrpass* de notre Bas-bavarois (né dans le petit village d'Aunham), 17 ans et demi à la mi-1944, présente les descriptions morphologiques habituelles (ici, yeux bleus, cheveux blonds, 162 mm, mince, groupe sanguin O). Il rejoint la *157. Res.-Div.* au tout début du printemps de 1944, après ses classes effectuées dans les rangs du *Grenadier-Ersatz-Bataillon 199* – alors encaserné à Bad Reichenhall –. Porté disparu au sud de Grenoble en date du 22 août – voire le 21, d'après la fiche pliée dans son livret –, Hitzlinger a très probablement été fait prisonnier par les forces américaines… (Collection privée)

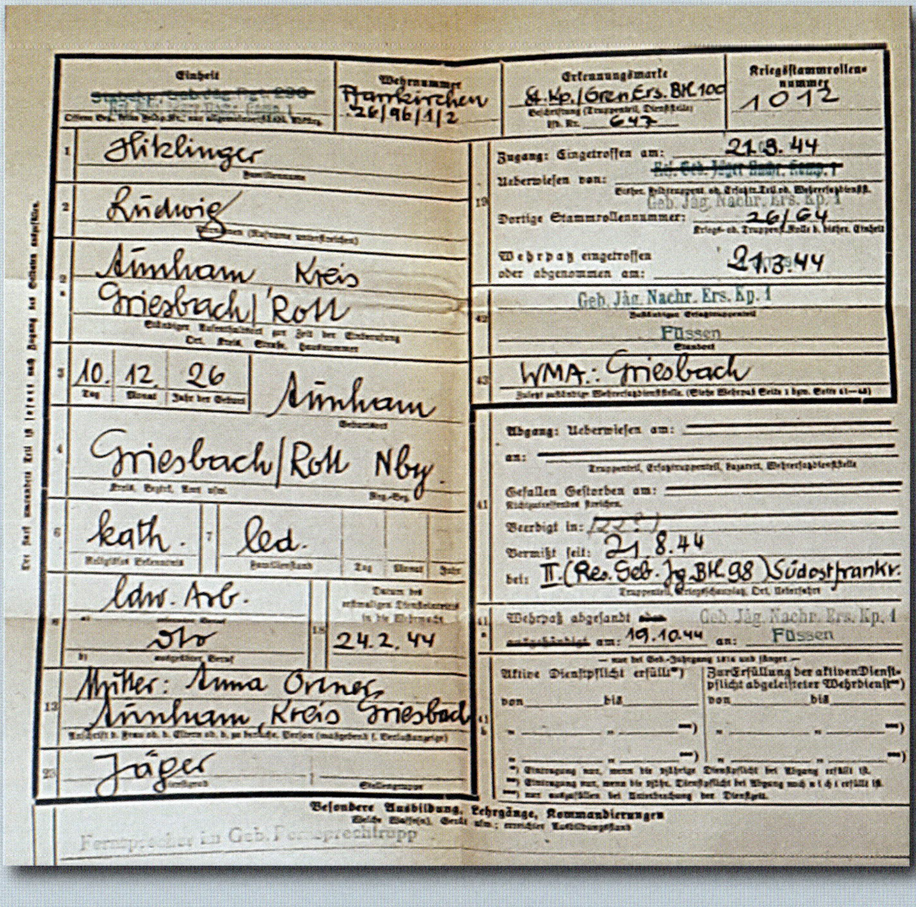

Einheit – Wehrnummer: Pfarrkirchen 26/96/1/2 – Erkennungsmarke: St.Kp./Gren.Ers.Btl.199 Nr. 647 – Kriegsstammrollennummer: 1012

1 Hitzlinger

2 Ludwig

3 Aunham Kreis Griesbach/Rott

10. 12. 26 Aunham

4 Griesbach/Rott Nby.

kath. – led.

Ldw. Arb. – Oto – 24.2.44

13 Mutter: Anna Ortner, Aunham, Kreis Griesbach

Jäger

Zugang: Eingetroffen am: 21.8.44 – Res. Geb. Jäger Nachr. Komp. 1

Ueberwiesen von: Geb. Jäg. Nachr. Ers. Kp. 1

Dortige Stammrollennummer: 26/64

Wehrpaß eingetroffen oder abgenommen am: 21.3.44

Geb. Jäg. Nachr. Ers. Kp. 1 – Füssen

WMA.: Griesbach

Abgang: Ueberwiesen am:

Gefallen Gestorben am:

Beerdigt in:

Vermißt seit: 21.8.44

bei: II. (Res. Geb. Jg. BK 98) Südostfrankr.

Wehrpaß abgesandt an: Geb. Jäg. Nachr. Ers. Kp. 1 – ausgehändigt am: 19.10.44 an: Füssen

Aktive Dienstpflicht erfüllt*) von … bis … – Zur Erfüllung der aktiven Dienstpflicht abgeleisteter Wehrdienst**) von … bis …

Besondere Ausbildung, Lehrgänge, Kommandierungen

Fernsprecher in Geb. Fernsprechtrupp

L'arrivée des troupes US en gare de Grenoble, par le reporter américain Carl Mydans.

Cette photo montre des G.I.s particulièrement détendus, qui discutent avec la population, peut-être dès le mardi 22 août 1944. Le *Sergeant*, assis à l'avant de la jeep à la droite du conducteur, porte l'emblème de la *45th US-Infantry Division « Thunderbird »*. Si l'un des hommes empoigne la mitrailleuse calibre .50, il semble que ça soit davantage pour impressionner son entourage. Les équipements individuels et les carabines USM-1 ne sont pas portés sur les hommes, le danger est déjà assez lointain. (NARA)

Carte postale de la gare de Grenoble dans l'Entre-deux-guerres, telle que l'ont connu les occupants de la *157. Res.-Div.* et les libérateurs de l'US-Army. Les lieux ont beaucoup changé depuis, ces bâtiments ayant été totalement remplacés par une gare à l'architecture moderne. (DR)

Photographie prise au même endroit, sous un même angle. Les Français semblent contempler les G.I.s avec admiration. En arrière-plan, une voiture civile peinte du monogramme F.F.I. (NARA)

L'emblème de la *45th US-Inf.Div.*

Bien alignées dans la partie nord de la place de la gare, quatre jeeps Willys en attente du départ. A cette période là, le gros de la *157. Res.-Div.* se replie peu à peu vers les cols de la frontière italienne… (NARA)

Ci-dessus, le photographe est installé dans un immeuble, situé avenue Alsace-Lorraine, partant de la gare, et montrant la concentration de véhicules, jeeps, GMC et ambulances de la *45th US-Inf.Div*. En arrière-plan, on aperçoit les contreforts septentrionaux du massif du Vercors et, à la base de l'immeuble à droite – l'hôtel de Savoie –, des installations défensives (dont un épais mur en béton). Cet établissement, de même que le tout proche hôtel Suisse et Bordeaux (également place de la gare), a abrité des services allemands à partir de la fin de l'été 1943, bien qu'en fait, dès le mois d'avril 1941, y étaient établis des délégués de la croix rouge allemande, dans le cadre des conventions d'armistice. (NARA)

Civils grenoblois et soldats américains se mêlent dans une ambiance assez bon enfant. La population de la ville aura subi onze mois d'occupation allemande. Remarquons qu'il n'y a pas de véhicules blindés ici. Sur le bord droit de l'image, les contreforts ouest du massif de la Chartreuse. (NARA)

Une partie des forces allemandes, engagées jusqu'au 21 août en Oisans dans le cadre de l'opération «*Hochsommer*», parvient à se dégager grâce à une série d'initiatives ponctuelles et progressives, certains groupes se voyant autorisés à se frayer un chemin vers les cols d'Italie. Dans la nuit du 22 au 23 août, les Allemands font sauter les ponts sur le Drac à Grenoble. Précisons qu'est survenu un violent accrochage entre le 20 et le 22 août à Pont-de-Claix, opposant des éléments présumés être des *Gebirgsjäger* et des commandos français du bataillon de Choc de l'aspirant Muelle (2). Sont déplorés douze tués du côté allemand (d'après La Picirella): Kurt Fink et Josef Heimann, tous deux âgés de 43 ans, Helmut Petersen (40 ans), Karl Ried (41 ans), plus sept soldats dont les corps n'ont pu être identifiés, et surtout le *Major* Erwin Ruetz, 60 ans. Cette information, ajoutée à l'âge relativement élevé des victimes, indique qu'il s'agit d'éléments appartenant au *Landesschützen-Bataillon 685* – qui stationne dans la région grenobloise depuis la mi-1944 après s'être trouvé sur la Corrèze, Bordeaux, puis la frontière suisse –, et non pas de *Gebirgsjäger*. Le *Major* Ruetz est, en effet, le chef de corps de ce bataillon…

Par ailleurs, une troupe allemande comptant de 800 à 1 000 hommes – probablement s'agit-il d'une fraction d'unités ayant pris part à l'opération «*Hochsommer*», et notamment le *II./98* – reçoit le 20 août l'ordre de rejoindre Gap à pied (!), à partir de Vizille où elle stationne, pour évacuer des auxiliaires féminines allemandes des transmissions de la garnison de Gap. Cette épopée presque surréaliste est relatée dans l'ouvrage précédemment cité, *22 août 1944, La libération du pays vizillois* (3), avec notamment des témoignages de soldats allemands ayant pris part à ce raid, qui subira de nombreuses embuscades sur ce long trajet. Au cours d'un engagement avec les F.F.I. à Laffrey, au moins un tué est déploré au terme de cette journée, le *Jäger* Martin Prock, «*Jahrgang 1926*», âgé de 18 ans.

L'unité fait halte à Laye (situé sur la N-85, à quelques kilomètres au nord de Gap) et repart le lendemain 21 août mais, entre-temps, les Américains sont arrivés à Gap et, informés de cette présence allemande, les G.I.s la combattent en employant leur artillerie. Les *Landser* font demi-tour, repartant en sens inverse sans être poursuivis par les Américains, à court d'essence du fait de leur avance rapide depuis le Midi, vers le nord.

Le 21 août au soir, le bataillon arrive à La Mure, où les *Gebirgsjäger* se couchent au bord des routes et chemins, après une marche – inutile – de 170 kilomètres en deux jours. Ils regagnent enfin Vizille par la route de Laffrey (sur la route reliant Vizille à La Mure), où ils feront partie des troupes capturées dans cette ville, au terme de combats violents.

(2) Raymond Muelle, parachuté le 1er août 1944 afin de prêter main forte aux F.F.I. dans cette région.

(3) Paru aux éditions des amis de l'histoire du pays vizillois, en 1994.

Un soldat américain vérifie des paquetages alignés au sol, toujours place de la gare. En arrière-plan, à droite, une traction Citroën avec gazogène. (NARA)

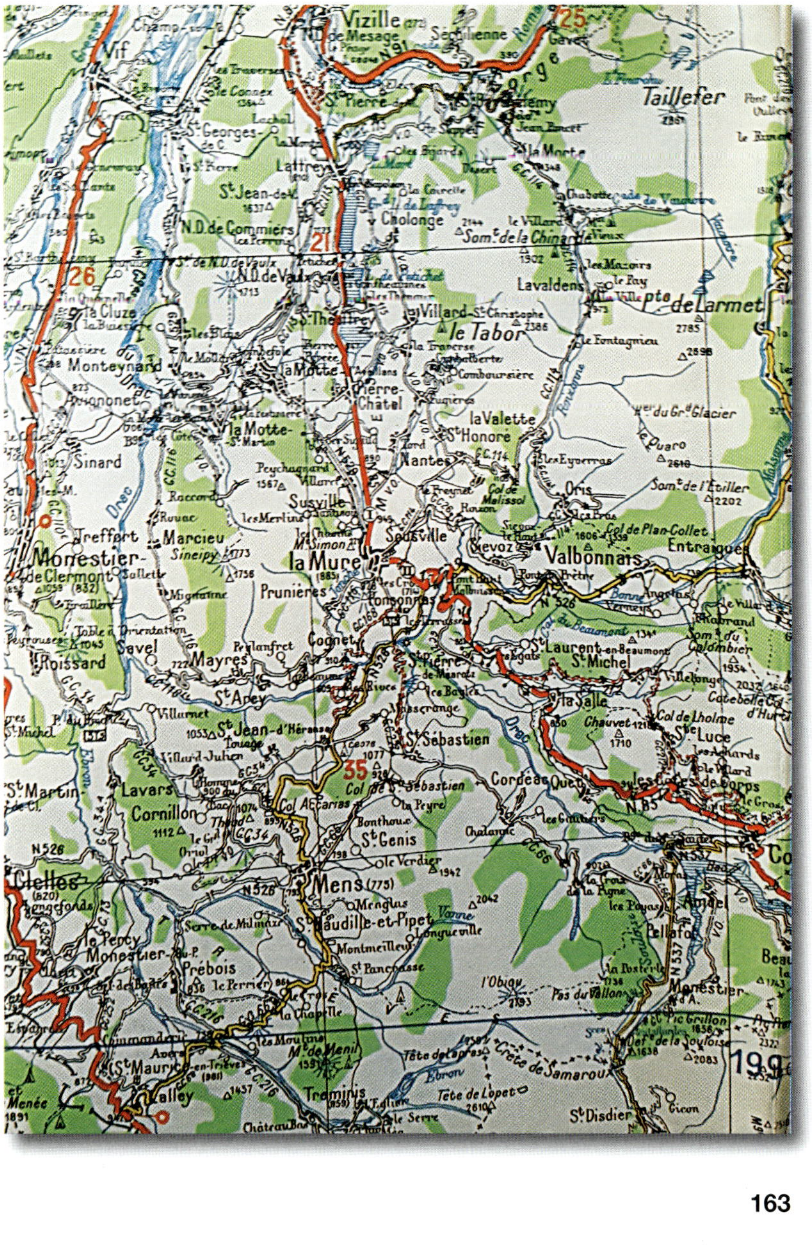

Une carte Michelin du temps, présentant la région au sud de Grenoble, avec les communes de Vizille ou encore La Mure, là où une partie de la *157. Res.-Div.* reçoit l'ordre, par route, de rejoindre la zone de Gap. Mais les Américains sont plus rapides, et la colonne doit rebrousser chemin vers Grenoble… (Collection privée)

Quelques véhicules de la *45th US-Inf.Div.* dans la partie nord de la place de la gare. (NARA)

Vue du cours grenoblois Jean Jaurès dans les Années 1930 en direction de la place de la Bastille avec, en arrière-plan, le massif de la Chartreuse. (DR)

Côté allemand, selon Joseph La Picirella, le bilan s'élèverait à trente morts, dont dix-sept au lieu-dit Le Péage, à quelques centaines de mètres au sud de Vizille : Karl Binder, 37 ans, Martin Fuchs, 33 ans, Friedrich Lichtinger, 32 ans, Walter Hartmeier, 29 ans, Anton Bauernfeind (et non Bauersteiner), 28 ans, Karl Schied, 25 ans, Ludwig Lochbrunner, 21 ans, Miecozislaus Bartkowski, 20 ans, Hubert Greil et Martin Zettl, âgés de 19 ans chacun, ainsi que Thomas Elmer, Karl Keller, Albert Klosterhuber, Kaspar Bauer, Georg Fleischmann (tué à Pré-Mury), Johann Hochschild, 18 ans (tué aux Rivoriands), Georg Schoffmann, Alex Meyer et Otto Schormayr, tous âgés de 18 ans – Ce soldat était originaire de Aichach, aux confins de la Haute-Bavière et de la Souabe bavaroise, soit la même circonscription qu'Anton Gröber, et du même âge, ce qui laisse supposer (avec prudence) que ces victimes appartenaient au *II./98* –, sans oublier les dénommés Vaser et Albert Schlick.

A Rioupéroux, dans la vallée de la Romanche à quelques kilomètres à l'est de Vizille, neuf autres Allemands trouvent la mort : Albert Lautenbauer, 19 ans, Max Dombrowski, 37 ans, Walter Grossmann, 25 ans et, âgés de 18 ans, Walter Hoffmann, Josef Ebner, Ernst Saller, Johann Werk et Hermann Zusan.

Toujours d'après La Picirella, l'*Oberleutnant der Reserve* Anton Greil, 29 ans – commandant la *9.Kp./Res.Geb.Jg.-Btl. II./98* –, celui-là même qui s'était distingué aux côtés de l'*Oberleutnant* Stefan Ritter pendant les combats pour les Pas du Vercors un mois plus tôt, figurerait également parmi ces victimes... Cependant, il n'en est rien, car sa fiche, conservée au WASt., nous apprend qu'il a été fait prisonnier à cette date à Vizille et qu'il a été interné au camp de prisonniers de Grenoble, dépôt 145, le 12 septembre 1944. Toujours d'après cet auteur, trois dernières victimes allemandes sont à signaler en Isère, à la fin de cette journée du 22 août : A Oz-en-Oisans (à quelques kilomètres au nord de Bourg-d'Oisans), le *Jäger* Karl Eichinger, 21 ans, et au camp de Chambarran, le *Pionier* Hermann Dietl, âgé de 17 ans, membre du *Res.Pi.-Btl. 7* et décédé à l'hôpital de Grenoble, qui a succombé des suites de blessures reçues dans le Vercors, ainsi que l'*Obergefreiter* Walter Lochter, ce dernier a été inhumé à Virivil-le, près de Chambarran.

A quelques kilomètres à l'est de Grenoble, le 23 août dans l'après-midi, une colonne allemande de 1 500 hommes est signalée à Domène… Se trouvant en cours de repli depuis Grenoble vers le nord-est et la Savoie, elle est attaquée à Montmélian par les maquisards (au sud-est de Chambéry, sur l'Isère). Elle décide de faire demi-tour vers son point de départ. Tout à leur course vers le nord, les troupes américaines n'ont laissé à ce moment-là qu'une douzaine d'hommes à Gières, dans les faubourgs orientaux de Grenoble. Arrivés à Domène dans la nuit du 24 août, ces Allemands font intervenir l'artillerie, ce qui démontre au passage que cette colonne comprend au moins une fraction du régiment d'artillerie organique de la *157.Reserve-Division*, et capturent les douze G.I.s. Cette action déclenche un duel entre une dizaine de pièces d'artillerie allemandes, mises en batterie à Domène, et celles des Américains disposées à Grenoble, Montbonnot (localisé sur la rive de l'Isère opposée à Domène) et Échirolles. Appuyés par les maquisards, les Américains viennent à bout de la résistance allemande, qui cesse en fin de journée (4). Selon l'ancien FFI La Picirella, deux Américains et huit maquisards ont été tués. Côté allemand, cinq morts sont à déplorer : Richard Prodgrundny, 20 ans, Josef Breitmoser et Reinhold Stebner, 19 ans, Alfred Ackermann, 18 ans et un inconnu. En outre, trois autres corps seront retirés de l'Isère une huitaine de jours plus tard, le 1er septembre 1944 ; deux d'entre eux seront identifiés comme Johann Glavnik et Georg Kernstock. Les troupes allemandes abandonnent leurs pièces d'artillerie, dont celles d'une batterie de 150 mm – peut-être trois obusiers lourds *sFH.18* –, mais également de nombreux véhicules.

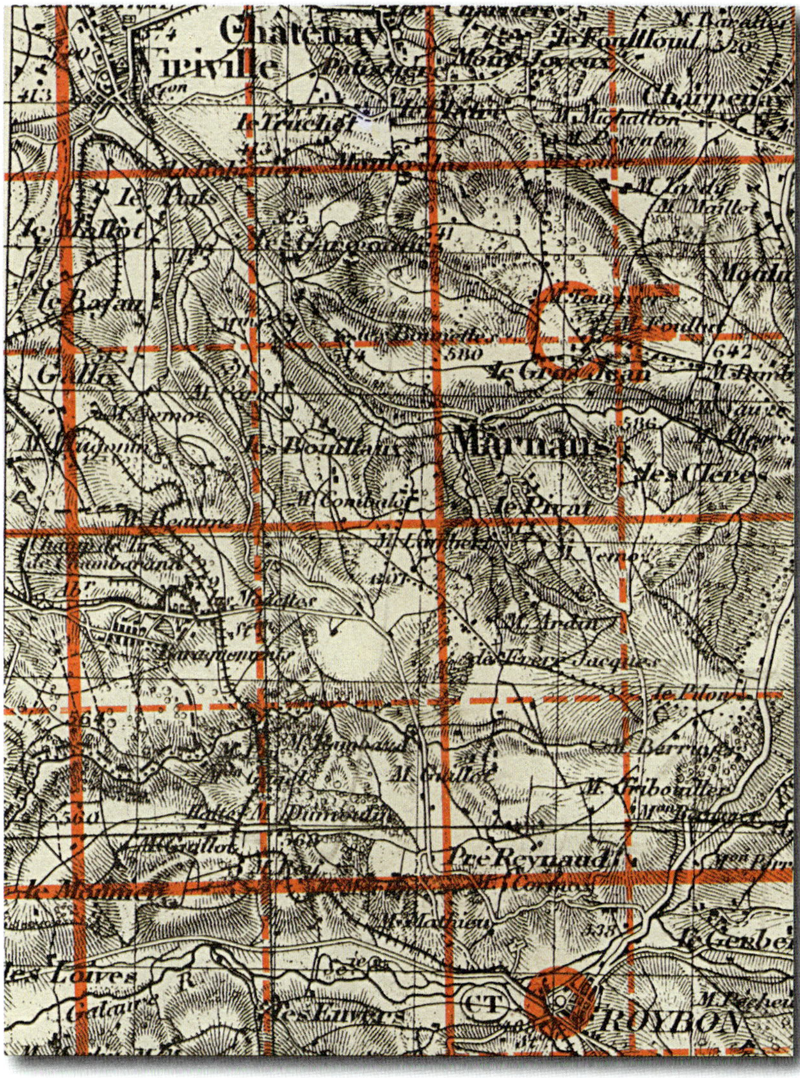

Sur cet extrait de carte allemande éditée en 1943 (topographie de 1932), l'on observe la zone de Viriville et de Chambarran (qui comprend un champ de tir de l'artillerie depuis les années 1880), qui est le théâtre de quelques combats entre fractions de la *157. Res.-Div.* d'une part, et les forces armées US et maquisards d'autre part. Située au nord-ouest du Vercors, cette région a également connu quelques maquis. (Collection Heimdal)

Enfin, un sous-officier allemand, **Franz Dauch**, né à Neukirchen-Balbani, dans le Haut-Palatinat bavarois, âgé de 30 ans, est tué pendant cette période, et son cas est révélateur de la confusion précédemment évoquée, en dépit des efforts de l'administration militaire. En effet, son avis de décès indique qu'il appartenait à une *Nachrichten-Abteilung* (bataillon de transmissions), et qu'il a trouvé la mort le 13 août à cause de « terroristes en France ». Or, les *Verlustmeldungen* concernant les unités de transmissions de la division ne mentionnent pas cette perte, sauf défaut de l'une ou de l'autre de ces fiches. En revanche, les informations conservées à son sujet par le *WASt.* précisent qu'il a été tué le 23 août 1944 à Pontcharra (en Isère, à environ 10 kilomètres au sud de Chambéry).

Si l'on se réfère aux *Verlustmeldungen* de cette période, l'on reste par ailleurs relativement dubitatif quant au sort exact des soldats qui y sont mentionnés, du fait de l'imprécision précédemment soulignée. Tout au plus peut-on conclure que, pour les unités concernées de la *157. Res.-Div.*, les pertes enregistrées – qu'il s'agisse de tués, de blessés ou, en très grande majorité, de prisonniers – reflètent un désordre important, voire un choc, qui a considérablement réduit leur force de combat (dont le *Res.Geb.Jg.-Btl. II./98*) ; cela permettant en grande partie de comprendre la décision du commandement de se retirer de Grenoble et de sa région sans s'accrocher davantage au terrain. Une nouvelle fois, même si les *Verlustmeldungen* offrent des renseignements intéressants, elles ne fournissent pas pour autant une idée exacte, ni même approximative, du nombre de prisonniers faits par la Résistance française et principalement l'*US-Army* durant ces journées précédant et suivant la libération de Grenoble. D'une part, certaines de ces listes font défaut et, d'autre part, nous avons volontairement limité notre lecture à celles qui ont été établies jusqu'à la fin du mois d'août. Ainsi, à titre d'exemple, les *Verlustmeldungen* examinées des différentes unités apprennent-elles, pour la *Res.Geb. Pz.Jg.-Kp.1* et sur la période du 14 au 27 août 1944, que 130 soldats sont portés disparus, dont deux officiers. A noter, parmi eux, 61 disparus à Goncelin (dans la vallée de l'Isère, à mi-chemin environ entre Grenoble et Chambéry) le 23 août, et 39 à Vizille les 22 et 23 août. Concernant la *Res.Geb.Nachr.-Kp.1*, six soldats sont laissés à l'hôpital d'Aix-les-Bains le 21 août, et onze autres sont portés disparus à Vizille le lendemain, dont Ludwig Hitzlinger (dont le *Wehrpass* a été présenté pages 158-159).

Portrait de l'*Unteroffizier* Dauch. (DR)

Du 21 au 23 août, 101 soldats du *Res.Gren.-Btl.179* sont portés disparus à Grenoble, avec le commentaire « probablement prisonniers ». A Draguignan (!), à une date inconnue, 36 soldats de la 3e compagnie de ce bataillon sont eux aussi portés disparus. Quant à elle, la *Verlustmeldung* de la *Res.Inf.Pz.Jg.-Kp.7* indique le 23 août, à Mont-

(4) Voir leclosdeserables.free.fr.

(suite page 172)

Une série complète de trois havresacs de téléphonistes. Le n° 1 (à gauche) provient directement de Grenoble, retrouvé en décembre 1973 (marquage de fabricant Gebr. Klinde, Dresde, 1940), le n° 2 a lui aussi été retrouvé dans la région à la même époque, et le n° 3 (à droite) l'a été plus à l'écart, sur Avignon, en 1984 (marquage de la maison Eugen Huber, Munich, 1934). Ce dernier contenait encore deux rouleaux de câble et un gant de cuir d'origine… [voir, pour plus d'informations sur cet équipement, l'ouvrage de Jean-François Massieux, *La téléphonie miliaire allemande – 1935-1945*, Heimdal-Mémorabilia, 2017, pages 35-37]. (Collection privée)

Témoignage de la vie quotidienne du *Landser*, cette marmite individuelle en tôle d'acier, d'une production de la fin de la guerre, a été retrouvée dans le Dauphiné… (Collection privée)

… tout comme celle-ci, de fabrication plus ancienne (entièrement en aluminium, excepté son anse), a été récupérée en 1966 à Pont-de-Claix, juste au sud de Grenoble. Hélas, aucun nom n'a été gravé par leurs propriétaires. (Collection privée)

Un objet de collection atypique ici. Cette trousse allemande en cuir contenait à l'origine un ohmmètre (instrument employé, entre autres, par les *Pioniere*), retrouvé à Saint Nazaire-les-Eymes, au nord-est du chef-lieu de l'Isère, en 1974. (Collection privée)

Cette musette à pain tropicale vert olive, ainsi que sa bretelle (permettant le port en bandoulière, sans ceinturon) ont été découvertes ensemble à Grenoble, en décembre 1972, dans un excellent état de conservation. A cette époque, les faits remontaient à une trentaine d'années à peine, il n'était alors par rare de dénicher des objets qui n'avaient pas changé de main à de nombreuses reprises, tel cet effet souvent employé sur le théâtre d'opérations méditerranéen. Le marquage indique qu'il a été produit à *Litzmannstadt* (Lodz) en 1943, probablement dans le ghetto de cette ville polonaise occupée. (Collection privée)

Un autre *Stahlhelm 42* retrouvé sur Grenoble (voir page 176), en juin 1988, avec le nom de son propriétaire (Hoppek.) peint à l'intérieur du couvre-nuque. A-t-il été fait prisonnier dans la ville ? Il ne repose pas, en tous cas, à la nécropole de Dagneux, et n'est nullement mentionné dans les *Verlustmeldungen* du *WASt*… (Collection privée)

Voici maintenant une pièce d'armement peu courante, typique des *Gebirgstruppen*, retrouvée dans le Dauphiné et probable relique des combats du Vercors : Un **Gewehr 33/40**, produit en 1941, avec le marquage de l'usine de Brünn (Brno), code de fabricant « dot », (appliqué, à partir de 1941, en remplacement du code « 945 »). Sur le côté droit de la bouche, le protège-guidon moins long que sur le 98k, et l'anneau de maintien de la bretelle plus étroit que sur le K.98k. Sur le côté gauche de la crosse, l'on note la plaque en acier caractéristique de ce fusil allemand (uniquement de ce côté). (Collection privée)

Une colonne de fantassins de la *45th US-Inf-Div*, passant devant la « taverne de Savoie ». Selon les guides Michelin de l'époque, elle se situait au 52 de l'avenue Alsace-Lorraine, soit à son extrémité ouest, du côté de la gare. (NARA)

Un GMC américain, sans doute de la *45th US-Inf-Div*, fonce à travers une rue de Grenoble. (NARA)

Des civils grenoblois examinent une jeep Willys dont le pare-brise a apparemment pas mal souffert. Le civil au premier plan porte une musette de l'armée française modèle 1852. (NARA)

Le même endroit de nos jours, rue Montorge (à l'endroit même où Felix Forestier a filmé un groupe de prisonniers allemands, en août 1944). Le porche et les rambardes du premier étage sont restés presqu'inchangés, même les « chasse-roues » sont encore en place. (Photo auteur)

Un maquisard à l'air viril, faussement décontracté, prend la pose pour le photographe américain Carl Mydans (1907-2004), travaillant alors pour le magazine *Life*. Il arbore à la ceinture un pistolet semi-automatique Beretta 1934 de calibre 9 mm. Cette arme de poing, en dotation dans les *Carabinieri*, l'armée et la police italiennes, fut également utilisée par les Roumains et la Wehrmacht. Il est possible que cet exemplaire soit une arme de prise, comme cela a parfois été le cas lors d'accrochages, ou bien suite au départ de soldats italiens. (NARA)

Peut-être dans un autre quartier de la ville le même jour, un *Half-track* est accueilli en liesse par la population. (DR)

Place de Verdun, siège de la préfecture de l'Isère, devant les bureaux de cette dernière, quelques FFI prennent la pause. La traction Citroën à gauche a reçu le marquage d'un groupe franc, « G.F. Jean ». (NARA)

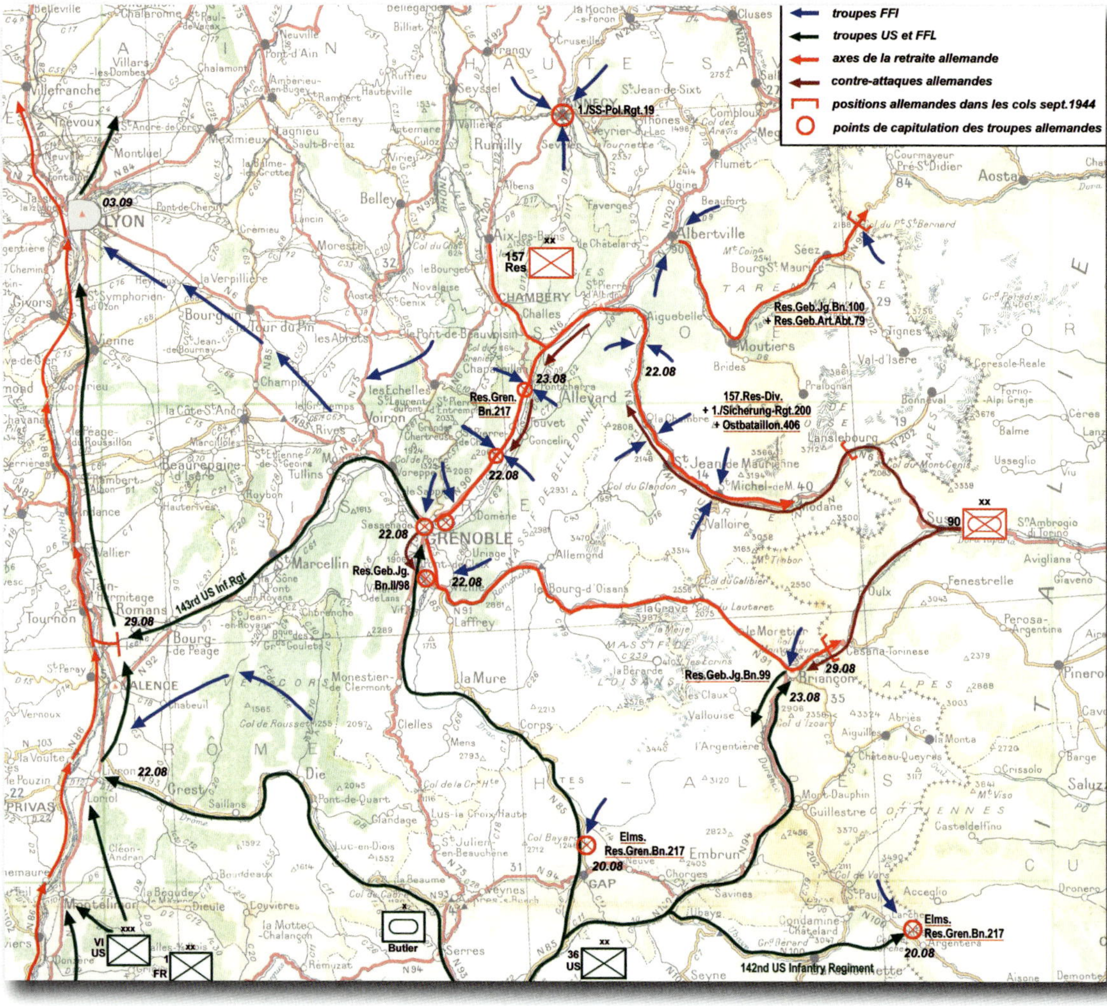

Fin août 1944. La retraite allemande vers les cols frontaliers. (Carte B. Paich)

mélian (à une dizaine de kilomètres au sud-est de Chambéry), 65 soldats « probablement prisonniers des terroristes ». Celle de la *Div.Nachsch.-Truppe 1057* mentionne onze hommes de troupe et officiers portés disparus du 21 au 24 août. Pour ce qui est de l'artillerie divisionnaire du *Res.Art.-Rgt.7*, sont enregistrées les pertes suivantes : Gerhard von Kobbe (de la *Res.Art.-Abt.7*), porté disparu à Grenoble le 25 août, le *Gefreiter* Karl Frenz (de la *Res.Geb.Art.-Abt.79*), tué d'un coup à la tête le 21 août à Villard Bonnot – à une douzaine de kilomètres au nord-est de Grenoble –, l'*Unteroffizier* Ernst Röckle (*3. Bttr./Res.Geb.Art.-Abt.79*), tué le 23 août à Albertville, et huit hommes de la même unité portés disparus à compter du 22 août, depuis leur entrée à l'hôpital d'Aix-les-Bains entre février et août 1944. Pour la *Res.Inf.Pi.-Kp.7*, 35 hommes, dont deux sous-officiers, sont capturés à Grenoble du 21 au 23 août. Quant au *Res.Geb.Jg.-Btl. II./98*, 54 feuillets (!) du WASt. concernent les « *Gebirgler* » de cette unité disparus à Vizille le 22 août, soit environ 650 hommes de troupe, sous-officiers et officiers de toutes les compagnies du bataillon, parmi lesquels très majoritairement des prisonniers, dont plusieurs soldats ayant combattu aux Pas de la Selle et de l'Aiguille, présents lors des exécutions de la Grotte de la Luire, ce qu'ignoraient très certainement les forces de la Résistance et américaines à ce moment-là. Par exemple, le *Stabsfeldwebel* Rudolf Hilche et l'*Oberfeldwebel* Otto Wilhelm, chefs de section sur le plateau du Vercors du 21 juillet au 5 août (et, pour le premier, déjà engagé sur le plateau des Glières au mois de mars 1944), Peter Dyck, blessé au pas de Chattons, Karl von Hofe, Friedrich Nusshardt, Leo Makiewka, Xaver Schwarzbart, blessés eux aussi au cours des affrontements sur les Pas, Anton Gröber, et Otto Schormayr, signalé tué par Josef La Picirella, ce qui est plus que probable, et plus généralement tous les prisonniers très nombreux appartenant aux 7e, 8e et 9e compagnies du bataillon. Quant au *Res.Geb. Jg.-Btl.100*, soixante *Gebirgsjäger* sont portés manquants à Lyon, Grenoble, Aix-les-Bains et Gap le 23 août, sous la mention « *probablement capturés par les Américains* ».

Signalons enfin, presque à titre anecdotique du fait de leur valeur militaire très négligeable, le sort de quelques troupes – une centaine d'hommes – appartenant à la douane (*Zollgrenzschutz*) et stationnées, en ce mois d'août 1944, dans le secteur frontalier de la Suisse d'Annemasse (juste à l'est de Genève), avec quelques hommes du *SS-Polizei-Regiment 19*, environ une centaine également. Harcelés par les forces du maquis, une partie d'entre eux, à peu près 150 hommes, réussit à leur échapper et à passer en Suisse, par le point frontalier de Moillesullaz. Parmi ceux-ci, deux douaniers dont nous présentons des papiers personnels.

Le premier, un dénommé **Alfred Haase**, né en 1893, était stationné au moins depuis janvier 1944 à Annemasse, et est passé en Suisse le 18 août, où il a été interné. Le second, un dénommé **Wilhelm Richter**, né en 1903, était quant à lui stationné à Taninges en Haute-Savoie ; son internement en Suisse est mentionné dans son *Personalbuch*.

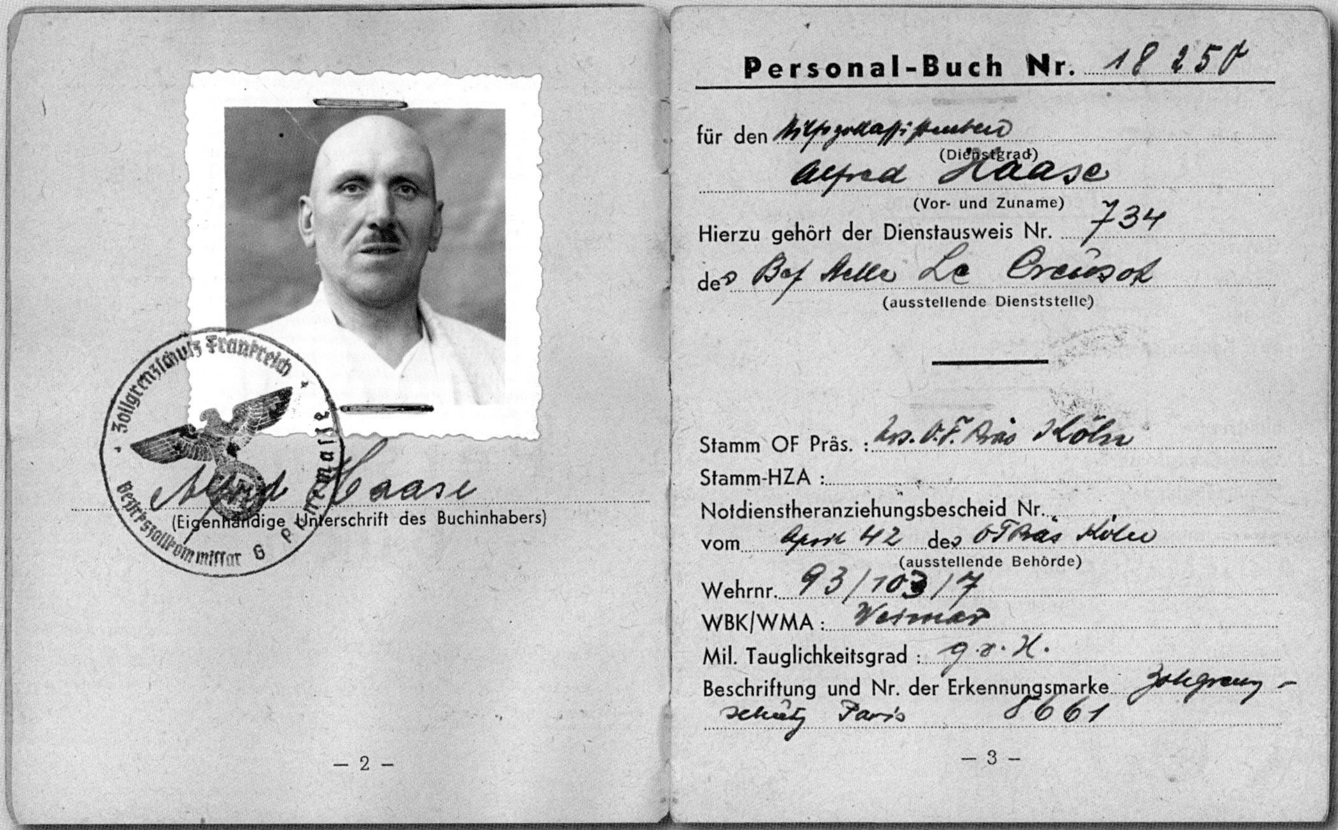

(Eigenhändige Unterschrift des Buchinhabers)

Zollgrenzschutz Frankreich

Bezirkszollkommissar G Annemasse

— 2 —

Personal-Buch Nr. 18250

für den .... (Dienstgrad)

Alfred Haase (Vor- und Zuname)

Hierzu gehört der Dienstausweis Nr. 734

des .... Le Creusot (ausstellende Dienststelle)

Stamm OF Präs. : ....

Stamm-HZA : ....

Notdienstheranziehungsbescheid Nr. ....

vom .... des .... (ausstellende Behörde)

Wehrnr. 93/103/7

WBK/WMA : Weimar

Mil. Tauglichkeitsgrad : ....

Beschriftung und Nr. der Erkennungsmarke 8661

— 3 —

Geboren am : 31. 7. 93

in .... / Weimar

Religion : .... Beruf : ....

Personenbeschreibung

Grösse : 178 Gestalt : ....

Gesicht : .... Haar : ....

Augen : grau

Bes. Kennzeichen : keine

Blutgruppe : A

Gasmaskengrösse : 3

Schuhzeuglänge : 28 1/2 Schuhweite : 3

Die Richtigkeit der vorstehenden Angaben bescheinigt :

ANNEMASSE den 25. Januar 1944

Bezirkszollkommissar G (Dienststelle)

(Stempel)

(Unterschrift)

Bezirkszollkommissar G (Dienstgrad)

Zollgrenzschutz Frankreich

Bezirkszollkommissar G Annemasse

— 4 —

Anschriften der nächsten lebenden Angehörigen

1. Ehefrau : Vor- u. Mädchenname : ....

Wohnort : Bad Berka

Strasse, Nr. : ....

2. Eltern : des Vaters Vor- u. Zuname .

Stand oder Gewerbe : ....

der Mutter Vor- und Mädchenname :

Wohnort : ....

Bezirkszollkommissar

Le livret individuel d’un réserviste intégré à la douane, le *Hilfszollt-assistent* Alfred Haase, vétéran de la Grande Guerre, aubergiste en Thuringe dans le civil. Au moment des combats de juillet-août 1944, il sert dans la région d’Annemasse et parvient à échapper à la capture. Sur le portrait en tenue de service de la douane, Haase arbore probablement les insignes de grade de *Zollbetriebsassistent*. (Collection privée)

En ce qui concerne ces épisodes, l'on constate une nouvelle fois une absence quasi-systématique de documents photographiques ou cinématographiques filmés illustrant des troupes allemandes. Cependant, au hasard des films tournés par le caméraman Félix Forestier, qui a notamment réalisé d'exceptionnelles prises de vue dans le Vercors (où il était aux côtés des résistants juste avant et pendant l'offensive allemande de juillet 1944), on découvre une courte séquence montrant une colonne de prisonniers allemands, défilant dans Grenoble rue Montorge, encadrés par les troupes américaines, vraisemblablement à une date très rapprochée de l'entrée de ces dernières dans la ville. Y sont aperçus de très jeunes soldats, caractéristiques des troupes du *Res.Geb.Jg-Rgt. 1*, et appartenant très probablement au *Res.Geb.Jg-Btl. II./98*, qui a fourni, comme nous l'avons vu, le plus gros contingent de prisonniers issus de ce régiment. La localisation de cette scène est possible du fait de la configuration des lieux, ainsi que par la présence, sur l'une des vues en arrière-plan, du bâtiment de l'automobile-club dauphinois. A noter également, dans cette colonne de prisonniers, la très surprenante présence d'un sous-officier de la Luftwaffe, coiffé d'une casquette. En effet, aucune formation de l'armée de l'air n'a participé aux combats de la fin août 1944 à Grenoble (les *Fallschirmjäger* étaient déjà repartis vers Lyon à la fin du mois de juillet), l'on peut donc supposer qu'il s'agisse d'un personnel affecté aux rotations d'avions de liaison type Fieseler « Storch » sur Grenoble, et stationné épisodiquement sur l'aérodrome du Versoud (5).

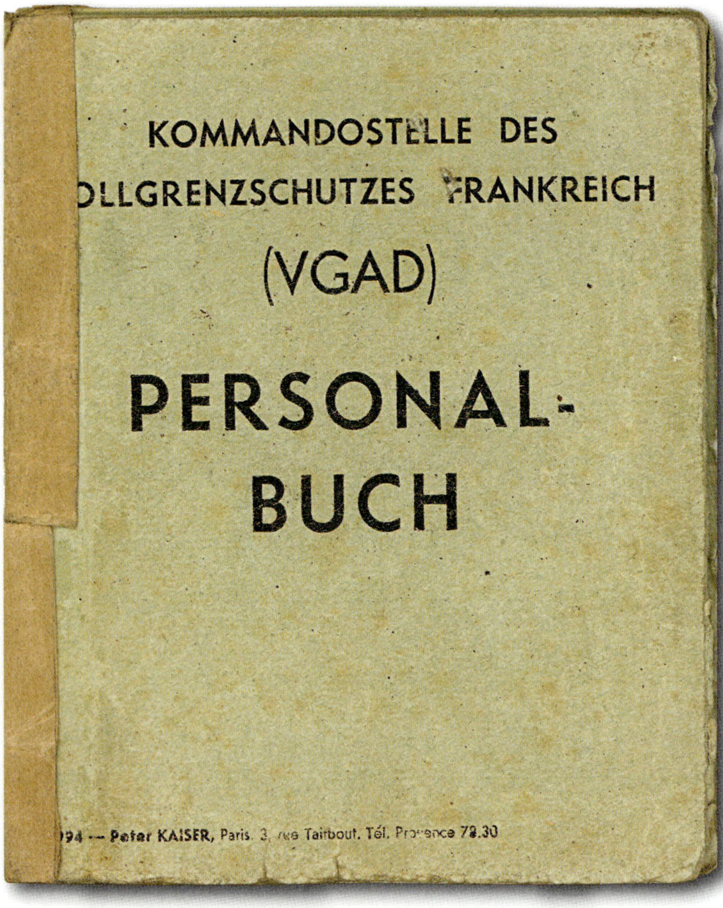
KOMMANDOSTELLE DES
ZOLLGRENZSCHUTZES FRANKREICH
(VGAD)
PERSONAL-BUCH

Le *Personalbuch* – document de 28 pages – de Wilhelm Richter, employé de banque dans le civil. Le *Zollgrenzschutz* est chargé de garder les frontières du IIIe Reich et celles des pays occupés, en luttant par exemple contre la contrebande. (Collection privée)

(5) Ce film documentaire a été réalisé par Frank Mazuet. Diffusé à la télévision en 2015, il est aisément retrouvable sur Internet.

(Eigenhändige Unterschrift des Buchinhabers)

– 2 –

Personal-Buch Nr. 18197

für den Hilfszollbetriebsassistenten (Dienstgrad)

Wilhelm Richter (Vor- und Zuname)

Hierzu gehört der Dienstausweis Nr. 78

der Befehlsstelle 8 Wlodawa v. 1.4.42. (ausstellende Dienststelle)

Stamm OF Präs. : –

Stamm-HZA : –

Notdienstheranziehungsbescheid Nr.

vom 14.3.42 des Polizei-Präs. Dresden (ausstellende Behörde)

Wehrnr. Dresden II 03/18/26/3

WBK/WMA : WBK. Warschau

Mil. Tauglichkeitsgrad : k.v.

Beschriftung und Nr. der Erkennungsmarke 8971 Zollgrenzschutz Paris

– 3 –

Ci-dessus : août 1944. Surveillé par un G.I. afro-américain armé d'un fusil Springfield, une colonne de prisonniers allemands, désarmés mais disposant encore d'une partie de leur équipement, attendent que leur soit distribué un repas. La plupart d'entre eux semblent soulagés, malgré la fatigue qui peut se lire sur les visages. (NARA)

Ci-dessus, à droite : peut-être dans la même colonne, ces *Landser* sont impatients de recevoir quelques subsistances de la part d'un G.I. Certains tendent leur marmite individuelle en aluminium, d'autres le quart de leur bidon, et deux hommes se servent simplement des boîtes de conserve en guise de récipient… Les couvre-chefs de certains prisonniers ne manquent pas non plus d'interpeller le spectateur. (NARA)

Ci-contre : bidon individuel retrouvé sur Grenoble en mai 1976. Les soldats allemands capturés pouvaient assez fréquemment, suivant les circonstances, conserver cet effet ainsi que leur musette à pain et la marmite individuelle. Bien que prévu pour des formations paramilitaires, ce bidon est aussi retrouvé dans la Wehrmacht. (Collection privée)

Ce sac à dos des *Gebirgstruppen* a été retrouvé directement dans le Vercors, en 1972. L'on peut raisonnablement supposer qu'il ait appartenu à un « *Gebirgler* » du *Res.Geb.Jg-Rgt. 1*. Récupéré après les combats par les montagnards du pays, ce genre d'effets a pu se révéler très utile pour eux. (Collection privée)

Voici encore un *Stahlhelm* du modèle de 1942 retrouvé sur Grenoble, en 1965. Le *Stahlhelm 42* est beaucoup plus retrouvé que le *35* ou le *40*, ce qui pourrait suggérer, qu'il fut largement en dotation parmi les soldats allemands stationnés dans le Dauphiné et en Savoie, peut-être parmi ceux de la *157. Res.-Div.* ayant été enrôlés tardivement. Or, ils furent très nombreux… (Collection privée)

Et voici qui varie un peu des vareuses : un *Feldmantel* en drap imperméabilisé provenant de Grenoble, dans les années 1970. Cette capote, à deux rangées de boutons sur le devant, était principalement employée contre le mauvais temps et pouvait être, suivant les circonstances de capture, conservée par les prisonniers. (Collection privée)

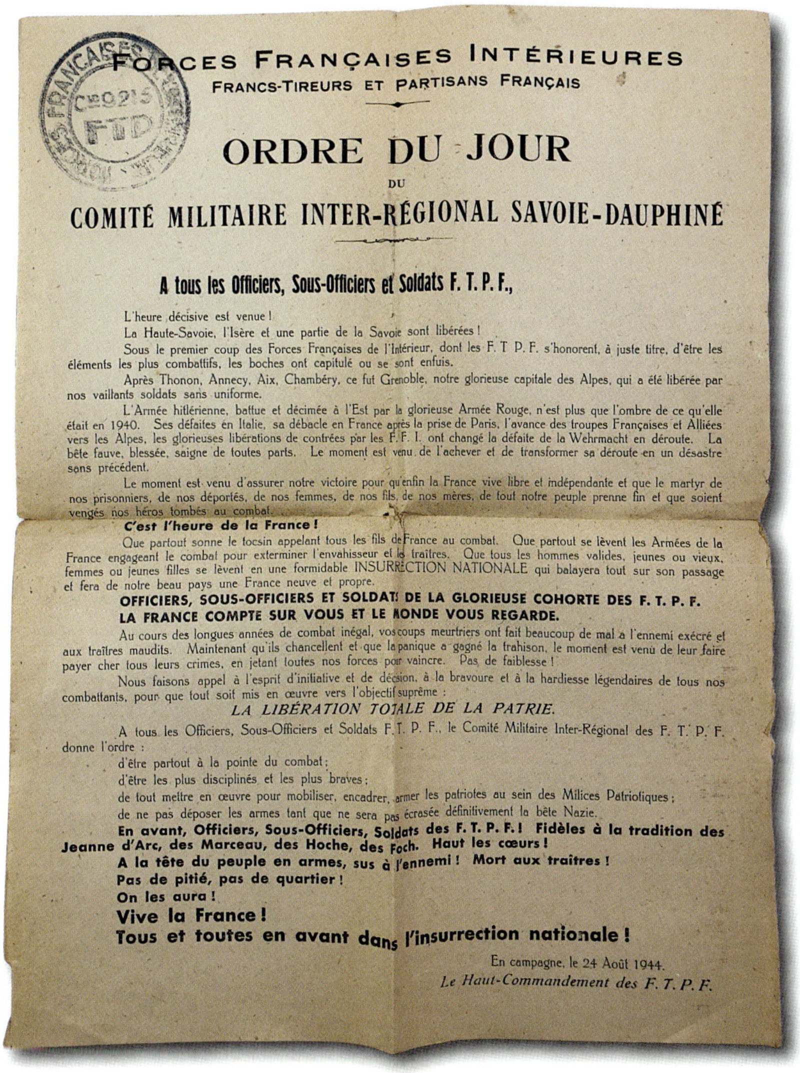

FORCES FRANÇAISES INTÉRIEURES
FRANCS-TIREURS ET PARTISANS FRANÇAIS

ORDRE DU JOUR
DU
COMITÉ MILITAIRE INTER-RÉGIONAL SAVOIE-DAUPHINÉ

A tous les Officiers, Sous-Officiers et Soldats F. T. P. F.,

L'heure décisive est venue !

La Haute-Savoie, l'Isère et une partie de la Savoie sont libérées !

Sous le premier coup des Forces Françaises de l'Intérieur, dont les F. T P. F. s'honorent, à juste titre, d'être les éléments les plus combattifs, les boches ont capitulé ou se sont enfuis.

Après Thonon, Annecy, Aix, Chambéry, ce fut Grenoble, notre glorieuse capitale des Alpes, qui a été libérée par nos vaillants soldats sans uniforme.

L'Armée hitlérienne, battue et décimée à l'Est par la glorieuse Armée Rouge, n'est plus que l'ombre de ce qu'elle était en 1940. Ses défaites en Italie, sa débacle en France après la prise de Paris, l'avance des troupes Françaises et Alliées vers les Alpes, les glorieuses libérations de contrées par les F. F. I. ont changé la défaite de la Wehrmacht en déroute. La bête fauve, blessée, saigne de toutes parts. Le moment est venu de l'achever et de transformer sa déroute en un désastre sans précédent.

Le moment est venu d'assurer notre victoire pour qu'enfin la France vive libre et indépendante et que le martyr de nos prisonniers, de nos déportés, de nos femmes, de nos fils, de nos mères, de tout notre peuple prenne fin et que soient vengés nos héros tombés au combat.

C'est l'heure de la France !

Que partout sonne le tocsin appelant tous les fils de France au combat. Que partout se lèvent les Armées de la France engageant le combat pour exterminer l'envahisseur et les traîtres. Que tous les hommes valides, jeunes ou vieux, femmes ou jeunes filles se lèvent en une formidable INSURRECTION NATIONALE qui balayera tout sur son passage et fera de notre beau pays une France neuve et propre.

OFFICIERS, SOUS-OFFICIERS ET SOLDATS DE LA GLORIEUSE COHORTE DES F. T. P. F.
LA FRANCE COMPTE SUR VOUS ET LE MONDE VOUS REGARDE.

Au cours des longues années de combat inégal, vos coups meurtriers ont fait beaucoup de mal à l'ennemi exécré et aux traîtres maudits. Maintenant qu'ils chancellent et que la panique a gagné la trahison, le moment est venu de leur faire payer cher tous leurs crimes, en jetant toutes nos forces pour vaincre. Pas de faiblesse !

Nous faisons appel à l'esprit d'initiative et de décision, à la bravoure et à la hardiesse légendaires de tous nos combattants, pour que tout soit mis en œuvre vers l'objectif suprême :

LA LIBÉRATION TOTALE DE LA PATRIE.

A tous les Officiers, Sous-Officiers et Soldats F. T. P. F., le Comité Militaire Inter-Régional des F. T. P. F. donne l'ordre :

d'être partout à la pointe du combat ;
d'être les plus disciplinés et les plus braves ;
de tout mettre en œuvre pour mobiliser, encadrer, armer les patriotes au sein des Milices Patriotiques ;
de ne pas déposer les armes tant que ne sera pas écrasée définitivement la bête Nazie.

En avant, Officiers, Sous-Officiers, Soldats des F. T. P. F. ! Fidèles à la tradition des Jeanne d'Arc, des Marceau, des Hoche, des Foch. Haut les cœurs !
A la tête du peuple en armes, sus à l'ennemi ! Mort aux traîtres !
Pas de pitié, pas de quartier !
On les aura !
Vive la France !
Tous et toutes en avant dans l'insurrection nationale !

En campagne, le 24 Août 1944.
Le Haut-Commandement des F. T. P. F.

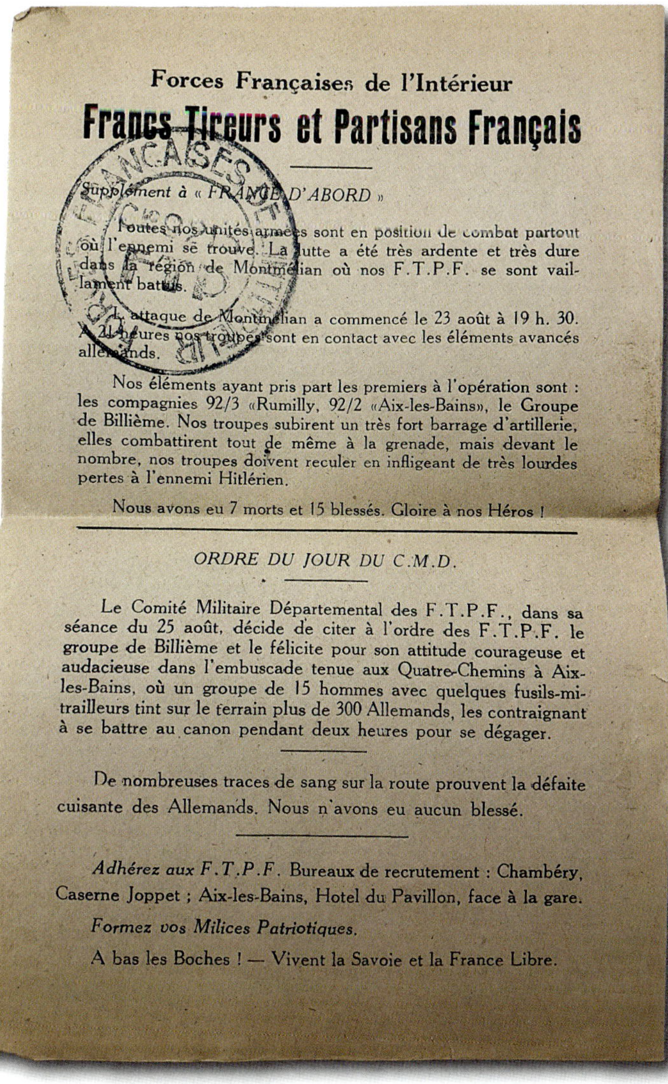

Forces Françaises de l'Intérieur
Francs Tireurs et Partisans Français

Supplément à « FRANCE D'ABORD »

Toutes nos unités armées sont en position de combat partout où l'ennemi se trouve. La lutte a été très ardente et très dure dans la région de Montmélian où nos F.T.P.F. se sont vaillament battus.

L'attaque de Montmélian a commencé le 23 août à 19 h. 30. A 21 heures nos troupes sont en contact avec les éléments avancés allemands.

Nos éléments ayant pris part les premiers à l'opération sont : les compagnies 92/3 «Rumilly, 92/2 «Aix-les-Bains», le Groupe de Billième. Nos troupes subirent un très fort barrage d'artillerie, elles combattirent tout de même à la grenade, mais devant le nombre, nos troupes doivent reculer en infligeant de très lourdes pertes à l'ennemi Hitlérien.

Nous avons eu 7 morts et 15 blessés. Gloire à nos Héros !

ORDRE DU JOUR DU C.M.D.

Le Comité Militaire Départemental des F.T.P.F., dans sa séance du 25 août, décide de citer à l'ordre des F.T.P.F. le groupe de Billième et le félicite pour son attitude courageuse et audacieuse dans l'embuscade tenue aux Quatre-Chemins à Aix-les-Bains, où un groupe de 15 hommes avec quelques fusils-mitrailleurs tint sur le terrain plus de 300 Allemands, les contraignant à se battre au canon pendant deux heures pour se dégager.

De nombreuses traces de sang sur la route prouvent la défaite cuisante des Allemands. Nous n'avons eu aucun blessé.

Adhérez aux F.T.P.F. Bureaux de recrutement : Chambéry, Caserne Joppet ; Aix-les-Bains, Hotel du Pavillon, face à la gare.

Formez vos Milices Patriotiques.

A bas les Boches ! — Vivent la Savoie et la France Libre.

Retrouvés dans la région, tracts des franc-tireurs et Partisans français (F.T.P.F.) datant de la Libération, août 1944. (Collection Loïc Testoud)

De la *157. Reserve-Division* à la *157. Gebirgs-Division*

Le 1er septembre 1944, la *157. Res.-Div.* devient la *157. Gebirgs-Division*, c'est-à-dire une unité d'active, de montagne, de l'armée de campagne, et prend position en défense en Italie, sur les cols des Alpes franco-italiennes. Le *Generalleutnant* Pflaum est, à cette occasion, remplacé par le *Generalmajor* Paul Schricker, officiellement pour raisons de santé, mais surtout à cause des griefs dont il avait fait l'objet pendant la période d'occupation des Alpes françaises : comportement jugé « trop modéré » à l'encontre de la Résistance, et mauvaises conditions du repli de sa division face à la montée des troupes américaines venues de Provence, ayant conduit à des pertes substantielles.

La composition de la *157. Gebirgs-Division* est alors la suivante : Le *Gebirgsjäger-Regiment 296* (issu du *Res.Geb. Jg-Btl. 100*), le *Gebirgsjäger-Regiment 297* (forgé, quant à lui, à partir des reliquats des *Res.Geb.Jg-Btl. I./98* et *II./98*, du *Res.Geb.Jg-Btl. 99*, et de la compagnie de chasseurs de chars du *Res.Gren.-Rgt. 7*). Pour l'artillerie divisionnaire, le *Gebirgs-Arillerie-Regiment 1057* (provenant du *Res.Art.-Rgt. 7*), la *Panzerjäger-Abteilung 1057*, le *Gebirgs- Pionier-Bataillon 1057*, le *Gebirgs-Division-Nachschubführer 1057*, et le *Feldersatz-Bataillon 1057*.

Plus tard, en février 1945, elle deviendra la *8. Gebirgs-Division* (6), combattant en Italie sous cette appellation jusqu'à la fin de la guerre.

Il est intéressant de noter qu'après la guerre, c'est cette dénomination que l'association de ses anciens combattants retiendra définitivement, renonçant à toute référence à celle de *157. Reserve-Division*, sans doute pour les raisons évoquées au début et au cours de cette étude (au demeurant, le qualificatif de « réserve » est moins prestigieux que celui de « montagne »).

Les *Soldbücher* des membres de la division l'ayant suivie en Italie lors du repli de la région grenobloise, mentionnent les nouvelles affectations issues de la transformation des unités. Ainsi celui du *Stabsfeldwebel* Grabowski (voir page 116) indique-t-il le *Geb.Jg-Rgt. 297*, puis le *Feldersatz-Bataillon 1057*. Ce sous-officier sera fait prisonnier en Italie et survivra à la guerre, son *Soldbuch* indiquant un séjour au *Reserve-Lazarett* de Fürth, dans la banlieue nord-ouest de Nuremberg, en septembre et octobre 1945. Un autre, celui d'un *Oberjäger* dénommé Mlynarchiewicz, de la *Res.Geb.Pz.Jäg.-Kp.1*, présente une affectation au *Geb.Jäg.-Rgt. 296*. Quant au *Soldbuch* de l'*Oberarzt* Max Lizius, promu *Stabsarzt* le 1er octobre 1944, l'on trouve une affectation au Ier bataillon du *Geb.Art.-Rgt. 1057*, après avoir été dans les rangs de la *Res.Geb.Art.-Abt. 79*. Il contient en outre un « *Certificate of discharge* » établi par l'US-Army au camp de démobilisation de Rosenheim, en Haute-Bavière, daté du 1er juillet 1945.

(6) Prenant ainsi la suite numérique des divisions d'active de montagne classiques, ce qui, toutefois, ne sera pas le cas de la *188. Gebirgs-Division*, qui conservera jusqu'à sa fin la même numérotation.

Le livret individuel d'un autre Bavarois, Eduard Herrndobler (qui, sur sa photo d'identité, porte l'insigne de grade de *Stabsgefreiter* sur le haut de sa manche gauche). Un membre de la *157. Res.-Div.* qui est parvenu à échapper à la capture, en août 1944, et servira ensuite en Italie… (Collection privée)

Penchons-nous sur le *Soldbuch* d'un combattant d'une unité de transmissions de la division, qui ne manque pas d'intérêt pour notre étude. Ce livret a été ouvert le 28 août 1939, pour le *Gefreiter*, puis *Stabsgefreiter* **Eduard Herrndobler**, né en 1915 en Bavière. Il indique qu'il est tout d'abord membre de l'*Inf.-Rgt.179* de la *57. Infanterie-Division*. Or, comme cela a déjà été pointé, un lien organique manifeste existe au sein du *Wehrkreis VII* (région militaire correspondant à toute la partie sud de la Bavière), entre les 19ᵉ, 179ᵉ et 217ᵉ régiments des *7.* et *57. Infanterie-Divisionen* d'une part, et les bataillons de dépôt portant les mêmes numéros de la *157. Res.-Div.* d'autre part. Effectivement, de nombreux soldats ont servi dans ces régiments avant d'être affectés à cette dernière. En ce qui concerne Herrndobler, il est très vite affecté à la « Division Nummer 157 » au sein de l'*Infanterie-Nachrichten-Ersatz-Kompanie 157* (en octobre 1940). Il s'agit donc d'un soldat qui a fait tout son parcours dans cette division. On retrouve ensuite ce Bavarois dans la *Res.Inf.Nachr.-Kp. 7* (à laquelle est attribuée la *Feldpostnummer* 11824) en septembre 1943, dont le P.-C. est installé à Chambéry sous le commandement de l'*Oblt.* Rudolf Rudloff, qui a signé ce livret individuel le 1er décembre 1943 et le 1er septembre 1944. Figure aussi la signature du *Lt.* Herbert Deplewski, commandant en second de cette compagnie. Notons que Herrndobler a été décoré de la croix du mérite de guerre avec épées le 30 janvier 1942, avec une mention indiquant une attribution par la « *157. Geb.-Div.* », alors que ce n'est nullement l'appellation de la division à cette époque, ce qui tend à démontrer que des usages devaient exister en pratique… Puis, lui est conféré l'insigne des blessés en le 10 juillet 1942, signature par le *Lt.* Moosburger, de la *Res.Inf.Nachr.-Kp. 157* (et non *7…*). Sa fiche individuelle nous indique pourtant une lésion bien antérieure, puisqu'il a été grièvement blessé le 30 mai 1940 à Mareuil-Caubert, dans la Somme, au sud d'Abbeville… On lit qu'il a ensuite été versé dans la *Geb.Nachr.-Abt. 1057* (novembre 1944 et janvier 1945), une appellation propre à la *157. Geb.-Div.* après le 1er septembre 1944, preuve que Herrndobler est resté dans la région de Grenoble pendant toute la période qui nous intéresse, sans séjour à l'hôpital ni permission. Il a donc participé à toutes les opérations dans lesquelles son unité a été engagée dans cette zone. Le *Soldbuch* ne comporte pas de mentions postérieures à janvier 1945…

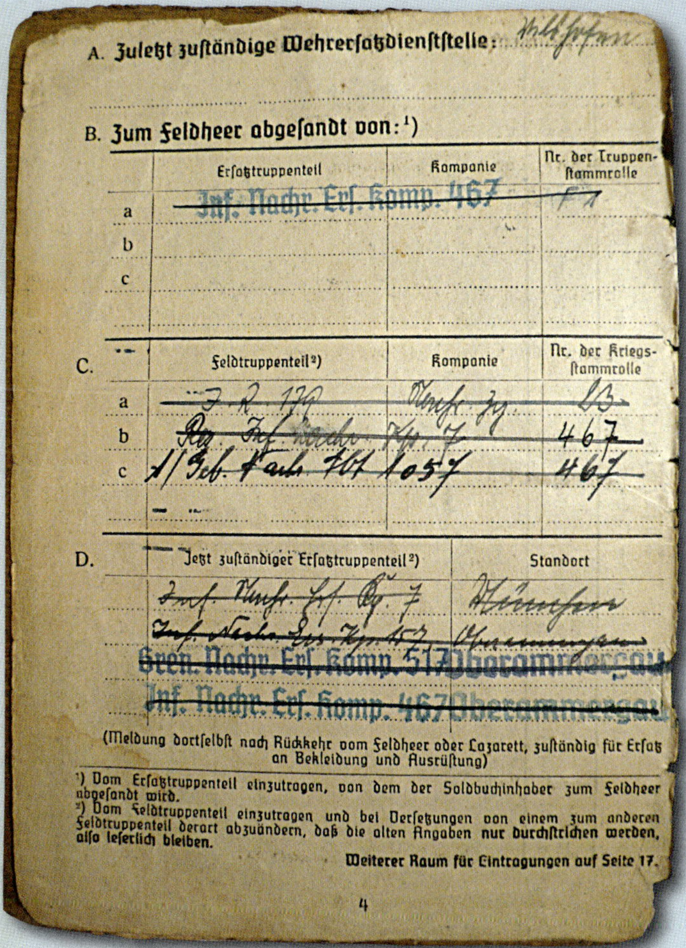

A. Zuletzt zuständige Wehrersatzdienststelle:

B. Zum Feldheer abgesandt von:[1])

	Ersatztruppenteil	Kompanie	Nr. der Truppen-stammrolle
a	~~Inf. Nachr. Ers. Komp. 467~~		~~F1~~
b			
c			

C.

	Feldtruppenteil[2])	Kompanie	Nr. der Kriegs-stammrolle
a			
b			467
c	1/Geb. … 1057		467

D.

Jetzt zuständiger Ersatztruppenteil[2])	Standort
~~Gren. Nachr. Ers. Komp. 517~~	~~Oberammergau~~
~~Inf. Nachr. Ers. Komp. 467~~	~~Oberammergau~~

(Meldung dortselbst nach Rückkehr vom Feldheer oder Lazarett, zuständig für Ersatz an Bekleidung und Ausrüstung)

[1]) Vom Ersatztruppenteil einzutragen, von dem der Soldbuchinhaber zum Feldheer abgesandt wird.
[2]) Vom Feldtruppenteil einzutragen und bei Versetzungen von einem zum anderen Feldtruppenteil derart abzuändern, daß die alten Angaben nur durchstrichen werden, also leserlich bleiben.

Weiterer Raum für Eintragungen auf Seite 17.

4

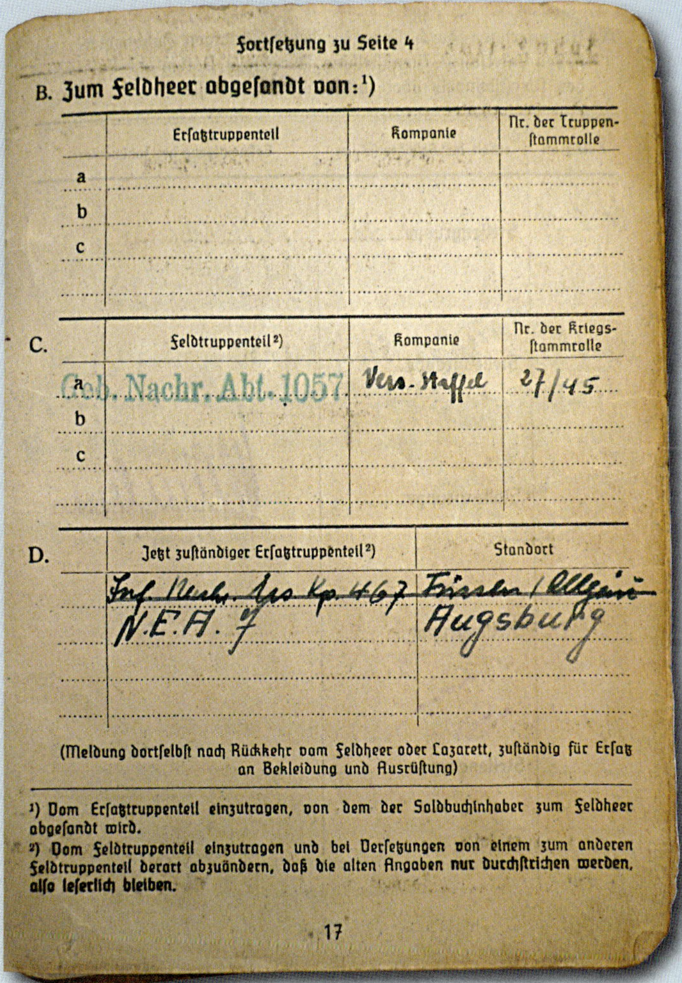

Fortsetzung zu Seite 4

B. Zum Feldheer abgesandt von:[1])

	Ersatztruppenteil	Kompanie	Nr. der Truppen-stammrolle
a			
b			
c			

C.

	Feldtruppenteil[2])	Kompanie	Nr. der Kriegs-stammrolle
a	Geb. Nachr. Abt. 1057	Vers. Staffel	27/45
b			
c			

D.

Jetzt zuständiger Ersatztruppenteil[2])	Standort
~~Inf. Nachr. Ers. Kp. 467~~	~~Füssen/Allgäu~~
N.E.A. 7	Augsburg

(Meldung dortselbst nach Rückkehr vom Feldheer oder Lazarett, zuständig für Ersatz an Bekleidung und Ausrüstung)

[1]) Vom Ersatztruppenteil einzutragen, von dem der Soldbuchinhaber zum Feldheer abgesandt wird.
[2]) Vom Feldtruppenteil einzutragen und bei Versetzungen von einem zum anderen Feldtruppenteil derart abzuändern, daß die alten Angaben nur durchstrichen werden, also leserlich bleiben.

17

In das Lazarett mitgegeben:
Geld, geldwerthabende Papiere, Wertgegenstände u. dergl.

3. Feb. 1943
Hptm. u. Komp.-Chef.
Tr. St. Nr. F1
O.U., 1.12.43
Kr. St. R. Nr. 467
Oblt. u. Kp. Fhr.
O.U. 1.9.44
Kr. St. Nr. 467
Oblt. u. Kp. Fhr.

15

30.1.42 KVK II. Kl. mit Schwertern gemäß Verleihungsurkunde 157. Geb. Div. verliehen
Techn.-Insp.-(N.)

21

Inhalt der Tasche:
ferner:
Das Gesundheitsbuch
(in Blei)
Polizeibericht zur Wehrstammkarte
7. Feb. 1940
Sonthofen, den 12.4.44
An das
Wehrmeldeamt
Bad Reichenhall
Einschreiben gilt als Empfangsbestätigung.
15. APR. 1944
Betreff: Prüfung der Uk-Stellungen.
I. Herrn Sparkassenoberinspektor Engl vorzuzeigen
II. Mit 1 Beilage
an Wehrmeldeamt Bad Reichenhall
zurück.
Bezirks-Sparkasse
10.SEP.1941
BERCHTESGADEN
Ich bedaure lebhaft, aus zwingenden Gründen mich ablehnend verhalten zu müssen. Der Direktor der Kreissparkasse ist seit Kriegsbeginn bei der Wehrmacht als Oberzahlmeister d.L. Sein Stellvertreter ist OInsp.Engl, für den kein geeigneter Ersatz vorhanden ist. Ebenso ist Süßmair als Kassier unentbehrlich und unersetzlich. Die Sparkasse hat mit Ausnahme dieser Beiden, alle wehrfähigen Männer bereits an die Wehrmacht abgegeben.
Ich bitte deshalb von Weiterungen abzusehen.
Sollte Direktor Stauber, der vor seiner Beförderung zum Stabszahlmeister steht, freigegeben werden können, so kann ich Engl der Wehrmacht zu Verfügung stellen, sobald Stauber entlassen ist. Die Wehrkreisverwaltung VII München hat mir aber nicht einmal den beantragten Arbeitsurlaub von 6 Wochen für Direktor Stauber bewilligt, damit Engl endlich in Urlaub gehen kann, der seit zwei Jahren noch keinen Urlaub gehabt hat.
Berchtesgaden, den 5. September 1941
Der Landrat:
Nach Kenntnisnahme an den
Landrat
Berchtesgaden
zurückgereicht.
Berchtesgaden, den 10. September 1941
Kreis-Sparkasse Berchtesgaden

Le *Wehrstammbuch* de Josef Engl, un soldat relativement âgé en 1944 de la compagnie de chasseurs de chars organique du *Reserve-Gebirgsjäger-Regiment 1*. Lui aussi parvient à se replier vers l'Italie du Nord, échappant à la capture. (Collection privée)

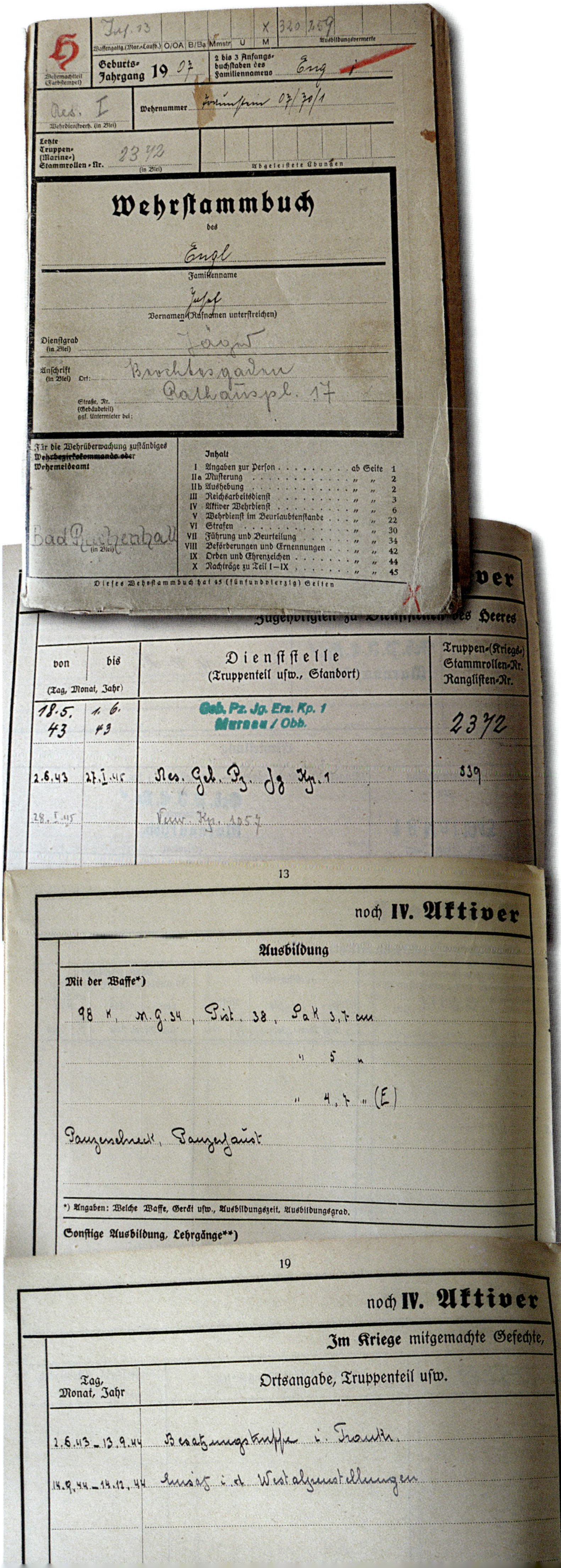

Wehrstammbuch

des

Engl

Familienname

Josef

Vornamen (Rufnamen unterstreichen)

Dienstgrad (in Blei): Jäger

Anschrift (in Blei) Ort: Berchtesgaden

Rathauspl. 17

Inhalt

I	Angaben zur Person	ab Seite	1
IIa	Musterung	" "	2
IIb	Aushebung	" "	2
III	Reichsarbeitsdienst	" "	3
IV	Aktiver Wehrdienst	" "	6
V	Wehrdienst im Beurlaubtenstande	" "	22
VI	Strafen	" "	30
VII	Führung und Beurteilung	" "	34
VIII	Beförderungen und Ernennungen	" "	42
IX	Orden und Ehrenzeichen	" "	44
X	Nachträge zu Teil I–IX	" "	45

Dieses Wehrstammbuch hat 45 (fünfundvierzig) Seiten

von	bis	Dienststelle (Truppenteil usw., Standort)	Truppen-(Kriegs-) Stammrollen-Nr. Ranglisten-Nr.
18.5.43	1.6.43	Geb. Pz. Jg. Ers. Kp. 1 Murnau / Obb.	2372
2.6.43	27.I.45	Res. Geb. Pz. Jg. Kp. 1	339
28.I.45		Verw. Kp. 1057	

13

noch IV. Aktiver

Ausbildung

Mit der Waffe*)

98 k, M.G. 34, Pist. 38, Pak 3,7 cm

" 5 "

" 4,7 " (E)

Panzerschreck, Panzerfaust

*) Angaben: Welche Waffe, Gerät usw., Ausbildungszeit, Ausbildungsgrad.

Sonstige Ausbildung, Lehrgänge**)

19

noch IV. Aktiver

Im Kriege mitgemachte Gefechte,

Tag, Monat, Jahr	Ortsangabe, Truppenteil usw.
2.6.43 – 13.9.44	Besatzungstruppe i. Frankr.
14.9.44 – 14.12.44	Einsatz i. d. Westalpenstellungen

Enfin, le *Wehrstammbuch* d'un *Gefreiter*, **Josef Engl**, né le 8 février 1907 en Bavière, domicilié à Berchtesgaden. Ce type de document s'avère être plus complet que le *Soldbuch* en ce qui concerne le parcours du soldat, vu qu'il contient toutes les informations relatives à sa vie militaire (et, entre autres, les éventuelles sanctions). L'on apprend qu'Engl était employé à la caisse d'épargne de Berchtesgaden, et l'on trouve un courrier de septembre 1941 adressé par le *Landrat* de cette ville à l'autorité militaire de Bad Reichenhall, afin de retarder son enrôlement, en raison de son action indispensable au fonctionnement de l'établissement, suite à la mobilisation de ses deux principaux responsables… Malgré tout, Engl est finalement mobilisé lui aussi – le 19 mai 1943 – au sein de la *Gebirgs-Panzerjäger-Ersatz-Kompanie 1* de Murnau, en Haute-Bavière. Le document mentionne au titre du « service actif », pour la période du 2 juin 1943 au 27 janvier 1945, une affectation à la *Res.Geb.Pz.Jg.-Kp. 1* (au passage, tout comme l'*Oberjäger* Mlynarchiewicz). La mention suivante, effectuée au crayon en date du 28 janvier 1945, est « *Verw. Kp. 1057* », soit littéralement « mutation compagnie 1057 », ce qui est étrange, ne correspondant pas à une unité précise, mais qui demeure en tous cas dans le cadre des unités de la nouvelle *157. Geb.-Div.* Signalons, enfin, la formation en armement propre à l'unité à laquelle appartient Engl, destinée au combat contre les blindes, *3,7-cm-PaK*, *5-cm-PaK*, *4,7-cm-PaK (E)*, mais aussi les plus récents *Panzerschrecke* et *Panzerfäuste*. Enfin, sa fiche individuelle, conservée par le *WASt*, apprend qu'il a terminé la guerre en Italie (hôpitaux de Foli, d'Ancône et de Fruna, du 28 mai au 6 novembre 1945). Les efforts déployés à partir de 1941 pour retarder son enrôlement auront probablement eu pour effet de lui éviter le pire…

Les pages relatives aux théâtres d'opérations qu'il a connus indiquent, du 2 juin 1943 au 13 septembre 1944, qu'il a appartenu aux troupes d'occupation en France. L'on peut conjecturer que l'occupation du territoire français ou de cette région – et les tâches répressives que celle-ci a impliqué –, peu glorieux du point de vue de l'administration militaire allemande (en comparaison, par exemple, à un engagement en Normandie contre les Alliés débarqués), se traduit par ce genre de discrétion, ce que l'on trouve également dans les *Wehrpässe* des *Jäger* Kothmeier et Hitzlinger (voir pages 144 et 158), avec une mention identique au titre du service actif, tandis qu'il est d'usage de retrouver, dans ce type de documents, des indications plus précises (par exemple, *Kanalküste*, ou *Mittelmeerküstenschutz*, voire un exposé circonstancié des opérations ou des engagements, suivant les cas). A ce titre, la mention suivante du *Wehr-stammbuch* de Josef Engl est à peine plus explicite… « *14.09.44 – 14.12.44 : engagement dans les positions des Alpes Occidentales* ». Par contre, sont lues des mentions plus précises dans les *Wehrpässe* de membres d'unités de répression pourtant engagées également contre des forces du maquis en France, notamment le *Sicherungs-Regiment (mot.) 1000*, qui a combattu dans le Massif Central durant l'été 1944.

Cela ne semble toutefois pas avoir été le résultat d'une politique délibérée de l'administration militaire, car un autre *Wehrpass* nous donne des informations plus précises : Il s'agit de celui d'**Erich Jünger**, né en 1916, et qui est sous-officier (*Oberjäger*) en 1943. Il n'est pas originaire des régions montagneuses du Reich mais de Remscheid, en Rhénanie, non loin de Wuppertal. Il a pourtant été mobilisé dès le début de la guerre dans l'*Ostmark*, à Innsbruck, au sein du *Geb.Jg-Rgt. 136*, de la *2. Gebirgs-Division* engagée en Norvège. A partir d'avril 1942, il est versé dans le *Geb.Jg-Rgt. 98* de la *1. Geb.-Div.*, et participe à ses opérations sur le front de l'Est, et notamment dans le Caucase jusqu'en octobre 1942, date à laquelle Jünger est en compagnie de convalescence jusqu'en juin 1943. C'est donc un « ancien » du Front russe, où il a été décoré de la croix de fer de 2e classe, de l'insigne d'assaut de l'infanterie et de celui des blessés. Faisant partie des vétérans mutés à la *157. Res.-Div.* après les épreuves de l'*Ostfront*, il est affecté au *Reserve-Gebirgsjäger-Regiment 1* (*4./Res.Geb.Jg-Btl. I./98*) dans la région de Grenoble pour une longue période – du mois de juillet 1943 jusqu'au *Rückzug* de la fin d'août 1944 –. Jünger suivra la division en Italie au sein du *Geb.Jg-Rgt 297*. Dans la partie réservée au service actif, son *Wehrpass* indique, concernant la période qui nous intéresse : Du 22 juillet 1943 au 30 juin 1944, il appartient aux troupes d'occupation en France. Ensuite, du 1er juillet au 25 août 1944, Jünger prend part aux combats de défense dans les Alpes Occidentales, avec la mention « Combats contre les « bandes » dans la région de Grenoble » (*Kämpfe mit Banden im Raum Grenoble*).

En outre, s'agissant d'Erich Jünger, nous pouvons observer que la 4e compagnie du *I./98*, à laquelle il appartient durant plus d'un an, n'a pas été engagée tout au long de cette longue période dans les actions sensibles qui l'ont marquée car, d'une part, les *Verlustmeldungen* ne mentionnent pas de pertes pour cette unité et, d'autre part, une fiche de journées de combats contre les « bandes » annexée à son *Wehrpass* ne comporte qu'une seule journée comptabilisée à ce titre, à savoir le 31 août 1944 en Haute-Savoie (Francoz), signée par l'*Oblt.* Erich Mayer, commandant de compagnie – autrement dit, rien sur les affrontements de l'opération « *Bettina* » contre les maquisards du Vercors.

Il s'agirait donc, pour cette *4./Res.Geb.Jg-Btl. I./98*, d'une petite unité ayant été engagée dans toutes les opérations de la période ayant mobilisé le *Res.Geb.Jg-Rgt. 1* contre la Résistance (notamment dans le Jura, les Glières et l'Ain), mais pas dans des actions ayant conduit à des combats justifiant la prise en compte de « *Bandenkampf-Tage* » (par contre, les 1re et 3e compagnies du *I./98*, ou encore es 7e, 8e et 9e compagnies du *II./98* ont été véritablement engagées dans des combats lors de l'opération « Vercors ».

Notons encore un tract en langue allemande, lâché par les forces alliées, à l'intention « des soldats de la *157. Gebirgsjäger-Division* alors engagés en Italie, les invitant à « cesser une résistance devenue inutile », tout en faisant allusion à une promesse de renaissance de l'Etat autrichien une fois les hostilités terminées ; cela dénote que les Alliés pensaient avoir affaire à une unité composée majoritairement de soldats d'originaires de l'*Ostmark*.

Le très riche *Wehrpass* d'Erich Jünger (ouvert en 1936), qui figure sur sa photographie d'identité en tenue de *Hitlerjugend*, dont un insigne est discernable sur la poche et poitrine gauche, ainsi que son baudrier de ceinturon (photo peut-être prise vers 1934 ou 1935). Son engagement en Pologne en septembre-octobre 1939, et plus tard en Norvège, sont clairement enregistrés à la page 32). L'inscription « combat contre les bandes » dans ce « passeport militaire » est proche de celle retrouvée généralement dans ce document individuel, à l'instar de documents ayant appartenu à des membres d'unités de répression engagées contre les forces du maquis en France… (Collection privée)

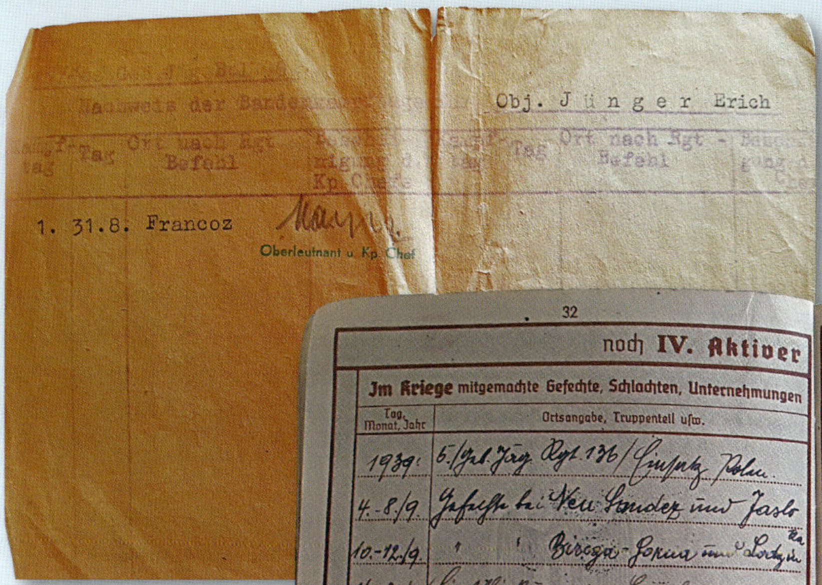

Nachweis der Bandenkämpfe | Obj. J ü n g e r Erich

	Tag	Ort nach Rgt. Befehl	
1.	31.8.	Francoz	Oberleutnant u. Kp. Chef

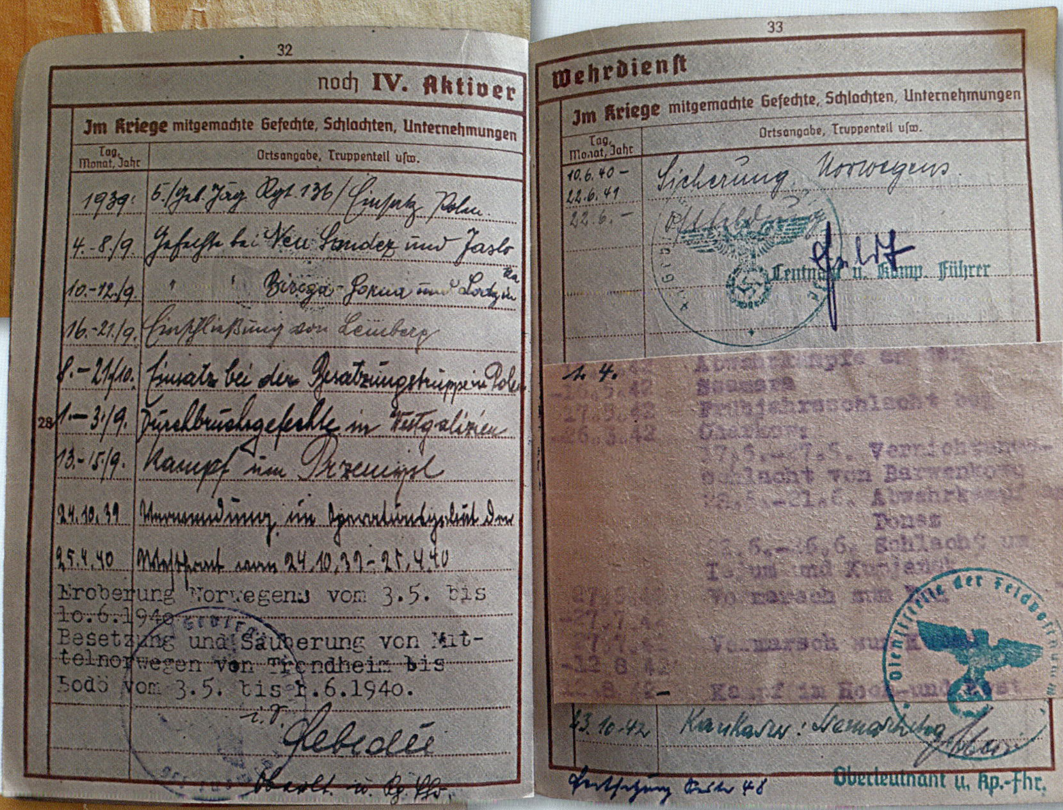

32 | 33

noch IV. Aktiver Wehrdienst

Im Kriege mitgemachte Gefechte, Schlachten, Unternehmungen

Tag, Monat, Jahr	Ortsangabe, Truppenteil usw.
1939	5./Geb. Jäg. Rgt. 136/ Einsatz Polen
4.-8./9.	Gefechte bei Neu Sandez und Jaslo
10.-12./9.	Gefechte bei Biroza-Gorna und Lodzina
16.-21./9.	Einschließung von Lemberg
8.-21./10.	Einsatz bei der Besatzungstruppe in Polen
1.-3./9.	Durchbruchsgefechte in Westgalizien
13.-15./9.	Kampf um Przemysl
24.10.39	Verwendung im Operationsgebiet des ...
25.4.40	Wehrpflicht vom 24.10.39 - 25.4.40
	Eroberung Norwegens vom 3.5. bis 10.6.1940
	Besetzung und Säuberung von Mittelnorwegen von Trondheim bis Bodö vom 3.5. bis 1.6.1940.

Tag, Monat, Jahr	Ortsangabe, Truppenteil usw.
10.6.40 - 22.6.41	Sicherung Norwegens
	Leutnant u. Komp. Führer
1.4. - 26.3.42	Abwehrkämpfe ... Frühjahrsschlacht ... Charkow
	17.5.-27.5. Vernichtungsschlacht von Barwenkowo
	21.6. Abwehrkampf am Donez
	22.6.-26.6. Schlacht um ...
13.10.42	Kaukasus: Vormarsch ...
	Oberleutnant u. Kp.-Fhr.

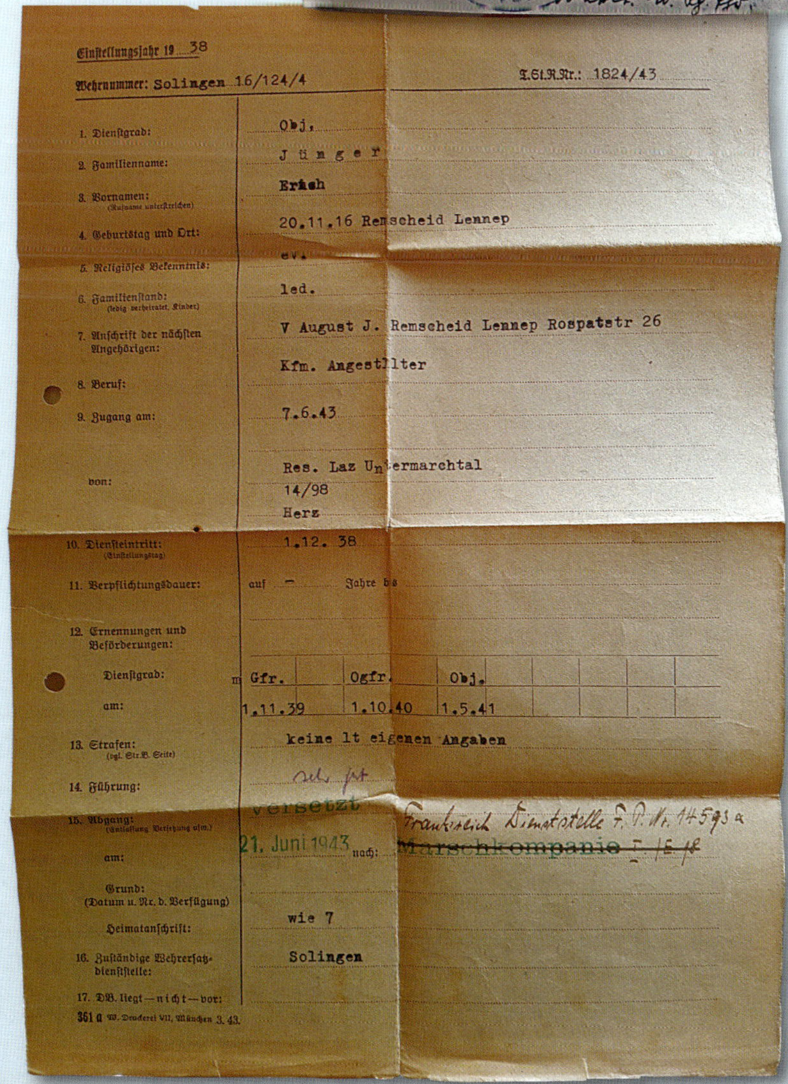

Einstellungsjahr 19 38

Wehrnummer: Solingen 16/124/4 — T.St.R.Nr.: 1824/43

1. Dienstgrad: Obj.
2. Familienname: J ü n g e r
3. Vornamen: Erich
4. Geburtstag und Ort: 20.11.16 Remscheid Lennep
5. Religiöses Bekenntnis: ev.
6. Familienstand: led.
7. Anschrift der nächsten Angehörigen: V August J. Remscheid Lennep Rospatstr 26
8. Beruf: Kfm. Angestellter
9. Zugang am: 7.6.43
von: Res. Laz Untermarchtal 14/98 Herz
10. Diensteintritt: 1.12. 38
11. Verpflichtungsdauer: auf — Jahre bis
12. Ernennungen und Beförderungen:

Dienstgrad:	Gfr.	Ogfr.	Obj.
am:	1.11.39	1.10.40	1.5.41

13. Strafen: keine lt eigenen Angaben
14. Führung: sehr gut
15. Abgang: versetzt
am: 21. Juni 1943 nach: Frankreich Dienststelle F.P.Nr. 14593 a ~~Marschkompanie~~
Grund:
Heimatanschrift: wie 7
16. Zuständige Wehrersatzdienststelle: Solingen
17. D.B. liegt — nicht — vor:

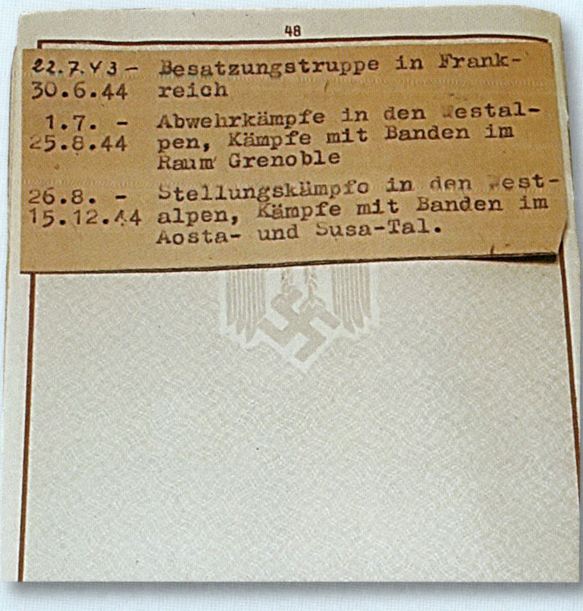

48

22.7.43 - 30.6.44	Besatzungstruppe in Frankreich
1.7. - 25.8.44	Abwehrkämpfe in den Westalpen, Kämpfe mit Banden im Raum Grenoble
26.8. - 15.12.44	Stellungskämpfe in den Westalpen, Kämpfe mit Banden im Aosta- und Susa-Tal.

Alors que la « 157e » (devenue *Gebirgsjäger-Division*) est engagée dans le nord-ouest de l'Italie, ce tract typique de la fin du conflit est directement adressé aux soldats autrichiens de la division, afin d'encourager leur désertion. Quelques formulations choc sont retrouvées, comme « *L'Armée Rouge marche sur Berlin : pourquoi combattez-vous encore en Italie ?* », « *Quel Autrichien voudrait prolonger une guerre, qui ne le concerne pas ?* » ou encore « *Arrêtez tout ! Jetez les armes !* », et tout un panel de promesses accrocheuses. Au revers, est également cité le général viennois Fritz Franek (1891-1976), *Ritterkreuz-Träger*, qui a notamment commandé la *44. Inf.-Div.* lors des affrontements du Monte Cassino, et ensuite la *73. Inf.-Div.*, à la tête de laquelle il a été capturé par les Soviétiques à l'été de 1944 : « *Il y a encore un an, je croyais pouvoir éviter l'effondrement militaire* [du IIIe Reich] *pour le bien de l'Autriche. Aujourd'hui, je sais que ç'a été une erreur* [...] ». (Collection privée)

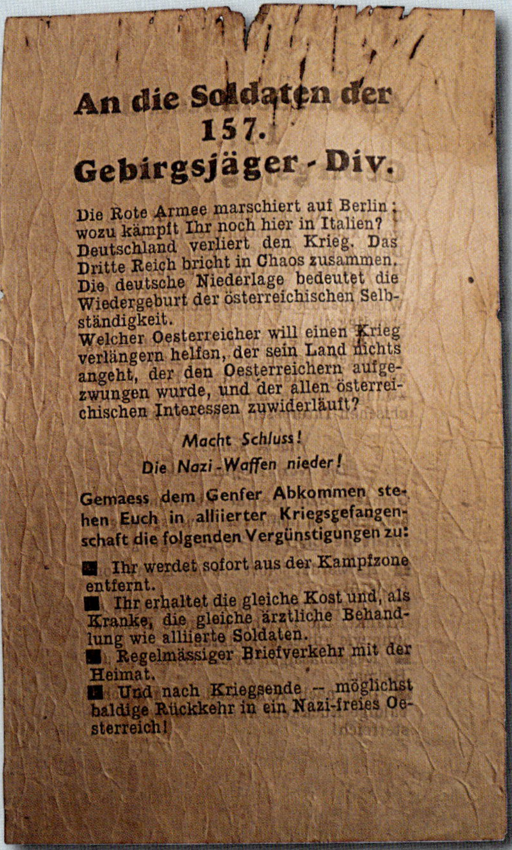

An die Soldaten der 157. Gebirgsjäger - Div.

Die Rote Armee marschiert auf Berlin; wozu kämpft Ihr noch hier in Italien? Deutschland verliert den Krieg. Das Dritte Reich bricht in Chaos zusammen. Die deutsche Niederlage bedeutet die Wiedergeburt der österreichischen Selbständigkeit.

Welcher Oesterreicher will einen Krieg verlängern helfen, der sein Land nichts angeht, der den Oesterreichern aufgezwungen wurde, und der allen österreichischen Interessen zuwiderläuft?

Macht Schluss!

Die Nazi-Waffen nieder!

Gemaess dem Genfer Abkommen stehen Euch in alliierter Kriegsgefangenschaft die folgenden Vergünstigungen zu:

- Ihr werdet sofort aus der Kampfzone entfernt.
- Ihr erhaltet die gleiche Kost und, als Kranke, die gleiche ärztliche Behandlung wie alliierte Soldaten.
- Regelmässiger Briefverkehr mit der Heimat.
- Und nach Kriegsende -- möglichst baldige Rückkehr in ein Nazi-freies Oesterreich!

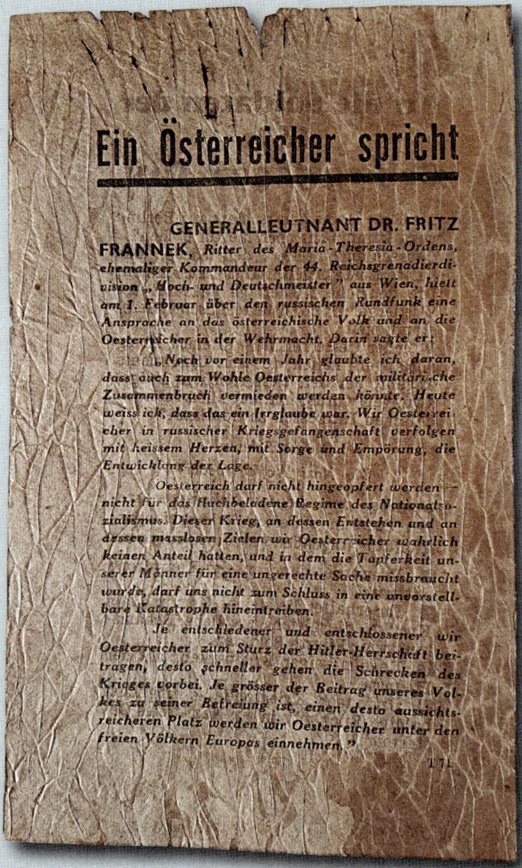

Ein Österreicher spricht

GENERALLEUTNANT DR. FRITZ FRANNEK, *Ritter des Maria-Theresia-Ordens, ehemaliger Kommandeur der 44. Reichsgrenadierdivision „Hoch- und Deutschmeister" aus Wien, hielt am 1. Februar über den russischen Rundfunk eine Ansprache an das österreichische Volk und an die Oesterreicher in der Wehrmacht. Darin sagte er:*

„Noch vor einem Jahr glaubte ich daran, dass auch zum Wohle Oesterreichs der militärische Zusammenbruch vermieden werden könnte. Heute weiss ich, dass das ein Irrglaube war. Wir Oesterreicher in russischer Kriegsgefangenschaft verfolgen mit heissem Herzen, mit Sorge und Empörung, die Entwicklung der Lage.

Oesterreich darf nicht hingeopfert werden -- nicht für das fluchbeladene Regime des Nationalsozialismus. Dieser Krieg, an dessen Entstehen und an dessen masslosen Zielen wir Oesterreicher wahrlich keinen Anteil hatten, und in dem die Tapferkeit unserer Männer für eine ungerechte Sache missbraucht wurde, darf uns nicht zum Schluss in eine unvorstellbare Katastrophe hineintreiben.

Je entschiedener und entschlossener wir Oesterreicher zum Sturz der Hitler-Herrschaft beitragen, desto schneller gehen die Schrecken des Krieges vorbei. Je grösser der Beitrag unseres Volkes zu seiner Befreiung ist, einen desto aussichtsreicheren Platz werden wir Oesterreicher unter den freien Völkern Europas einnehmen."

171

Découvert à Bourgoin en 1972, un *Reinigungsgerät 34*, destiné entre autres au nettoyage du *Kar. 98k* : deux écouvillons, un huilier, une chaînette métallique... et plus rare, retrouvé sur Grenoble dans les années 1970, un bouchon de *Kar.98k.*, servant à empêcher la pénétration de corps étrangers par la bouche du canon. (Collection privée)

Cette lampe de poche « Daimon » – avec ses deux pattes permettant, par exemple, de l'accrocher à la vareuse – provient de la région de Grenoble, retrouvée en 1972. (Collection privée)

Plaque de ceinturon du Heer en aluminium, exhumée à Bourgoin (entre Lyon et Grenoble) en 1971… (Collection privée)

… de même qu'une croix du mérite de guerre de 2e classe avec épées (*KVK. 2*), en zinc affiné. (Collection privée)

Vareuse du Heer du modèle de 1943, cousue d'origine, dénichée en brocante – 100 francs – à Grenoble en mai 1970. L'on remarque une trace de couture d'insigne sur la manche droite… (Collection privée)

Retrouvé à la même époque dans la région grenobloise, ce qui change un peu des vareuses ou des casques, ce pantalon allemand est du modèle 1940, daté 1942… Ce genre d'effets pouvait la plupart du temps être conservé par les prisonniers de guerre, beaucoup ont aussi été réutilisés dans le civil. (Collection privée)

L'« insigne du combat contre les bandes », dans son échelon en bronze. Quelques soldats de la *157. Res.-Div.* – plus tard *Geb.-Div.* – se le voient attribuer pour leur engagement contre les partisans. (Hermann Historica, Munich)

Le *Bandenkampf-Abzeichen* et la *157. Reserve-Division*

Si le *Bandenkampfabzeichen* a été institué par Himmler le 30 janvier 1944, son attribution ne se limite pas uniquement à la SS, s'étendant à tous les membres de formations de la Wehrmacht et de la police engagées dans la lutte anti-partisans. Trois échelons sont retrouvés : en bronze, en argent et en or récompensant, respectivement, vingt, cinquante et cent journées prises en compte et validées comme « actives » dans la contre-guérilla. Précisons que celles-ci englobent, rétroactivement au 30 janvier 1943, les journées déjà considérées comme telles par chaque unité (voir l'exemple ci-dessous). A notre connaissance, il existe au moins cinq documents justifiant l'attribution de cet insigne – uniquement dans son échelon en bronze – à des membres de la *157. Geb.-Div.*, et ce, à raison d'actions s'étant déroulées tout au long de l'année 1944, et non dans l'intervalle de quelques semaines précédant la date de l'attribution qui est tardive. En effet, la comptabilisation de journées de combat « contre les bandes » requiert une validation qui part de la petite unité pour remonter jusqu'à l'échelon divisionnaire, voire encore plus important, ce qui ne peut qu'être chronophage.

A titre d'exemple, penchons-nous sur l'ouvrage de Roland Kaltenegger, *Feldwebel Peter Grübl*, à la page 118. Y est présentée une fiche annexée au *Soldbuch* de cet adjudant de la 3e compagnie du *Res.Geb.Jg.-Btl.* 98, qui recense plusieurs journées de combat contre « les bandes » (*Bandenkampftage*), de fait ici, contre les résistants français, en vue du décernement de l'insigne en question. Sont retrouvés Annecy (18 décembre 1943), Saint Eustache (près du lac d'Annecy, le 31 décembre 1943), Charvonnex et Morette (Haute-Savoie), le mois de janvier 1944, Ruffieux et Artemare (localités de Savoie), au début de février 1944, le Plateau des Glières pour la journée du 27 mars 1944, et enfin le Fort de Challon (en Haute-Savoie, le 10 avril 1944, qui est aussi le jour de sa grave blessure). Ainsi la prise en compte de journées de combat nécessite-t-elle un délai relativement long ; concernant Grübl, près de quatre mois pour huit journées... ce qui reste insuffisant pour l'attribution de l'échelon en bronze.

A ma connaissance, les attributions de cet insigne pour des actes de combat contre uniquement des partisans français, sont très rares. De fait, l'écrasante majorité des cas concerne des unités de la Wehrmacht, de la *Schutzpolizei* et des Waffen-SS engagées dans des actions de contre-guérilla à l'Est, en Yougoslavie et en Italie du Nord. La reconnaissance de vingt journées de combat au moins concerne cinq hommes de la *157. Res.-Div.* ; toutes ont été actées le 15 décembre 1944, ce qui laisse supposer qu'une cérémonie ait eu lieu à ce titre, en présence du commandant de division, le *Generalmajor* Schricker.

Les cinq récipiendaires sont le *Stabsarzt* **Max Lizius** (voir page 120), le *Jäger* **Martin Rieder** de la *4. Kp./Res.Geb.Jg.-Btl. 100*, d'après son *Soldbuch* à la même date, qui est la même compagnie que celle de l'*Oberfeldwebel* Hackl (tué au combat) et du *Jäger* Kothmeier (blessé à la tête le 11 août), ce qui tend à attester que cette petite unité a largement été « au contact » au cours de l'année 1944. Pour sa part, Rieder échappera à la captivité en août 1944 et rejoindra l'Italie, pour être intégré au *Geb.Jg.-Rgt. 296* de la nouvelle *157. Geb.-Div.* Il trouvera la mort le 19 avril 1945. Le *Bandenkampf-Abzeichen* a également été décerné au *Jäger* **Innozent Lindemüller** (orthographié par erreur Lindemiller sur son certificat américain de remise en liberté - *Entlassungsschein*). Lindemüller est un Bavarois né le 13 octobre 1926 entre Munich et Augsbourg, c'est très probablement l'un des plus jeunes attributaires de cet insigne en 1944. Remarquons que ce certificat d'attribution est d'une composition spécifique à la division, et a été établi là encore le 15 décembre 1944, signé par le *Divisions-Kommandeur* Schricker, successeur de Karl Pflaum. Notons également qu'y est apposé un tampon alors obsolète à cette date, comportant la mention « 157. Reserve-Division »... Un 3e *Besitzzeugnis* figure dans l'ouvrage d'Antonio Scapini, *The Anti-Partisan-Badge* (le nom de l'attributaire n'y figure pas, mais on lit qu'il était membre de la *3.Kp./Geb.Jg.-Rgt. 296*).

Le portrait du *Jäger* Innonzent Lindemiller, portant l'*Einheitsfeldmütze*, et (page ci-contre) le certificat de propriété de son insigne du combat contre les bandes en bronze, document dressé au mois de décembre 1944. (Collection privée)

Ainsi trois soldats sur les cinq sont-ils membres du *Geb.Jg.-Rgt. 296*, issu du *Res.Geb.Jg-Btl.100*, qui a fait partie de la *Gruppe « Seeger »* lors de l'attaque du Vercors, et a été engagé dans l'opération « *Hochsommer* ». Les deux autres titulaires de cet insigne, dont l'*Unteroffizier* Georg Wimmer, appartiennent à l'*Art.-Rgt. 1057*, quant à lui issu du *Res.Geb.Art.-Rgt. 7*. L'on serait alors tenté de penser que seules ces deux unités se sont illus-

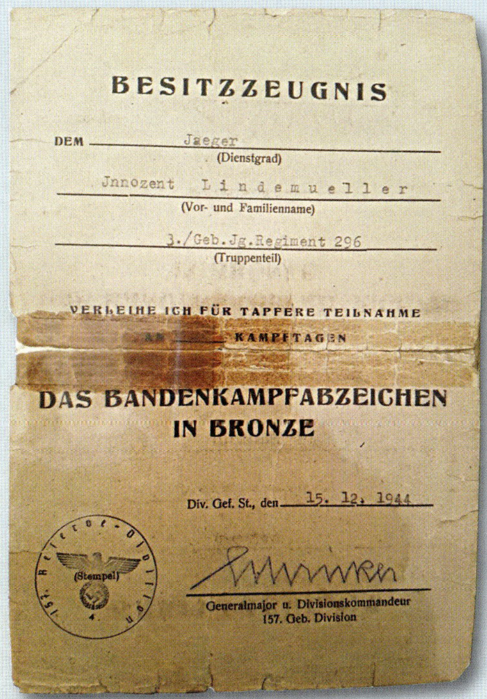
BESITZZEUGNIS

DEM Jäger
(Dienstgrad)

Innozent Lindemueller
(Vor- und Familienname)

3./Geb.Jg.Regiment 296
(Truppenteil)

VERLEIHE ICH FÜR TAPFERE TEILNAHME
AN ... KAMPFTAGEN

DAS BANDENKAMPFABZEICHEN
IN BRONZE

Div. Gef. St., den 15. 12. 1944

(Stempel)

Generalmajor u. Divisionskommandeur
157. Geb. Division

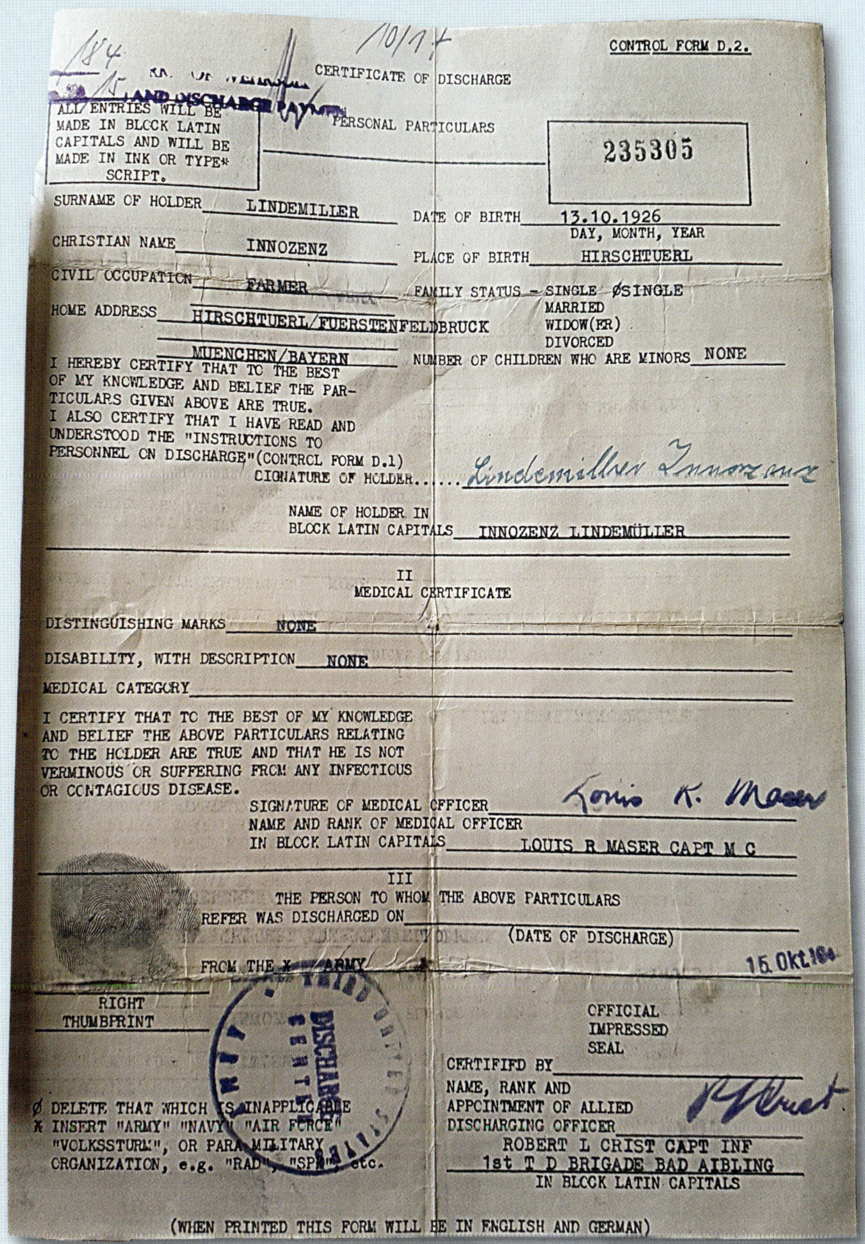
CONTROL FORM D.2.

CERTIFICATE OF DISCHARGE

ALL ENTRIES WILL BE MADE IN BLOCK LATIN CAPITALS AND WILL BE MADE IN INK OR TYPE-SCRIPT.

PERSONAL PARTICULARS

235305

SURNAME OF HOLDER LINDEMILLER — DATE OF BIRTH 13.10.1926 (DAY, MONTH, YEAR)

CHRISTIAN NAME INNOZENZ — PLACE OF BIRTH HIRSCHTUERL

CIVIL OCCUPATION FARMER — FAMILY STATUS - SINGLE ØSINGLE / MARRIED / WIDOW(ER) / DIVORCED

HOME ADDRESS HIRSCHTUERL/FUERSTENFELDBRUCK MUENCHEN/BAYERN — NUMBER OF CHILDREN WHO ARE MINORS NONE

I HEREBY CERTIFY THAT TO THE BEST OF MY KNOWLEDGE AND BELIEF THE PARTICULARS GIVEN ABOVE ARE TRUE. I ALSO CERTIFY THAT I HAVE READ AND UNDERSTOOD THE "INSTRUCTIONS TO PERSONNEL ON DISCHARGE"(CONTROL FORM D.1)

SIGNATURE OF HOLDER Lindemiller Innozenz

NAME OF HOLDER IN BLOCK LATIN CAPITALS INNOZENZ LINDEMÜLLER

II
MEDICAL CERTIFICATE

DISTINGUISHING MARKS NONE

DISABILITY, WITH DESCRIPTION NONE

MEDICAL CATEGORY

I CERTIFY THAT TO THE BEST OF MY KNOWLEDGE AND BELIEF THE ABOVE PARTICULARS RELATING TO THE HOLDER ARE TRUE AND THAT HE IS NOT VERMINOUS OR SUFFERING FROM ANY INFECTIOUS OR CONTAGIOUS DISEASE.

SIGNATURE OF MEDICAL OFFICER Louis R. Maser

NAME AND RANK OF MEDICAL OFFICER IN BLOCK LATIN CAPITALS LOUIS R MASER CAPT M C

III
THE PERSON TO WHOM THE ABOVE PARTICULARS REFER WAS DISCHARGED ON (DATE OF DISCHARGE) 15.Okt.1945

FROM THE ARMY

RIGHT THUMBPRINT

OFFICIAL IMPRESSED SEAL

Ø DELETE THAT WHICH IS INAPPLICABLE
x INSERT "ARMY" "NAVY" "AIR FORCE" "VOLKSSTURM", OR PARA MILITARY ORGANIZATION, e.g. "RAD", "SPK" etc.

CERTIFIED BY
NAME, RANK AND APPOINTMENT OF ALLIED DISCHARGING OFFICER
ROBERT L CRIST CAPT INF
1st T D BRIGADE BAD AIBLING
IN BLOCK LATIN CAPITALS

(WHEN PRINTED THIS FORM WILL BE IN ENGLISH AND GERMAN)

Ci-contre : le *certificate of discharge* (en allemand *Entlassungschein*, certificat de libération) du même Haut-Bavarois, ayant alors 18 ans en 1945, dont on remarquera les deux orthographes différentes de son nom de famille. (Collection privée)

Le certificat du *Jäger* Lindemiller du 25 mai 1945 – plus que quinze jours après la fin des hostilités – émis par l'*Armee-Nachrichten-Regiment 508*, composante de transmissions de la *10.· Armee*, dont a d'ailleurs fait partie la *157. Geb.-Div.* dans le nord de l'Italie jusqu'en mars 1945, mentionnant que son *Wehrpass* et autres documents personnels ont été perdus *« im Einsatz »*… probablement est-il resté au côté de cette unité de transmissions dans les dernières semaines du conflit. Pour l'anecdote, la Bavière étant alors occupée par les formes américaines, il travaillera pour l'*US-Airforce* sur la base de Neubiberg, au sud-est de Munich, de 1953 à 1960 au moins. (Collection privée)

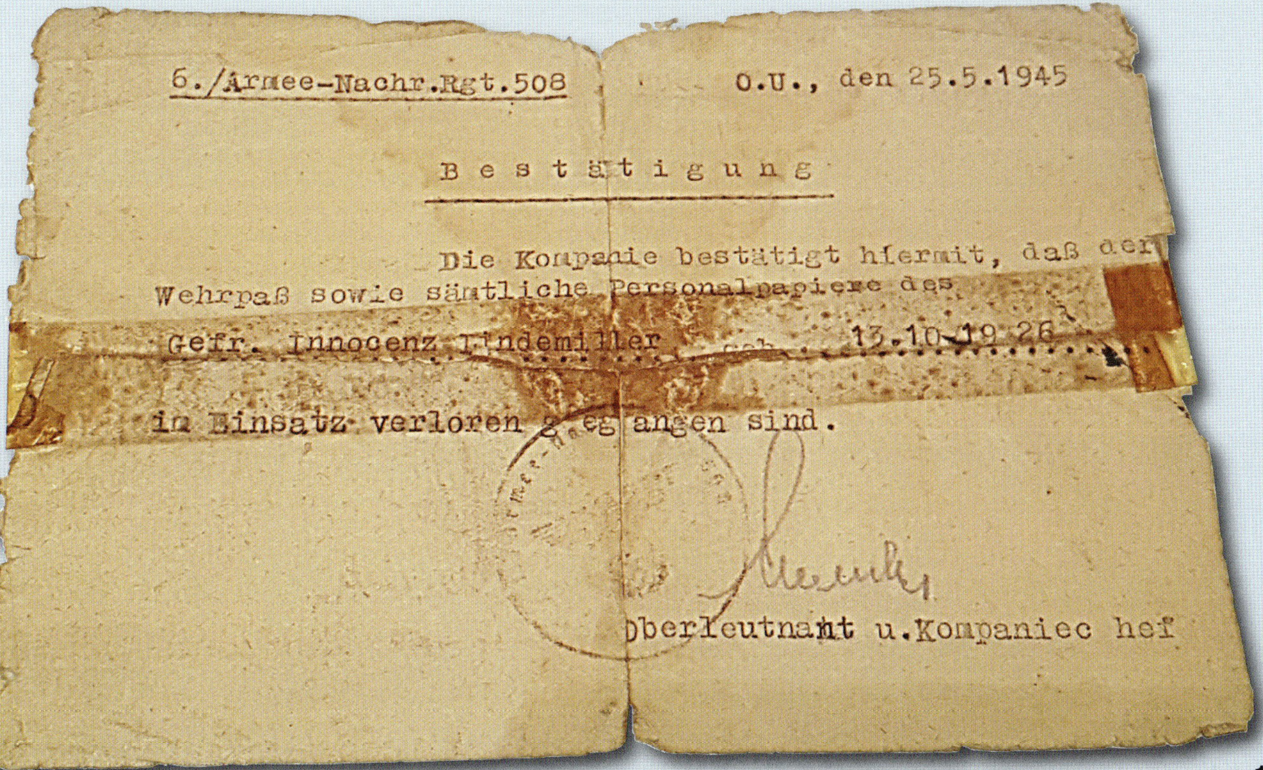
6./Armee-Nachr.Rgt.508 O.U., den 25.5.1945

Bestätigung

Die Kompanie bestätigt hiermit, daß der Wehrpaß sowie sämtliche Personalpapiere des Gefr. Innocenz Lindemiller geb. 13.10.1926 im Einsatz verloren gegangen sind.

Oberleutnant u.Kompaniechef

BESITZZEUGNIS

DEM Unteroffizier
(Dienstgrad)

Georg Wimmer
(Vor- und Familienname)

Stab I./Geb.Art.Regiment 1057
(Truppenteil)

VERLEIHE ICH FÜR TAPFERE TEILNAHME
AN 20 KAMPFTAGEN

DAS BANDENKAMPFABZEICHEN
IN BRONZE

Div. Gef. St., den 15. 12. 1944

(Stempel)

Generalmajor u. Divisionskommandeur
157. Geb. Division

Un autre certificat d'attribution remis à membre de la division, établi à la même date que celui de Lindemiller, et sans aucun doute issu de la même imprimerie, portant la mention de l'autorité ayant pourvoir d'attribution « *Generalmajor u. Divisionskommandeur 157. Geb.-Div.* », tandis que le tampon, lui, n'a pas été actualisé, présentant encore la dénomination de « Reserve-Division ». (Collection privée)

trées durablement et avec intensité dans la lutte anti-partisans, durant l'été de 1944. Cependant, il convient de rester très prudent, car beaucoup d'archives d'unités ont disparu lors de l'évacuation de la France, notamment la totalité de celles du *Res.Geb.Jg-Btl. II./98*. En conséquence, les journées de combats, qui y ont sans aucun doute été comptabilisées, ont disparu, au « détriment » des « *Gebirgler* » de ce bataillon qui auraient pu prétendre à cet insigne.

Pointons ici le fait qu'a posteriori, l'attribution de ce *Bandenkampf-Abzeichen* s'avérera être une sorte de « cadeau empoisonné » pour son attributaire, car les forces de résistance des pays occupés n'ont pas manqué d'en constater l'existence, à l'initiative de janvier 1944. Elles n'ignoraient pas que son attribution impliquait que le titulaire s'était fait tout particulièrement remarquer pour son action contre les partisans. Si jamais ce soldat tombait entre les mains de maquisards avec un tel insigne, ses chances de survie devenaient quasiment nulles… Elle peut aussi être utilisée à charge dans le cas de poursuites judiciaires.

Que sont-ils devenus ?

Voyons ici le sort des officiers de la division figurant, pour la plupart, sur l'état du 1er juillet 1944, ayant été identifiés et localisés à la date du retrait de la *157. Res.-Div.* de Grenoble ou par la suite.

Après-guerre, le commandant de division, le ***Generalleutnant* Karl Pflaum**, sera traduit devant le tribunal militaire permanent de Lyon, pour son action afférante aux opérations des Glières et du Vercors. Cependant, il ne comparaîtra pas (voir l'encadré le concernant page 24). De son côté, le ***Hauptmann der Reserve* Alois Kohlndorfer**, de l'état-major divisionnaire, est grièvement blessé au début du mois d'août 1944,

Les officiers du *Reserve-Gebirgsjäger-Regiment 1*

L'***Oberst* Franz Schwehr** (*Rgt.-Kdr.* du *Res.Geb. Jg-Rgt. 1*) échappera à la captivité à Grenoble et aux poursuites judiciaires après la guerre. Selon Peter Lieb, il se serait suicidé à la fin des années 1950. L'***Oblt. d.R.* Gottfried Reissinger** et le ***Lt. d.R.* Werner Hildenbrand**, de la *Res.Geb.Pz.Jg.-Kp.1*, sont portés disparus à Goncelin, en Isère, le 23 août 1944. L'***Oblt. d.R.* Hans Heuberger**, commandant la *2.Kp./Res.Geb.Jg-Btl. I./98*, a été tué le 17 juillet à Sestrières (voir page 31) (7). Le ***Hptm.* Rudolf Geyer**, commandant du *Res.Geb. Jg.-Btl. II./98* jusqu'à la mi-juin 1944, a été aux ordres du bataillon notamment pendant les actions de contre-guérilla des Glières. Son dernier grade est *Major*, et sa fiche individuelle nous apprend qu'il est mort au combat par l'explosion d'une mine en Italie à Conselice – entre Bologne et Ravenne –, le 13 février 1945 (non loin de la côte adriatique). C'est le ***Hauptmann* Clemens Graf Resseguier de Miremont** qui l'a remplacé à la tête du bataillon ; il échappera à la captivité à Grenoble et à toute enquête après la guerre (voir page 128). Le ***Lt. d.R.* Karl Zeisser**, de l'état-major du *Res.Geb.Jg-Btl. II./98*, est porté disparu à Vizille le 22 août. L'***Oblt. d.R.* Karl Staib**, à la tête de la 7e compagnie du *Res.Geb.Jg-Btl. II./98*, s'est illustré au pas de Chattons ; il est porté disparu à Vizille à la même date. Le ***Lt. d.R.* Albin Baronsee**, commandant en second de la même unité, n'a quant à lui pas été fait prisonnier ; il a pu fuir avec le gros de la division, sa fiche nous indiquant qu'il s'est ensuite trouvé affecté à l'état-major du *Geb.Jäg.-Rgt. 297*. Une annotation du 1er septembre 1952 apprend que le *Gebirgsjäger* Baronsee a été tué au combat en Italie, à Creazzo (Vicenza), le 27 avril 1945. Quant au ***Leutnant der Reserve* Johann « Hans » Schlemmer**, commandant en second de la 8e compagnie du même *II./98*, sa fiche nous indique qu'il a été fait prisonnier à Vizille le 22 août (ce qui corrobore avec l'une des *Verlustmeldungen* de ce bataillon), qu'il a été dirigé vers le camp de prisonniers de Grenoble, dépôt 145, le 30 août, et qu'il a entre-temps été promu *Oberleutnant der Reserve* le 1er septembre ! Schlemmer a ensuite été dirigé sur le camp de prisonniers allemands de Saint Fons/Lyon durant l'hiver 1944/45, et ensuite vers celui de Vaucouleurs en 1945/46, de Baccarat en 1946/47, avant de retourner à Saint Fons/Lyon, de janvier au début de septembre 1947

(7) Notons que, ce 17 juillet 1944, sept *Gebirgsjäger* de sa compagnie trouvent la mort : l'*Ogefr.* Alois Oswald, les *Jäg.* Johann Ass, Friedrich Bergbauer, Georg Emter, Eugen Schaab, Helmut Speckhardt et Anton Baumgartner.

– période de sa libération –. L'on sait qu'il vivait en Allemagne en 1957. L'***Oberleutnant der Reserve*** **Anton Greil**, commandant de la 9e compagnie du même *II./98*, est mentionné comme porté disparu à Vizille le 22 août. Puis, une mention postérieure – du 12 septembre 1945 – précise que Greil a été fait prisonnier à Vizille, lui aussi dirigé sur le camp de prisonniers de Grenoble, dépôt 145, le 12 septembre 1944 sous le n° 419 079. Le ***Lt.*** **Anton Buettner**, de la même *9.Kp./Res.Geb.Jg.-Btl. II./98*, s'est également illustré sur les pas.

Les officiers du *Reserve-Grenadier-Regiment 157*

Quant à l'***Oberstleutnant*** **Max Kneitinger** (chef de corps du *Res.Gren.-Rgt. 157*), selon Volker Schlunk il s'agit, avec Pflaum, du seul cas de poursuites effectivement engagées dans la France de l'Après-guerre contre l'un des anciens officiers de la *157. Res.-Div.*, notamment pour les crimes perpétrés dans le Vercors. Schlunk rappelle à cet égard que, le 12 août 1944, Kneitinger a signé un ordre de la division enjoignant de « *fusiller les prisonniers* ». Le *Hauptmann der Reserve* **Max Zimmermann**, commandant la *Res.Inf.Gesch.-Kp.7*, est capturé par les maquisards et porté disparu à Virieu-le-Grand, en Savoie, le 12 juin 1944. Le ***Leutnant der Reserve*** **Johannes Kellner**, de l'état-major du *Res.Gren.-Btl. 217*, est porté disparu à Draguignan le 15 août, avec la mention « *probablement prisonnier des Américains* ». L'***Oberleutnant der Reserve*** **Siegfried Morgenstern** (*4. Kp./Res.Gren.Btl.217*) a été blessé le 24 juin et porté disparu à Gap le 21 août, même mention que ci-dessus, tout comme le ***Hptm. d.R.*** **Friedrich Hammer**, du *Res.Gren.-Rgt. 157* (vraisemblablement membre de l'état-major), et l'***Oblt. d.R.*** **Hans Gramss** (commandant la *Res.Inf. Nachr.-Kp.157*). Quant à lui, le chevronné ***Leutnant der Reserve*** **Hans Windisch**, officier de la *Res.Inf.Pz.Jg.-Kp.157*, est porté disparu à Aix-les-Bains le 24 août 1944, avec la mention « probablement capturé par les terroristes », tout comme son homologue **Theodor Erras**, de la *Res.Inf. Gesch.-Kp.7* à Larche, dans les Basses-Alpes, « *fin août 1944* ». L'***Oblt. d.R.*** **Martin Sedlmeier**, commandant cette compagnie de canons d'infanterie depuis la disparition du *Hptm.* Zimmermann en juin, est porté disparu à Grenoble le 22 août « *probablement capturé par les terroristes* ». Le ***Lt. d.R.*** **Fritz Lill**, officier de la *Res.Inf.Pi.-Kp.7*, l'***Oblt. d.R.*** **Hans Wimmer**, chef de la *Res.Inf. Pz.Jg.-Kp.157*, et le ***Lt.*** **Paul Ramsteck**, de la *Res.Inf. Gesch.-Kp.157*, portent une mention identique. L'***Oblt. d.R.*** **Karl Waldkirch**, à la tête de la *Res.Inf.PzJg.-Kp.7.*, est blessé à Saint Béron le 14 août. Le ***Major der Reserve*** **Franz Werdich**, de la même unité, est blessé à Saint Michel (?) le 23 août. Pour sa part, le ***Major der Reserve*** **Johann Kolb** (chef de corps du *Res.Gren.-Btl. 179*) échappera à l'emprisonnement à Grenoble.

Le sort d'officiers d'autres composantes de la division

L'***Oblt. d.R.*** **Josef Hoffmann**, commandant la *2. Bttr./Res.Art.-Abt.7*, a été porté disparu « *bei Grenoble* » le 25 août, l'***Oblt.*** **Antonius Kilian**, de la *2.Kp./Res.Pi.-Btl.7*, mort le 31 août à 21 heures 35 (!) à Besançon, dans des circonstances inconnues, enterré à Dijon. Le ***Hptm. d.R.*** **Josef Fellner**, de l'état-major de la *Div.Nachsch.-Tr.1057*,

Un étui de pistolet d'officier allemand, sans doute pour Walther PP ou Mauser Mle 1934 (7,65 mm). Une pièce de fabrication précoce, retrouvée dans le département de l'Isère en 1972. (Collection privée)

est tué sur le pont de l'Isère au sud de Montmélian le 21 août 1944, « *lieu de l'inhumation inconnu* ». Le ***Leutnant*** **Franz Weinzierl**, de l'état-major de la même unité, est tué à deux kilomètres au sud de Chapareillan le 12 août, comme signalé plus haut.

Conclusion

« Le temps qui passe, c'est la vérité qui s'enfuit »

J'espère être parvenu, au fil de cet ouvrage, à donner une image, la plus précise possible, des formations allemandes engagées dans le Sud-est de la France en 1943/44, et notamment de la *157. Reserve-Division*. On l'a vu, c'est une entreprise très difficile, les archives publiques étant fort limitées et, quant à eux, les témoignages d'anciens de la Wehrmacht ayant combattu dans cette zone s'avèrent être plus que rares. Pour les plus jeunes d'entre eux (ceux âgés de 17 ou 18 ans en 1943-1944), les derniers témoins sont maintenant au crépuscule de leur vie, d'un âge supérieur à 93 ans. Un rapport du Service Historique des Armées, signé Jean Defrasne, rédigé peu de temps après la Seconde Guerre mondiale, précisait : « *Lorsqu'on lit les études et ouvrages parus du côté français sur les opérations de la Résistance, on est frappé de la faiblesse de la documentation concernant l'adversaire* ». Même si, depuis, plusieurs ouvrages ont levé une partie du voile, il faut une nouvelle fois constater que le « noyau de départ » reste maigre, rendant la quête de détails compliquée. Du reste, une vingtaine d'années après la guerre, l'action « hostile » de l'appareil militaire allemand dans le Vercors et Grenoble, continuait de marquer la population ; une ambiance générale de peur avait pesé sur le chef-lieu de l'Isère, durant de longs mois, considéré par les Allemands comme une « ville terroriste ». L'occupation allemande, bien que n'ayant duré qu'un an à peine, par rapport à ce qu'ont connu d'autres régions, a été très lourdement ressentie du côté français, bien plus lourdement même que dans des zones qu'ils ont occupé beaucoup plus longtemps… Je m'en souviens encore bien, gamin. Dans les années 1960, la « haine du b—- » restait tenace, et cherchant à oublier, beaucoup de Grenoblois se sont débarrassés de « souvenirs » liés à ces mois sombres.

Durant ces décennies de recherches personnelles, il a fallu acquérir et exploiter divers documents personnels – notamment les très précieux *Soldbücher* et *Wehrpässe* –, les croiser, les confronter réciproquement, ainsi que par rapport aux travaux déjà existants, pour essayer de cerner, le plus fidèlement possible, qui a combattu face aux résistants français des Glières, du Vercors, de l'Oisans, dans les montagnes du Dauphiné et de Savoie… Confronter ces sources d'archives privées à celles de *Verlustmeldungen* du *WASt.* s'est également avéré être une démarche judicieuse. Ayant commencé à chiner et à rencontrer des témoins depuis les années 1960, j'ai pu avoir accès à des pièces d'uniformes et d'équipements, voire quelques objets « de fouille », retrouvés précocement sur les lieux des combats et de stationnement des unités allemandes engagées, et ce à une époque où, du fait de la densité encore faible de collectionneurs, les objets de première main pouvaient encore être tenus pour « de pur jus local », pour reprendre le jargon de la collection militaire. Parfois, avec de la chance, il peut s'y trouver un nom (comme dans le cas du havresac de l'*Unteroffizier* Regler), et même si ces pièces sont anonymes et « muettes », elles revêtent un certain intérêt lorsque l'on sait qu'elles ont directement appartenu à des *Grenadiere*, des *Gebirgsjäger*, des *Pioniere*, etc., qui ont servi, voire « sévi » dans la Savoie et le Dauphiné, et où leur sang a d'ailleurs pu couler. Notons qu'à la fin d'août 1944, les forces allemandes ont évacué la région dans un « assez bon ordre », un facteur expliquant là encore la rareté des pièces laissées derrière elles.

Peut-on dresser si aisément un « portrait-robot » du combattant allemand de Grenoble et de sa région, en 1943-1944 ? On l'a vu, sont retrouvés de très nombreux Allemands du Sud dans les rangs de la *157. Res.-Div.* (du reste, une foule de recrues bavaroises, comme Otto Hackl ou Peter Grübl, bien plus que des Autrichiens ou des Wurtembergeois), en grande partie très jeunes et qui, bref aparté, n'ont pas dû manquer d'observer des analogies entre leur zone d'occupation en France et leur *Heimat*, toutes deux alpines. Une partie d'entre eux, c'est indéniable, a dû participer à des exécutions et autres exactions contre les Résistants et les civils. Empêtrés dans le tourbillon propre à la « guérilla », ce n'est bien sûr pas de gaieté de cœur qu'ils ont servi dans un tel environnement… Dans leur immense majorité, une fois la guerre terminée, ces hommes ont tiré un trait sur cette époque ; leur type d'engagement, contrairement à celui d'autres formations de l'armée allemande qui ont combattu contre des armées conventionnelles, les a entraîné dans l'enfer d'une guerre totale que d'autres, après eux, connaîtront, entre autres, dans les combats de la décolonisation, ici et là.

En ces temps actuels, où les défis de la construction européenne sont plus que palpables, et où les risques de conflits n'ont pas disparu (même s'ils se sont nettement éloignés de nos frontières), puisse mon travail ne pas avoir été interprété comme une recherche macabre, ou une vulgaire présentation au public d'une accumulation d'objets de guerre, mais comme une honnête tentative d'éclairage, à la fois vivante et la plus objective possible, sur un point méconnu de l'Histoire de notre pays.

Un avertissement silencieux pour l'avenir… Quelques tombes à l'issue des affrontements, dans le hameau de La Mûre, au nord du village de Vassieux-en-Vercors. (DR)

Annexes

Equivalences de grades entre l'armée allemande et l'armée française :

Dienstgrade	**Grades**
Die Mannschaften	**Les hommes de troupe**
Infanterie : *Schütze* puis *Grenadier* (1943)	- soldat de 2e classe
Jäger	- chasseur
Artillerie : *Kanonier*	- artilleur
Pioniere : *Pionier*	- sapeur
Funker, *Fahrer*, etc.	- radio, conducteur, etc.

Pour les soldats de 1re classe, le rang de deuxième classe est précédé en allemand du préfixe « *Ober* » : *Oberschütze*, *Obergrenadier*, *Oberpionier*, *Oberkanonier*, etc. Par contre, dans les troupes de montagne, l'*Oberjäger* est un sergent.

Gefreiter (en abrégé *Gef.*, ou *Gefr.*)	- caporal
Obergefreiter (*Ogefr.*)	- caporal-chef
Stabsgefreiter (*Stbsgefr.*)	- pas d'équivalence (intermédiaire entre *Ogefr.* et *Uffz.*)

Die Unteroffiziere	**Les sous-officiers**
Unteroffizier (*Uffz.*)	- sergent

(*Oberjäger* pour les troupes de montagne ou dans la Luftwaffe)

Unterfeldwebel (*Ufwb.*)	- sergent-chef
Feldwebel (*Fw.*, ou *Fwb.*)	- adjudant
Oberfeldwebel (*Ofw.*, ou *Ofwb.*)	- Adjudant-chef
Stabsfeldwebel (*Stbsfwb.*)	- adjudant-major

(Existe également le *Hauptfeldwebel*, qui est généralement un adjudant de compagnie, surnommé *Spieß* dans le langage courant du soldat allemand)

Die Offiziere	**Les officiers**
Leutnant (*Ltn.* ou *Lt.*)	- sous-lieutenant
Oberleutnant (*Oblt.* ou *Olt.*)	- lieutenant
Hauptmann (*Hptm.*, *Rittmeister* dans les troupes montées	- capitaine
Die Stabsoffiziere	**Les officiers supérieurs**
Major	- commandant
Oberstleutnant (*OTL.*)	- lieutenant-colonel
Oberst	- colonel
Die Generäle	**Les officiers généraux**
Generalmajor	- général de brigade
Generalleutnant	- général de division
General der Infanterie, *der Artillerie*, etc.	- général de corps d'armée
Generaloberst	- général d'armée
Generalfeldmarschall (*GFM.*)	- maréchal

Glossaire

- *Bandenkampf-Abzeichen* : insigne du combat contre les bandes.
- *Deutsches Kreuz in Gold* (*DKG*) : croix allemande en or.
- *Eisernes Kreuz* : croix de fer.
- *Erkennungsmarke* : plaque d'identité.
- *Ersatzheer* : armée de l'intérieur.
- *Fallschirmjäger* (*Fsch.Jg.*) : chasseur-parachutiste.
- *Feldheer* : armée de campagne.
- *Feldpost* : poste aux armées.
- *Gebirgler* : montagnard, surnom des *Gebirgsjäger*.
- *Gebirgs-* (*Geb.*) : de montagne.
- *Gebirgs-Artillerie-Abteilung* : groupe d'artillerie de montagne.
- *Gebirgsjäger* (*Geb.Jg.*) : chasseur de montagne.
- *Granatwerfer* (*GrW.*) : mortier.
- *Gruppe* : groupe de combat ; groupement.
- *Kampfgruppe* (*KGr.*) : groupement tactique.
- *Kriegsgefangener* : prisonnier de guerre.
- *Lastensegler* (*LS.*) : planeur.
- *Luftlande-Geschwader* (*LLG.*) : escadre de planeurs.
- *Nachrichten-* (*Nachr.*) : transmissions.
- *Nachschubführer* : chef des services d'approvisionnement.
- *Oberarzt* : médecin lieutenant.
- *Pionier* (*Pi.*) : soldat du génie.
- *Schläuche*, *Trittlinge* : surnom des brodequins de montagne.
- *Sicherungs-Regiment* (*Sich.-Rgt.*) : régiment de sûreté.
- *Soldbuch* : livret individuel.
- *Stabsarzt* : médecin capitaine.
- *Stahlhelm* : casque d'acier.
- *Sturmabzeichen* : insigne d'assaut.
- *Verlustmeldung* : rapport des pertes militaires.
- *Verwundeten-Abzeichen* : insigne des blessés.
- *Wehrpass* : approx. passeport militaire.
- *Wehrstammbuch* : document équivalent au livret matricule.
- *Zollgrenzschutz* : douane.
- *Zugführer* : chef de section.

Sources et bibliographie

Ouvrages et articles de périodique consultés

Henri Béraud, *Bataille des Alpes, Album mémorial, juin 40 - 1944/45*, Éditions Heimdal, 1987.

Yves Béraud, *Les Gebirgstruppen en couleurs. 1935-1945*, Heimdal-Mémorabilia, 2017.

Georges Bernage et François de Lannoy, *Les divisions de terre de l'armée allemande. 1939-1945*, Éditions Heimdal, Bayeux, 1997.

Capitaine Bouchard, *Les combats de libération en Dauphiné : la bataille de l'Oisans*, in Revue Historique de l'Armée, Service historique du ministère de la guerre, n°2, octobre 1945.

Alain Chazette, *L'administration militaire allemande en France occupée*, 39/45 Magazine n° 152, février 1999, Heimdal (pp. 22-44).

Alain Chazette, *L'armée allemande sur la côte méditerranéenne, AOK 19*, Éditions Histoire et Fortifications, Vertou, 2004.

Laurent Demouzon, *Savoie juin 1940. L'ultime victoire*, Société d'art et d'histoire d'Aix-les-Bains, 2007.

Patrice Escolan et Lucien Ratel, *Guide-Mémorial du Vercors Résistant*, Le Cherche-Midi, Paris, 1994.

Michel Germain, *Glières mars 1944- Une grande et simple histoire*, La Fontaine de Siloé, Chambéry, 2000.

Roland Kaltenegger, *Feldwebel Peter Grübl*, Flechsig Verlag, Würzburg, 2015.

Roland Kaltenegger, *Gebirgsjäger 1939-1945*, Motorbuch Verlag, Stuttgart, 2002.

Joseph La Picirella, *Le martyre de Vassieux*, 1994 (autoédition).

Joseph La Picirella, *Témoignages sur le Vercors. Drôme-Isère*, 1973 (autoédition).

Jean-Pierre de Lassus Saint-Genies (général), *Combats pour le Vercors et pour la liberté. Témoignages pour l'histoire*, Société d'Édition Peuple Libre, Valence, 1984 (2e éd.)

Peter Lieb, *Konventioneller Krieg oder NS-Weltanschauungskrieg?*, Oldenburg Wissenschaft Verlag, 2007.

Peter Lieb, *Vercors 1944, Resistance in the French Alps*, Editions Osprey Publishing, Oxford, 2012.

François Musard, *Les Glières – 26 mars 1944*, Robert Laffont, Paris, 1965.

Volker Schlunk, *Parachutistes allemands dans le Vercors*, Éditions Privat, 2016.

Jean-Paul Pallud, *The French Resistance*, *in* "After the Battle" n° 105.

Pierre Tanant, *Vercors. Haut-lieu de France*, Arthaud, 1966 (2e éd.).

Karl Veltzé, *Les parachutistes allemands*, Heimdal, Bayeux, 2017 (tome 2), 2018 (tome 3).

Gilles Vergnon, *Résistance dans le Vercors. Histoire et lieux de mémoire*, Éditions Glénat, Grenoble, 2012.

Fonds d'archives publics et privés

- *Bundesarchiv* de Freiburg-im-Breisgau,
- *Deutsche Dienststelle (WASt)*, Berlin.
- Archives de la maison d'édition Heimdal, Bayeux.

Sources internet

- Forum internet *Südwall*.
- Sites internet d'Alain Cerri.
- Site internet *Find a Grave*.
- Site internet *Lexikon der Wehrmacht*.
- *Feldpostnummer-list* du site internet „Axis History".
- Site *Traces of War*.

Achever d'imprimé en avril 2020 sur les presses de l'imprimerie de Champagnes (Langres), pour le compte des Editions Heimdal